Johann Wolfgang von Goethe

Goethes Tagebücher für die Jahre 1823 bis 1824

Johann Wolfgang von Goethe

Goethes Tagebücher für die Jahre 1823 bis 1824

ISBN/EAN: 9783742890610

Hergestellt in Europa, USA, Kanada, Australien, Japan

Cover: Foto ©Thomas Meinert / pixelio.de

Manufactured and distributed by brebook publishing software (www.brebook.com)

Johann Wolfgang von Goethe

Goethes Tagebücher für die Jahre 1823 bis 1824

Goethes Werke

Herausgegeben

im

Auftrage der Großherzogin Sophie von Sachsen

III. Abtheilung
9. Band

Weimar
Hermann Böhlaus Nachfolger
1897.

Goethes Tagebücher

9. Band

1823 — 1824

Weimar

Hermann Böhlaus Nachfolger

1897.

Inhalt.

	Seite
1823	1
1824	162

Agenda (1819.) 1823. 1824	317
Bücher-Vermehrungsliste	323
Lesarten	341

1823.

Januar.

1. Einige Briefe mundirt. Sendung an Ihro Hoheit mit Mocca=Caffee. Neue Actenstücke für's laufende Jahr. Scenarium von Phaethon. Professor Güldenapfel und Dr. Weller. Mittag zu sechsen. Nach Tische die lithographischen Bilder numerirt. Abends Canzler von Müller, Hofrath Meyer und Oberbaudirector Coudray. Gräfin Line Egloffstein. — Herrn von Verlohren nach Dresden.
2. Briefe concipirt und mundirt. Um halb zwölf Uhr der Prinz und Soret. Mittags in dem hinteren Zimmer gegessen. Abends mehrere Briefe erhalten. Auch Zeitungen; mit Hofrath Meyer über beydes. Später Abelchi gelesen.
3. Concepte und Munda verschiedener Briefe und Aufsätze. Herr Salineninspector Glenck und Canzler v. Müller. Gräfin Julie Egloffstein. Mittag zu sechsen. Sodann für mich. Abelchi studirt. Shakespeare's König Richard II. Späterhin Kefersteins geognostisches Deutschland, 2. Bandes 2. Heft, wegen den Salzstöcken und Quellen. —

An Dr. Sulpiz Boisserée, mit einer Assignation auf 463 Fl. Rhein. Herrn Hofrath Meyer Hundeshagens Brief. Herrn Dr. Schnauß Manzoni's Ode.

4. Drüben stehende Expeditionen: Herrn Dr. Weller, das Seckendorfische Trauerspiel zurückgesendet. Herrn Bergrath Lenz, Anfrage wegen der Meyerischen Mineralien. Herrn Frommann, mit eilfhundert Abdrücken Wellingtons Schild. Herrn Berzelius, Dank und Wunsch, nach Stockholm. Herrn Geh. Oberregierungsrath Schultz nach Berlin, eingeschlossen die letzten Bogen von Kunst und Alterthum 4. Bandes 1. Heft. — Kam Geh. Referendar Conta, die Arterienlehre von Tiedemann für die academische Bibliothek verehrend. Fernere Concepte an Willemer und Graf Sternberg. Mittags zu sechsen. Nach Tische Concepte durchgesehen. Die Münchner lithographischen Hefte zu numeriren fortgefahren. Hofrath Meyer. Über Perthes und Hundeshagen. Leben des von Schweinichen durch Büsching.

5. Mundirt und concipirt. Nebenstehendes expedirt: Herrn Geh. Rath von Willemer, eine Kiste mit 6 Fasanen, Frankfurt a. M. Manches vorbereitet. Geh. Hofrath Kirms, Öffentliches und Theaterwesen. Mittag zu fünfen. Abends für mich. Leben des Hans von Schweinichen. Biographische Betrachtung überhaupt.

6. Munda verschiedener Briefe. Geschichte des Jahrs 1809. Mittag zu fünfen. Wegen großer Kälte wöhnliche Anstalten gemacht. Einige Zeit mit Walther beschäftigt. Abends das lithographische Register fortgeführt. Hofrath Meyer. Göttinger Zeitungen 207, über Militär-Ökonomie. — Herrn Grafen Reinhard Kunst und Alterthum nach Frankfurt, eingeschlossen an Herrn Geh. Rath von Willemer. Herrn Perthes nach Gotha, wegen neuerer Gemälde, deren Sendung abgelehnt. Herrn Geh. Cammerrath Frege, wegen 300 Thlr. an Elkan, nach Leipzig.

7. 1809 fortgesetzt. Einiges oberaufsichtliches Geschäft betreffend. Briefe die Ankunft der Hoheiten in Eger und Pilsen betreffend. Cottaische ältere Acten durchgegangen. Ferneres Schreiben an Graf Sternberg durchgedacht. Verzeichniß der Münchner lithographischen Blätter. Mit Walther beschäftigt ihm das Bergwerksbuch zu zeigen. Mittag zu fünfen. Nach Tische mit Ottilien, Ulriken zusammen. Historien von Pitschaft, welcher angekommen war. Abends Herr Soret und Hofrath Meyer zum Thee und späterhin.

8. Einige Expeditionen an Serenissimum. Sendung an Grafen Sternberg weiter fortgeführt. Herrn Sorets Beschreibung der Diamanten studirt. Mittag zu dreyen. Mancherley Unglücksfälle der Stadt besprochen. Auch die Tollheiten des Pit-

schafts. Abends für mich. Abelchi studirt und ausgezogen. Morgens waren auch mehrere Exhibita in die Registrande eingetragen worden. — Herrn Ritter von Schreibers nach Wien. Herrn Rentamtmann Lange nach Jena autorisirte Quittungen.

9. Fortsetzung von Briefen, Expeditionen und dergleichen, auch Geschichte des Jahrs 1807. Mittag zu vieren. Walther hatte die Windblattern. Nach Tische Leibchirurgus Kämpfer. Abends Hofrath Meyer und Oberbaudirector Coudray; wurden alte Comödienzettel vorgenommen und frühere Theaterzustände durchgesprochen. — Herrn Geh. Rath von Leonhard nach Heidelberg. Fräulein Ulrike von Levetzow, Dresden.

10. Geschichte von 1807. Sendung von d'Alton durch Gräfin Beust. Erinnerungen an Sessenheim. Hermann de compositione Tetralogiarum tragicarum Dissertatio. Lipsiae 1819. Bey meinem Sohn, indessen mein Zimmer aufgefrischt wurde. Mittag zu vieren. Nach Tische Unterhaltung. Gegen Abend Gräfin Julie Egloffstein. Später für mich. Die Jahre 1806 und 7. — An Professor Güldenapfel die Tiedemannische Arterienlehre, Jena.

11. Brief an Graf Sternberg redigirt. Vorbereitungen auf nächste Absendungen. Jahre 1806 und 7. Mittag zu vieren. Gegen Abend Gräfin

Beust mit Tochter und Schwester. Abends für
mich, das Jahr 1806 vorgenommen. Ingleichen
die Erinnerung an Sesenheim. — An Professor
Gülbenapfel Tagebücher vom Jahre 1822 nach
Jena.

12. Nebenstehendes geschlossen und gesiegelt: An
Herrn Grafen Sternberg nach Prag, in=
liegend Hennings Einleitung. An Loos nach
Berlin, mit 12 Thlr. Preußisch. — Nähere Aus=
führung des Jahrs 1806. Mittag zu dreyen.
Nach Tische Unterhaltung. Abends für mich.
Briefe von Zauper und Grüner. Böhmisches
Mineral durch den letzten. Zaupers Gedicht an
die Erbgroßherzogin. Betrachtungen über die
Erklärungen der Monarchen am Schluß des Con=
gresses von Verona; ingleichen der französischen
Erklärung und Ministerialhändel. Sodann Vor=
bereitung auf morgen für 1806.

13. Fortgefahren an 1806. Sendungen von Pilsen
und Asch durch die rückkehrenden Herrschaften.
Nach 12 Uhr der Erbgroßherzog. Fortgesetztes Jahr
von 1806. Mittag zu vieren. Nach Tische Unter=
haltung. Abends Hofrath Rehbein und Obrist
von Eschwege. Ward Verzeichniß der Münchner
Steinbrücke fortgeführt.

14. Um halb 11 Uhr die Frau Großherzogin bis
halb Eins. Nachher in Rubriken getheilter Aus=
zug des Jahrs 1819. Vor= und Nachmittag. Die

Kinder waren Schlitten gefahren nach Ettersburg. Abends Professor Riemer. Oberbaudirector Coudray, welcher vom Verhältniß der Straßen durch das Großherzogthum und Thüringen überhaupt sehr gründlich sprach, auch die Verschiedenheit früherer und späterer Zustände wohl auseinander setzte. Herr Soret erschien gleichfalls. Wurden lithographische Blätter vorgezeigt.

15. Schema von 1820 nach Rubriken durchaus. Leibchirurg Kämpfer wegen kleiner Mängel. Fräulein Ulrike von frauenzimmerlichen Verhältnissen erzählend, besonders Eisenachischen. Mittag zu dreyen. Nach Tische mit meinem Sohn über Öffentliches und Häusliches. Abends Gräfin Flavie Beust, Mineralien vom Rheine. Generalsuperintendent Röhr, Canzler von Müller und Hofrath Meyer. Letztere blieben bis spät.

16. Schema von 1821. Die jungen Herrschaften um 12 Uhr. Vorher Mechanicus Bohne ein Thermometer und einige physikalische Geräthschaften bringend. Mittag zu drey. Die Damen waren Schlitten nach Berka gefahren. Fortsetzung des Schemas von 1821. Abends für mich. Vorbereitungen auf morgen. Fräulein Ulrike von den Schlittenfahrten und sonst erzählend.

17. Schema von 1821 geendigt. Einiges geheftet. Anderes geordnet und expedirt. Kam Dr. Weller. Mit Walthern beschäftigt, dazwischen mancherley

abgethan. Speiste Weller mit. Die Bibliotheks=
verhältnisse in Jena wurden durchgesprochen.
Zettel autorisirt. Er kehrte spät zurück. Mit
John die laufende Registrande und Acten besorgt;
eingeheftet und foliirt. Von Hoffs Erdoberfläche
zu Seite 427 etwas dictirt. Ferner einige Briefe
concipirt.

18. Anmerkungen zu Herrn von Hoff. Bibliotheks=
rechnung von Jena. Brief und Sendung von
Kukus, Königsgrätzer Kreis, in Böhmen. Zu
Mittag Herr Hofrath Voigt von Jena, von
seiner Göttingischen Reise erzählend; auch die
Verhältnisse naturgeschichtlicher Vorträge seit
funfzig Jahren auseinander setzend; auch die
Steigerung der neusten Zeit besprechend. Abends
mit John verschiedene Briefconcepte. Kamen die
Münzen von Stuttgardt an, wurden ausgepackt
und aufgelegt. Verhandlung darüber mit meinem
Sohne. — Herrn Professor Zelter die Bände
Morphologie und Naturforschung nach Berlin.

19. Ausführung von 1806. Mittags zu fünfen.
Strangforts Unterhaltung mit den Ministern
des Großherrn. Abends biographische Vorberei=
tungen. Oberbaudirector Coudray. Geschäfte
bey Gelegenheit des Wassermangels. Jenaisches
Krankenhaus. Vorgeschlagene Chausséen und aus=
geführte durch Thüringen. Sodann abermals
Vorbereitungen.

20. Einiges an 1807. Verschiedene Expeditionen im oberaufsichtlichen Geschäft. Notiz eines römischen Castrums bey Ostheim durch Sartorius. Prometheus von Panse aus Naumburg. Heusingers Programm für's Winterhalbjahr. Bericht von Dr. Possest. Mittag zu vieren. Nach Tische äußeres und inneres Politisches mit meinem Sohn. Einiges Geschäftliche. Abends Professor Riemer, Phaethon mit ihm durchgegangen und sonstiges Ästhethisches und anderes besprochen.
21. An dem Jahre 1807 ausgeführt. Einiges eingeleitet. Mittag zu fünfen. Abends Theegesellschaft. Früh war ein böhmischer Mineralienhändler dagewesen. — Communicat an Großherzogliche Oberbaubehörde.
22. 1807 weiter ausgeführt. Mittag zu fünfen. Nach Tische das Gestein um Berlin. Abends Oberbaudirector Coudray, den ehemaligen Theaterentwurf anregend und von dem Conzert erzählend. — An Färbern nach Jena Quittungen autorisirt zurückgeschickt.
23. 1807. Carlsbader Aufenthalt. Abgelehnter Besuch des Herrn Geh. Legationsraths Conta. Berliner Geschiebe-Sammlung. Mittag zu fünfen. Nach Tische Gespräch mit Ottilien, besonders über unmittelbare Einwirkung der Personalitäten. Abends für mich. Betrachtungen über das Jahr 1808.

24. Ausführung des Jahrs 1808. Mittag zu fünfen.
Gegen Abend verschiedenes nachgeholt. Auch für
die nächsten Posttage Vorbereitungen concipirt.
Auch über physische und sittliche Spiegelung. —
Promemoria an Serenissimum, gnädigste Re=
solution wegen Schließung der Bibliothek.
25. Abschrift des Berichts von meinem Sohn. Rath
Helbig die meteorologischen Tabellen bringend
vom November. Porträt der Gräfin Julie. Mit=
tag zu fünfen. War Kunst und Alterthum IV,
1. Stück angekommen. Gegen Abend mit John
Briefconcepte vorbereitet und zu den nächsten
Heften. Canzler von Müller bis spät. — An
Professor Posselt die laufenden Tabellen nach
Jena.
26. Fortgesetztes Mundum des cammerräthlichen Be=
richtes. Phaethon emendirt und sonst was zu
Kunst und Alterthum vorerst nöthig wäre durch=
gedacht. Die von Jena kommenden Exemplare
eröffnet und deren Austheilung angefangen. Mit=
tag zu vieren. Mein Sohn hatte den Hofdienst.
Die Frauenzimmer bereiteten sich zum Balle.
Morgens waren Färber und Baumann hier ge=
wesen. Letzterer, um sich Holz zu seinen Häusern
zu erbitten; weiter Nachricht gebend von Jenai=
schen Zuständen. Abends mit John vorläufige
Expeditionen und Concepte.
27. Brief vom Grafen Reinhard und französische

Poesie. Briefe abgeschrieben, vorbereitet. Mittag zu vieren. Nach Tische die neuen Münzen geordnet. Abends Oberbaudirector Coudray. Nachts Brief von Zelter. Betrachtungen über die Stellungen der öffentlichen Angelegenheiten. — Herrn Dr. Sulpiz Boisserée nach Stuttgardt. Herrn Bergdirector Mayer nach Gengenbach. Sendung an Frommann, Phaethon pp., Abends nach Jena.

28. Einiges vorgearbeitet. Die Frau Großherzogin um halb eilf Uhr. Die neuen Medaillen vorgewiesen. Einiges zu Kunst und Alterthum. Das Kästchen für die Diamanten vorbereitet. Mittag zu vieren. Arbeit an Kunst und Alterthum. Abends Herr Soret; mineralogische Unterhaltung, nicht weniger über Alphonse de Lamartine.

29. Geographisch-statistische Tabelle der Schweiz von Herrn Soret wegen der Canton-Münzen. Nebenstehendes ausgefertigt: Herrn Zelter nach Berlin, Geh. Oberregierungsrath Schultz dahin (Exemplar von Kunst und Alterthum IV, 1). Museumsschreiber Färber autorisirte Quittungen nach Jena. Herrn Domitianus Nowak nach Kukus in Böhmen. Herrn Hofrath Voigt, Rücksendung des Heusingerschen Programms, Jena. Herrn Major von Knebel, mit Kunst und Alterthum IV, 1, Jena. — Anderes vorbereitet. Über die Nachrichten von Sesenheim

zu danken. Griechische Tetralogie nach Hermann. Mineralien bezeichnet. Mittag zu dreyen. Die Vorbereitungen zum morgenden Ball waren sehr lebhaft. Nach Tische die Schweizer Münzen und überhaupt die Sammlung einigermaßen bedacht. Später den Aufsatz über Tetralogien durchgearbeitet. Brief von Cotta und Adrian. Gesellschafter von Gubitz, December=Stück.

30. Die meteorologischen Expeditionen für Jena begonnen. Die jungen Herrschaften und der Erbgroßherzog von Oldenburg. Nachher mit John an den Expeditionen fortgefahren. Mittag zu vieren. Die Ballkleidungen gaben den Töchtern viel Geschäft. Einige leichte pädagogische Mißhelligkeit mit Walther. Gegen Abend vorbereitende Concepte und sonstige Sendungen. Kyklops von Euripides. Oberbaudirector Coudray, architektonische Kupfer vorzeigend.

31. Mundum für die nächsten Post= und Botentage. Anderes vorbereitet und eingeleitet. Vor Tische Walther eine Stunde unartig mit allerley Spielereyen zubringend. Mittag zu vieren. Erzählung vom gestrigen Balle. Spaniens und Brasiliens Widerstreben gegen äußere Einwirkung. Abends Briefe concipirt und anderes vorgearbeitet. Später der Kyklops des Euripides.

Februar.

1. Den Morgen für mich, die gegenwärtige politische Lage im ganzen überdenkend. Einige Portefeuilles von Zeichnungen im vordern Zimmer durchgesehen. Herr General Graf von Henckel zum Besuch. Mittags zu vieren. Nach Tische frauenzimmerliche Verhältnisse bey Hof, auf Bällen und Familien-Verhältnisse und sonst. Abends Concepte von Briefen und anderem. Zahme Xenien III.

2. Nebenstehende Expeditionen: Herrn Dr. Carus, Kunst und Alterthum IV, 1, Dresden. Herrn Kreishauptmann Breinl nach Pilsen. Herrn Professor Zauper ebendahin. — Sonstige Briefe concipirt. Herr von Rennenkampff nach 12 Uhr. Erzählung von seinem Aufenthalt in Wien, ingleichen Jglau, Zusammenkunft des Erbprinzen mit dem Kaiser von Rußland. Mittag zu vieren. Sodann die griechischen Priesterinnen. Sodann Publica. Abends Hofrath Meyer. Die Concepte zu Kunst und Alterthum mit ihm durchgelesen. Später für mich des Euripides' Kyklops.

3. Nebenstehendes mundirt, und abgesendet: Herrn Dr. Ernst Meyer nach Göttingen. Herrn Geh. Hofrath von Cotta, eingeschlossen Herrn Dr. Adrian nach Göttingen. — Einiges für das nächste Stück Kunst und Alterthum. Mittag

zu fünfen. Nach Tische Geschichten vom Ball und sonstige gesellige Verhältnisse. Nachher Zeitungen; Beschäftigung mit Walther. Canzler von Müller. Über die verschiedenen Regierungsglieder.

4. Museumsgeschäfte, vorbereitet und eingepackt. Einige Stücke Kunst und Alterthum abgegeben. Einiges an der Münzsammlung geordnet. Mittag zu fünfen. Weltbewegung wegen der spanischen Gegenerklärungen. Revision verschiedener Manuscripte. Abends Professor Riemer, den neugriechischen Charon, ingleichen die zahmen Xenien III mit ihm durchgegangen. Hofrath Meyer kam dazu. Beyde blieben zu Tische.

5. Nebenstehendes abgesendet: Herrn Rath Schlosser nach Frankfurt a. M. collationirtes Manuscript. Herrn Präsident Nees von Esenbeck, mein Bild nach Dawe, Facsimile nach Byron, Sesenheim von Neef, Betrachtungen darüber, Bonn. Herrn Major von Knebel, Triumph des Paulus Ämilius, Riemers neuste Cantate. — Stielers Atlas frühere Sendungen aufgesucht, die dritte gefunden. Vorarbeiten zu Kunst und Alterthum. Einiges an Professor Riemer. Mittag zu fünfen. Nach Tische Stielerscher Atlas. Einiges Tischbeinische eingeordnet. Abends für mich; alterthümliche Zeichnungen durchgesehen.

6. Einiges zu Kunst und Alterthum. Um 12 Uhr

die jungen Herrschaften. Mittag zu fünfen. Zeitungstag. Mantegna vorgenommen. Voigt, System der Natur und ihre Geschichte.

7. Mantegna's Triumphzug zweyte Abtheilung. Vorbereitung auf den morgenden Botentag. Mittag zu fünfen. Nach Tische mit meinem Sohn über häusliche und öffentliche Angelegenheiten. Abends für mich. Voigts System der Natur und ihre Geschichte, und Curiosities of Literature.

8. Mantegna's Triumphzug fortgesetzt. Fräulein Schopenhauer, Blumenkranz vorweisend. Mittag zu fünfen. Nach Tische die Stielerischen Landkarten. Gräfin Julie Egloffstein. Oberbaudirector Coudray. Nachts mein Sohn, eine schematische Darstellung vorweisend.

9. Nebenstehende Expeditionen: An Herrn Frommann, Quittung und zurückkehrendes Geld von Schwerdgeburth. An Herrn Hofrath Döbereiner, wegen der Dienemannischen Naturkörper. An Herrn von Knebel wegen des Separationsgeschäftes. Alles zusammen an Färber nach Jena. — Anderes vorbereitet in Concepten und Mundis. Kupferwerke wegen des Tempel zu Puzzuol. Mittag zu fünfen. Früh war Theatersecretär Teichmann von Berlin dagewesen, bringend Lalla Rookh von Grafen Brühl und einen Berliner Taschenkalender. Abends Hofrath Meyer und Herr Soret. Die Verlobung von Tieck.

10. Mantegna in's Mundum gebracht. Um 12 Uhr Herr Soret die Diamanten in's Kästchen ordnend. Besuchte meinen Sohn. Mittag zu vieren. Sendung von Blumenbach, allerley Curiositäten. Sendung von Serenissimo, Pariser nachgeahmte Edelsteine. Abends für mich. Canzler von Müller, Unterschrift und Abschiedsgedicht negoziirend.

11. Mundum des Triumphzugs durch John. Frau Großherzogin um ½11 Uhr. Wurden die nachgeahmten Edelsteine vorgewiesen, ingleichen einige Münztafeln. Mittag zu zweyen. Abends Oberbaudirector Coudray. Generalsuperintendent Röhr. Hofrath Meyer. Neapolitanische Gegenden, Lalla Rookh vorgewiesen; die künstlichen Edelsteine.

12. Einige Briefe. Mantegna. Geh. Referendar Helbig von Serenissimo abgeordnet. Wegen überhandnehmenden Catarrhs wurde geschröpft. Der übrige Tag so gut als möglich zugebracht.

13. Nach überstandner unruhiger Nacht und einiger Erholung Anstalten zu einiger Thätigkeit. Sendung von Pilsen und Berlin. Landschaftliche Zeichnung der angefressenen Marmorsäulen von Verschaffelt. Nachmittag geschlafen. Abends Ottilie, Hofrath Rehbein, Oberbaudirector Coudray. Letzterer blieb, wir gingen die Beschreibung von Prag durch.

14. Bey einiger Besserung die Geschäfte wieder angegriffen. Munda der von meinem Sohn auf-

gesetzten Concepte. Selb geognostische Verhältnisse der Gegend um Dürrheim, verglichen mit Keferstein's Karten. Mittag zu dreyen. Canzler von Müller nach Jena gehend. Von Gagerns Antheil an der Politik. Darinnen gelesen. Hofrath Meyer. — Herrn Ökonomierath Nebbien das Promemoria zurück nach Berlin.

15. Munda der concipirten Verordnungen nach Jena sämmtlich besorgt. Herr Eberwein wegen des Webertaktes. Mittag zu fünfen. Sodann Hofrath Meyer. Brief von Beethoven. Abends Professor Riemer, zu Kunst und Alterthum manches durchgegangen und mitgetheilt.

16. Glückwunsch an Frau Erbgroßherzogin mit dem böhmischen Gedichte. Oberbaudirector Coudray, Verabredung wegen des Tempels zu Puzzuol. Mittag zu fünfen. Müller brachte die Durchzeichnung des 7. Blatts von Mantegna. Gegen Abend in's Bette. Hofrath Meyer und Rehbein saßen zusammen. — An Frau Erbgroßherzogin, Glückwunsch und böhmisches Gedicht. Verordnung an Geh. Hofrath Fuchs. Verordnung an Prosector Schröter wegen Präparaten-Gläsern. Verordnung an Hofrath Renner, wegen dem Gehülfen Metius. Verordnung an Färber, verschiedenes. Verordnung an Rentamtmann Müller obgedachte Gläser betreffend nach Jena, alles durch Compter.

17. Früh ein Fremder Namens Ternite, ein Preuße, von Paris kommend, den ich nicht sprechen konnte. Obrist von Eschwege, Wetterbeobachtungen aus Lissabon bringend. Briefe von Boisserée und Jäger. — An die Ober=Baubehörde Communicat wegen Veterinär=Anstalt. An Kräuter Verordnung wegen des Papiers für die Catalogen zu Jena.
18. Gesteigertes Übelbefinden. Besonders heftiger Schmerz am Herzen. Um 11 Uhr zur Ader gelassen. Anmeldung des Baron Stroganow durch Herrn Staatsrath Strube, welchen ich leider nicht sehen konnte. Den ganzen übrigen Tag fortwährend sehr unruhig. Abends 5 Uhr Geh. Hofrath Huschke. Schlaflose Nacht. Hofrath Rehbein blieb im Hause.
19. Fortdauernder, zwar etwas geminderter Schmerz. Um 9 Uhr Blutigel gelegt. Besuch von Herrn Geh. Hofrath Huschke. Abends heftigeres Fieber, sehr unruhige, durch Schmerzen schlaflos gemachte Nacht.
20. Fast derselbe Zustand wie gestern, doch ging der Puls etwas besser. Zweymaliger Besuch des Geh. Hofraths Huschke. Hofrath Rehbein fast den ganzen Tag da. Die Nacht kaum anderthalb Stunden geschlafen.
21. Früh starke Neigung zum Schlaf. Der Puls fast fieberfrey. Jedoch den Tag über in Schmerzen

und Unruhe zugebracht. Zweymaliger Besuch
des Geh. Hofraths Huschke und sehr ofter Besuch
des Hofraths Rehbein. Die Nacht unruhig mit
wenig erquickendem Schlaf.

22. Zustand wie gestern, Fieber am Morgen etwas
stärker wie gestern Abends. Den Tag im ganzen
unruhig und in Schmerzen zugebracht. Zwey=
maliger Besuch des Geh. Hofraths Huschke. Hof=
rath Rehbein sehr oft im Hause. Nacht unruhig,
heftiges Fieber, zuweilen starker Schweiß ohne
Erleichterung hervorzubringen.

23. Das Fieber etwas geringer; jedoch wieder heftige
Schmerzen in der linken Brust. Zweymaliger
Besuch des Geh. Hofraths Huschke. Hofrath
Rehbein sehr oft. Sonst der Tag sehr unruhig
und schmerzhaft hingebracht. Die Nacht etwas
ruhiger als die vorige, doch ohne Schlaf.

24. Am Morgen etwas Schlaf. Das Fieber mäßig.
Zweymaliger Besuch des Geh. Hofraths Huschke.
Hofrath Rehbein sehr oft. Der Zustand ver=
schlimmerte sich sehr, bis gegen Abend eine un=
widerstehliche Neigung zum Marienbader Wasser
eintrat, welches auch getrunken wurde. Später
eine Tasse Arnica=Thee getrunken, nach welchem
sich der Zustand ganz zu verändern schien. Die
Nacht zum erstenmal ruhiger erquickender Schlaf.

25. Etwas Husten hatte sich eingefunden. Überhaupt
der Zustand ungleich besser als die vorhergehenden

Tage. Früh wieder Marienbader Wasser getrunken. Zweymaliger Besuch des Geh. Hofraths Huschke, öfterer des Hofraths Rehbein. Der Tag ohne Fieber. Die Nacht wenig geschlafen, daher Unruhe und Mißbehagen.

26. Früh wie gewöhnlich Marienbader Wasser und hierauf eine Tasse Caffee getrunken, jedoch mit wenig Appetit. Der Zustand im ganzen besser wie gestern. Früh Besuch Jhro K. H. des Großherzogs. Zweymaliger Besuch des Geh. Hofraths Huschke. Hofrath Rehbein sehr oft. Die Nacht schlaflos zugebracht, doch ohne Fieber.

27. Früh gegen 8 Uhr etwas geschlafen. Den Tag über ziemlich gut hingebracht ohne Fieber, jedoch das Schlucken durch Schmerzen im Halse erschwert. Zweymaliger Besuch des Geh. Hofraths Huschke, sehr oft Hofrath Rehbein. Ziemlich ruhige Nacht mit abwechselndem Schlaf.

28. Zustand besser wie gestern. Der Tag frey von Schmerzen und Fieber. Gegen 2 Uhr Besuch Sr. K. H. des Großherzogs. Zweymaliger Besuch des Geh. Hofraths Huschke. Hofrath Rehbein sehr oft, bis noch spät am Abend. Ruhige Nacht.

März.

1. Zustand besser wie gestern. Früh von 5 bis 8 Uhr ruhiger Schlaf. Gegen Mittag Besuch Sr. K. H. des Erbgroßherzogs. Abend Hofr. 'h Meyer,

Oberbaudirector Coudray. Zweymaliger Besuch des Geh. Hofraths Huschke, Hofrath Rehbein sehr oft. Nacht ruhig, mehr erquickender Schlaf wie früher.

2. Am Morgen abermals erquickender Schlaf. Verbesserter Zustand. Zweymaliger Besuch des Herrn Geh. Hofraths Huschke. Abends Oberbaudirector Coudray, Hofrath Meyer.
3. Blieb den Tag über im Sessel. Erhielt von Carus eine Sendung.
4. Manuscript an Herrn Professor Riemer und Abends Unterhaltung darüber mit demselben. Verschiedene Sendungen eingetragen.
5. Den Tag leidlich zugebracht. Arzeney verändert, etwas mehr Appetit. Abends Herr Soret. Mémoires de Madame Campan vorgelesen von Ottilien.
6. Gut geschlafen und Zunahme an Kräften. War Hofrath Rehbein krank. Las ich im Memoire von Madame Campan zum größten Theil. Acquisition eines hübschen geschnittenen Steins, Herkules Farnese vorstellend. Abends Herr Canzler von Müller. Hofrath Meyer und Professer Riemer. Sendung von Zelter und Schultz.
7. Kam das restaurirte Gemälde von Berlin. Endigte die Memoiren der Madame Campan. Las den Schluß des ersten Theils der Mémoires von Madame Campan. Hofrath Meyer das restaurirte Bild zu sehen. Verschiedene Betrachtungen und

Vorarbeiten. Abends Oberbaudirector Coudray. Später mein Sohn.

8. Vorbereitete Absendung nach Berlin. Mémoires der Madame Campan 2. Theil. Des Herrn Erb= großherzogs Königl. Hoheit. Frau Gräfin Henckel. Obermedicinalrath von Froriep. Frau Professor Riemer. Mittag einige Betrachtungen über das was zunächst zu thun ist. Hofrath Meyer. Pro= fessor Riemer. Verhandlung wegen des Paria. Die Kinder aus der Oper kommend.

9. Hatte eine gute Nacht zugebracht. Las die Me= moiren der Madame Campan. Nebenstehende Ex= peditionen: Herrn Geh. Oberregierungsrath Schultz, Rolle mit No. 7 des Andreas Andreani; Brief, Ankunft der Paula Gonzaga und was sich darauf bezieht. Auszug aus den Kranken-Besuchen durch John. Mittag für mich. Gräfin Line Egloff= stein; Herr Canzler von Müller. Herr Präsident von Ziegesar. Abends mit August. Früh zu Bette.

10. Einige Briefe und sonstiges vorbereitet. Kam der Revisionsbogen Kunst und Alterthum IV, 2. Eberweins zum Besuch. Badeinspector Schütz. Gelesen Mémoires de Madame Campan. Doch einiges geordnet und vorbereitet. Hofrath Meyer. Canzler von Müller. Hofrath Rehbein. — An Herrn Julius Elkan, wegen Zahlungen an Geh. Staatsrath Schultz nach Berlin.

11. Mémoires de Madame Campan T. III. Vor=

arbeiten zu Kunst und Alterthum; ingleichen zu einigen Absendungen. Geh. Hofrath Huschke und Rehbein. Geh. Rath von Einsiedel. Mittag zu vieren. Mein Sohn war nach Berka gegangen. Madame Campan 3. Theil gelesen. Abends Oberbaudirector Coudray; Generalsuperintendent Röhr. Professor Riemer. Mit letzterem das Nächste zu Kunst und Alterthum.

12. Nebenstehende Expeditionen: Herrn Professor Posselt, daß er Schrönen herüberschicke, Jena. Herrn Hofrath Voigt, Dank für sein Werk, Jena. Herrn Dr. Carus nach Dresden, die Tafel zu seinen Urschalen. Frau Erbgroßherzogin, Madame Campan T. III. — Anfang eines Aufsatzes zu Heinroth. Herr von Strube. Regierungsrath Schmidt. Staatsminister von Fritsch und Gemahlin. Mittag zusammen gegessen. Abends Hofrath Meyer. Las die Fortschritte der Steindruckerey vor. Blieb allein. Die Kinder aus dem Schauspiel referirend.

13. Wohl geschlafen. Schöne Sendung von Ernst Meyer. Miscellen von Bran. Nähere Betrachtung der von Wien angekommenen Schreibmaschine für Erblindete. Herr Geh. Referendar Helbig, wegen meteorologischer Angelegenheiten. Professor Müller zur Wiederherstellung Glück wünschend. Mittag mit der Familie. Einiges vorbereitet. Abends Oberbaudirector Coudray den Tempel von

Pompeji bringend. Canzler von Müller vom Frankfurter Äsculapsfest erzählend. Hofrath Rehbein. Maria Webers Porträt vorgewiesen. Die Maschine Briefschreibens für Blinde nach Tische studirt und eingesehen.

14. Abschrift des Meyerischen Aufsatzes über Steindruck fortgesetzt. Mantegna gänzlich abgeschlossen. Dr. Ernst Meyers Sendung ajustirt. Dr. Weller von Jena. Nachricht von der Bibliothek und sonstigem. Anderes vorbereitet. Über das Theater-Publicum und in verschiedenen Epochen und an mehreren Orten. Abends Professor Riemer. Zu den neusten Heften verschiedenes mit ihm durchgegangen. Hofrath Rehbein. Verschiedenes über die Landtagssitzungen. — Herrn Geh. Rath Willemer nach Frankfurt a. M. Herrn Dr. Schlosser dahin. Herrn Präsident Nees von Esenbeck, Bonn. Herrn Dr. Sulpiz Boisserée, Stuttgardt.

15. Abschrift des Aufsatzes über Steindruck geendigt. Morphologisches vorbereitet. Besuch des Herrn Major von Beulwitz. Die krystallisirten Diamanten durch Rath Helbig an Serenissimum und wieder zurück. S. K. H. der Erbgroßherzog. Mittag mit der Familie. Herr Hofrath Döbereiner. Herr Obrist von Eschwege. Abends Hofrath Meyer. Die Memoiren von Weber. Molière. — Wesselhöfts Druckerey, zur Fortsetzung

von Kunst und Alterthum, Mantegna II, Faustus Dedication.

16. Concipirt, bey meinem Sohn, was zu den Jenaischen Geschäften nöthig war. Ingleichen Munda. Kurzer Aufsatz über Vulcanität bey Gelegenheit des von Humboldtschen Heftes. Geh. Referendar Helbig wegen verschiedener Angelegenheiten von Serenissimo Aufträge bringend. Munda der Expeditionen fortgesetzt. Mittag zu vieren. Mein Sohn hatte den Hofdienst. Nach Tische Oberforstmeister von Fritsch. Hofrath Meyer. Canzler von Müller. Graf Reinhards Gedichte. Mittags ward etwas Musik gemacht. Weber Memoiren.

17. Expeditionen von gestern fortgesetzt und abgeschlossen. Manuscript zur Morphologie abgesendet, wie nebensteht: Verordnung an Hofrath Voigt, dergleichen an denselben, botanischen Garten betreffend. Verordnung an Hofrath Renner, Quartier des Gehülfen Metius betreffend. An Rentamtmann Müller autorisirte Quittungen. Herrn Wesselhöfts Druckerey Manuscript zur Morphologie. Zusammen an Färber. Herrn Dr. Ernst Meyer nach Göttingen, durch meinen Sohn. An Großherzogliche Cammer, Communicat Botanischen Garten betreffend. — Rath Vulpius. Maler Scherer seine Zeichnungen vorweisend. Conduc-

teur Schrön, wegen der Dezembertabelle. Frau
von Wolzogen und von Schiller. Mittag zu
vieren. Manuscripte zur Wissenschaftslehre durch=
gesehen. Webers Memoiren. Göttinger Zeitungen.
Abends Hofrath Rehbein. Früher die Geschichte
der Liebhabercomödie durch Fräulein Ulrike.
18. Abschrift des Münzcatalogs. Ordnung in den
umherliegenden Papieren angefangen. Zahlung
an Elkan, wegen der Paula Gonzaga. Herr
Baurath Steiner. Unterhaltung über Bibliothek,
Thurm und Feuerung. Mittag zu vieren. Nach
Tische abermals Papiere in Ordnung gebracht.
Vorbereitung auf morgen. Webers Memoiren.
Abends Oberbaudirector Coudray. Hofrath Meyer,
Canzler von Müller. Herr Soret.
19. Das Promemoria für Serenissimum ajustirt.
Dasselbige nebst den dazu gehörigen Sachen
Herrn Geh. Referendar Helbig erklärt und über=
geben. Andere Expeditionen auf die Registrande
bezüglich. Herr Geh. Hofrath Kirms. Legations=
rath Conta. Mittag zu drey. Nach Tische Ord=
nung in Papieren. Abends Professor Riemer.
Unterhaltung über Firnstein den Naturdichter.
Ingleichen über die Recension der Allgemeinen
Litteratur=Zeitung Tischbeins Homer betreffend.
Webers Memoiren. — An Conducteur Schrön,
die Tabelle von Tepl und einzelne graphische Dar=
stellungen, nach Jena. Die Schreibmaschiene für

Erblindete und einiges andere an Geh. Referendar Helbig.

20. Die Registrande besorgt. Ferner zu Kunst und Alterthum Aufsatz über Naturdichter mit Beyspielen. Manches geordnet und vorbereitet. Kamen Trauben von Berlin, ingleichen die Quittungen wegen des Bildes. Webers Memoiren. Abends Hofrath Meyer.

21. Dank an Serenissimum wegen des Grußes Ihro Majestät des Königs von Bayern. Sendung von Trauben an Serenissimam. Aufsatz veranlaßt durch Heinroths Morphologie. Besuch von Herrn Frommann. Umständliche Unterhaltung über Riemers griechisches Lexicon, auch andere Verlagsartikel. Rentamtmann Müller von Jena, begrüßend und Glück wünschend. Mittag zu drey. Webers Memoiren. Vorbereitet zu Kunst und Alterthum. Abends Hofrath Rehbein und Canzler von Müller.

22. Kunst und Alterthum IV, 3. Revisionsbogen. Herr Soret einen Petersburger Reisenden ankündigend. Ihro K. H. der Erbgroßherzog. Herr Soret mit einem Reisenden von Petersburg. Derselbe brachte eine Sendung von Herrn von Köhler. Zeigte russische lithographirte Ansichten von Petersburg und Kostüm verschiedener Nationen vor. Auch verehrte derselbe einige russische Mineralien und sprach mit vielem Lob von einem

Künstler in Steindruck, Orloffsky. Mittag zu
dreyen. Nachher Webers Memoiren. Nachgedacht
über deutsche Baukunst, zum Behuf eines Auf=
satzes für Boisserées. Abends Hofrath Meyer.
Allein. Später Frau von Heygendorff, den Kranz
aus der heutigen Vorstellung des Tasso bringend.
Dazu die Kinder. Alle von der guten Darstel=
lung des heutigen Abends rühmlich erzählend.

23. Anfang einer gewissen Ordnung in den Büchern
meines Zimmers. Nebenstehende Expeditionen: An
Herrn Geh. Oberregierungsrath Schultz
nach Berlin. An Herrn Professor Zelter
dahin. — Serenissimus kamen, verschiedenes mit=
zutheilen und zu vernehmen. Sodann Regisseur
Durand; Unterhaltung über die gestrige Auf=
führung des Tasso und sonstiges auf das Theater
Bezug habendes. Buchbinder Müller wegen einem
neuen Kästchen zu den krystallisirten Diamanten.
Mittag zu vieren. Büschings Einleitung in die
Geschichte der alten deutschen Bauart. Canzler
von Müller, Gräfin Line Egloffstein, Hofrath
Meyer, Dr. Rehbein und Riemer und Oberbau=
director Coudray. Hauptsächlich die gestrige Vor=
stellung von Tasso recapitulirend und beurtheilend.
Nachts an Büsching fortgefahren.

24. Nebenstehende Expeditionen: Herrn Geh. Rath
Leonhard nach Heidelberg. Herrn Hofrath
Jäger, mit dem Carlsbader Mineralienverzeich=

niß, nach Stubtgarbt. Verordnung an Pro=
fessor Döbereiner nach Jena, wegen Natura=
lien dem Dr. Dienemann in Leipzig abzunehmen.
Verordnung an Bergrath Lenz, in dieser An=
gelegenheit, nach Jena. — Besuch von Frau von
Mandelsloh. Büschings deutsche Baukunst. Erster
Anfang des Aufsatzes über deutsche Baukunst zu
Kunst und Alterthum. Mittag zu fünfen. Nach
Tische Herr Soret, zwey Trauerspiele Byrons
und einige nachgemachte Edelsteine bringend. Frl.
Adele, ein Unangemeldeter . Hofrath
Meyer; dritter Bogen der Landschafts=Verhand=
lungen. 4. Revisionsbogen von Kunst und Alter-
thum.

25. Über deutsche Baukunst. An dem Münzcatalog
abgeschrieben. Frau Obercammerherrin von Egloffstein. Mittag zu fünfen. Nach Tische Sardanapal von Byron. Abends Hofrath Meyer.
Nachts Sardanapal geendigt.

26. Abschrift des Münzkatalogs fortgesetzt. Einiges
darauf bezügliches fortgesetzt. Der Theatersecretär
Teichmann von Berlin, referirend was er in
Berlin gesehen und vernommen. Einiges zu
Kunst und Alterthum revidirt. Mittag zu fünfen.
Nach Tische die italiänischen Porträte berühmter
Männer. Abends Oberbaudirector Coudray, den
Riß für Berka vorweisend. Sodann Professor
Riemer den 4. Revisionsbogen bringend. Hof=

rath Rehbein, Herr Eberwein und Ottilie; es
ward einiges gesungen. Nachts Landtagsverhand-
lungen vierter Bogen.

27. Von deutscher Baukunst 1823, Mundum. Den
Paria schließlich revidirt; zum gegenwärtigen
und folgenden Stücke Kunst und Alterthum das
Manuscript durchgesehen und die verschiedenen
Theile gesondert. Herr Obrist von Lyncker von
Jena kommend. Mittag zu vieren. Nach Tische
mancherley Untersuchungen. Abends Herr Prä-
sident von Ziegesar, sodann von Froriep, sodann
Hofrath Rehbein. — Herrn Wesselhöfts
Druckerey, 4. Bogen Kunst und Alterthum, Jena;
Manuscript deutscher Naturdichter Firnstein.

28. Abschrift von deutscher Baukunst von 1773. Besuch von Herrn von Münchow. Mollers Denkmäler deutscher Baukunst. Mit Ottilien über
den Paria. Mittag zu vieren. Walther ging
zum Prinzen. Abends Hofrath Meyer, Zeichnungen von Cassel ankündigend. Sodann Canzler
von Müller; Privata und Publica durchgesprochen.

29. Die architectonisch landschaftlichen Zeichnungen
von Cassel. Fortgesetzte Abschrift von deutscher
Baukunst. Besuch von Fräulein Mellish und
Lyncker. Herr Höyen aus Dänemark. Herr Professor Riemer, wegen Revision des Bogens D.
zur Naturwissenschaft. Mittag zu fünfen. Nach
Tische die Ruhlischen Zeichnungen. Abends Hof-

rath Meyer, Canzler von Müller, Herr Soret. Ottilie, mein Sohn zum Thee. — Verordnung an Hofrath Döbereiner, wegen des Inventariums mit Beylage der älteren Verzeichnisse. Färber autorisirte Quittungen, ingleichen ein Zelterischer Brief an Betty Wesselhöft, nach Jena. Verordnung an Cammer-Calculator Hoffmann, wegen Kräuters Quartiergeld. Herrn Wesselhöfts Druckerey Bogen D. zur Naturwissenschaft, Jena.

30. Erster Osterfeyertag. Abkürzung des Nachtrags zu Heinroth. Von Humbolbt über die Vulkane. Fortgesetzte Abschrift des Münzcatalogs. Um 12 Uhr mit Ottilien spazieren gefahren nach Neuwallendorf. Nach Tische nöthige Vorarbeiten für beyde Hefte. Abends Professor Riemer. Mit ihm einige Munda durchgegangen. Dazu Hofrath Meyer. Nachts Alexander von Humboldt neuste Vorlesung.

31. Gegenständliches Denken und Dichten. Schrön, wegen Posselts Ableben. Erbgroßherzog. Um 12 Uhr mit Ottilien und Walther spazieren gefahren um's Webicht. Zu Tische Professor Riemer und Hofrath Meyer. Nach Tische Hofrath Döbereiner, Professor Bachmann, Hofrath Voigt. Naturwissenschaftliche Gespräche. Sendung von Bonn, Nees von Esenbeck, d'Alton, Nöggerath. Sendung von Breslau. Büsching ein Exemplar des Schlosses von Marienburg an Serenissimum.

April.

1. Mancherley expedirt, geheftet und sonst vorbereitet. Bemerkungen zu Heinroths Anthropologie. Betrachtung und Überlegung der von Bonn übersendeten Papiere und Zeichnungen. Um 1 Uhr spazieren gefahren. Vorher ein Schweizer aus Basel. Mittag zu fünfen. Nach Tische Fortsetzung des morgenblichen Geschäftes. Abends Hofrath Meyer und Soret. Ball im Stadthause.

2. Einiges expedirt: An Herrn Professor Zelter, Mittheilung des dritten Bogens von Kunst und Alterthum, Berlin, mit Briefen von Ulriken. An Herrn Major von Knebel nach Jena, mit rückgesendeten Schreiben seines Sohns. — Vorbereitung zu Augusts Abreise. Ihro K. H. die Frau Großherzogin. Conducteur Schrön, wegen der Tabelle zum Dezember. Spazieren gefahren mit Ottilien gegen Gelmeroda. Bey Tische zu fünfen. Sodann Professor Riemer; Meyers Fortschritte des Steindrucks nochmals genau revidirt. Kam Hofrath Meyer. Betrachtungen und Scherze über die inneren und äußeren neusten Politica. Professor Riemer hatte sich an den neusten Heften d'Altons ergötzt.

3. Mein Sohn fuhr früh nach Jena, die oberaufsichtlichen Geschäfte zu expediren. Einige Worte über Humboldts Vulkane. Rath Vulpius' Vor-

bereitung auf der Bibliothek zur Ankunft des Königs von Bayern. Rath Hage Briefe und Medaille für Büsching bringend. Expedition an Ritter Hermann vorbereitet. Mittags zu vieren. Nach Tische die berühmten italiänischen Familien: Mayland 1820 etc. Gräfin Line Egloffstein; Herr Canzler von Müller, welcher länger blieb. Abends Oberbaudirector Coudray und Herr Soret.

4. Briefe mundirt. Absendungen vorbereitet. Inhaltsverzeichnisse der verschiedenen currenten Hefte aufgesetzt; auch einiges daran ausgearbeitet und das Folgende überdacht. Mittag zu vieren. Die Kupfer der berühmten Familien Italiens beachtet. Hofrath Meyer kam bald, wurde manches besprochen. Abends große Gesellschaft der Kinder in den vordern Zimmern, wobey die hier sich aufhaltenden Engländer. Ich kam auf eine Stunde. Nachts Fortsetzung der Tagsarbeiten.

5. 5. Revisionsbogen von Kunst und Alterthum von Jena. Expeditionen für morgen. Meteorologischer Aufsatz. Leibchirurgus Kämpfer von Serenissimi Befinden Nachricht gebend. Die farbigen Glasjuvelen in Ordnung gebracht. Die Redaction der zwey Hefte Morphologie und Naturwissenschaft und deren möglichen Inhalt mehr überlegt. Mittag zu vieren. Galerie Impériale de Florence durchgesehen. Professor Riemer, neuste Confession wegen des Gegenständlichen.

Hofrath Meyer Abenteuer des Gooroo. Englisch Glossarium. — An August wenige Worte mit der Botenfrau.

6. Nebenstehende Expeditionen: Herrn Ferdinand Nicolovius nach der Ruhl, mit 18. Stück Fr.b'or. Herrn Professor Büsching nach Breslau, mit der Medaille Serenissimi. Herrn Professor Ritter Hermann nach Leipzig. — Abschrift des Münzkatalogs. Einiges mundirt zu den Heften. Besuche von Professor Succow und Major von Tompson nicht angenommen. Florentiner Galerie. Mittag zu vieren. Noch einiges zu den Heften bedacht. Abends Hofrath Meyer, florentinische Galerie mit ihm durch= gegangen.

7. Behandlung von Hennings Einleitung zur Farb= benlehre. Die vergleichende graphische Tabelle vom Kupferstecher Birke geliehen. Anderes zu beyderseitigen Heften. Briefe an Schultz und Reinhard in's Concept dictirt. Leibchirurgus Kämpfer von dem Befinden Serenissimi Nach= richt bringend. Mittag zu vieren. Nach Tische mein Sohn mit Dr. Weller. Ersterer referirte von seiner Expedition nach Jena. Abends Herr Canzler von Müller. Über die modernen Spal= tungen in Religionsangelegenheiten und ihre stete Wiederkehr unter wenig veränderter Form.

8. Briefe mundirt. Meinem Sohn die Bibliotheks=

angelegenheit übertragen. Besuch von Herrn von
Münchow. Bearbeitung verschiedener Concepte
zu den Heften. Um 1 Uhr spazieren gefahren.
Mittag zu fünfen. Viel Verhandlungen über
die Liebhabercomödie, welche Abends aufgeführt
wurde. Nach Tische Meteorologisches für mich.
Abends Professor Riemer; mit ihm diese Materie
fortgesetzt. Nachts einiges auf Indien bezüglich.

9. Verschiedene Expeditionen vorbereitet. Den me=
teorologischen Aufsatz mundirt. Der junge Froriep,
nach Tübingen gehend, Abschied nehmend. Obige
Beschäftigung fortgesetzt. Mittag zu fünfen. Er=
eignisse des gestrigen Schauspiels. Meteorologi=
sche Betrachtungen fortgesetzt. Cleaveland Ele=
mentar=Mineralogie und Geologie. Abends Ober=
baudirector Coudray, Hofrath Meyer, Herr von
Ziegesar. Letztere auf kürzere Zeit. Ersterer er=
zählte einen kleinen Roman aus der Abendzeitung,
die Ereignisse eines Liebhabertheaters darstellend,
und überreichte das Monatsblatt No. 3, worin
dessen Notizen über das Bauwesen im Groß=
herzogthum Weimar abgedruckt waren. — An
Herrn Professor Schwägrichen nach Leipzig.

10. John war mit meinem Sohne beschäftigt. Ich
notirte Schemata zu den nächsten Ausarbeitungen.
Dictirte sie nachher in's Concept. Um 12 Uhr
die jungen Herrschaften. Cleavelands Mineralogie.
Mittag zu fünfen. Gegen Abend Canzler von

Müller. Herr Professor Riemer; mit demselben den 6. Revisionsbogen durchgegangen. Englische Porträte. Von der Einbildungskraft geforderte Bilder zu den wirklich dargebotenen. — Herrn Graf Reinhard nach Frankfurt a. M., abgegangen den 11. Herrn Dr. Sulpiz Boisserée nach Stuttgardt, abgegangen d. 11. Herrn Bergrath Lenz nach Jena. Herrn Wesselhöfts Druckerey, Manuscript zur Morphologie, nebst Revisionsbogen Kunst und Alterthum 6, nach Jena. Verordnung an Herrn Hofrath Voigt in Jena, botanischen Garten betreffend.

11. Excerpte zur Naturwissenschaft, Munda. Meteorologica. Anmeldung des Herrn Staatsminister von Stein. Die neusten Acten die Sternwarte zu Jena betreffend formirt. Erwartung des ausbleibenden Herrn von Stein. Mittag zu fünfen. Nach Tische Betrachtung der Karte von Spanien und Vergleichung mit der Sorriotischen wegen der Gebirgszüge. Kam Hofrath Meyer, einen Theil der florentinischen Galerie durchgesehen.

12. Munda von Geschäftsconcepten und Briefen. Anderes vorbereitet. Studiosus Peters von Frankfurt a. M. Herr Frommann, Madame Frommann und Sohn. Mittag zu fünfen. Büste vom General Benckendorf durch Dannecker. Canzler von Müller, welcher sie gesendet hatte. Abends

Riemer. Tamulische Sprache. Sodann die meteorologischen Blätter durchgegangen.

13. Herr Staatsminister von Stein ganz frühe. Expeditionen in oberaufsichtlichen Geschäften. Die Prinzessinnen und der Prinz nebst Gefolge. Gesiegelt und ferner mundirt in oberaufsichtlichen Geschäften. Mittag zu fünfen. Lepas anatifera durchgedacht und schematisirt. Abends Herr Soret. Nachts Ball, wohin die jungen Leute gingen. — Herrn Geh. Oberregierungsrath Schultz nach Berlin.

14. Abschrift des Vortrags wegen der Jenaischen Anstalten. Einiges geheftet. Professor Osann. Hauptmann von Knebel und Dr. Weller. Herr Geh. Staatsrath Schweitzer. Einiges geheftet. Das neuste Heft von Schubarth und Brief. Einiges gedacht wegen Lepas anatifera. Um 1 Uhr spazieren gefahren. Mittag zu fünfen. Herr Canzler von Müller wegen der Landschaft von Claude. Abends Professor Riemer, die Schubarthische neue Sendung besprochen. Ingleichen die Sendung von Hermann über philologische Kritik. — Herrn Dr. Carus nach Dresden. Herrn Geh. Rath Willemer nach Frankfurt a. M.

15. Früh Sendung von Conta. Griechische Autoren, Ausgabe von Weigel, an Professor Riemer. Expeditionen für morgen vorbereitet. Kam der

Revisionsbogen No. 7 von Kunst und Alterthum.
Vom Industrie=Comptoir Reineck mit den Probe=
blättern der illuminirten graphischen Tafel.
Manuscript von Kunst und Alterthum durchge=
sehen. Um 1 Uhr spazieren gefahren mit Walther.
Mittags zu fünfen. Nach Tische Unterhaltung
mit meinem Sohn. Abends Gräfin Line Egloff=
stein. Oberbaudirector Coudray, welcher das
Kupfer vom Tempel des Serapis zu sich nahm.
Herr Soret. Man besah die englischen Porträte
zu Walther Scotts Werken.

16. Nebenstehende Expeditionen vollendet und anderes
vorbereitet: Packet an Färber nach Jena.
Wesselhöfts Druckerey Bogen E. zur Na=
turwissenschaft, Kunst und Alterthum zu Bogen
8 und 9. Zwey Verordnungen an Rentamt=
mann Lange. Herrn Bergrath Lenz, mit
zurückgesendeten mehreren Briefen. Herrn Dr.
Körner wegen des Bischoffischen Briefs. Herrn
Professor Zelter, die Campagne, nach Berlin.
Herrn Geh. Oberregierungsrath Schulz,
Mantegna, dahin. Herrn Dr. Seebeck, frische
Einleitung, deßgleichen. Herrn Dr. Carus,
die trüben Glasplättchen, nach Dresden. — Kam
Brief und Packet von Reinhard mit innenliegen=
den Briefen. Nähere Betrachtung des Gesendeten,
welche auf ältere und neuere französische Litera=
tur führt. Herr Hauptmann von Germar, Gruß

von des Königs von Bayern Majestät bringend.
Allein spazieren gefahren um Belvedere. Mittag
zu fünfen. Nach Tische die morgendliche Betrach=
tung fortgesetzt. Hofrath Meyer. Vergleichung
des Morgens nach Claude, jetzt von Halbenwang
gestochen mit der Dessauer Aquatinta. Canzler
von Müller über eben diesen Gegenstand. Land=
tagsverhandlungen, besonders wegen der Juden.
Große Cour und Souper bey den jungen Herr=
schaften.

17. Betrachtungen über die französische Übersetzung
meiner Noten zu Rameau Des Hommes célèbres
de France. Nebenstehendes abgesendet, anderes
vorbereitet: Gräfin Auguste Stolberg nach
Bordesholm durch Hamburg. Hofrath Rehbein,
wegen des Großherzogs Aufenthalt in Marien=
bad. Um 12 Uhr die jungen Herrschaften. Zu
Tische zu vieren, die Kinder aßen bey der Ur=
großmama. Brief und Sendung von Leonhard.
Ingleichen die Fortsetzung der Kupfer zu Bil=
dung der Handwerker. Fräulein Adele. Abends
Professor Riemer. Den 7. Bogen mit ihm durch=
gegangen. Über griechische Sprachbildung und
Etymologie gehandelt. — Revision des 7. Bogens
nach Jena durch Professor Riemer.

18. Auszug des Inhalts von Kunst und Alterthum.
Einige Betrachtung über die Leonhardische Sen=
dung. Die Frau Großherzogin Königl. Hoheit.

Die Berliner Muster vorgezeigt. Ingleichen die
Petersburger lithographirten Prospecte. Einheften
besorgt. Mittag zu fünfen. Architectonische
Kupfer näher betrachtet. Herr Oberbaudirector
Coudray, einen Abdruck des Kupfers vom Tempel
zu Pozzuol bringend. Mit ihm die Berliner
Sendung durchgesehen. Herr Ober=Consistorial=
rath Günther, zur Genesung Glück wünschend.
Nachts Vorbereitung auf morgen. — Des Herrn
Grafen Reinhard Excellenz nach Frankfurt a. M.

19. Nebenstehende Expeditionen: Herrn Dr. Carus
nach Dresden, mit 7 Rthlr. Herrn Bergrath
Lenz nach Jena. Herrn Professor Gülden=
apfel dahin. — Am Münzcatalog mundirt.
Kurfürstin von Cassel mit Prinzessinnen. Aus=
gefahren mit Wolf. Mittag zu fünfen. Sendung
von Nees von Esenbeck, Botanica. Abends Hof=
rath Meyer. Professor Riemer. Revisionsbogen
durchgegangen. Die Sendung betrachtet.

20. Schrön von Jena; mit demselben das Meteoro=
logische durchgesprochen. Hofrath Rehbein das
Übelbefinden der Großherzogin meldend. Mancher=
ley Expeditionen vorbereitet. Briefe concipirt.
Facius die Münzstempel bringend. Deßhalb an
Serenissimum; wegen der Mahländer Freunde
und ihrer Wünsche. Mittag zu fünfen. Sendung
von Serenissimo, Memoiren des General R.
Nach Tische Geh. Legationsrath Conta, wegen

des Werkes über französische Litteratur. Tempel zu Puzzuol fortgesetzt. Abends Hofrath Meyer. — Wesselhöfts Druckerey Revisionsbogen Kunst und Alterthum 8, Zur Morphologie 3.

21. Schema und theilweise Ausführung des Tempels von Pozzuol. Rath Helbig, wegen der Jagemannischen Verlassenschaft, auch meteorologischen Angelegenheiten. Concepte corrigirt. Manches vorbereitet. Mittag zu fünfen. Nach Tische den Tempel von Puzzuol vorgenommen und die citirten Stellen durchgesehen. Abends für mich. Briefconcepte berichtigt.

22. Früh Herr von Cotta auf seiner Durchreise nach Leipzig; eigene und fremde Angelegenheiten mit ihm durchgesprochen. Neue Sendung der Boisseréeschen Steindrücke durch ihn erhalten, auch Text zu dem Domwerke. Briefe mundirt. Inhalt von Kunst und Alterthum. Einiges am Tempel zu Puzzuol. Mittag zu fünfen. Nach Tische Tempel von Puzzuol, ingleichen Briefe auf morgen vorbereitet. Abends Gräfin Line Egloffstein, Ottilie, der Herr Canzler, Generalsuperintendent Röhr, Hofrath Meyer und Soret.

23. Nachricht von dem bessern Gesundheitszustand der Frau Großherzogin. Nebenstehendes: Herrn Dr. Weller Quittungen zurück. Herrn Ludwig Schrön Bibliothèque universelle nach Jena. — Manuscript zum Tempel von Puzzuol durch=

gesehen. Hofrath Meyer wegen Prellers Reise nach Dresden. Briefe für morgen. Professor Renner und Oberbaudirector Coudray, wegen des neuen Gebäudes der Veterinärschule. Mittag zu fünfen. Nach Tische Tempel zu Puzzuol. Abends Professor Riemer, mit ihm den Aufsatz durch= gegangen. Sodann Oberbaudirector Coudray, über das Jenaische Gebäude weitere Unterhal= tung und Vorschläge. Leonhards Aushänge= bogen 3.

24. Nachricht von dem verschlimmerten Gesundheits= zustande der Frau Großherzogin. Expeditionen für die morgende Reise meines Sohns nach Jena. Mit Revidiren der nächsten Druckbogen fortge= fahren. Mittag zu fünfen. Nach Tische die neapolitanischen Kupferwerke durchgesehen. Auch Wolfen Bilder gezeigt und ausgelegt. An Hof= rath Meyer 15 Thlr. für Preller. Abends für mich; von Hoffs Geschichte der Erdoberfläche. Wenige Besserung der Frau Großherzogin. — Herrn Geh. Rath von Leonhard nach Heidel= berg. Herrn Präsident Nees von Esenbeck nach Bonn.

25. Ungünstige Nachrichten von dem Befinden Jhro Hoheit. Abschrift des Aufsatzes über den Tempel des Jupiter Serapis. Professor Köhler von Rostock mit Zeichnungen alter aufgefundener Ge= fäße, Waffen, Geräthe und sonstiger Merkwürdig-

leiten der mecklenburgischen Lande; von Rostock kommend brachte er Grüße von Herrn von Voth. Vorher Schwerdgeburth wegen der Tafel zum Tempel. Der junge Preller, um Abschied zu nehmen, nach Dresden gehend. Mittag zu fünfen. Schwankende Nachricht von dem Befinden der Frau Großherzogin. Gegen Abend Herr Canzler von Müller, Professor Riemer. Mit letzterm Gespräch über die höheren Angelegenheiten der Naturforschung. NB. Die gestern eingezeichneten Briefe gingen erst heut ab.

26. Nebenstehende Expeditionen: Verordnungen 2 an Rentamtmann Müller. Eine an Färber nach Jena, die Wohnung der Veterinäranstalt betreffend. Herrn Geh. Justizrath Martin dahin, die Sternwarte betreffend. — Herr Professor Riemer; Abrede mit demselben wegen des französischen Werkes. Mittag zu fünfen. Ungewisser Krankheitszustand der Frau Großherzogin. Mit Wolf die Albrecht Dürerschen Steindrücke besehen. Abends Hofrath Meyer, Oberbaudirector Coudray und Herr Soret.

27. Nebenstehenden Brief: Herrn Staatsminister Grafen Bülow nach Berlin. In den Geschäften manches geordnet und vorbereitet. Die Nachrichten von Serenissimae Krankheit verbesserten sich nicht. Meteorologisch-graphische Darstellung. Mittag zu fünfen. Nach Tische

mancherley vorbereitet. Abends Professor Riemer.
Mit ihm den puzzuolischen Tempel durchgegangen.
Herr Canzler von Müller. Untröstliches Billet
von Hofrath Rehbein.

28. Hofrath Rehbein persönlich bessere Nachrichten
bringend. Fortsetzung manches Angefangenen.
Reinschriften verschiedener erster Concepte. Drey
Kaufleute aus Berlin auf der Durchreise, der
eine mit Namen Rauch. Mittag zu fünfen.
Sendungen von Berlin, Bonn, Darmstadt. Mit
Betrachtung darüber beschäftigt. Abends Hof=
rath Meyer.

29. Zu den verschiedenen Heften manches redigirt.
Promemoria an Herrn Peucer wegen der Recen=
sion des Pariser Werks. Schwerdgeburth Probe=
druck des puzzuolischen Tempels, Versuch die
meteorologische Platte auf Pappelpapier zu
drucken. Der Wirth von Hetschburg seinen Sohn
zur Zeichenschule empfehlend. Mittag zu vieren.
Mein Sohn machte eine Fußtour. Nach Tische
die verschiedenen Hefte vorgenommen. Abends
Herr Soret und Oberbaudirector Coudray. Wurde
der Palast von Caserta angesehen.

30. Nebenstehendes expedirt: Wesselhöfts Drucke=
rey Kunst und Alterthum, auch zur Naturwissen=
schaft. An Conducteur Schrön, auf die
Sternwarte bezüglich, nach Jena. Herrn Hof=
rath Döbereiner, wegen der Kugeln von

Greifswalde, dahin. — Dann die Inhaltsverzeichnisse der Hefte mundirt und complettirt. Promemoria an Peucer. Das Nächste zu den sämmtlichen Heften durchgedacht und verzeichnet. Sendung an J. K. H. den Großherzog der bunten nachgeahmten Edelsteine. Mittag zu fünfen. Nach Tische den Prospectus des Bergdirectors Mayer durchgegangen. Abends Professor Riemer. Erst mit ihm Kupfer besehen, sodann die Peucerische Angelegenheit durchgesprochen. Es waren Gipse von Berlin angekommen.

Mai.

1. Berliner Musterbilder. Serenissimus und Hofrath Rehbein. Geh. Referendar Helbig, wegen einiger meteorologischen Angelegenheiten. Mittag zu vieren. Nach Tische Chromatisches vorgenommen. Paläophron und Neoterpe von Schubarth. Abends Oberbaudirector Coudray, hernach Canzler von Müller. Letzterer von Kriegs- und Unterhandlungsgeschichten erzählend. Von Humboldts Essai géognostique.

2. Einiges zu den neuen Heften. Schreiben von Riemer wegen Rameau's Neffen. Kleiner Aufsatz darüber. Wahl, Professor von Jena, seine Disputation bringend. Professor Werneburg. Mittags zu fünfen. Nach Tische prosaische Übersetzung von Hermann und Dorothea. Gegen

Abend Professor Riemer; manches zu den Heften
Gehöriges mit ihm durchgegangen.
3. Verschiedenes auf die Übersetzung der Hommes
célèbres de France dictirt. Anderes auf die Hefte
bezüglich. Um 12 Uhr die jungen Herrschaften.
Mittag zu fünfen. Sodann fortgesetzt die mor=
genblichen Bestrebungen. Humboldts Essai géognostique. Hofrath Meyer, war vorher Gräfin
Line mit einem Gruß von J. K. H. der Groß=
herzogin dagewesen.
4. Den Abschluß von Kunst und Alterthum besorgt.
Einiges nachgetragen. Die barometrische Tafel
beseitigt. Sonstiges vorwärts durchgedacht. Fräu=
lein Ulrike fuhr nach Denstedt als Brautjungfer.
Hofrath Rehbein berichtete die wohlzugebrachte
Nacht der Großherzogin. Brief an Geh. Ober=
regierungsrath Schultz. Einiges an meiner franzö=
sischen Übersetzung. Litterar=Notizen. Mittag zu
fünfen, Hofrath Rehbein speiste mit. Nach Tische
fortgesetzte Betrachtungen von heute früh. Abends
Fräulein Ulrike von der Hochzeitfeyer erzählend.
Hofrath Meyer, der abgerufen wurde.
5. Brief an Schultz mundirt. Einiges zur vor=
läufigen Recension des französischen Litteratur=
werkes. Spazieren gefahren um's Webicht und
am untern Garten her. Mittag zu vieren. Fräu=
lein Ulrike war bey von Vibras. Hofrath Meyer
wegen einer Badereise. Coudray Zeichnungen zu

Grabmälern vorweisend. Professor Riemer den 10. Bogen Kunst und Alterthum revidirt bringend. — Herrn Bergdirector Mayer nach Gengenbach.

6. Aufsatz über das französische Werk Hommes célèbres de France. Nachricht von Körnern wegen beabsichtigten diebischen Anschlags auf die Sternwarte. Spazieren gefahren mit Walther in den untern Garten. Mittag zu fünfen. Abends Herr Soret, welcher zum Thee blieb.

7. Nebenstehende Expeditionen und anderes auf die Jenaischen Museen Bezügliches: Herrn Wesselhöfts Druckerey Revisionsbogen 10 nach Jena. Herrn Dr. Körner, mit Protocollabschrift, dahin. Herrn Bergrath Lenz, autorisirter Schrank-Anschlag, dahin. Herrn Hofrath Döbereiner, Rücksendung des Dienemannischen Catalogs, dahin. Herrn Geh. Oberregierungsrath Schultz, nach dem Concept, Berlin. — Mittag zu fünfen. Vorher Graf Canicoff. Nach Tische zu den nächsten Heften das Manuscript abermals durchgesehen. Abends Hofrath Meyer, Professor Riemer; den Aufsatz über das französische Werk gelesen. Canzler von Müller.

8. An den Heften zur Morphologie und Naturwissenschaft. Privatdocent Naumann von Jena. Maler und Restaurateur Thioli von Berlin. Chansons par M. J. P. de Béranger. Die jungen

Herrschaften um 12 Uhr. Mittag zu fünfen.
Nach Tische Vorbereitung im gewölbten Zimmer.
Fortarbeit an den nächsten Heften. Revisions=
bogen 10 zur Wissenschaft. Abends Hofrath
Meyer. Verabredung wegen Thioli's. Notizen
wegen dessen mitgebrachter Kunstwerke. — Brief
a n Will nach Schweinfurt.

9. Nochmalige Abschrift der Hommes célèbres etc.
für Herrn Grafen Reinhard. Vorarbeiten zu
den nächsten Bogen der Naturwissenschaft. Hof=
rath Meyer war beschäftigt Thioli umher zu
führen. Spazieren gefahren gegen Belvedere.
Mittag zu fünfen. Hofrath Meyer, Abrede wegen
Thioli's auf morgen. Professor Riemer; ver=
schiedenes mit ihm durchgegangen und besprochen.
Canzler von Müller auf kurze Zeit.

10. Nebenstehende Expeditionen: An Wesselhöfts
Druckerey Revisionsbogen E. Naturwissenschaft,
Manuscript zum Schluß von Kunst und Alter=
thum IV, 2. Herrn Hofrath Voigt, wegen
der von dem Docenten verlangten Erlaubniß,
ingleichen das Cammer=Communicat wegen des
Laubrechnens. Herrn Bergrath Lenz, Klagen=
furter Brief zurückgesendet. — Herr Hofrath
Meyer und Thioli, geschnittene Steine vorweisend.
Mittag zu fünfen. Das nächste Manuscript zum
naturwissenschaftlichen Heft betrachtet. Abends
Oberbaudirector Coudray. Hofrath Meyer hatte

nach Tische referirt die Restaurations-Unterhaltung mit dem Italiäner, ferner den Werth des Gemäldes, ausgegeben für Correggio.

11. Zur Naturwissenschaft Bogen F. und G. besorgt. Tedeum wegen Wiedergenesung der Frau Großherzogin. Mittag Oberbaudirector Coudray, Hofrath Meyer und Rehbein. Blieben zum Theil bis gegen Abend. Hofrath Meyer kam zurück. Theilweise Illumination der Stadt.

12. Zur Kenntniß von Böhmen. Schema und einige Puncte weiter ausgeführt. Professor Müller wegen eines Badeurlaubs. Geh. Rath von Schmidt, sein Werk über den Nachdruck bringend. Ordnung in zerstreuten Papieren. Mittag mit Walther allein. August war bey Hofe und die Frauenzimmer nach Jena. Paralipomena gemustert. Hofrath Meyer hatte mit Thioli auf morgen Abrede genommen. Abends Professor Riemer. Einiges zur Wissenschaftslehre durchgegangen. Die neuen Zürcher antiquarischen Bemühungen.

13. Einige Concepte und Munda. Herr Thioli und Frau, geschnittene Steine und Gemälde vorzeigend. Herr Hofrath Meyer und Professor Riemer als Beschauende. Einige Büchersendungen. Staatsrath Schweitzer und Minister von Lindenau wegen der Sternwarten-Angelegenheit. Mittag zu vieren. Vorher spazieren gefahren mit Ottilien. Nach Tische die Paralipomena fortgefahren

zu sortiren. Abends Herr Soret, einiges Mineralogische und Geologische durchgearbeitet.
14. Früh ein italiänischer Antiquar. Solchen an Herrn von Spiegel gewiesen. Cammerherr Graf Bose, Cammerherr von Baumbach. Herzog von Meiningen und Erbgroßherzog. Mittag zu fünfen. Nach Tische Paralipomena geordnet. Abends Canzler von Müller. Übersicht der landschaftlichen Verhandlungen. — An Wesselhöfts Druckerey, zum Bogen F. der Naturwissenschaft. Herrn Polizeyrath Grüner nach Eger, Aushängebogen wegen Firnstein.
15. Gedichte mundirt. Herr von Cotta. Graf Luxburg. Drey Herren aus dem Gefolge des Königs von Bayern. Zu Tische Herr von Cotta. Nachher Canzler von Müller. Gruß von Dr. Kapp in Dresden durch seinen Schwiegersohn. Hofrath Meyer wegen Thioli's Unterbringen. Die Paralipomena durchgearbeitet.
16. Abschriften zum neuen Manuscript der Paralipomena. Ihro Majestät der König von Bayern und der Großherzog K. H. Zu Tische fünf Personen, war Nicolovius von Schleusingen angekommen. Sodann an Ordnung der Paralipomena fortgefahren. Abends Professor Riemer, den Anfang der Paralipomenen mit ihm durchgegangen.
17. Hofrath Meyer wegen Thioli's. Fortgesetzte Abschriften der Paralipomena. Nebenstehende Ex-

pebitionen: Herrn Major von Knebel, inliegend ein Brief an Dr. Nöhden, nach Jena. An Färber den gemalten Hasenkopf für's Zoologische Museum dahin. Academische Bibliothek Hamanns Schriften. Herrn Geh. Oberregierungsrath Schultz, Fortschritte des Steindrucks, nach Berlin. Herrn Graf Reinhard nach Frankfurt a. M., litterarische Anzeige für Paris. Herrn Graf Caspar Sternberg nach Prag. — Der Italiäner mit geschnittenen Steinen und sonstigen Alterthümern. Graf Pappenheim, Generaladjubant des Königs. Mittag zu fünfen. Nach Tische Oberbaudirector Coudray. Abends Tasso. Für mich die Meyerische Sendung und das Sonntagsblatt durchdenkend.

18. Die Facsimiles von Compter an Seine Majestät den König von Bayern. Munda fortgesetzt zu den Paralipomenen. Um 11 Uhr die Königin von Bayern, Erbgroßherzog und Erbgroßherzogin Hoheiten. Um 12 Uhr die bayerischen und hiesigen Prinzessinnen mit Gefolge. Mittag zu sechs; Nicolovius war gegenwärtig. Nach Tische Herr Canzler von Müller. Abends für mich. Die bisherigen Studien fortgesetzt.

19. Nebenstehende Expeditionen: A Madame la Comtesse de Chassepot, née Baronne de Knabenau, à Paris. An Fräulein Mathilde von Bülow nach Altona bey Hamburg.

An Frau Gräfin O'Donell nach Wien. — Conducteur Schrön wegen meteorologischen Angelegenheiten. Mittag zu sechsen; Nicolovius als Gast. Nach Tische Paralipomena. Abends mehrere Personen zum Thee. Oberconsistorialdirector Peucer, wegen des Aufsatzes für Paris.

20. Nebenstehende Expeditionen. Einiges zu den wissenschaftlichen Heften. Demoiselle Martini ein Bild bringend. Der junge von Heygendorff als zu Pfingsten Confirmirter. Starker Regen mit wenig Donner. Die Kinder waren in Tiefurth. Mittag zu sechsen; Nicolovius als Gast. Nach Tische Reisigs Ödipus. Abends Thee. Vielfache Unterhaltung.

21. Auf den Abschluß des naturwissenschaftlichen Heftes losgearbeitet. Zwey Hefte Minerva und Miscellen von Bran. Graf und Gräfin Palffy. Graf Luxburg, Gräfin Schulenburg. Graf Bose. Nachher Le Comte Salazar und Comte Wladimir Mouchin Pouchkin. Letztere durch einen Regen aufgehalten, wurden durch das Bolognesische Portefeuille einigermaßen entschädigt. Mittag zu fünfen; Nicolovius gegenwärtig. Nach Tische Nächstherauszugebendes durchgesehen. Abends Hofrath Meyer. Sendung von Sartorius. — Verordnung an Herrn Hofrath Voigt, eingeschlossen die zu autorisirenden Quittungen, inliegend: Verordnung an Rentamtmann Müller, wegen Aus-

zahlung derselben. An Buchdrucker Schwabe, rückgesendet Kupfer und Formbuch, nach Jena.

22. Abschluß der sämmtlichen Hefte Annäherung. Schrön Abschied nehmend, einige Aufträge erhaltend. Fortgesetzte Arbeit. Abschluß des Heftes zur Naturwissenschaft an Riemer. Besuch von Herrn von der Hagen auf seiner Durchreise nach Brüssel und Paris; er übergiebt seine schriftliche und bildliche Darstellung der alten Heldengeschichten. Sendung des 11. Bogens Kunst und Alterthum von Jena. Deßgleichen von Berlin. Gemmenabdrücke; Bürdes Pferde 3. Abtheilung. Reisigs Ödipus auf Colonos. Abends Hofrath Meyer. Oberbaudirector Coudray, welcher die Geschichte von der versperrten Chaussée erzählte. Professor Riemer. Vorgewiesen die Terracottas des Londner Museums. Ferner die deutschen Heldenbücher des von der Hagen. Mit Professor Riemer später den 11. Bogen Kunst und Alterthum und sonstiges auf die Hefte Bezügliches. Nachts Sartorius neueres Rußland, in Spittlers Entwurf.

23. Einiges geordnet und gefördert. Staatengeschichte von Spittler und Sartorius gelesen. Mit Walther um's Webicht spazieren gefahren. Mittag zu sechsen. Nicolovius. Gegen Abend Hofrath Meyer. Canzler von Müller von Allstedt kommend. Professor Riemer; mit demselben den 11. Bogen

Kunst und Alterthum durchgegangen. Terminologie griechischer Dramatiker.

24. Bogen 12 Kunst und Alterthum von Jena. Schönes Rohrstück aus den Steinkohlen vom Cammerberg durch Mahr. Absendungen vorbereitet. Um 11 Uhr der Frau Großherzogin zum erstenmal aufgewartet. Mit dem Kind spazieren gefahren. Mittag zu fünfen. Nach Tische die Angelegenheit der neuen Ausgabe überdacht. Frau Cammerherrin von Egloffstein. Abends Hofrath Meyer, das Spittler-Sartoriusische Werk. Dasselbe auch Nachts für mich fortgelesen. — Herrn Wesselhöfts Druckerey, Revisionsbogen 11 Kunst und Alterthum, Schluß des Bogen F. zur Naturwissenschaft, nach Jena.

25. Briefe dictirt. Auf das wissenschaftliche Heft Bezügliches vorgenommen. Zelters Briefe rangirt. Professor Kosegarten. Herr Soret. Der junge Müller hatte das Porträt von dem Landstand Zeutzsch aufgestellt. Mittag zu fünfen. Zelters Briefe von 1805 und 6. Jacobi gegen Mendelssohn. Professor Riemer, den 12. Bogen zu Kunst und Alterthum durchgearbeitet und abgeschickt. Nachts Sartorius. Spielte Eßlair im Theater den Theseus. — 12. Bogen revidirt an Wesselhöft durch einen Boten.

26. Bogen 4 zur Morphologie vorgenommen. Haydons Vergleichung der antiken Pferdeköpfe. Thioli

wegen Restaurationen und Gemälde-Handel. (Geh.
Legationsrath Conta, politische Correspondenz
bringend. Spazieren gefahren um's Webicht mit
Walther. Mittag zu fünfen. Nach Tische Jacobi
gegen Mendelssohn. Abends Professor Riemer;
den zurückgekommenen zwölften Bogen mit ihm
revidirt. Die mitgetheilten Politica gelesen. Herr
Hofrath Meyer, Verabredung wegen Thioli's Be=
zahlung und Ausstellung. — Herrn Hofrath
Sartorius nach Göttingen. Den 12. Bogen
an Wesselhöft mit der Abendpost.

27. Herr Hofrath Meyer, welcher bey Serenissimo
gewesen und die Sache wegen Thioli's arrangirt,
auch das Weitere bey Professor Müller besorgt.
Mit Heften der Zelterischen Briefe zugebracht.
An Professor Riemer einiges zur Morphologie.
Spazieren gefahren um's Webicht mit Walther.
Den Abschluß der naturwissenschaftlichen Hefte
überdacht. Abends Theegesellschaft, siehe Fol. 1
des Tagebuchs. — Herrn Genast Retzschens
Faust für Herrn Dr. Küstner in Leipzig.

28. Beschäftigung mit älteren Briefen; von 1801 an
die Zelterischen ausgezogen, die Schillerischen ge=
zeichnet. Herr Frommann seine Wiederkunft von
Leipzig meldend; die bevorstehende Reise seines
Sohnes recapitulirt. Spazieren gefahren mit
Walther um's Webicht. Mittag zu fünfen. Nach
Tische Jacobi, herrliche Stelle von Hamann. Hof-

rath Meyer. Besorgung von Thioli's Ausstel=
lung. Abends Fräulein Ulrike aus Tell kom=
mend; erzählte von Eßlairs Spiel und Weimari=
schen Gesellschafts-Händeln.

29. Früh ein Blättchen für den jüngern Soret ge=
schrieben. Schillers Briefe von 1801 an auf=
gesucht. Meteorologische Betrachtungen. Lieber,
der mir seinen Freyschütz vorwies. Ward dem=
selbigen das Honorar für die colorirten Skizzen
ausgezahlt. Herr Hofrath Meyer wegen der
Thiolischen Ausstellung. Fuhr mit demselben
hin und freute mich sehr an Herodes und Hero=
dias, nach meiner Vermuthung von Paul Veronese.
In dem untern Garten, wo ich meinen Sohn
fand. Mittag zu sechsen. Hofrath Rehbein war
gebeten einen Trappen verzehren zu helfen. Nach
Tische Herr Canzler von Müller. Die Kinder
fuhren nach Tiefurth zu Thee und Ball. Abends
Hofrath Meyer; Bemühungen das Geschäft mit
Thioli zu beendigen.

30. Schillers Briefe aus den Heften gesammelt von
1801—5 complett. Von 1794 einige Jahre schema=
tisch behandelt. Spazieren gefahren mit Fräulein
Ulriken. Mittag zu fünfen. Nach Tische die geord=
neten Schillerischen Briefe durchgelesen bis Abends.
Hofrath Meyer. Oberbaudirector Coudray, die
Aufstellung der Bilder des Prinzen im Jägerhause,
sodann die übrigen. Über Eßlairs Übelbefinden.

31. Tagebücher und Bericht von Jena. Professor Müller, wegen dem Aufhängen der Bilder. Die Schillerschen Briefe von 1800 und 1799 ausgehoben. Spazieren gefahren mit Walther um's Webicht. Mittag zu fünfen. Nach Tische Studien der Schillerschen Briefe mit Zuziehung gedachter Jahre. Abends Hofrath Meyer wegen Besorgung der Zeichenschule in seiner Abwesenheit. Anfrage wegen Sorets Reise. Betrachtungen über den hohen Barometerstand im Sommer.

Juni.

1. Schillersche Briefe ausgeschnitten. Absendungen vorbereitet. Frau von Schiller und von Wolzogen. Herr Professor Riemer, das d'Altonische Manuscript bringend. Mittags Hofrath Rehbein. Nach Tische Illumination vorbereitet. Hofrath Meyer; mit demselben und Walther durch die Stadt gefahren. Die Illumination war schön und das Wetter günstig. Nachts mit August über die Jenaische Expedition.

2. Nebenstehende Expeditionen: Communicat an das Landschafts-Collegium, wegen Posselts Wittwe. Verordnung an Cammercalculator Hoffmann, wegen Schröns Gehalt. Herrn Geh. Legationsrath von Hoff, die Revisionsbogen wegen des Tempels zu Puzzuol nach Gotha. Herrn von Rennenkampff nach Olden-

burg. Empfehlung Thioli's. — Herr Thioli und
Frau, Abschied zu nehmen. Schillers Briefe von
1797 ausgehoben. Vorgearbeitet; der Umschlag
zu Kunst und Alterthum. Mittag zu fünfen.
Abends Herr Soret, Hofrath Meyer und Canzler
von Müller. Mit ersteren Verhandlung über
die Barometerstände. Auch war früher Professor
Riemer dagewesen.

3. Schillersche Briefe ausgesondert. Kam Herr von
Knebel und Dr. Weller. Wartete der Frau Groß=
herzogin auf, ingleichen den Prinzessinnen, dem
Prinzen und dem Erbgroßherzog. Speiste mit
Knebel und Weller. Unterhaltung nach Tische
mit den Münzen. Gegen 5 Uhr Abfahrt. Abends
Hofrath Meyer, Soret und Coudray. Eckermanns
Aphorismen gelesen. Griechenlieder von Leipzig
erhalten. Der Seiltänzer stieg vom Fürstenplatz
auf den Schloßthurm.

4. Bericht von Schrön mit den gedruckten meteoro=
logischen Blättern des vorigen Jahrs nebst Nach=
trag. Bericht an den Großherzog. Kleine Notiz
an den abreisenden Herrn May. Hofrath Reh=
bein und Stark jun. von Jena. Mittag zu
fünfen. Walther in's Panorama geschickt. Fräu=
lein Adele, ihr die Umrisse nach Fiesole gezeigt.
Abends Professor Riemer, die Nubischen Alter=
thümer durchgesehen, ingleichen höhere Ansichten
der gegenwärtigen politischen Lage.

5. Briefe vorbereitet. Geh. Referendar Helbig, wegen
Schröns letztem Bericht; Übereinkunft mit demselben. Gespräch über Constitution und Land-
tag. An Briefen fortgefahren. Mittag zu fünfen.
Nach Tische die morgentlichen Briefe durchgesehen.
Sartorius Staatengeschichte. Mein Sohn blieb
in Jena übernacht.
6. Serenissimus wegen der Marienbader Reise. Nächst
abzusendende Briefe dictirt, revidirt, mundirt.
Expedition nach Jena vorbereitet. Mittag zu
dreyen. Mein Sohn war noch in Jena geblieben.
Die Kinder waren bey der Urgroßmama. Nach
Tische kam mein Sohn. Nachricht wie es in Jena
aussehe. Héron de Villefosse, hauptsächlich Steinkohlen. Abends für mich.
7. Leibchirurgus Kämpfer, über die Gesundheit der
Großherzogin. Briefe mundirt und concipirt.
Mittag zu fünfen. Nach Tische Héron de Villefosse. Abends Hofrath Meyer, Professor Riemer,
Oberbaudirector Coudray. Letzterer gab Nachricht von der fürstlichen Grabstätte; dem neuen
Bau gegen dem Schauspielhaus über. Canzler
von Müller blieb zuletzt; Eröffnung einiger No-
vissimorum. — Supplement an Wesselhöft
nach Jena. An Schrön, der Abschluß der
meteorologischen Notizen wie sie in's Publicum
kommen sollen.
8. Berichtlicher Vortrag meines Sohns über seine

letzte Expedition in Jena. Briefe ferner con=
cipirt und mundirt. Mittag zu fünfen. Die
Kinder nach Tiefurth. Walther in's Panorama
und zum Seiltänzer. Abends Hofrath Meyer.
Herr Soret. Über Einwirkung der Mathematik
in physische Dinge. — Abänderung der gestrigen
Sendung an Wesselhöft.

9. Auf's neue Repositorium die Bücher provisorisch
eingeräumt. Briefe fortgesetzt und mundirt. Um
1 Uhr zu Suhr auf das Stadthaus, die Panora=
men zu sehen. Mittag zu fünfen. Nach Tische
Bolognesische Schule, Grimaldi's eingeräumt.
Walther dazu kommend und die Bilder durch Ge=
sang erklärend. Abends Hofrath Meyer. Canzler
von Müller. Eckermann von Hannover meldete
sich. Ward auf morgen bestellt. — An Herrn
Geh. Rath Leonhard nach Heidelberg. Herrn
Anton Rab'l nach Frankfurt a. M.

10. Bericht an Serenissimum wegen Müller. Brief
an Nees von Esenbeck. Abschrift des Räthsels
von Lord Byron. Um 12 Uhr Eckermann von
Hannover. Mittag zu fünfen. Nach Tische in
Ordnung gebracht, was zu Kunst und Alterthum
nächstens abzudrucken ist. Abends Hofrath Meyer
und Soret. Die Frauenzimmer. Vorher mit
Walthern Kupfer gesehen und erklärt.

11. Nebenstehende Expeditionen: Herrn Geh. Hof=
rath von Cotta, Eckermanns Brief und Manu=

script, Stuttgardt. Ingleichen eigenes Schreiben deßhalb in Verknüpfung mit andern Geschäften. Herrn Baron von Stein nach Breslau. An= kündigung der Radirungen. Herrn Geh. Ober= regierungsrath Schultz nach Berlin, mit Eckermanns Brief. Herrn von Stein die Radirungen auf einer Rolle, Breslau. Herrn von Cotta das Packet von Eckermann, Stutt= gardt. Herrn Graf Reinhard Abdruck des Aufsatzes für Paris und Übersetzung, Frank= furt a. M. — Um 12 Uhr Eckermann. Um 1 Uhr der Erbgroßherzog. Mittag zu fünfen; Hofrath Rehbein speiste mit. Nach Tische Fräulein Adele. Sodann Professor Riemer; mit demselben den vierten Bogen Morphologie durchgegangen. Ande= res tiefer in die Wissenschaften und das Leben Führendes durchgesprochen.

12. Zur Correspondenz, ingleichen zu den laufenden und folgenden Heften vorbereitet und geordnet. Allein spazieren gefahren nach Belvedere; im obern Garten umher gegangen. Mittag zu vieren. Walther war bey Abelen zum Geburtstage. Nach Tische naturwissenschaftliche Manuscripte durch= gesehen und einigermaßen geordnet. Abends Hof= rath Meyer, Publica und Privata besprochen. Nachts mein Sohn; über Hof= und Familien= Verhältnisse. — Herrn Wesselhöft, Bogen F. Naturwissenschaft, Jena.

13. Die Mayerischen Mineralien ausgepackt und angesehen. Concipirt das Nöthige für Elkan wegen der 800 Thlr. Um 12 Uhr Herr Domherr von Ambach und Rath Vulpius. Nebenstehende Expeditionen: An die Cottaische Buchhandlung Assignation auf 25 Fl. 12 Kr. zu Gunsten des Bergdirectors Mayer in Gengenbach. Avisbrief und Schreiben an letzteren. Herrn Präsident Nees von Esenbeck, bezüglich auf die Recension in der Litteratur-Zeitung, nach Bonn. — Professor Müller, um Abschied in's Bad zu nehmen. Mittag zu fünfen. Nach Tische Papiere zur Naturwissenschaft u. s. Abends Hofrath Meyer, Canzler von Müller. Württembergisches Ereigniß durchgesprochen.

14. Aufgeräumt. Nachricht von Jena wegen eines vierteljährigen Aufenthalts. Nachrichten von Lenz. Briefe concipirt. Mineralien geordnet. Sonstiges vorbereitet zur nahenden Abreise. Mittag zu vieren. Ottilie war in der Auction. Nach Tische abermals Mineralien geordnet. Sendung von Herrn von Schreibers. Frankfurter Protocoll wegen der württembergischen Angelegenheiten. Hofrath Meyer. Demselben communicirt. Professor Riemer; demselben die Gengenbacher Sendung vorgelegt. Brasilianische Reisen österreichischer Naturforscher durchgelesen. Conversation deßhalb.

15. Abschrift des Briefes an Grafen Sternberg. Den Abschluß des Heftes zur Wissenschaftslehre befördert. Die brasilianischen Nachrichten gelesen. Ingleichen mehrere Briefe und Antworten bedacht. Das Portefeuille für Gräfin O'Donell arrangirt. Nachricht von dem leiblichen Befinden der Frau Großherzogin zur bevorstehenden Abreise. Brief=Munda. Mittag zu fünfen. Mein Sohn hatte den Hofdienst. Leibmedicus Rehbein speiste mit. Nach Tische brasilianische Nachrichten fortgesetzt. Abends Hofrath Meyer und Canzler von Müller. Die neusten Frankfurter Verhandlungen wegen Württemberg besprechend.

16. Fortgesetzt und verschiedenes nachgetragen. Briefe concipirt. Bey Suhr in den Panoramen. 800 Thlr. von Elkan. Sendung von Berzelius, Schrön, Wesselhöfts Druckerey. Der junge Eckermann; ich übergab ihm die Frankfurter Recensionen im Manuscript. Mittags zu vieren; mein Sohn hatte den Hofdienst. Nach Tische das nothwendige Manuscript zu G. und H. zusammen gestellt. Auch zu künftigen Heften den Inhalt überlegt. Abends Hofrath Meyer, Soret und Professor Riemer. Ersterer mit Zeichnungen beschäftigt, der zweyte mit der brasilianischen Reise, mit dem dritten betrachtete ich die von Gengenbach und Stockholm angekommenen Mineralien.

17. Die Schrönschen Papiere an Helbig. Munda in

oberaufsichtlichen Angelegenheiten. Verschiedenes
auf morgen vorbereitet. Bey J. K. H. der Frau
Großherzogin. War vorher der Herr Erbgroß=
herzog bey mir gewesen. Kam Herr Soret, Ab=
schied zu nehmen; ich übergab ihm einige Wünsche
schriftlich. Besorgung des vordern Mineralien=
Schranks. Spazieren gefahren um's Webicht mit
Ottilien und Walthern. Mittag zu vieren. Nach
Tische Einrichtung des Schrankes. Aushänge=
bogen von Kunst und Alterthum IV, 2. Abends
Herr Canzler von Müller, Hofrath Meyer, von
Froriep, Herr Soret. Zuletzt Gräfin Henckel
und Frau von Pogwisch. Scherz über Naglers
Verdienste.

18. Fuhr die Frau Großherzogin ab. Kräuter
wegen Eckermann. Hofrath Voigt von Jena;
seine Krankheitsgeschichte erzählend, wie auch in
Fakultätsangelegenheiten. Geh. Referendar Hel=
big, Meteorologisches und anderes. Eckermann,
Nachrichten von seinen bisherigen Arbeiten und
Betrachtungen, auch gemachten Bekanntschaften.
Mittag zu fünfen. Einige Mineralien in den
vordern Schrank geräumt. Durchsicht des Ma=
nuscripts zu den nächsten Heften. Abends Pro=
fessor Riemer, wegen Abschluß des natur=
historischen Heftes. Verhandlung über die all=
gemeine Anwendbarkeit philosophischer spezial
scheinender Sätze. — Güldenapfel die Tage=

bücher nach Jena. Herrn Wesselhöfts Drucke=
rey Manuscript zu Erfüllung des Bogen G.,
ingleichen Haupt= und Schmuztitel, Jena. Rent=
amtmann Müller, Moneta der letzten Rech=
nung, dahin. Herrn Dr. Weller, an Ecker=
mann abgegeben.

19. Oberaufsichtliche Geschäfte. Sodann Briefe dictirt.
Anderes vorbereitet. Knebels Brief, übersendend
ein Heft von Schweigger. Mittag zu fünfen.
Cleavelands Mineralogie. Titanite aus Schweden.
Professor Schweiggers Abhandlung über eine elec=
trische Lufterscheinung pp. Entschluß an seiner
Gesellschaft Theil zu nehmen. Ganz allein. —
An Wesselhöfts Druckerey Abschluß des
naturhistorischen Hefts, Jena. Herrn Medi=
cinalrath Meyer nach Minden.

20. Briefe vorbereitet und mundirt. Herr Genast
seine Tochter anmeldend. Eckermann; ich über=
gab ihm meine Recensionen in die Allg. Litt.
Zeitung. Geh. Secretär Müller, den autorisirten
Paß bringend. Oberbaudirector Coudray, bessere
Nachricht von Hofrath Meyer aus Gotha bringend.
Handelsmann Castro von Altona, wahrscheinlich
aus portugisischem Judenstamme. Mittag zu
sechsen; Hofrath Rehbein speiste mit. Nach Tische
Kritik der geologischen Theorie von 1821. Abends
Canzler von Müller; abermals neuere typographi=
sche Händel besprechend.

21. Die bisherigen Expeditionen gefördert. Nachricht vom bessern Befinden des Hofraths Meyer durch Soret. Besuch von Madame Unzelmann und Herrn Genast. Abschiedsbesuch von Eckermann. Mittag zu fünfen. Gegen Abend Mineralien numerirt, beschrieben und einrangirt. Abends Professor Riemer. Bogen G. durchgegangen. Des Nauwerkischen Faust erste Platte betrachtet. Menander und Philemon.
22. Einen Boten nach Jena abgesendet. Nebenstehende Expeditionen: Herrn Grafen Caspar Sternberg nach Prag. Herrn Director von Schreibers, Wien. Herrn Baron von Humboldt nach Berlin. Herrn Major von Knebel nach Jena. Herrn Bergrath Lenz dahin. Herrn Wesselhöfts Druckerey, durch einen Boten. — Manches andere eingeleitet und berichtigt, geheftet und abgethan. Geh. Hofrath Huschke Nachricht bringend von Meyers besserem Befinden und nächster Rückkehr nach Weimar. Mittag zu fünfen. Kam Doris Zelter. Die sämmtlichen Mineralien in das vordere letzte Zimmer gebracht. Entoptischen Apparat durchgesehen. Oberbaudirector Coudray, das neue Veterinärgebäude mit ihm durchgesprochen. Kam der Bote zurück mit der Revision.
23. Briefe concipirt. Manches auf die Abreise vorbereitet. Gedicht an Lord Byron. Nach 12 Uhr

besuchten mich mit Doris Zelter Madame Meyer, ... Mittag Doris Zelter. Entoptische Betrachtungen. Einiges in Ordnung. Abends Professor Riemer, den Bogen G. letzte Revision durchgegangen.

24. Vorbereitung zur Abreise. Briefconcepte, Munda und sonst. Zu Mittag Hofrath Rehbein. Nach Tische Entoptica und sonst eingepackt. Abends Canzler von Müller. Professor Riemer.

25. Sendung des H. Bogens zur Revision von Jena. Mit Einpacken beschäftigt. Maler Scherer zeigte mir die Vorstellung des Kreuzbrunnens. Handelsmann Gerhard und Frau von Leipzig. Mittag zu fünfen. Nach Tische fortgesetztes Einpacken. Professor Riemer wegen des Bogens H. Oberbaudirector Coudray wegen der Eisenacher Schule und der fürstlichen Gruft. — An Herrn Geh. Oberregierungsrath Schultz. Herrn Professor Zelter nach Berlin. Herrn Major von Knebel, Herrn Professor Göttling nach Jena. Herrn Präsident Nees von Esenbeck nach Bonn. Herrn Professor Schweigger nach Halle mit drey Friedrichsd'or. Herrn Soret nach Wilhelmsthal.

26. Weggefahren nach acht Uhr mit meinem Sohn von Jena, wo ich einen Augenblick im botanischen Garten abgetreten war. In Kahla. Zusammen durch die Stadt über die Brücke zum

Schießhaus und weiter zum Erbfall. Abends unterhaltende vertrauliche Gespräche.

27. Um 6 Uhr kommen die Meinigen. Abgefahren halb 9 Uhr, es regnete stark; heiterte sich nach und nach wieder auf. Gegen 10 Uhr in Naschhausen. Halb 1 Uhr in Pösneck. Hofrath Rehbein, Rath Hage kamen um halb 6 Uhr Abends an. Einiges an meiner Biographie. Blieben zusammen im Gasthof.

28. Um 6 Uhr ab von Pösneck. Hofrath Rehbein und Hage eine Stunde früher. Zwischen Pösneck und Volksmannsdorf brach die Waage, wurde jedoch durch eine junge Tanne ersetzt. Es regnete fortwährend. 11 Uhr in Schleiz. Rehbein war schon um 10 Uhr angekommen. Wurde Mittag gehalten. Halb 5 Uhr in Gefell, sehr starker Regen. Ich ließ mir einige weiche Eier sieden. Abends sieben Uhr in Hof. Es heiterte sich auf. Wohnte in der Post.

29. 6 Uhr von Hof. Hofrath Rehbein war eine Stunde früher abgefahren. Wetter leidlich, starker Südwest. Rehau gegen 9 Uhr, einige Augenblicke verweilt. Auf der Höhe vor dem Rehauer Wald zeigten sich vorzüglich schöne Cumulus. Asch 12 Uhr. Begrüßte mich der Postmeister Langheinrich nach seiner Weise derb, lebhaft und wohlgesinnt. Ein Gedicht ward mir von einem hiesigen Naturdichter, einem Mautbeamten und

gar guten Manne von etwa 58 Jahren, über=
reicht, den ich lange sprach und ihn durch manches
erfreute. Hofrath Rehbein fuhr eine halbe Stunde
früher, um Franzensbrunn zu besuchen. Halb
3 Uhr ab von Asch. Sehr schönes Wetter. Nach
5 Uhr in Franzensbrunn. Einige Augenblicke
gehalten. Um 6 Uhr Abends in Eger; in der
Sonne logirt. Rath Grüner besuchte mich so=
gleich. Die Luft hatte sich in reinen West gestellt.

30. Rath Grüner hat seit einem Jahr die wunder=
vollsten Schritte in der Mineralogie gethan; das
Lenzische Compendium, das ich ihm schickte, hat
er zum Grund gelegt und seine Sammlung, die
schon sehr angewachsen ist, darnach geordnet.
Auch andere Compendien hat er zur Vergleichung
herbey gezogen; er übt sich in den äußeren Kenn=
zeichen, welche durch die Augen zu erkennen sind,
fügt hinzu Getast, Geruch und sonstiges Gefühl;
hiermit nicht zufrieden bedient er sich der Rea=
gentien, des Löthrohrs u. s. w. — genug, er hat
die Sache so angegriffen wie ein tüchtiger Ge=
schäftsmann, dem ein neues Fach anvertraut
würde. Zugleich ist er unermüdet im Berg=
besteigen und hat herrliche Sachen gefunden.
Andalusiten so schön als die Tyroler, krystalli=
sirt und in Masse, Menilithe und was sonst.
Von jedem schafft er viele Exemplare zusammen
und fing schon an zu tauschen: die wohlverpackten

Exemplare sendet er mit den Franzensbrunner Krugfuhren, der Freund erhält sie frachtfrey und ist also verpflichtet, die Gegengabe auf gleiche Weise zu übersenden. Dabey hat er sich eine Tabelle der Fundorte gemacht und betrachtet die Badegäste als solche Freunde, die von den bezeichneten Orten ihm Gegenstände liefern, die ihnen vor der Thüre liegen. Man muß recht wissen, was zu einem Geschäft gehört, um es in kurzer Zeit auf diesen Grad zu bringen. Seine Leidenschaft für die Sache wird durch Bemühung und Gelingen nur noch mehr erhöht.

Der junge Fikentscher sprach bey mir ein im Vorbeygehn, da er seinen Vater in Marienbad abzuholen gedenkt. Er fährt fort in fabrikmäßiger Thätigkeit und läßt dabey nicht ab seine Naturstudien zu erweitern. Er nahm viel Theil an dem was wir für Witterungskunde thun und hat mir einigen Beystand und Aufschlüsse versprochen. —

Früh an der Lebenschronik von 1799. Am vergangenen Tagebuch. Einige Briefe: An Frau Gräfin O'Donell nach Wien Packet mit Rabirungen nach meinen Skizzen. Kam Herr Rath Grüner, brachte seine neuentdeckten Mineralien und besprach seinen Tauschhandel. Der junge Fikentscher besuchte mich, referirte von seinem Familienzustand, von dem Brande in Redwitz, nahm Theil an unseren meteorologischen Bemühungen und versprach einiges beyzutragen. Nach Tische Herr Rath Grüner, seine Reisebücher und Bemerkungen mitbringend. Vorliegende Mineralien verzeichnend und andere zusagend. Ausgefahren bis auf die Höhe vor Mühlbach, daselbst merkwürdiges Quarzgestein gefunden. Abends Unterhaltung über dergleichen Gegenstände und weitere Aussicht. Nachts Bote von Marienbad, Antwort durch denselbigen: An Herrn Inspector Grabl nach Marienbad, durch rückkehrenden Boten.

Juli.

1. Stadelmann ging mit der Equipage nach Marienbad. Ich dictirte die Lebenschronik bis 1804 incl. Verbreitete mich weiter über das Ganze, vollendete das Schema von 1822. Bedachte ferner die Hauptepochen. Bemerkte manches was zu thun sey und wie? Fuhr mit Grüner aus, gegen den Siechhof. Um 7 Uhr zurück. Blieb noch einige Zeit mit ihm zusammen. Hatte mich vorher Bürgemeister Finkenscher und Sohn besucht von Redwitz. Ersterer war mit seiner Marienbader Kur sehr zufrieden. Seine Übel waren den meinigen sehr ähnlich gewesen.

2. Die gestrigen Arbeiten fortgesetzt. Kam der Kutscher von Marienbad zurück. Gab ihm Nebenstehendes mit nach Weimar: Herrn Cam-

merjunker und Cammerrath von Goethe
nach Weimar, die glückliche Ankunft meldend.
Herrn Hofrath Meyer dahin. — Um 12 Uhr
Rath Grüner. Wurde eingepackt. Grüner blieb
bis zur Abfahrt, welche halb 3 Uhr erfolgte.
Halb 7 in Sandau. Um 8 Uhr in Marienbad.
War eine Stunde vorher Ihro K. H. der Groß=
herzog eingetroffen. Besuchte mich Hofrath Reh=
bein und Inspector Grabl.

3. Um 5 Uhr aufgestanden. Am Biographischen
fortgefahren. Besuchte Ihro K. H. den Groß=
herzog. Um 11 Uhr zu Hause. Besuchten mich
Präfect Steinhäuser von Pilsen, Kriegsrath Schultz
von Magdeburg, Strometyer und Müller Professor.
Der Herr Prälat, dann Major von Germar.
Graf Gorcey und Rath Graff. Nach Tische am
Selbstbiographischen fortgefahren. Hofrath Reh=
bein. Dr. Heidler.

4. Um 5 Uhr aufgestanden, Brunnen getrunken.
Das Jahr 1822 bis zu Ende geführt. Sonstiges
angeordnet. Herr Dr. Bran besuchte mich. Ich
ging spazieren, hinter dem Badehause weg, den
Waldstieg hinauf bis an die Pragerstraße. Als
ich von da herunter in's Gebüsch kam, erreichten
mich von oben Hofrath Rehbein und Hofrath
Schäffer, Leibarzt des Herzogs von Württemberg.
Ich fand den Großherzog, Herrn Dr. Heidler,
und ging mich auszuruhen. Nach Tische bey der

Fürstin Hohenzollern und Frau Gräfin Loeben. Besuchte mich Fürst Labanoff Rostoff. Fuhr mit Rehbein und seinem Schwager nach der Ferdinandsquelle. Daselbst traf ich den General=superintendent Schuderoff, Frau Präsident Bü=low u. a. m. Waren vorher bey mir Major von Wartenberg, Dr. Scheu. Eine große Gesell=schaft war auf dem Hammer=Hof bey Herrn von Helldorff und zog Abends mit Musik in Prozession herein.

5. Stand um 5 Uhr auf und trank den Brunnen zu Hause. Bearbeitete die Jahreschronik von 1821, machte einen Spaziergang von anderthalb Stun=den. Ruhte aus. Ging zu der Gesellschaft auf der Terrasse. Graf Klebelsberg war angekommen, zusammen zu Grafen Nostitz in der unmittel=baren Nachbarschaft. Gemahlin und Töchter zu=gegen. Der Ossaberg an der Grenze von Bayern ward aufgesucht. Dessen Höhe und anderer im Dlast nachgesehen. Zu Tische bey mir. Dr. Heidler, Inspector Grabl. An dem Brunnen mit der Fürstin von Hohenzollern. Vorher Hof=rath Schäffer. Abends bey Brösigkes in Gesell=schaft.

6. Um 6 Uhr aufgestanden. Das Schema von 1821 reiner ausgeführt. Kritik der geologischen Theorie zu lesen angefangen. Zu Serenissimo, den ich in dem untern Zimmer fand. Scene wegen der

jungen Thörin, welche mit Gewalt baden wollte.
Die Hofräthe Schäffer und Rehbein des Groß=
herzogs Kur berathend. Mit letzterem spazieren
gefahren gegen den Hammer. Mittag bey mir.
Vorgemeldetes Heft zu Ende gelesen. Graf Ba=
thiany aus Ungarn. Fing an die Marienbader
Suiten zusammenzustellen und zu numeriren.
Blieb zu Hause, das schöne Wetter aus dem
Zimmer genießend. Der Großherzog war auf
die Entenjagd.

7. Halb 6 Uhr aufgestanden und Wasser getrunken.
Dictirt am Jahre 1821. Stabelmann holte Ge=
stein. Besuch von Hofrath Schäffer und Reh=
bein. Auch hatte der Wirth von Eger angefragt.
Braun von Braunthal, ein junger Schriftsteller
von Wien, der mir schon früher nach Weimar
geschrieben. Mit Serenissimo bey Frau von Gey=
müller, wo Stromeyer sang. Mittag bey mir.
Nach Tische Generalsuperintendent Schuberoff von
Ronneburg. Tagebuch und Gedichte des jungen
Wieners gelesen. Abends zu Hause. Mit Stabel=
manns geologischen Sammlungen beschäftigt.
Brief an Herrn Geh. Staatsrath Schultz.

8. Um 6 Uhr aufgestanden. Mancherley geordnet;
die vorliegenden Expeditionen abgeschlossen. Bey
Serenissimo. Briefe und Zeitungen kamen an.
Nachher für mich. Major von Wartenberg. Aß
Mittags bey mir. Hermann und Dorothea

lateinisch. Die abzusendenden Briefe völlig ge=
schlossen.

9. Kritik der Breislakischen Theorie und aller ähn=
lichen. Bildende Kunst für die Chronik rein sche=
matisirt und zwar für 1821. Hofrath Schäffer
einladend zu dem Herzog von Württemberg. Machte
einen Umgang, von den Füllhäusern bis herunter
zu Heiblers und dann wieder nach Hause. Vice=
Präsident von Seckendorff von Frankfurt a. O.
Zu Mittag zu Hause. Nach Tische weniges an
der Chronik. Hatte der Herzog von Württemberg
eine Karte gelassen. Das Geologische gefördert.
Die Karte von Catalonien mit der Zeitung ver=
glichen. Kam ein Brief von meinem Sohn.
Wurde die Rechnung abgethan. Zum Herzog
von Württemberg, woselbst ich den Großherzog
fand. — Herrn Staatsrath Schweitzer, die
Sternwarte zu Jena betreffend. Weimar. Herrn
Cammerrath von Goethe nach Weimar, das
Tagebuch pp. Herrn Geh. Oberregierungs=
rath Schultz, Relation der Reise und des Auf=
enthalts in Marienbad, nach Berlin. (Durch
Herrn Rath Hage besorgt.)

10. Bildende Kunst zu 1821. Nebenstehendes durch
Hofrath Rehbein abgeschickt, welcher Serenissimum
nach Tepl begleitete: Herrn Pater Prior Cle=
mens Eckl nach Tepl, die Monatstabelle graphisch
vom December 1822. Stabelmann brachte aber=

mals Gebirgsarten. Frauenzimmer im Hause,
das sich dafür interessirt. Dr. Bran, um Ab=
schied zu nehmen. Gitterwerk zu den täglichen
meteorologischen Beobachtungen. Brief und Sen=
dung der Glaszeichnungen nach Redwitz vorbe=
reitet. Großherzog und Gesellschaft fuhren nach
Tepl. Speiste für mich. Schema der Natur=
forschung von 1821. John beschäftigte sich die
Gitter der graphischen Tabellen zu ziehen. Abends
am Brunnen. Den Großherzog bey der Wieder=
kehr begrüßt. Der Herzog von Leuchtenberg war
angekommen. Blieb bis nach Sonnenuntergang
auf der Terrasse. Stabelmann hatte schönes Ge=
stein zusammengebracht. Ein Barometer ward
in's Haus gebracht, hatte aber leider eine will=
kürliche Scala. War das schönste Wetter.

11. Beharrte das Barometer und so war auch mor=
gens heiterer Sonnenschein. Vom Jahre 1821 die
Naturwissenschaft durchgeführt. Ferner neben=
stehende Briefe: Herrn Major von Knebel
nach Jena, Herrn Cammerrath von Goethe
nach Weimar, durch Dr. Bran. — Hofrath
Schäffer wegen räthlichem und unräthlichem
Baden gesprochen. Mittag allein. Abends an
den Brunnen. War Frau von Levetzow und
Töchter angekommen. Abends bey der Gesellschaft.
An diesem Tage waren abermals viele Parthien
angekommen, welche kaum Herberge fanden.

12. Früh getrunken. Serenissimus frühstückten auf
 der Terrasse. Auszug aus der Beurtheilung
 Breislaks. Sonstige Expeditionen vorbereitet.
 Fürst Labanoff und sein Maler. Bey Serenissimo angefragt. Mittag für mich. Abends
 auf der Terrasse. Expeditionen vorbereitet. Kam
 Herr Rath Grüner von Eger.
13. Nichts besonderes vorgenommen. Unterhaltung
 mit Rath Grüner, besonders über die mitgebrachten ächt vulkanischen Producte. Umständliche Beschreibung einer Fahrt dahin, schriftlich
 verfaßt und nach der Landkarte durchgegangen.
 Aufwartung bey'm Großherzog. Kam die Frau
 Räthin mit Gesellschaft. Um 11 Uhr zeichnete
 der russische Maler mein Porträt. Unterhaltung
 mit ihm über gegenwärtige römische Kunst und
 Künstler, besonders deutsche. Ingleichen über
 Paris und dortige Verhältnisse. Mittag für
 mich. Der Maler nochmals. Vice-Präsident
 Nicolovius von Danzig, Bruder des Berliner.
 Oberamtmann von Königswart nebst Gattin.
 Rath und Räthin Grüner. Einige bedeutende
 Massen von zerschlagenem Bergkrystall einem
 Juden abgehandelt. Abends am Brunnen. Dr.
 Wiedemann von Eichstädt, der mir die Krank-
 heitsgeschichte des Herzogs von Leuchtenberg er-
 zählte. Frau von Geymüller gab einen Ball. Ich
 blieb im Freyen und kehrte nach Hause zurück.

14. Grüners Relation über die geschmolzenen Erd=
producte von Altalbenreuth und Booden revidirt.
John fing an sie abzuschreiben. Ich revidirte
meine vorjährige Tour auf Pograd. Zum Früh=
stück auf der Terrasse bey der Gesellschaft. Der
russische Maler zeichnete fort. Mittag für mich.
Ein starkes Gewitter im Anzug von Südwesten
und legte sich am südwestlichen Zweige des Böh=
merwaldes; umzog den Marienbader Gebirgskessel
und nach einigen fernen Blitzen und Donnern
und leichtem Sprühregen heiterte der West sich
wieder auf. Auf die Terrasse, die zum Kaffee
abfahrenden Damen zu begrüßen. Die Klebels=
bergische Terrasse allein hinauf und hinter der
Traube herunter. Abschrift des Grünerischen Auf=
satzes geendigt. In der geologischen Kritik zu
lesen fortgefahren, auch auszuziehen. Späterhin
Concert für die Armen; wurde, auf der Terrasse
auf und abgehend, von außen zugehört. Major
von Germar hatte den Streit mit Stromeyer
geschlichtet und dieser sang noch.
15. John mundirte die Fahrt nach Pograd. Ging
auf die Terrasse. Kiprinsky Maler; dazu Fürst
Labanoff. Die große Karte von Sorriot auf=
geschlagen und darüber gesprochen. Mittags für
mich. Nach Tische Oberforstmeister von Lüttichau
von Dresden. Las in von Hoffs Geschichte der
Erdoberfläche. Fuhr mit Rehbein spazieren.

Abends auf der Terrasse, Serenissimus kamen von der Jagd zurück. Stabelmann hatte Pechstein und Verwandtes geholt.

16. Abschrift des Tagebuchs für August. Bey Serenissimo und der Familie auf der Terrasse. Von Hoffs Werk fortgelesen. Der russische Maler. Fürst Labanoff verreiste nach Carlsbad. Mittag für mich, von Hoff fortgesetzt. Stabelmann brachte die Steinsammlungen immer weiter in Ordnung. Abends auf der Terrasse, ward besprochen der morgende Ball, welchen Serenissimus zu geben gedenken.

17. Chronik von 1815 und 16 in's Reinere. Der russische Maler nach 11 Uhr. Mittags für mich. Nach Tische an der Chronik von 1818. Oberforstmeister von Lüttichau aus Dresden. Abends Ball bey Serenissimo im klebelsbergischen Hotel. Blieb man bis 12 Uhr.

18. Chronik des Jahrs 1818 fortgesetzt. Am Porträt fortgearbeitet oder vielmehr dasselbe abgeschlossen. Herr Baron von Junker meldete sich an. Kam um 12 Uhr, bedeutende Stufen vom Sangerberg bringend und die Lage des Werkes vortragend. Nebst Dank für das Mitgetheilte ward er gebeten, das was er mündlich erzählt, schriftlich abzugeben, damit davon öffentlicher schicklicher Gebrauch gemacht werde. Mittag bey mir. Nach Tische kam der Maler wieder und

entwarf die Figur am Tische sitzend, in der rechten
Hand die Feder, die linke verborgen. Abends zur
Gesellschaft, der Großherzog kam von der Enten=
jagd zurück und verweilte. Frau von Levetzow
erzählte die Abenteuer vor und nach der Leip=
ziger Schlacht.
19. Ausführung des Jahres 1815. Den ganzen Vor=
mittag damit beschäftigt. Für mich gegessen.
Das Jahr 1816 auszuführen angefangen. Pro=
fessor Zauper, Unterhaltung mit demselben.
Abends zu Bröfigkens.
20. Meteorologische Beobachtungen eingeschrieben und
zur Tabelle gebracht; auch die Pilsner. Professor
Zauper bedeutende Mineralien bringend, be=
sonders vom Wolfsberg und der Pilsner Gegend.
Stadelmann hatte die ausgefressenen und auf=
gelösten Gebirgsarten zurecht gelegt. Unterhal=
tung mit Professor Zauper. Dann kurze Zeit zu
Serenissimo. Abermals mit Zauper von seinen
Studien, seinem Lehramte und sonstigen Ver=
hältnissen. Vor Tische auf der Terrasse. Für
mich allein gespeist. Sodann Professor Zauper,
das morgendliche Gespräch weiter fortgesetzt.
Später Hofrath Eichler von Töplitz. NB. Vor
Tische Commerzienrath Widow von Hamburg.
Gegen 7 Uhr zum Ball. Nach Hause gegen
10 Uhr. Hatte den Herzog von Leuchtenberg um-
ständlich gesprochen.

21. Das Jahr 1816. Frau von Rehberg, Gruß vom Rhein bringend. Späterhin ihr Gemahl Geh. Cabinetsrath Rehberg aus Hannover. Nach Tisch beyde zusammen. Abends 5 Uhr mit Hofrath Rehbein spazieren, erst zur Flaschenfabrik, sodann auf den Ferdinands-Brunnen. General Schack den Vater gefunden. Zurück auf der Terrasse bey schönem Abende, die Schackische Familie war unten. Nähere Bekanntschaft mit Dombrowsky gemacht. Sodann im Zimmer das Abendessen; da ich mich entfernte.

22. Wie der gestrige ein sehr schöner Tag, bey sinkendem Barometer. Das Jahr 1816 durchgeführt. Abbé Dombrowsky; von böhmischen und anderen Litteraturen, Documenten und sonst verwandten Gegenständen sprechend. Herr Baron von Junker brachte den erbetenen Aufsatz über sein Silberbergwerk zu Sangerberg, nebst einer sehr schönen belehrenden Gebirgs- und Stufenfolge. Nahm ich Abschied von der Fürstin Acerenza. Blieb mit der Gesellschaft einige Zeit auf der Terrasse. Suchte mich Bergmeister Beschorner von Mies, bedeutende Bleyspäthe von daher überbringend, früherer Aufträge sich erinnernd. Ich suchte die von allen Seiten her zufließenden Mineralien einigermaßen zusammen zu rücken und das Einpacken vorzubereiten. Ein von Osten zurückziehendes Gewitter begegnete sich mit einem von

Weſten herkommenden. (Stadelmann war Morgens früh 4 Uhr nach dem Wolfsberg abgegangen.) Brief an Profeſſor Zelter dictirt. Bey der Geſellſchaft. Kamen Sereniſſimus von der Jagd, die Frauenzimmer waren im Schauſpiel geweſen. Unterhaltung über Kranke und Geſunde, beſonders auch über Dombrowsky. Bey dieſer Gelegenheit vom Prager Muſeum und andern Anſtalten, wovon Herr von Lützow die beſten Kenntniſſe beſaß. Der Großherzog blieb lange und die Geſellſchaft trennte ſich erſt ſpät. Graf von St. Leu war angekommen.

23. 1817 nochmals ſchematiſirt. An Sereniſſimum die Mineralien vom Sangerberg mit Beſchreibung. Einige Fremde. Mit Sereniſſimo ausgefahren gegen den Hammerhof und weiter hinaus. Miniſter von Bülow präſentirt. Mittag zu Hauſe. Nach Tiſche zur Fürſtin Hohenzollern, wo Berliniſche Damen. Später bey der Quelle wo ich dieſelbigen Frauenzimmer wieder antraf. Später bey Concert und Ball nur kurze Zeit. Abends zu Hauſe. Stadelmann kam vom Wolfsberg zurück. Die mitgebrachten Stufen angeſehen. Das Bad genommen.

24. Schreiben von der Gräfin O'Donell. An den Mineralien vom Wolfsberg ausgeſucht und geordnet. Superintendent Schuderoff und Regierungsrath Hartmann. Zu Sereniſſimo, mit den

Steinen vom Wolfsberg, welche jedoch nieder=
gesetzt wurden, weil der Fürst nach dem Bade
schlief. Bey der Familie, weitläufiges Gespräch
mit Major von Wartenberg über mineralische
Wasser und Badeorte. Er war um eine zer=
rüttete Gesundheit wieder herzustellen in allen
Bädern umhergereist und wußte davon sehr gute
Rechenschaft zu geben. Unfall des Frauenzimmers,
das über die Schwelle stolperte, mit den Kopf
auf die Steine fiel und sich beschädigte. Unruh
deßhalb die ganze Nacht. Dem Großherzog unten
die Mineralien vorgelegt. Wegen einfallendem
Regenwetter fuhr der Fürst nicht nach Königs=
wart wie vorgesetzt. Zu Tische für mich. Neben=
stehende Briefe abgeschlossen und abgeschickt:
Ihro K. H. der Frau Großherzogin nach
Wilhelmsthal. An meinen Sohn, Abschrift der
Tagebücher, Weimar. Herrn Professor Zelter
nach Berlin. (Alles an meinen Sohn. Siehe
Freytag.) — König Louis, wie ich ihn noch
immer gerne nennen mag, besuchte mich, und
was wahre Verhältnisse Schönes haben, es war
immer das Alte, als wenn man sich gestern ge=
sehn hätte. Abends zum Ball aus dem Stegreife.
Kleines Abendessen bis Mitternacht. Einige Herren
sangen zur Guitarre muntere Lieder mit Chorus.

25. Obenstehende Expeditionen gänzlich abgeschlossen
und Rath Hage übergeben. Bey der Gesellschaft.

Der Großherzog kam nachher in meine Wohnung. Eversmanns Reise von Orenburg nach Buchara. Gespräch darüber. Stabelmann hatte das Einpacken fortgesetzt. Serenissimus fuhren nach Königswart zur Herzogin von Württemberg. General Glitzky. Vor Tische bey der Familie. Kamen die Gäste; ich unterhielt mich mit Staatsminister von Bülow. Zu Hause gegessen. Das Einpacken fortgesetzt. Auch Eversmanns Reise fortgelesen. Abends bey der Gesellschaft kleine Spiele. Mit Minister von Bülow wissenschaftl. positiven Vortrag. Bald nach Hause.

26. Das Jahr 1817 nochmals schematisirt und abgeschlossen. Gelesen Racine et Shakespeare; sodann Les hermites en Prison, par E. Jouy et Jay. Paris 1823. Auf der Garten-Terrasse. General Glitzky und die Familie. Serenissimus waren nach Franzenbrunn gefahren. Mittag für mich. Bey Graf St. Leu, den ich nicht antraf. Abends auf der Terrasse, wo ich mit von Schack lange auf und ab ging. Sodann zum Thee, Frau Gräfin Nostitz mit beyden Töchtern war gegenwärtig. Die Frauenzimmer tanzten nach dem Flügel, den Graf Klebelsberg schlug. Die französischen Hefte ausgelesen.

27. Meteorologische Beobachtungen von Tepl, eingetragen in die Tabelle. Hefte von Pilsen. Die prosaische Übersetzung von Homer gelesen. Stabel-

mann beschäftigte sich mit Ordnen und Einpacken der Mineralien, worüber der Morgen hinging. Mittag für mich. Suchte nach Tische den Grafen St. Leu, der indessen auf die Terrasse gekommen war. Er ging mit mir auf's Zimmer. Wir sprachen über die Nothwendigkeit des Reims in französischer Poesie, von der Möglichkeit ihn abzuschaffen oder einzuschränken. Derselbe schickte mir nachher einige Hefte, worin ich las. Spazieren gefahren bis über'n Damm vom großen Teiche Abends auf den Ball. Um 10 Uhr nach Hause. Einige Gedichte.

28. Nebenstehendes: Herrn Rath Grüner nach Eger, durch rückkehrenden Boten. Die Hefte des Grafen St. Leu studirt. An der Ordnung der Mineralien des Wolfsbergs fortgefahren. Auf der Garten=Terrasse. Mittag für mich. Fortgesetzte Lectüre. Mit Rehbein an den Ferdinands=Brunnen. Serenissimus kamen ein Glas zu trinken. Auf der Terrasse; die gräflich Nostitzische Familie kam herab. Abends kleine Spiele und Tanz. Meteorologisches von Weimar.

29. Einiges aus dem Calender abdictirt und selbst mundirt. Den Auszug der Kritik revidirt. Am Brunnen gesprochen mit Comte de St. Leu. Graf Nostitz u. a. m. Mittag für mich. Regisseur Wolff und Maler Hensel von Berlin. Mit beyden spazieren gefahren nach dem Teiche von Kutten=

plan. Abends bey der Gesellschaft. Nachts am
Tische. — Herrn Rath Grüner nach Eger,
durch rückkehrenden Boten.
30. Wolff und Henjel, letzterer zeichnete. Graf
Stroganoff, Minister Bülow später. Mittag
Wolff und Henjel zu Tische. Die Fürstin
Hohenzollern und Frau von Loeben. Erbgroßherzog und von Beulwitz. Abends auf den Ball.
(Früh Serenissimo die Zeichnungen vorgewiesen,
ingleichen der Familie.)
31. Auszug der Kritik. Maler Henjel, vorher Wolff
über theatralische und eigene Angelegenheiten.
Erinnerung voriger Jahre. Werthschätzung der=
selben. Fürstin von Hohenzollern, von Loeben,
zusehend Henjels Zeichnen. Auf der Terrasse
Herrn Präsidenten von Heydebreck. Begleitete
ihn in's Zimmer, wo wir seine kranke, von der
Reise sehr angegriffene Frau fanden. Mittag
bey mir; die beyden Berliner waren abgereist.
Abends auf der Promenade bey'm Brunnen. So=
dann auf der Terrasse mit Major von Wartenberg.
Später für mich. Einiges Naturwissenschaftliche
bedacht. War nach Tische Petrowsky da gewesen.
— Herrn Pater Prior Clemens Eckl nach
Stift Tepl, durch Herrn von Beulwitz.

August.

1. Früh aufgestanden; in die Promenade. Der Herzog und Prinz Gustav von Mecklenburg. Zu Hause einiges Wenige an der Kritik. Mit den Schwestern spazieren gegen die Mühle. Zu dem Grafen St. Leu. Bey Frau von Strube vorgefragt. Dieselbe nebst Fräulein Tochter und von Mannsbach auf der Allee gefunden. Herr von Mannsbach war angekommen. Mittag zu Tische die Wolfsberger Suite immerfort eingepackt. Abends auf der Promenade mit dem Grafen St. Leu viel auf und abgegangen. Französisches Theater reihenweise durchgesprochen. Ingleichen Dr. Scheu wegen des Grafen Gesundheits-Zuständen. Herr von Mannteuffel ging nach Franzenbrunn, seine Familie in den Stern zu holen. Abends auf der Terrasse.

2. Zu des Großherzogs Frühstück. Auf der Terrasse. Versuch einiges zu arbeiten. Der schwarze Spiegel kam zurück. Sendung von Eckermann. Fortgesetztes Einpacken vulkanischer Vorkommenheiten. Frau Ober-Präsident von Heydebreck, Abschrift des zweyten Gesangs der Ilias. Kurze Betrachtungen von Zauper. Mittag für mich. Nach Tische auf der Terrasse. Abends zu und von der Comödie. Frau von Strube. Abends im Freyen. Dann bey Tische.

3. Durch Zufälligkeiten aufgefordert zu Thätigkeiten.
Manches Versäumte nachgeholt. Catalog der
Wolfsberg = Mineralien. Ein junger wackerer
Studiosus Koren (wird ausgesprochen Korschen).
Munbirt den zweyten Gesang der Ilias. Überlegung über Zaupers Brief. Mittag für mich.
Nach Tische auf die Terrasse. In heißer Sonne
auf die Garten=Terrasse. Mit Hofrath Rehbein
nach den Kuttenplaner Teich. Dreyfache Feyer
des Königl. Geburtstags. Differenzen deßhalb.
Staatsminister von Bülow; Geschichte Der Aber-
laß. Griechische Terminologie. . . . . . . Zurück.
Spaß über den Thrannen. Zum Thé dansant,
wo mir viele ältere und neuere Badegäste bekannt wurden.

4. Briefe concipirt. Stabelmann war auf Sangerberg gefahren. In der Vorhalle gefrühstückt.
Bey Baron von Greiffenclau, Abschied zu nehmen.
Die Dame kam noch herüber. Man blieb bis
zur Tischzeit. Klarer und heißer Tag. Nach
Tische kam Herr von Petrowsky. Erzählung der
Tragödie Luidgarda. Alsdenn viel über bildende
Kunst, Poesie und was er auf seinen vielen Reisen
gesehen hat. Wegebauinspector Ritter von Prag,
schöne Wavelliten bringend, die in seinem Bezirke
vorkommen. Nachher auf der Terrasse. Mit Serenissimo, der Familie und Oberpräsident Heydebreck, erst an den Ferdinands=Brunnen, dann

ohne letztere nach dem Hammerhof. Drohende Gewitter hatten von allen Seiten den Horizont überzogen. Der obere Himmel ward bey einbrechender Nacht wieder klar. Die Sterne und die Milchstraße zeigten sich hell. Um Mitternacht stand eine graue breite Wolke im Mittag. Dann zogen Donnerwetter herauf von Westen nach Süden. Es blitzte und regnete stark.

5. Früh dampfende Berge, die sich in der Luft verzogen. Fortdauernde Tendenz des oberen Himmels zur Wasserverneinung und Cirrhusbildung. Erfindung gewisser Scenen. Nicht getrunken. Der Mann von 50 Jahren. Abschriften fortgesetzt. Bey des Großherzogs Frühstück. Zum Grafen von St. Leu. Mit den Pohlinnen wieder herauf. Zu Baron Mannteuffel. Zur Familie. Die Kinder hatten einen großen Bergspaziergang gemacht. Der Großherzog fuhr nach Plan auf die Jagd. Mit General Schack, vor dem Hause mannigfaltiges Gespräch, besonders über russische Verhältnisse. Fiffel, Bankal-Inspector von Klattau, zu danken für die Freundlichkeit, die ich bisher für sein Kind gehabt hatte. Auf der Terrasse, mit Herrn und Frau von Heydebreck gesprochen. Mit den Schwestern auf den Waldsitz. Über den Kreuzbrunnen nach Hause. Der Großherzog kam von der Jagd, blieb bey der Gesellschaft und bey'm Abendtisch.

6. Abschrift von Zaupers Blättern vollendet. Ferner Briefe nach Haus abgeschlossen. Stabelmann war beschäftigt die Mineralien für Stroganoff einzupacken. Auf die Terrasse. Erfreuliche und belustigende Nachricht. Man blieb zusammen, frühstückte. Um halb 1 Uhr mit General Schack im Vorsaale. Mancherley besprochen. Kanal, der die Communication von Süden nach Norden im russischen Reiche möglich macht. Mittag zu Hause. Einiges geordnet. Sangerberger Suiten vorbereitet. Einiges an den neusten dichterischen Unternehmungen gedacht. Graf St. Leu.

7. Früh aufgestanden. Ordnung gemacht in manchen Dingen. Die Sangerbergischen Mineralien geordnet und catalogirt. Abschiedsvisite vom Gubernial-Rath Breinl. Auf der Terrasse. Viel hin- und hergegangen. Vorher bey den Großherzog. Die Verlobung aus dem Stegreife besprochen. Eingepackt was auf das Silberbergwerk in Sangerberg bezüglich. Johann Baptist Heinrich, K. K. Rath, mit einem geistlichen Herrn. Brachte Galmey-Stufen, näher bezeichnet in unseren Catalogen. Mittag für mich. Sodann Petrowsky mit einem Professor der von einer großen Reise zurückkam, einem tüchtigen interessanten Mann. Stabelmann fing an die ausgefressenen Steine zu packen...... Spät zur Gesellschaft. Sodann bey Tische. Fräulein Meyer ward als Rehbeins

Braut vorgestellt und des Paares Gesundheit getrunken. Bekam mir nicht. Schlimme Nacht.
8. Gedichte des Grafen de St. Leu munbirt. Der
Großherzog ging fort. Man versammelte sich
drüben zum Abschied. Hübscher Tag. Stabelmann legte die ausgefressenen Steine zurecht und
ordnete drey Sammlungen; deßgleichen der Cata-
log dazu geschrieben. . . . .
. . . . Nach Tische aus Irrthum
an den Ferdinands-Brunnen; zurückkehrend mit
Herrn von Petrowsky gesprochen. Auf der Terrasse. Graf Mannteuffel saß mit Familie vor
dem Stern. NB. Vorher bey Herrn und Frau
von Heydebreck gesessen. Sodann am Brunnen.
Ein unbekanntes Frauenzimmer sprach mich an.
Dr. Hildebrand erneuerte sein Andenken. Abends
zu Hause. Befand mich nicht wohl, schlimme
Nacht. — An meinen Sohn, Tagebücher, mit
Brief an meine Schwiegertochter.
9. Schlechtes Wetter. Dr. Heibler über meine Zustände gesprochen und sehr verständige Anordnungen gemerkt. Wechselsweise zu Hause und
im Hôtel. Das Balkonzimmer war in eine
Garderobe verwandelt, wegen des Einpackens.
Fräulein von Ringel kam. Frau v. Levetzow war
krank. Stabelmann hatte die angefressenen Steine
eingepackt. Der Kasten für Prag war fertig
geworden. Ingleichen der für Jena. Früh zu

Bette. — Herrn Professor Zauper nach
Pilsen, Rücksendung seiner Manuscripte.
10. Zeitig aufgestanden. Gutes Befinden. Manches
expedirt. Abgeschrieben, überdacht und concipirt.
Stadelmann suchte mit Einpacken fertig zu werden. Regen bey steigendem Barometer. Dictirt am
Mann von 50 Jahren. Der Secretär des Grafen
St. Leu bey mir. Hierauf zu dem Grafen hin-
abgefahren. Bey mir zu Tische. Stadelmann
brachte die Gentiana und Parnassia
palustris. Abschrift des Promemoria wegen des
Silberbergwerks zu Sangerberg. Zu Tische für
mich. Nachmittag Briefe dictirt. Abends an
den Brunnen. Einige Spazierwege. Auf die
Terrasse, dann im Zimmer.
11. Früh aufgestanden. Stadelmann war auf den
Wolfsberg gegangen. Herr von Brösigke fuhr
zeitig nach Eger. Bey'm höchsten Baromerstande
bedeckter Himmel. Tabellarische Übersicht meiner
Productionen für den Comte St. Leu. Dessen
Begleiter Petrilli besuchte mich in einigen Aufträgen. Das Jahr 1798 in Quartauffatz betrachtet. Dr. Heidler. Manches verständig verordnend, Befolgung desselben. Mittag für mich.
Petrowsky; Notizen von seinem Land und eigenen
Gütern. Manches andere über Welt und Litteratur. Später Herr von Knorring, ein vorzüglicher junger Mann, von Dresden kommend, nach

der Schweiz reisend. Briefe von meinem Sohn und Tochter. Inliegend Brief von Lord Byron. Betrachtung des wunderbarsten Zusammentreffens.

12. 1798. Die Vorfallenheiten im Contexte dictirt. Herrn von Knorring. Dr. Heidler, sich nach meiner Gesundheit erkundigend. Mittag für mich. 1797 mundirt. Auf der Terrasse. Trat der verwundete Pole, Graf Mycielski, hinzu. Mit Herrn von Knorring ausgefahren bis an den Damm des großen Teichs. Den Schwestern begegnet. Lustige Einholung des heranfahrenden Wagens. Auf der Terrasse Augenblick und im Zimmer. Erleuchteter Vorsaal. Zu Hause. Munda von Briefen. Kam Stadelmann vom Wolfsberg zurück mit großen Gepäck.

13. John schrieb die Jahre 1795 und 96 aus dem Quart in's Folio. Ich ging an den Brunnen. Abenteuer mit der verfehlten Madame Milder. Zu Hause, die Depeschen von Weimar ansehend. Lord Byrons Brief abgeschrieben. Madame Milder besuchte mich. Auch Herr Petrilli, Secretär von Graf St. Leu. In obigem fortgefahren. Stadelmann reinigte die Schätze vom Wolfsberge. Einige kleine Gedichte. Das für Weimar zum 28. Dr. Heidler, das Nächste verordnet. Wenig gegessen. Briefe dictirt. John schrieb an der Chronik fort. Brief von Eckermann. Mit der Familie nach der Flaschenfabrik. Hernach auf der Terrasse

mit Geh. Rath Brand. Polizey=Geschichten wäh=
rend der Kriegsepoche. Wunderbarer Mittelpunct
von Dresden aus. Scherz mit Fräulein Meyer.
Unterhaltung mit General von Schack. Plan auf
Carlsbad zu gehen. Nachts das nächste Nothwen=
dige überlegt. — Herrn Hofrath Meyer nach
Carlsbad. Herrn Rath Grüner nach Eger.

14. Nebenstehende Expeditionen: Mannigfaltige Sen=
dung an August und Ottilien nach Weimar.
Madame Szymanowska und Schwester. Herr
Petrilli. Mit ihm mißglückter Versuch der Über=
setzung meiner Tabelle. Dr. Heibler. Auf der
Terrasse mit Baron Mannteuffel. Nachher Major
von Wartenberg. John copirte an der Chronik
93 und 94. Mittag für mich. Einiges geordnet.
Zu Madame Milder, welche nicht antraf. Zu Ma=
dame Szymanowska, welche in einem benachbarten
Hause auf dem Flügel spielte, ein Stück von Hum=
mel, eins von sich und noch zwey andere, ganz herr=
lich. Mit ihr spazieren gegen die Mühle. Der
Regen überfiel uns. Mit Regenschirmen an die
Quelle. Abends auf der Terrasse. Sodann im Zim=
mer. Graf und Gräfin Gorcey. Es wurde ge=
hupft und galoppirt wie immer. Die Gräfin spielte.

15. Den Kreuzbrunnen gegen Heiblerische Recepte ver=
tauscht und mich wohl babey befunden. Briefe
vorbereitet. Die Schachtel für Herrn von Strube
gepackt. John schrieb die Chronik von 90, 91

und 92. Zu Doctor Heibler, wo Madame Milber unvergleichlich sang und uns alle zum Weinen brachte. John fuhr fort die Chronik abzuschreiben. Ich durchsah die Briefconcepte, auch ein Schreiben des Rath Grüners, bestellte ihn auf Dienstag den 19. Wiederholte den morgenblichen Spaziergang, hinter dem Badehause hinauf. Die Tepler Straße herunter. Fand die sämmtlichen Damen. Die Mamas fuhren auf die Terrasse. Ich ging mit den Töchtern hinauf. Abends für mich. NB. War nach Tische bey'm Grafen St. Leu gewesen. — Herrn Rath Grüner nach Eger.

16. Die vorliegenden Expeditionen nach und nach abgethan. Madame Szymanowska und Schwester, besuchend und einladend. John zeichnete den Wolfsberg. Gedicht für Madame Szymanowska. Mittag zu Hause. Um 4 Uhr bey Madame Szymanowska, welche köstlich spielte. Die Nachbarin hatte das erst verweigerte schöne Piano herüber gegeben. Die Frauenzimmer waren nicht abgereist. Mancherley Wunderlichkeiten und Scherze wegen Mißverständnissen und Verirrung. Abends bey Tische, alles ward ausgeglichen. Brillantirtes Glas. Königliche Gabe des Grafen St. Leu. — Herrn Staatsrath Struve, durch Frau von Struve nach Hamburg.

17. War gestern die Abschrift bis hervor zu den ersten Jahren fertig geworden. Die Familie bereitete

sich zur Reise. Man versammelte sich bey Früh=
stück und machte vor dem Abschied Plane, sich
wieder zu sehen. Deßhalb man denn auch fröh=
lich auseinander ging. Sodann zu Hause. Stabel=
mann packte fort. Die Gedichte für Madame
Szymanowska weiter geführt. Madame Milder
kam zum Besuch. Vorbereitungen zur Abreise.
Abends mit Frau von Brösigke zum Ferdinands=
Brunnen.

18. Gedichte in die zwey Albums vollbracht und ge=
schrieben. Madame Szymanowska besuchte mich.
Neugierig auf den Inhalt des Albums. Ab=
sendung verschiedener Kisten. Blieb zu Hause.
Nachmittag briefliche Expeditionen: An das
Museum der vaterländischen Gesellschaft
in Böhmen nach Prag, Suite vom Wolfsberg
und des Marienbrunnens angegriffenes Gestein.
Nach Tepl an Pater Prior Clemens Eckl,
die Suite vom Wolfsberg. — Abends mehrere
Briefe durch meinen Sohn erhalten. Zugleich
das Brewsterische Sendschreiben von Edinburgh.

19. Die Einladung auf den Abend zu Madame Szy=
manowska abgelehnt. Das Verzeichniß meiner
Werke für den Grafen St. Leu mundirt. Kam
der Graf selbst mit seinem Sohn und dessen Hof=
meister. Graf Mycielski. Billete herumgeschickt.
Einen Augenblick bey Frau von Brösigke. Frau
Gräfin Gorcey gefunden, eiliger Abschied im Vor=

hause von General von Schack und andern. Consultation mit Dr. Heidler. Nach Tische nebenstehende Expeditionen zusammengebracht und abgeschlossen: An Frau Cammerjunker und Cammerrath von Goethe nach Weimar. Herrn Geh. Oberregierungsrath Schultz nach Berlin. — Abends geschröpft. Mit Dr. Heidler manches besprochen. Das Vergangene bedacht. Das Nächste überlegt. Frau von Humboldt und Tochter.

20. Ruhige Nacht. Conziliante Träume. Fortgesetztes Aufräumen und Einpacken. Madame Szymanowska und Schwester. Graf St. Leu. Brösigkens. Demoiselle Meyer. Dr. Heidler. Mittag mit Rath Grüner. Abgefahren gegen Drey. Herrlichster klarer Tag. Von ferne Localität des Menilitlis. Über dem Fichtelgebirge der ganzen Reihe nach aufruhende Cumulus; ganz oben drüber ein breiter Nebelstreif, zwischen beyden die Sonne prächtig untergehend. Vertheilung des obern Nebelstreifens in die Atmosphäre.

21. Hatte gegen Morgen stark geregnet. (In Marienbad gleichfalls gegen drey Uhr.) Die Tafel aufgestellt. Steine von Herrn Rath Grüner. Herr von Knorring. Conversation mit ihm über hunderterley Dinge. Derselbe zu Tisch mit Rath Grüner. Er besuchte sodann den Herrn Huß. Kam zurück. Über diesen und andere Dinge

1823. August.

weiter gesprochen. Über Haxthausen zu Bonn und dessen Liedersammlung. Finnische und lettische Lieder; Unterschied des Charakters derselben. Über die Heimskringla Saga und andere mächtige Wesen des alten Norden. Der Regen hörte gegen Abend auf. Die Meinigen kamen nach acht Uhr von Marienbad. Abends vom Apotheker die letzten barometrischen Tage.

22. Briefe dictirt und mundirt. Graf Trautmannsdorf und drey andere Badegäste von Franzensbrunn abgewiesen. Der junge Fikentscher mit Rath Grüner, über des Vaters Reise, den Gang ihrer Geschäfte und sonst. Nach Tische bey Rath Grüner; dort auch die ältere Schwester gefunden und begrüßt. Die seit einem Jahre angeschafften Mineralien besehen. Über dessen Tauschhandel und ernste Bemühungen in diesem Fache. Mit ihm gefahren bey schönem Sonnen=Untergang bis auf die Höhe über Mühlbach. Eine Fahrt auf morgen nach Albenreuth beschlossen. Das Nöthige bestellt. Nachts für mich. Rosiana recapitulirt.

23. Anstalten zur Abfahrt. Um 10 Uhr im Wagen. Fuhren zum Oberthor hinaus. In einem kleinen aber reinlichen Bauernwirthshause zu Gosel. Vorbereitung auf unsere Wiederkunft. Durch ein Kieferwäldchen auf sandigem Weg, wo Thonschiefer mehr oder weniger verwittert anstand.

Auf die sanfte Höhe des Rehbergs, wo gleichfalls Thonschiefer. Von da hinab in das Dorf Booden, das am Fuß eines offenbar vulkanischen Hügels liegt. Hier fand sich sehr quarzreicher, wellenförmiger Thonschiefer; sowohl davon als am Bache liegenden Schlacken vieles zusammengepocht. Auf den Hügel selbst; die Lage desselben bemerkt. Pyrotypisches Gestein aller Art aufgelesen und mitfortgeführt. Altalbenreuth erreicht, wo sich vulkanische Spuren auf der Oberfläche finden; sodann merkwürdig aufgeschwemmte Schichten von originärem und verändertem Gebirg. Auf Gosel zurück; frugales Essen. Anmaßlicher armer Jäger; gar hübsche Familie, vier Buben, zwey Mädgen. Halb 8 Uhr wieder in Eger. Brief von Hofrath Meyer, dessen Ankunft auf morgen anmeldend. Ausgepackt. Unterhaltung mit Rath Grüner. Die Fahrt überdacht. — Herrn Präsident Nees von Esenbeck nach Bonn. Herrn Regierungsrath von Harthausen nach Cöln.

24. Nebenstehendes expedirt: Herrn Professor Zelter, Berlin. Herrn Cammerrath von Goethe, Tagebuch bis gestern incl., an Kräuter einige Aufträge. Hinzugefügter Andalusit. — Das Tagebuch von 1823, die ersten Monate ausgezogen. Rath Grüner, die gestrigen Exemplare von Booden und Altalbenreuth arrangirend.

Graf Trautmannsdorf und Bruder. Nach Tische die Mineralien überlegt. Grüners Abhandlung über die Eger=Trachten. Um 4 Uhr kam Hofrath Meyer. Besprachen Carlsbader Angelegenheiten, besonders Kunst betreffend. Vorbereitung zum Einpacken. Abends Herr Rath Grüner und Meyer.

25. Hofrath Meyer nahm Abschied. Rath Grüner auch. Verabredung wegen des Grafen Auersperg. ³/₄7 Uhr ab von Eger. 10 Uhr in Zwotau. Schön= stes Wetter. Vor Zwotau zeigte sich im Südost eine einzige Wolke Cumulus, ganz auf dem Hori= zont aufliegend. In Zwotau Frau von der Recke und Dichter Tiedge. Um 1 Uhr abgefahren. Gegen 4 Uhr in Carlsbad. Hinter Zwotau zeigten sich Wolken im Ost, Cumulus, aber sehr klein, diese zehrten sich jedoch schnell auf. Meldung bey Frau von Levetzow. Über ihr im 2. Stock vom goldenen Strauß eingezogen. Schönes Quartier, schöne Aussicht. Es war ein Wagen mit Früchten und sonstigen Victualien von Graf Klebelsberg an= gelangt. Köstliche Feigen und Aprikosen vor= gesetzt. Polnischer junger Mann Nakwaski — sehr heftig über die Unbilden seines Vaterlandes. Mit der Familie gegen den Posthof. Abends vor der Thüre, bey'm Thee. Graf Walleski, sehr verständiger, sowohl überhaupt, als auch im Deutschen sehr wohl unterrichteter Mann. Nachts mit der Familie. Der abnehmende Mond

ging sehr klar über dem Dreykreuzberg auf. —
Herrn Rath Grüner nach Eger, durch John.

26. Früh um 5 Uhr durchaus klarer Himmel wie
gestern. Die Sonne ging Punct sechs Uhr über
dem Dreykreuzberg gar herrlich auf. Ich besuchte
den Sprudel, wo ich Herrn von Heydebreck fand.
Sodann an den Neubrunnen. Unterwegs General
Metsch. Am Neubrunnen niemand Bekanntes.
Um 7 Uhr schon große Hitze. War von ver=
schiedenen Personen angesprochen, auch von Frau
Heilingkötter und Tochter; am Meyerschen Laden.
Mit der Familie gefrühstückt. Sodann für mich
bis halb 2 Uhr. Nachher Almanache und andere
kleine Kupfer mit Ulricken. Nach Fünfen auf
Aich gefahren an der Eger hinauf. Kaffee ge=
trunken. Zurück über den Hammer. Herrlicher
Abend. Etwas Cumulus in Nordwest. Auf der
Wiese einige Zeit spazieren. Graf Wallesti, in=
gleichen Kugeski, der von Marienbad kam und
Notiz von meinen Gedichten für die zwey polni=
schen Damen hatte. Zenigeo, der Dicke, Selt=
same und gewissermaßen Geheimnißvolle. Abends
Graf Fredro. Bey'm Abendessen war des neuen
Anbaues in Marienbad gedacht worden. Ver=
abredung wegen einer Parthie nach Elbogen.

27. Um 6 Uhr aufgestanden. Die Sonne ging schon
um ein geringes später auf als gestern. Aber=
mals heiterer Tag. Carlsbad hat an Häusern

sehr gewonnen. Die Häuser sind nicht nur rein-
lich abgeputzt, sondern es sind auch wirkliche
Paläste entstanden, besonders zu öffentlichen
Vergnügungsorten, sowohl in der Stadt als in
der Nähe, so daß das Bad übervoll seyn und
doch die verschiedensten Gesellschaften ihr Unter-
kommen finden werden. Der Weg nach Aich am
rechten Ufer der Eger hinauf ist bey trocknem
Wetter ganz leidlich; über den Hammer zurück
sehr gut und angenehm. Von der großen Wasser-
fluth sieht man auch gar keine Spur; nur der
Brückenbogen bey'm ersten Eingang liegt noch in
Ruinen. Daß dieser zusammenbrach, ist gar
kein Wunder; er war so schlecht construirt, daß
er von irgend einer drüber gehenden Last hätte
zusammenstürzen können. —

Nachmittags bewölkte sich der Himmel bey
sehr heißer Atmosphäre. Nachts verzog sich alles
wieder. Graf Zenigeo gab, auf Ameliens Necke-
reyen, einen Tanzthee im Sächsischen Saal, wo
man vorher sitzend Thee trank und viele Süßig-
keiten genoß. Die guten Tänzerinnen und Tänzer,
deren nicht viel waren, kamen nicht vom Platze.
Mir entstand bey dieser Gelegenheit das Angenehme, daß ich die bedeutenden, hier sich noch
aufhaltenden Personen kennen lernte. Fürst
Hohenzollern-Hechingen redete mich an; ingleichen
Prinzessin Julie. Mehrere Polen und Polinnen

ließen sich mir vorstellen. Ingleichen auch Madame de Gajewska, eine Dichterin. Zu der Schluß=polonaise forderte mich eine polnische Dame zum Tanz auf, den ich mit ihr herumschlich und mir nach und nach bey'm Damenwechsel die meisten hübschen Kinder in die Hand kamen. Nach 10 Uhr Schicht. Bey'm Abendessen noch lange zusammen.

28. Früh aufgestanden. Meist reiner Himmel, wenig Wolken am Horizonte. Man eilte, um 7 Uhr fortfahren zu können. Gegen 9 Uhr kamen wir in Elbogen an. Der Himmel hatte sich über=zogen. Eine halbe Stunde mochte die Fahrt heißer gewesen seyn. Im weißen Roß eingekehrt, wo Stadelmann alles gestern bestellt hatte. Großer Spaziergang erst am rechten Ufer der Eger, durch die neuen Felsengänge. Bertha mit dem Gestein beschäftigt. Zuletzt sehr warm. Rückkehrend fanden wir Stadelmann und John, die mit dem Dessert angekommen waren. Lieber Brief von meinem Sohn. Glasbecher mit den drey Namen und dem Datum. Die Marienbader Geschichten recapitulirt und andere. Auf's Rath=haus, den Meteorstein zu sehen. In die Por=zellainfabrik. Erhielt Zwillings=Krystalle. Nach 6 Uhr abgefahren, bey kühler Luft besonders gegen Nordost und am Horizont bedecktem Himmel. Glücklich zurückgekehrt bey einbrechender Nacht. Nakwaski kam, sich beurlaubend, nach Marien=

bad gehend. Unterhaltung über des Grafen Kle=
belsbergs Gut, dessen Vater und Gesinnungen.
Freundlichster Abschied.
29. The Sketch Book of Geoffroy Crayon. London
1821. Brief an meinen Sohn. Bericht an den
Grafen Sternberg nach dem Schema. Besuch bey
Fürsten Hohenzollern=Sigmaringen. In Meyers
Laden. Ferner mit einigen Carlsbadern ge=
sprochen. Mit einigen Polen. Im Laden bey
Zimmer. Kam unvermuthet Geh. Secretär Müller,
der sich über die heftige Wirkung, welche wenige
Becher Sprudel auf ihn ausüben, beklagte und
fast die Absicht wegzugehen äußerte. Stadelmann
hatte die Kisten bey Frau Heilingkötter eröffnet
und einiges davon mitgebracht. Die Absicht ist
Rath Grünern zu seinem Tauschhandel damit ein
Geschenk zu machen. Brief von Herrn Rath
Grüner, Glückwunsch zum gestrigen Tage. Mit=
tag zusammen. Zimmer schickte eine Note mit
unverschämten Preisen, wie ich sie erwartet hatte.
11 Louisd'or verlangte er für 4 Majolikateller,
für anderes eben so unsinnig. Er denkt sich nach
seiner Erfahrung die Leute, die zu ihm kommen,
vornehm, reich und unwissend. Meyer hatte mir
schon davon gesagt. Der Mann hat auch einige
schöne Elfenbeine, zu denen der Erbgroßherzog
Lust bekam. Gegen Abend gingen wir aus. Ge=
mäßigte Wärme. Auf den Choteckischen Weg

hin und wieder. Graf Walleski gesellte sich zu uns. Auf dem Mariannensitze lange verweilt, es gab mancherley gute, unterrichtende Gespräche. Bey der Rückkehr noch eine Zeitlang auf der Wiese. Der Abend war kühl, ohne feucht zu seyn. Bey Tische Wirkung der Nachricht von meiner Krankheit in Dresden und auf die Familie. Sonstiges Vertrauen. Präsident von Bülow mit seiner Gemahlin gingen durch Carlsbad; von Heydebreck wollte nach Marienbad zurück, weil dort sein Kind sehr krank geworden sey. Unter uns Geschichten der Marienbader Verhältnisse. Charaktere der Bauherren, Hausherren und Hausfrauen, Mängel und Vortheile der verschiedenen Quartiere; nicht weniger die Geschichten des Aufbauens selbst, welches denn freylich ganz wunderliche Blicke gab in das Innere eines solchen Zustandes. Sketch Book und schwarzer Zwerg fortgelesen.

30. Abschrift der Tagebücher für die Kinder. Bey'm Frühstück. Beschreibung wie es nach der Überschwemmung ausgesehen. Toben des Sprudels nach derselben. Mit Dictiren und Lesen oben benannter Bücher beschäftigt. Zum Frühstück mancherley Abenteuer recapitulirt. Besuch bey Gräfin Jaraczewska, nicht angetroffen. Bey Hofrath Mitterbacher. Krankheitsgeschichte der Frau Director Gotter. Am Sprudel, welcher noch

immer nicht hoch stieg. Zu Hause. In dem Höfchen. Zu Tische. Um 4 Uhr ausgefahren auf Engelhaus. Ringsumwölkter Himmel. Auf dem Erzgebirge gingen Regengüsse nieder, es donnerte in der Ferne. Das alte Schloß bestiegen. Wunderliche Abenteuer. Großes Gelächter. Die Dreyfaltigkeits-Capelle. Eingedenk des fehlenden Gottvaters. Strafe des Kirchenraubs. Fortgesetzte Lustigkeit. Auf dem Straßen-Hause späten Kaffee. Anlässe zu Spaß und Spott. Bey dem herrlichsten Wetter nach Hause. Carlsbad mit Zimmerlichtern und Straßenlaternen. Heitere Verwechslung der Sterne. Um 9 Uhr angelangt. Neue Projecte. Man blieb noch lange beysammen. — Herrn Cammerjunker und Cammerrath von Goethe, die Tagebücher etc., nach Weimar.

31. Später aufgestanden. Einiges am Bericht für Grafen Sternberg. Zum Frühstück. Frau von der Recke ließ sich nach meinem Befinden erkundigen. Sketch Book. Frau von Levetzow erzählte die Geschichte ihres Zusammentreffens mit Frau von Stael in Genf. Abends in der Comödie. Simson, eine Art Melodrama, an und für sich abscheulich; die Vorstellung noch abscheulicher. Nachher auf der Wiese spazieren. Nachts zusammen. Die jüngeren zeitig zu Bette. Blieb mit Frau von Levetzow und Ulricken in vielfachen Erinnerungen.

September.

1. Früh am Brunnen, wenig Gäste. Gefrühstückt auf der Wiese. Später den Fürsten Hohenzollern und Prinzeß Schwester besucht. Zusammen zu Tische. Frau von Levetzow und Ulriken zum Schilde begleitet, die eine kranke Engländerin Edgeworth besuchten und wegen einer Cammerjungfer verhandelten. Entwicklung des englischen Charakters. Ich ging indessen mit Amelie und Bertha erst auf der Brücke, dann auf der Wiese auf und ab. Der Ersteren lustige Ungeduld. Es war spät geworden; man blieb auf der Wiese. Nacht der Überschwemmung lithographirt. Plan von Carlsbad und der Umgegend in Kupfer von Platzer. Abends las Bertha die ersten Capitel des schwarzen Zwerges sehr artig. Könnte durch Unterricht leicht zur Vollkommenheit gelangen. Kleines dramatisches Fest zum Empfang des Grafen Klebelsberg in Trziblitz. Anmuthige Erzählung. Allgemeine Müdigkeit. Früh aus einander. — Herrn Rath Grüner nach Eger.

2. Herrlichstes Wetter. Einiges vorbereitet. An den Neubrunnen. Wenig Gesellschaft. Pferde zum Spazierfahren und auf Hartenberg bestellt. Frühstück auf der Wiese. Sodann für mich auf und abgegangen. Von den Polen an Madame Botta vorgestellt. Setzte mich zu ihnen. Kam ein

Dr. Bayer von Wien, der an alte Carlsbader
Geschichten erinnerte und sich besonders nach De=
moiselle Ulrich erkundigte. Herrlich dunkelblauer
Himmel. Bey Frau von der Recke, welche ich
gar nicht wohl fand. Fortgesetzte lästige Ge=
schichte der Engländer. Anmaßlichkeit und Prache=
rey. Archivrath Kestner von Hannover. Dr.
Mitterbacher, sprach über Staatsrath Hufelands
allzukurzes Verweilen. Der Pole von Marien=
bad Briefe bringend. Abermaliger Aufenthalt.
Abgefahren nach Schlackenwerth; unterwegs Ba=
salt und stänglicher Eisenstein, weiterhin Basalt
und Mandelstein. Im Garten einige vergnüg=
liche Stunden. Glücklicher Scherz über die Al=
mosen einem Blinden zu reichen. Rückfahrt bey
schönstem Wetter. Halb 9 Uhr im Finstern an=
gekommen. Zusammen geblieben. Kleine Ge=
legenheitsgedichte voriger Zeiten. Schilderung
eines früheren Hofmeisters der jungen Töchter.
Ameliens unglaubliche Ungehorsams=Possen. Über
Weimarische hohe Cultur, ältere und neuere.

3. Nebenstehendes expedirt: Herrn Grafen Auers=
perg, durch einen Expressen nach Hartenberg.
Abschrift der Tagebücher. Gegen den Brunnen
zu gegangen, abzuholen. Auf der Wiese gefrüh=
stückt. Glaswaaren bey Mattoni besehen. Amelie
disputirend mit dem General Ominsky. Merk=
würdige Thorheiten. Er zerbricht ein sehr schönes

Glas und wird ausgelacht. Dame von Wien, Freundin von Madame Pereira. Viel Gutes und Freundliches im Namen dieser. Auch von Frau von Pichler gesprochen. Für mich. Anstalten zum Einpacken. Stabelmann hatte den Töpfer besucht und Steine herbeygebracht. John schrieb die Weimarischen Gedichte ab. Sie waren mit sehr erfreulichen Briefen angekommen, die mich den ganzen Morgen unterhielten. Mittag zusammen. Gegen 4 Uhr auf Aich. Kleid von gegittertem ächten schottischen Zeuge, das sehr gut stand. Der Himmel fing an sich zu überziehen. Den Fürsten Hohenzollern und Gesellschaft gesprochen. Den Obrist Burggrafen begrüßt. Über den Hammer zurück. Bedeckter Himmel, sehr schöne Fahrt, warmer Abend. Auf der Wiese. Nach 7 Uhr entstand von Westen her Wetterleuchten. Spazierend lange zugesehen. Sprühregen; in's Haus. Ulrike fuhr fort den schwarzen Zwerg zu lesen, im ganzen natürlich und gut; sie müßte sich zu mehr Energie und Darstellungs-Lebhaftigkeit bequemen. Man blieb beysammen. Amelie voller Thorheiten. Gegen 10 Uhr sah man schon wieder die Sterne an dem theilweis bedeckten Himmel.

4. Später aufgestanden. Papiere zusammen gepackt. Am Neubrunnen. Im Zimmer gefrühstückt. Madame Szymanowska und Schwester überraschte

mich. John vollendete die Abschrift der Geburts=
tagsgedichte. Brief von Canzler von Müller mit
einem Exemplar derselben. Angeschaffte Trink=
gläser. Für Graf Taufkirchen Handel von Glas=
waaren und Toiletten beschäftigte Frau von Le=
vetzow. Zu Tische Scherz mit den Gläsern.
Wiederholung der Geburtstagsgeschichte. Auf den
Hammer gefahren. Abends Taufkirchen und Er-
folg seines Handels. Große Toilette vorgezeigt.
Abends mit der Familie. Jugend=Einzelheiten
der Töchter. Amelie erschien dabey sehr ver=
ständig. Die Mängel ihrer Pensionslehrerin her=
vorhebend.

5. Früh alles gepackt. Kam Rath Grüners Wagen,
dem die sämmtlichen Steine aufgeladen wurden;
auch mein Wagen fuhr ab. Stadelmann besorgte
einige Abschiedsvisiten. Graf Taufkirchen. Als
sich der entfernt hatte, allgemeiner, etwas tumul=
tuarischer Abschied. Ich ging bis zum goldnen
Löwen, wo ich den Wagen traf. Abgefahren
nach 9 Uhr. Bey kaltem Westwinde heiteres
Wetter, viel aufgeregter Staub. Halb 1 Uhr in
Zwotau. Erste Nachricht vom Unglück in Hof.
Abschrift eines Gedichtes. Nach 5 Uhr in Hartenberg. Vielfache Unterhaltung mit dem Grafen,
besonders über seine Öconomie. Abends mit der
Familie. Der Sohn war angekommen.

6. An dem Gedichte redigirt. Mit dem Grafen

spazieren gefahren durch Gossengrün auf die Glas=
fabrik. Wieder herauf und nach Hause. Notizen
von dem Feldbau und sonstiger Bewirthschaftung.
Große Verbesserung der Herrschaft seit 1816, da
der Graf hier wohnt und alles abministrirt.
Vorsätze und Aussichten auf die Zukunft. Zu
Mittag Bergmeister Meyer von Bleystadt. Berg=
meister Lößl von Falkenau. Nach Tische kam
Rath Grüner. Der Graf hatte mir eine sehr
schöne Stufe von Bleyspath verehrt. Ingleichen
der Bergmeister von Bleystadt mehrere. Nach
Tische bey'm Kaffee Rath Grüners mitgebrachte
Mineralien besehen. Für mich allein auf dem
Altan. Recapitulation der Tour von heut früh.
Freudige Ansicht einer zweckmäßigen Ökonomie
in einem großen Complex einer Herrschaft wie
die heute früh überschaute. Sie hat zwischen
4 und 5000 Bewohner und alles ist beschäftigt;
ganz arme, die man Bettler nennen konnte, nur
drey. Abends zum Nachtessen bey der Gesell=
schaft. Der ehemalige Hofmeister des jungen
Grafen war angekommen. Vorbereitung auf
morgende Abfahrt.

7. Sonntag das Gedicht fortgesetzt. Abschied vom
Grafen und der Familie. Abfahrt mit 2 Chaisen
über Gossengrün und andere Dörfer. Maria=
Kulm blieb weit links, wohin heute, besonders
aber morgen auf Maria Geburt zahlreiche Wall=

fahrten wandern. Waren um 9 Uhr ausgefahren bey gutem, obgleich kühlem Wetter. In Eger gegen 1 Uhr. Zu Hause gespeist. Nach Tische Rath Grüner, die Altalbenreuther Feuerproducte ordnend und fünf Folgen zurechtlegend. Von 4 Uhr an für mich. Briefe geheftet, Papiere geordnet. NB. Gleich nach der Ankunft Abschrift der neusten Strophen. Gegen Abend Briefe dictirt. Späterhin Rath Grüner; über Mineralientausch und sonstige Acquisition gesprochen, auch was in der Folge zu thun sey. Über Mineralogie und Geologie in Böhmen Schwung gegeben. Graf Auerspergs Betrachtungen über das Unternehmen, das Museumscabinet in Prag nach dem Mohsischen System zu ordnen. Überhaupt künstliche Anstalten diese Lehre zu verbreiten und die bisherigen zu beseitigen. Der Apotheker lieferte den Barometerstand seit unserer Abwesenheit. Fand den gestickten Teller von Madame Szymanowska. Ingleichen anderes Eingesendete während meiner Abwesenheit.

8. Um halb 6 Uhr aufgestanden. Kreuzbrunnen getrunken. Vollkommen klarer Himmel. Einiges nachgeholt. Abschriften aller Art. Das Verzeichniß von Booden und Altalbenreuth viermal. Briefe concipirt und mundirt. Stammbuchsblätter für die Grafen Trautmannsdorf. Zu Rath Grüner; bey Stadelmann, welcher Steine

auspackte und ordnete. Zum Oberthor hinaus, rechts um den Wall. An der Eger hin auf dem Weg zum Siechhäusel. Zurück durch die Tuchräh= men. Die Stadt herauf und in die Sonne. Mittag für mich. Rath Grüner war auf eine Pfarr= einführung ausgefahren. Nachher die morgend= lichen Expeditionen fortgesetzt. Späterhin Rath Grüner, der von seiner Pfarreinführung erzählte, Mineralogica besprach und wie in dieser Ange= legenheit fortzufahren. NB. War Joseph Schmidt bey mir gewesen, seine guten Zeugnisse vorweisend.

9. Briefe dictirt, mundirt, alles abzuschließen ge= sucht. Stabelmann hatte bey Rath Grüner das Geschäft die mitgebrachten Mineralien zu sondern und zu ordnen vollbracht und fing an bey uns einzupacken. Übersicht des geognostischen Gewinnes. Redaction mancher Papiere. Fortgesetzte Concepte und Munda. Mittag für mich. Rath Grüner, das Kochbuch bringend, das Nächste besprechend. Zu Rath Grüner. Seine Mineralien betrachtend, mit Vergnügen den Zuwachs seiner Sammlung bemerkend. Vorschläge und bringender Wunsch, er möge einige Schränke anschaffen und am System zu ordnen anfangen, wozu schon das schönste Material vorhanden ist. Zum Oberthor hinaus bey ganz klarem Himmel. Wegen einfallender Kälte mit Sonnenuntergang nach Hause. Fand den Weimarischen Kutscher und eine Sendung von

meinem Sohne. In Kunst und Alterthum und
Zur Naturwissenschaft gelesen. Rath Grüner kam
spät; wurde alles Vorsehende durchgesprochen, ich
übergab ihm die Mineralogie des Breslauer.
Beredung wegen des Nächsten, auch Kunst und
Alterthum erhielt er IV, 1. Heft und 2. —
Herrn Geh. Oberregierungsrath Schultz
nach Berlin. Herrn Geh. Rath von Wille=
mer nach Frankfurt a. M.

10. Nebenstehende Expeditionen: Herrn Pater Prior
Clemens Eckl nach Stift Tepl, durch Herrn
Bergmeister Lößl. An Frau von Levetzow
nach Carlsbad. Herrn Professor Zauper
nach Pilsen, gleichfalls durch Bergmeister Lößl.
Herrn Grafen Sternberg nach Brzezina,
Herrschaft Radnitz, mit Kunst und Alterthum
IV, 2 und Naturwissenschaft. — Kam Berg=
meister Lößl von Elbogen; verehrte sehr schöne
böhmische Stufen. Speiste bey mir mit Rath
Grüner. Hauptgespräch Geognosie und Minera=
logie von Böhmen. War in der Apotheke mit
John, nach dem Barometer zu sehen. Nachts
Rath Grüner. Mit demselben noch seinen Mine=
ralientausch und sonstige Unternehmungen.

11. Das völlige Einpacken verspätete uns, Rath
Grüner war gegenwärtig.

  Aus Eger . . . 9 Uhr.
  In Asch . . . . ½1 Uhr.

Ab von Asch . . 3 Uhr.
In Rehau . . . 5 Uhr.
Hof . . . . . ½8 Uhr.

In Asch den Naturdichter gesprochen, von demselben ein Gedicht erhalten nach meinem Angeben. Das Unglück von Hof erneute sich in jedem Gespräch. Hof im Hirsch abgetreten. Das Haus neu eingerichtet und glücklich erhalten gefunden. Ledige Schwester des Wirthes.

12. Um 6 Uhr ab von Hof.
Um 9 Uhr in Gesell.
Um ½10 Uhr ab von Gesell.
Um 12 Uhr in Schleiß.
Um 2 Uhr ab von Schleiß.
Um ½7 Uhr in Pösneck.

Ich fuhr um Hof herum, den greulichen Anblick nicht zu sehen, und doch konnte man sich desselben nicht ganz erwehren. Die herbeyeilenden Sachsen von Adorf und anderen Orten haben sich großen Ruhm erworben, indem durch ihre Entschlossenheit und Thätigkeit die obere Vorstadt erhalten worden. In Schleiß zu Mittag gespeist. Kaufmann Meyer, der mir die Nachricht brachte, meine 5 Kisten Mineralien und Kreuzbrunnen sehen gerettet. Der Fuhrmann habe aufgepackt gehabt, habe aber, weil die Confusion groß geworden, ohne Frachtbrief fortfahren müssen und werden nun schon längst in

1823. September.

Weimar abgegeben worden seyn. Bey sehr schönem Wetter nach Sonnenuntergang in Pösneck eingetroffen. Das Gedicht abermals unterwegs durchgegangen und Bemerkungen gemacht.

13. Nach 6 Uhr ab von Pösneck.
Um 9 Uhr in Naschhausen.
Um 10 Uhr in Kahla.
Um 12 Uhr in Winzerle.
Um ¾1 Uhr in Jena.
Bey Herrn Major von Knebel zu Tische, wo ich meinen Sohn fand. Gegen Abend in den botanischen Garten. Denselben durchgegangen. Mit meinem Sohn vorläufig das Nöthige besprochen. Einiges ausgepackt.

14. Früh aufgestanden, Mehreres ausgepackt, auch in Papieren sich umgesehen. Unterhaltung mit meinem Sohn über die neuesten Ereignisse. Dr. Weller, Güldenapfel, Bergrath Lenz. Ins osteologische Museum, ingleichen die neue Einrichtung des runden Thurms angesehen; die Museen im Schlosse außer dem Mineralogischen; auf das Dach, die Bleiche des Wallfisches zu betrachten. Nach Hause. Goethe in den Zeugnissen der Mitlebenden, Berlin 1823. Zu Obrist von Lyncker, Mittagessen, Geh. Hofrath Stark theilnehmend; nach Hause. Hofrath Rehbein auf der Durchreise nach Eger. Zu Frommanns; Wesselhöft und Dr. Fries gegenwärtig. Müller, Geschichte

seiner Reise; Einheimisches, Novissima; blieb bis Mitternacht. — Herrn Grafen Reinhard nach Frankfurt a. M.

15. Früh mit Eckermann die Recensionen, sowohl die älteren als die jenaischen, durchgegangen. Auf's Mineralogische Cabinet, alles in schönster Ordnung, sowie neue bedeutende Acquisitionen vorgefunden. Von da auf die Bibliothek, gleichfalls die beste Ordnung und Reinlichkeit, nicht weniger regelmäßig fortschreitende Arbeit, wodurch der Abschluß der ersten Einrichtung alsbald erreichbar zu übersehen stand. Zu Hause Besuch von Fräulein Ulrike. Speiste bey Obrist von Lyncker, mit Knebels und dem jungen Stark. Fräulein Ulrike, welche bey Frommanns gespeist hatte, kam nachher. Rath Vulpius und Frau. Fuhr nach Burgau, wo ich Knebeln fand. Bald zurück unter androhendem Gewitter von Norden her, Wetterleuchten und Donner in der Ferne, starker Regen aber nicht anhaltend in der Nähe.

16. Früh mit Eckermann das gestrige Geschäft fortgesetzt, den Abschluß vorbereitet, den er zu beschleunigen versprach, seine Arbeit war durchaus gelungen. Bestellung wegen heutiger Geschäfte. Schrön den neuen Döbereinischen Versuch vorzeigend. Wegebauinspector Götze. Auf die Sternwarte; zu Körner, den Schmelzofen angesehen, ihm einige Augiten übergeben. Gedichte abge-

schrieben. Verschiedenes Geschäftliche mit meinem
Sohn verhandelt. Bey Obrist von Lyncker zu
Tische, Staatsrath Schweitzer kam später. Ver=
schiedene Mineralien und Beschäftigungen durch=
besprochen. Hofrath Voigt hatte, leider gelähmt,
einen Besuch gemacht. Abends bey Frommanns,
wo Fräulein Succow war. Zu Knebel. Um
halb 10 Uhr nach Haus. Verschiedenes durch=
gedacht und geordnet. Beyträge zur Kenntniß
Norwegens von Naumann.

17. Die meisten Untergeordneten zum Abschied. Übri=
gens eingepackt. Hofrath Voigt in eine Lähmung
gefallen sehr bedauert und getröstet. Gegen 10
Uhr abgefahren. Gegen 1 Uhr in Weimar.
Freundlicher Empfang. Erste Einrichtung. An=
gekommene Briefe und Packete eröffnet. Die Ab=
schrift des Gedichtes angefangen.

18. Die Abschrift des Gedichtes fortgesetzt. Geschäfts=
sache mit meinem Sohn abgethan. Bey Ihro
K. H. der Frau Großherzogin aufgewartet. Mit=
tag Frau Gräfin Henckel. Eingesendete Kupfer
einstweilen in die Portefeuilles gelegt. Abends
Professor Riemer und Canzler von Müller. Man=
cherley Geschenke und Aufsätze zum Geburtstag
nachbringend. Ergötzung an anderen, besonders
Berlinischen Gaben.

19. Die Abschrift des Gedichts vollendet. Vieles
andere in Ordnung. Besuch von Huschke. Fort=

gesetztes Ordnen, Lesen und Bekanntmachen. Von meinem Sohn entworfene Concepte wurden mundirt. Stadelmann fuhr fort die Mineralien auszupacken und zu ordnen im Gartenhause. Mittags aß Herr Sterling mit; viele Scherze über gesellige und leidenschaftliche Verhältnisse, auch über den Theaterbesuch. Nach Tische einige Portefeuilles durchgesehen. Abends mit Ottilien bey'm Thee, wozu August kam. Nachts für mich. Von Hennings dießjährige Vorlesungen über die Farbenlehre. Schelvers Kritik der Lehre von den Geschlechtern der Pflanzen.

20. Vorgemeldete Lectüre fortgesetzt. Hennings Einleitung. Schelvers Kritik. Verschiedenes geheftet. Bücher von der Bibliothek. Sendung von der Subscriptionsanzeige der Werke von Diderot. In Belvedere bey Ihro Hoheit. Fand Ihro Hoheit die Großherzogin. Prinzeß Auguste brachte Ihre Muscheln und Seeproducte. Prinzeß Marie erschien gleichfalls. Der Erbprinz war munter und wohl. Aldann mit der Frau Erbgroßherzogin die neu arrangirten Zimmer besehen. Nach Hause. Mittag zu drey. Mein Sohn war in Belvedere. Ottilie befand sich nicht wohl. Besuchte dieselbe. Abends Hofrath Meyer. Mit ihm besprochen, bezüglich auf die Ausstellung und Prämien, auch auf Kunst und Alterthum bezüglich. — Herrn Wesselhöft Manuscript zu Kunst

und Alterthum bis Fol. 18. incl. Herrn Major von Knebel, mit dem Gedicht an Byron, nach Jena.

21. Abschriften in oberaufsichtlichen Geschäften. Die Langerischen Apostel an Hofrath Meyer. Hofbildhauer Kaufmann. Hofrath Rehbein und Frau. Zimmer-Bereitung für Schultz. Mittag zu dreyen. Mein Sohn an Hof; Ottilie krank. Nach Tische Kupfer aufgesucht. Abends Hofrath Meyer, Canzler und Peucer. Vorbereitung zu den nächsten Heften.

22. Weitere Vorbereitung zu den nächsten Heften. Von Hennings Farbenlehre vom Standpunct der Naturphilosophie aus betrachtet. Augiten und sonstige Mineralien ausgepackt. Das Zimmer für Schultz zurecht gemacht. Laborde Voyage pittoresque en Espagne wegen Cadix. Das übrige angefangen durchzusehen. Kupfer an Meyern zur Recension. Mittag mit Ulriken und Walther. Oberconsistorialrath Günther von seiner Münchner Reise erzählend. Brief von Willemers. Abends Hofrath Meyer, die nächsten Gegenstände besprochen. Unsere Stellung gegen deutsche bildende Kunst und das Publikum überhaupt. Hennings Einleitung durchgelesen. — Herrn Geh. Hofrath Cotta nach Stuttgardt.

23. Die Berichtigung der Hefte von Kunst und Alterthum angefangen, aber nicht vollendet. John

Abschrift des Briefs von Aachen, von Nees von Esenbeck. Capitelweise Abschrift des auf der Reise Bemerkten aus allen Fächern. Zahme Xenien III durchgesehen und arrangirt. Einiges an Kupferstichen geordnet. Gedichte und Briefe zum Geburtstag gesammlet. Mittag zu vieren. Verabredung wegen der Berliner Reise meiner Schwiegertochter. Vorbereitung auf den Besuch J. H. der Großherzogin. Noch einiges an Hofrath Meyer zu beliebigen Recensionen. Abends Canzler von Müller; über Christen= und Juden=Heirathen, unerfreuliche Unterhaltung. Inhalt von Briefen vorbedacht und schematisirt. — Schreiben an General-Münzdirector Loos nach Berlin, wegen kleinerer und größerer Medaillen.

24. Erst mit Secretär Kräuter verschiedenes berichtigt. Dann mit John Brief an Nees von Esenbeck. Mineralien für Grüner vorbereitet. Mit Ottilien spazieren gefahren. Herr Canzler von Müller mit Professor Umbreit von Heidelberg. Mittag die Familie und Nicolovius. Nach Tische die Notiz des Haager Münz= und Gemmen=Cabinets durch Prinz Christian. Recension der Pseudo=Wanderjahre. Fortgesetzte Vorarbeiten. Nachts Anordnung und Sonderung vieler Papiere zum nächsten Gebrauch.

25. Fortarbeit an den nächsten vorliegenden Beschäfti=

gungen. Um halb 11 Uhr Ihro K. H. die Frau
Großherzogin. Mittag Ferdinand Nicolovius.
Hopfenblüthen aus der Frau Gräfin Henckel
Garten. Hofrath Rehbein, über seine häuslichen
Verhältnisse günstig sprechend. John Verord=
nungen mundirend, ingleichen Briefe. Abends
zuerst für mich Betrachtungen des Nächstzuunter=
nehmenden. Canzler von Müller; Gedichte vor=
lesend und anhörend. Später bey Ottilien, welche
sich nicht wohl befand. Überlegung der Dank=
sagungsschreiben wegen der mitgetheilten Notiz
das Münz= und Gemmen=Cabinet im Haag be=
treffend.

26. Schrön; demselben die Meteorologica von der
Reise mitgetheilt und besprochen. Maler Preller
meldete seine Ankunft und zeigte verschiedene
Arbeiten vor. Die Sendung an Nees von Esen=
beck weiter geführt, ingleichen manches andere
zu den bevorstehenden Heften. Abends Gräfin
Lina von Egloffstein. Las derselben das Buch
des Paradieses vor.

27. Verhandlungen wegen Eckermann. Expressen nach
Jena, um Major von Knebel meine Ankunft ab=
zusagen. Mittags Hofrath Rehbein und Frau.
Regierungsrath Schmidt. Nach Tische Musik.
Abends Gräfin Lina, Canzlar von Müller. Ober=
baudirector Coudray. Hofrath Meyer. Über Ber=
lin, hauptsächlich über die dortigen Baulichkeiten.

28. Bey'm Großherzog zur ersten Aufwartung. Vieles Mitgebrachte besehen, auch eine große von Nees von Esenbeck in Zeichnung gesendete Blume. Legationssekretär Strube. Soret. Fuhr dem Geheime Regierungsrath Schultz entgegen, traf ihn vor dem Kegelthor, fuhr mit ihm über die Gärten, bey Gräfin Henckel herabgestiegen, durch's Schallthor nach Hause. Generalsuperintendent Röhr. Mittags Familie und Schultz. Abends Hofrath Meyer und Riemer.

29. Aufsatz wegen des Hopfens. Mit Schultz über verschiedenes, allgemeines und besonderes. Um 1 Uhr Eckermann. Im Bibliothekthurm, auf die Bibliothek. Kamen Serenissimus; über die Verbindung der Bibliothek mit dem Thurm gesprochen. Einige Zeit in dem Expeditionszimmer, Bücher ausgesucht. Bey Tisch Familie und Schultz. Abends Froriep, Meyer, Riemer, der Canzler; beyde letztere blieben zu Tische.

30. Expeditionen auf morgen vorbereitet. Kam an Revisionsbogen 1 und 2 Kunst und Alterthum IV, 3. Mit Geh. Regierungsrath Schultz über verschiedene Mittheilungen. War der Prinzeß Auguste Geburtstag. Ulrike fuhr nach Belvedere. Rafaels Zeit und Folge wieder zurecht gelegt. Walther sah zu und sang. Mittag Familie und Schultz. Nach Tische mancherley Öffentliches und Besonderes besprochen. Abends der junge Graf

Reinhard seinen Vater anmeldend; späterhin der=
selbe mit Familie, ingleichen von Froriep, Cou=
dray, Rehbein, Sterling. Sämmtlich zum Thee.
Wir blieben zum Abendessen unter uns. Ich
las das Buch des Paradieses. Mit Schultz allein
bis Mitternacht.

October.

1. Einige Briefconcepte. Mit Staatsrath Schultz
conferirt. Verschiedenes geheftet und geordnet.
Demoiselle Seibler von Rom kommend. Göttinger
Student   . Mit Schultz um's
Webicht. Indessen Graf Reinhard und Familie.
Letztere blieb zu Tische. Er war an Hof. Nach
Tische Hofrath Meyer, wegen der Seiblerischen
Wünsche. Die junge Welt in der Comödie; ich
blieb mit Schultz zusammen. — Herrn Nees
von Esenbeck nach Bonn, enthaltend Mor=
phologie für ihn und Nöggerath, Kunst und
Alterthum für ihn, Rußkrankheit des Hopfens.
Herrn Dr. Carus nach Dresden, mit einem
Heft Morphologie. Herrn Dr. Ernst Meyer
nach Göttingen, mit einem Heft deßgleichen.

2. Gestern concipirte Briefe durchgesehen. Berlinische
Theaternotizen vom July und August. Schultz
über fernere Verhältnisse. Eckermann verschiedene
Manuscripte bringend. Graf Reinhard. Die
Damen hatten Visite gemacht; Ottilie ging zur

angekündigten Engländerin. Vor Tische lange Unterhaltung mit dem Grafen über vergangene Zustände und Zufälligkeiten; über seine Gefangenschaft in Frankfurt, der Veranlassung und was sonst vorher ging. Mittag im Familienkreise des Grafen Geburtstag gefeyert. Abends Canzlar von Müller mit geselligen Anträgen.

3. Auszug der Berliner Theaterrecensionen. Der Juwelier von Petersburg, J. Seguin, das von Herrn Soret angekündigte Käſtchen Mineralien. Die von demselben mitgebrachten Medaillen reponirt, ingleichen die Hefte von Decandolle. Die Professoren Wilbrand und Ritgen aus Gießen. Von Henning aus Berlin. Graf Reinhard und Frauenzimmer speisten in Belvedere. Nach Tische mit Schultz, sodann Graf Reinhard und Familie, ingleichen Canzler von Müller, welcher den Abend großen Thee und Concert gab. Bei uns zum Thee von Henning, Frau und Schwester. Abends für uns. Schultz war sehr vom Katarrh angegriffen. — Herrn Rath Grüner ein Käſtchen Mineralien. Herrn Wesselhöfts Druckerey Manuscript zu Kunst und Alterthum bis Fol. 28 incl.

4. Den Auszug aus Rose vorgenommen. Denselben revidirt und abschreiben lassen. Herr Soret und der Petersburger Juwelier. Graf Reinhard. Mit Geh. Regierungsrath Schultz über die projectirte

Ausgabe. Mittag für uns und der junge Graf
Reinhard. Die Frauenzimmer in die Comödie.
Graf Reinhard und Canzler von Müller. Dazu
Oberbaudirector Coudray. Zeichnungen zu Faust
von Retzsch. Herr Canzler blieb, um die nächsten
Tage zu besprechen.

5. Auszug aus Rose fortgesetzt. Canzler von Müller
wegen der Eintheilung der Tags. Graf Reinhard
einige Stunden vor Tische. Er und die jungen
Frauenzimmer bey Hofe speisend. Der junge
Graf blieb bey uns. Die Tante, Roman von
Madame Schopenhauer. Abends Graf Reinhard
in kleiner Gesellschaft. Geh. Regierungsrath
Schultz blieb als krank in seinem Zimmer.

6. Canzler von Müller, Nachricht von den neusten
passionirten Bewegungen. Graf Reinhard und
Familie speisten bey uns. Ingleichen Canzler
von Müller und Professor Riemer. Schultz kam
wieder zum Vorschein. Abends waren die Damen
bey Frau von Schiller. Der Graf blieb in kleiner
Gesellschaft bis gegen 10 Uhr. Die Tante fort=
gelesen. Ansicht neuer auf die Bibliothek ge=
kommener Kupferwerke.

7. Ordnung und Betrachtung vieles Vorliegenden.
Mancherley Sendungen kamen an. Oberaufsicht=
liche Expeditionen gefördert. Mit Graf Rein=
hard nach längerem vertrauten Gespräch Belvedere
besucht, das Palmenhaus besehen und sonstige

Gewächshäuser. Waren die Frauenzimmer gleichfalls nachgekommen. Büste der Juno Ludovisi. Zu Tische Herr Canzler von Müller. Nach Tische mannigfaltige Unterhaltung. Abends viele junge Leute zum Thee; Kupfer und Zeichnungen besehen. Die Tante 1. Theil geendigt.

8. Ging Graf Reinhard fort. Der Tante 2. Theil angefangen. Eine Recension derselben überlegt. Schöner Tag. Mit Ottilien um's Webicht spazieren gefahren. Canzler von Müller eine Fahrt nach Gotha ankündigend, um den Grafen Reinhard zu besuchen. Den Abend mit Staatsrath Schultz zugebracht; verschiedenes zusammen gelesen und gesprochen.

9. Abschied und Abfahrt. Reinigung der vordern Zimmer. Eingezogen daselbst. Mit Ottilien spazieren gefahren um's Webicht. Über den Schopenhauerschen Roman gesprochen und was dabey gelegentlich vorkam. (Die Herrschaften auf dem Carlsplatz gesprochen.) Mittag für uns. Weitere Anordnung in den vordern Zimmern. Entwickelung der Papiere. Abends blieb Ulrike bey mir. Ankunft der Bisquitbüste von Berlin.

10. Einleitung zu fernern Expeditionen. Manches bey Seite geschafft. Professor Müller wegen des Ateliers und sonst. Müller der Sohn ein Kupfer nach Overbeck bringend. Mit Ottilien spazieren gefahren um's Webicht. Mittag für uns. Nach

Tische fortgesetzte Betrachtung was zu den neuen
Heften nöthig; ingleichen was von Correspondenz
zunächst zu besorgen wäre. Abends Oberbau=
director Coudray, Riemer und Hofrath Meyer.
Erzählung der Sündfluth von Lord Byron. Nach=
her Ottilie, Vorlesung des serbischen Gedichtes.
Sodann Betrachtungen fortgesetzt.
11. Oberaufsichtliche Expeditionen. Kam der Revi=
sionsbogen IV, 3 an. Mehreres für die beyden
gangbaren Hefte aufgesucht und redigirt. Herr
Soret galvanisch=magnetische Versuche mitbringend.
Für mich von großer Bedeutung. Dagegen die
Rauchische Büste an Kaufmann geschickt. Auch
eine Garnitur entoptischer Gläser bereitet. Fort=
gefahren die Hefte zu fördern. Mit Ottilien
und Walther nach Tiefurth. Die Wiederherstel=
lung der Vergangenheit daselbst betrachtet. Mit=
tag Generalsuperintendent Röhr. Nach Tische
fortgesetzte Frühgeschäfte. Besonders über Kunst=
charakter des Tacitus. Hufeland atmosphärische
Krankheiten. Carus Muscheln und Schnecken.
Abends Canzler von Müller, die Reise nach
Gotha, Schnepfenthal, Reinhardsbrunn mit Graf
Reinhard und Familie erzählend. Später Cain
von Lord Byron.
12. Fortsetzung alles Gestrigen. Rath Vulpius, Biblio=
thecks= und Münzcabinets=Angelegenheiten. Land=
schaftsmaler Rösel von Berlin kommend. Die

eingeleiteten Geschäfte durchgeführt. Maler Rösel
zu Tische mit Professor Riemer, beydes Lands=
leute und Schulfreunde. Nach Tische vorgewiesen
seine Federzeichnungen. Eine Zeitlang für mich.
Sodann Gräfin Line, hernach der Canzler von
Müller. Beyde sowie meine Schwiegertochter
nach Hof. Die Kinder sämmtlich Abends auf
den Ball im Stadthause. Byrons Cain und
Himmel und Erde wieder gelesen und überdacht.
— An Herrn Wesselhöft nach Jena, Kunst
und Alterthum Manuscript bis Fol. 43 incl.
Naturwissenschaft bis Fol. 12 incl. Erlaß an
Professor Voigt, wegen des väterlichen Ca=
binets.

13. Revision mehrerer Concepte. Briefe concipirt.
John schrieb den frühern Aufsatz aus dem Leon=
hardschen Taschenbuche ab. Fuhr mit Ulriken
nach Berka. Verfehlten den Badeinspector. Be=
sprachen uns mit dem Arzte, der von geglückten
und mißglückten Curen erzählte. Auch die Ge=
schichte des Öconomens Kirstens auf Bergern
Tod. Zurück unter androhendem Regen. Mittag unter uns. Nach Tische Lord Byrons Ge=
dichte, besonders The Island. Abends Mr. Sterling und   . Nachher Professor Schelver,
meistens Unterhaltung über Magnetismus.

14. Manches mundirt, Möglichstes beseitigt. Das
verlangte Manuscript vom 3. Bogen Kunst und

Alterthum kam von Jena. Machte mit Ottilien wegen stürmischen Wetters nur eine kleine Tour. Unterhaltung über die Engländer, ihre Absichten, Leidenschaften und Grillen. Mittag für uns. Nach Tische das Eyland von Lord Byron. Abends bis 11 Uhr. Dazu kam Geh. Rath von Savigny aus Berlin mit Familie. Regierungsrath Schmidt spielte auf dem Flügel.

15. Eine Sendung von Ritter Hermann kam an. Mit Professor Riemer den 3. Bogen Kunst und Alterthum. Die Frau Großherzogin K. H. Die neusten englischen Facsimiles der Originalzeichnungen italiänischer Meister. Abschriften der serbischen Lieder durch John. Brief von Zauper. Nicolovius und Graf Schulenburg gingen. Mittag unter uns. Mit meinem Sohn Öffentliches und Häusliches besprochen. Abschrift der serbischen Lieder fortgesetzt. Abends Ottilie, Wiedersehen und Scheidung vorgelesen. Ferner für mich, das Eyland von Byron. Der Großherzog war früh nach Eisenach gefahren. — Herrn Staatsrath Süvern nach Berlin. Herrn Staatsrath Hufeland dahin, mit einem Heft Morphologie. A Monsieur Brière à Paris.

16. An den serbischen Liedern fortgefahren und abgeschlossen. War angekommen Bogen J. zur Naturwissenschaft. Vorrede zu Hermanns Bacchen. Sonstiges redigirt, ausgezogen und überblickt.

Die jungen Herrschaften um 12 Uhr. Nachher mit Walthern ausgefahren. Mittag ohne Ottilien. John setzte die serbischen Lieder fort. Abends oben bey den Kindern. Fräulein Minchen von Münchhausen war angekommen. Ulrike blieb krank für sich.

17. Silberbergwerk zu Sangerberg mundirt. Ehland von Byron weiter gelesen. Hofrath Voigt einiges aus dem botanischen Garten vortragend. Briefconcepte dictirt. Papiere gesondert und ausgezogen. Mittag für uns. Herr Canzler nach Jena gehend zur Feyer des morgenden Tags. Abends Besuch von Herren und Damen. — An die Herren Schloß und Comp. nach Frankfurt a. M., zurückgesendete Lotterieloose.

18. Einzelheiten ausgezogen und dictirt. Ingleichen einige Briefe concipirt. Mit Ottilien nach Belvedere. Lorbeer und Myrthen geholt. Mittag unter uns. Abends Herr Geh. Cammerrath Stichling, wegen der Jenaischen Bibliothekssache. Ingleichen einen Krankheitsanfall seines Sohnes erzählend. Gedicht zu Eckermanns Schrift. Lafontainische Fabeln gelesen und die Steindrücke von Carl Vernet dazu angesehen. — Herrn Wesselhöft Revisionsbogen 1 Naturwissenschaft, ingleichen ferneres Manuscript von Fol. 13 bis 21 incl.

19. Möglichste Ordnung in Hinsicht des Nächstbevor-

stehenden. Einige Munda in Erwartung der Prinzessinnen. Diese kamen halb 11 Uhr, blieben bis halb 2 Uhr. Spazieren gefahren mit Ulriken in den untern Garten. Eckermann zu Tische. Über englische Sprachlehre und sonstige hiesige Lehranstalten. Sendung von Bonn und Darmstadt. Professor Riemer. Canzler von Müller. Über die Anwesenheit Raupachs. Öffentliche bedenkliche Angelegenheiten. Vorläufige Entwickelung des spanischen Schicksals. Byrons Cain und Sündfluth.

20. Nebenstehende Expeditionen: Herrn Geheime Rath von Willemer nach Frankfurt a. M., das Eckermannische Büchlein. Herrn Ritter Hermann nach Leipzig, Kunst und Alterthum IV, 2. Herrn Bibliothekar Grimm nach Cassel. — Einiges geheftet und sonst geordnet. Walther besah die indischen Prospecte. Einiges an den oberaufsichtlichen Geschäften mundirt. Spazieren gefahren mit Ottilien in den untern Garten. Vorher Herr von Motz, besuchend. Nach Tische Fräulein von Münchhausen. Ulrike sah mit ihr die Lafontainischen Fabeln-Steindruckbilder. Abends für mich. Die Acten der Bonner Academie durchgesehen und theilweise studirt.

21. Schema von 1819 durchgeführt. Brief an den Landgraf Christian. Oberaufsichtliche Munda. Fräulein Abele von Frankfurt kommend. Mit

ihr und Ulriken um's Webicht gefahren. Mittag für uns. Nach Tische verschiedene Jahre der Lebenschronik durchgegangen. Abends Geh. Legationsrath Conta, Eckermann. Später Soret. Mit Ottilien langes Gespräch über die gegenwärtigen gesellschaftlichen Verhältnisse.

22. Kam der 5. Revisionsbogen von Kunst und Alterthum. Der 4. von Riemer zurück. Note des Lords Strangford an den Divan. Ingleichen des Grafen Nesselrode an die russischen Gesandten. Die erste so heftig und hart; die zweyte so sanft und anmuthig als nur diplomatische Mittheilungen seyn können. Nebenstehende Expeditionen: Verordnung an Gehülfen Metius. Verordnung an Prosektor Schröter. Verordnung an Rentamtmann Müller. Schreiben an Hofrath Renner, sämmtlich nach Jena. An Herrn Rath Vulpius Schreiben. An das Oberconsistorium zu Eisenach. (Alles nach den Concepten.) Herrn Oberbergrath Frick nach Berlin, Dank für die Bisquitbüste. Herrn Wesselhöfts Druckerey nach Jena, Revisionsbogen 4 zurück, Manuscript gesendet der Xenien. — Professor Riemer wegen des vierten Revisionsbogens. Spazieren gefahren mit Ulriken. Mittags zu drey. Walther aß bey Abelen. Briefe von Zelter und Cotta. Summarien der Jahre von 1807 bis den heutigen Tag. Abends für

mich. Die Acten der Bonner Societät, 11. Band. Später Canzler von Müller, Serenissimi Reise nach Göttingen besprechend, ingleichen andere öffentliche und Privatverhältnisse. Einige Bretter Mineralien waren aufgelegt und das Vergangene geognostischer Forschungen in Erinnerung gebracht.

23. Schreiben an den Prinzen Christian Ludwig von Hessen. Sendung von Carus in Dresden. Das erbgroßherzogliche Paar. Die Lebenschronik durch= gedacht, besonders 1819 bearbeitet. Allein spazieren gefahren um's Webicht. Mittag zu vieren. Gegen Abend Frau Hofrath Schopenhauer und Adele. Für mich Bedenken des Nächsten. Später Herr Soret, besonders über entoptische Versuche, die er selbst angestellt, sich unterhaltend. NB. War den ganzen Tag und Umgegend geschossen wegen er= freulichster Nachricht, Herzogin Bernhard habe einen Sohn in London geboren. — An den Landgrafen von Hessen nach Darmstadt.

24. Stiftungstag der Loge. Beschäftigung meines Sohns deßhalb. Das Nächste geordnet und zu= rechtgelegt. Eisenachische Mineralien von Sere= nissimo. Chronik von 1819 revidirt. Geschröpft. Gemeldet Madame Szymanowska von Dresden und Leipzig kommend. Fortgesetzte Chronik von 1819. Einiges zu Kunst und Alterthum. Ma= dame Szymanowska und Schwester zu Tische. So gefällig als trefflich auf dem Flügel gespielt.

Nach Tische für mich. Carus Abhandlung über
die Schneckeneyer und deren Entwickelung. Abends
die Frauenzimmer. Frau von Pogwisch. Gräfin
Line kam spät von Gotha anlangend. Mehrere
Engländer, Canzler von Müller, Professor Riemer.
Mit demselben die Revision des 5. Bogens vorgenommen. Unterhaltendes Flügelspiel. Verabredung auf ein morgendes Frühstück in Belvedere.

25. Die Sangerbergischen Mineralien in Ordnung
gebracht. Schöne Recension von Hofrath Meyer
empfangen. Auszug und Übersetzung aus dem
Königl. Niederländischen Medaillen- und Gemmen-
Cabinet. Abschrift der Meyerschen Recension.
Morgenstern über Rafaels Sanzio's Verklärung.
Emaillemaler Müller von Berlin kommend; Sere-
nissimum wegen Unterstützung anzugehen. Das
Frühstück in Belvedere fand statt bey sehr schönem
Wetter. Madame Szymanowska zu Tische. Abends
Hofrath Meyer. — Herrn Wesselhöfts Drucke-
rey, Revision des 5. Bogens Kunst und Alter-
thum, nach Jena.

26. Die gestrige Übersetzung durchgesehen, ingleichen
die Abschrift von Meyers Kunstrecensionen. Bey
Ihro K. H. dem Großherzog. Sodann bey Prinzeß
Auguste, welche die mitgebrachten Seeproducte
ausgelegt hatte, davon sie mir einiges verehrte.
Zu Kunst und Alterthum manches zurecht gelegt.
Consul Küstner von Leipzig. Lieutenant

von der Meſſung aus der Ruhl kommend. Vul=
kaniſtiſche Geſpräche im Sinne von Sartorius.
Ein Heft Zur Naturwiſſenſchaft pp. Sereniſſimo.
Mittag Madame Szymanowska und Schweſter.
Nach Tiſche ſpaniſche Gedichte. Von Hoff. Canzler
von Müller mit dem neuangekommenen Engländer.
Des Äſchylus Prometheus und Sieben vor Theben
geleſen in der Stolbergiſchen Überſetzung.

27. Vorbereitung zu dem abendlichen Concert. Die
kleinen Recenſionen an Hofrath Meyer zurück.
Überſetzung von Hermann und Dorothea in's
Griechiſche. Abſchrift der Recenſion des nieder=
ländiſchen Catalogs. Beſuch des franzöſiſchen
Geſandten, Mr. de Rumigny, und Herrn Canzler
von Müllers. Mittag Madame Szymanowska,
Schweſter und Bruder. Einiges für den Abend
probirt und vorbereitet. Einrichtung der Zimmer
zum Concerte. Eckermann, die Mittheilung in's
Morgenblatt bringend. Gab ihm das neuſte
Gedicht zu leſen. Alſogleich ſehr feine Bemer=
kungen darüber. Die Geſellſchaft kam nach und
nach an. Madame Szymanowska ſpielte. Ma=
dame Eberwein ſang, von Saiten= und Blas=
inſtrumenten accompagnirt. Blieben bis gegen
10 Uhr. Sendung von Nees von Eſenbeck. Ex=
preſſer von Jena, wegen retardirter Bezahlung.

28. Das geſtrig Angekommene beſorgt und ſtudirt.
Von Jena den Reviſionsbogen K. Naturwiſſen=

schaft. Neue Sammlung von Stickmustern auf 1824. Oberaufsichtliches concipirt und mundirt. Geh. Regierungsrath von Gerstenbergk von seiner Berliner Reise erzählend und wegen einer Wolffischen Tochter nachfragend. Madame Szymanowska und Schwester, sich vom Mittagessen entschuldigend. Der Engländer Brouhton einen neuen Ankömmling Johnston präsentirend. Für mich allein spazieren gefahren um's Webicht. Begegnete der Gräfin Fritsch und Demoiselle Sylvestre. Mittag zu vieren. Übersicht des Nächsten. Canzler von Müller wegen eines Concerts der Madame Szymanowska; auch französische Zeitungen bringend, wegen litterarischer Anzeigen, besonders Recensionen von Walther Scotts Werken. Luxus des sechzehnten Jahrhunderts mit ausländischen Mitteln. Concepte von Briefen. Abends Geh. Legationsrath Conta. Dessen Aufenthalt in Paris zur Zeit des Moreauschen Prozesses. Briefconcepte durchgesehen.

29. Revision des Bogens K. zur Naturwissenschaft. Ingleichen andere Concepte und Manuscripte. Nebenstehendes abgeschlossen: Herrn Major von Knebel nach Jena, mit einem Heft Morphologie. Herrn Wesselhöfts Druckerey dahin, der Bogen K. Naturwissenschaft. Herrn Dr. Carus, die eingesendete Abhandlung mit Zeichnungen, nach Dresden. Herrn Geh. Hofrath

Kirms, wegen des Concerts, Rücksendung des Försterschen Gedichtes. — Herrn Canzler von Müller, wegen einem Concert auf den Dienstag. Mr. C. Sneyd Edgeworth, den ich in Carlsbad kennen lernte. Gesandte von Rumigny, Abschied zu nehmen. Mittag Szymanowska und Schwester. Gegenwärtig waren Soret und der jüngere Engländer. Ich suchte Expeditionen zu beseitigen. Revidirte mit Riemern den Bogen K. zur Naturwissenschaft. Gegen Abend Gesenius Übersetzung und Commentar zum Jesaias. Vorbereitung auf morgentliche Expeditionen.

30. Im Deckenzimmer der Wärme wegen geschlafen. Briefe dictirt und mundirt. Die jungen Herrschaften um 12 Uhr. Fortgesetzte Arbeiten. Madame Szymanowska, Schwester und Bruder zu Tische. Abends größere Gesellschaft. Die Schlafstätte rückwärts verändert.

31. Aufgeräumt. Herr von Schweinichen. Munda von Briefen. Ottiliens Geburtstag. Für das wissenschaftliche Heft manches arrangirt, aufgesucht uud geordnet. Mittag Madame Szymanowska und Schwester. Mineralien von Soret kamen an. Zinn aus Frankreich. Canzler von Müller, theils die neuen Concertgeschichten, theils Verhältnisse zu Engländern erwähnend und erzählend. — Herrn Geh. Hofr. Blumenbach, in Auftrag Serenissimi, nach Göttingen. An

Herrn Rath Grüner nach Eger, inliegend kleine Promemorias an Herrn Baron Junker nach Schweißingen und Herrn Bergmeister Lößl nach Falkenau. Herrn Präsident Nees von Esenbeck nach Bonn.

November.

1. Ankunft der Palmen von Martius mit einer trefflich geschriebenen Einleitung. Auf der Bibliothek, wo Serenissimus, General von Haake und Coudray waren. Viele Kupferwerke, besonders die Friesen im Mayländer Palast von Appiani gemalt und von verschiedenen gestochen durchgesehen. Vorzügliche Beschäftigung die nächsten Rubriken für Kunst und Alterthum festzustellen und Tecturen einzurichten. Fortgesetzte Betrachtung der von Martiusfischen Sendung. Mittag Madame Szymanowska und Geschwister. Nach Tische Fortsetzung des frühe Eingeleiteten. Vor dem Schauspiel Canzler von Müller. Hernach Eckermann. Die Reise von 1797 besprechend. Von Schweinichen 3. Theil fortgesetzt. Herr Soret später.

2. Betrachtung über Kunst und Alterthum fortgesetzt; einige Einzelheiten verzeichnet und eingelegt. Abmeldung der Prinzessinnen. Aus dem Büschingischen Briefe ausgeschrieben die Stelle über Marienburg. Schema über Martius Palmen.

1823. November.

Um 12 Uhr die Prinzeſſinnen. Vorgezeigt die
Graf Sternbergiſchen Hefte der Flora Sub-
terranea. Der Erbgroßherzog ſchickte einen merk-
würdigen Amethyſtzapfen zum Kauf angeboten.
In des Canzlers Equipage ſpazieren gefahren.
Mit Ulriken um's Webicht. Mittag Madame
Szymanowska und Geſchwiſter. Nach Tiſche
Pianoſpiel. Für mich weitere Betrachtung der
Martius-Palmen. Intereſſanter Brief von Ernſt
Meyer aus Göttingen. Brief von Graf Reinhard.
Abends Profeſſor Riemer, die kleineren Recen-
ſionen über bildende Kunſt durchgegangen. Vor-
her Canzler von Müller. Sodann Oberbaudirector Coudray. Mancherley Hof- und Stadt-
ereigniſſe; Hinderniſſe und Förderniſſe des diens-
tägigen Concertes.

3. Geordnet und das Nächſte bedacht. An Lange
die Concertbillete bezahlt. Reviſionsbogen 6 Kunſt
und Alterthum. Vorbereitung zum 1. Bogen zur
Morphologie. Einiges an 1819. Madame Szymanowska nnd Geſchwiſter zu Tiſche. Spielte vortrefflich ein Rondo von Klengel. Nach Tiſche
für mich. Überdachte, was ſie in ihr Stammbuch arrangirt haben wollte. Abends Eckermann.
Über die Schweizerreiſe und ſonſt vieles beſprochen.
Sodann Oberbaudirector Coudray, die Eiſenacher
Feyerlichkeit erzählend, die Rede mittheilend.
Manches andere über Baulichkeiten und ſonſt.

4. Vorbereitung der morgenden Sendung an Wesselhöft. Schreiben aus Böhmen. Beantwortung
desselben. Dr. Ernst, Kupfer von Steinla bringend.
Kräuter Zeichnung von Schwerdgeburth vorlegend. Die Kupfer und Gedichte in Madame
Szymanowskas Stammbuch besorgt. In Schweiggers Jahrbuch, Bernhardi's Abhandlung über
krystallographische Bezeichnung im allgemeinen
beschaut. Mittag Madame Szymanowska und
Schwester. Herr Canzler von Müller, einige Nachricht vom Concert bringend. Nach Tische für
mich. Einiges in der Campagne von 1792 gelesen. Abends nach dem Concert Madame Szyma-
nowska, Schwester und Herr Canzler.
5. Abschrift des Zelterischen Diariums gefördert.
Professor Riemer über den 6. Bogen handelnd.
Schwerdgeburth wegen des großherzoglichen Bildes.
Abschrift des Zelterischen Briefes fortgesetzt. Madame Szymanowska und Schwester zu Mittage.
Herr Canzler von Müller. Verhandlung wegen
Empfehlungsbriefen. Herr Soret mit zwey Polen
. Blieb für mich.
Herr Canzler kam wieder. Über seine drey letzten
Gedichte gesprochen. Das Schwesternpaar nahm
Abschied. Ich blieb mit Hofrath Meyer. Wir
verhandelten die neusten Kupferstiche, was dar-
über gesagt war und gesagt werden sollte. Zeitig
zu Bette. — Herrn Wesselhöfts Druckerey

6. Revisionsbogen zurück, ingleichen Manuscript für Kunst und Alterthum bis Fol. 58, zur Morphologie Manuscript 1. Bogen.
6. Abgelehnte Anmeldung der jungen Herrschaften. Die Siege Napoleons von Appiani. Vier Porträte nach Kügelgen: Meines, Schiller, Wieland, Herder, in Deutschland und Italien gestochen, gesendet von Artaria. Notiz wegen Rameau's Neffen. Abschrift von Zelters Reisediarium. Mittag für uns. Die Siege Napoleons in Italien nach Tische betrachtet. Canzler von Müller. Gegen Abend befand ich mich nicht zum Besten. Las die Memoiren des Baron Fain. Dr. Weller präsentirte sich.
7. Dr. Weller abgefertigt. Er ging nach Jena zurück. Von Serenissimo Sendung Bürgerischer Werke und Anfrage. Mittheilung an Höchstdieselben des von Humboldtischen Briefes. Secretär Kräuter, mit demselben einige Verabredungen. Die Beschreibung sämmtlicher Gemälde in Spanien von Frau von Humboldt vorgesucht. Die fortgesetzte Abschrift der Jenaischen Catalogen angesehen. Von Humboldt über das vergleichende Sprachstudium. Vorlesung in der Academie. Abschrift von Zelters Tagebuch geendigt. Mittag zu vier. Mein Sohn war auf Bauexpedition in Heichelheim. Martius' Palmen. Napoleons erste Abdankung, in der Minerva. Befand mich nicht

zum Besten. Oberbaudirector Coudray. Sodann mein Sohn und Ulrike.

8. Die Bürgerische Angelegenheit durchgedacht. Ingleichen die Ghaselen von Grafen von Platen. Die Töchter erzählten die abenteuerliche Geschichte des problematischen Engländers. Das Vorliegende überdacht und fortgesetzt. Mittag zu fünfen. Die Minerva von Bran und Miscellen gelesen. Abends Canzler von Müller, den Braunschweiger Prolog und Tableau bringend. Eckermann, einiges über die Schweizerreise von 1797 besprochen. Fräulein Adele, über verschiedene schickliche und häusliche Zustände. Später mein Sohn und Fräulein Ulrike.

9. Heiterer Morgen, hoher Barometerstand. Geh. Hofrath Huschke nach meinem Befinden sich erkundigend und einiges verordnend. Mein Sohn hatte den Bericht wegen Hofrath Voigts Eintritt in die Fakultät und Einräumung des unteren kleinen Zimmers in der Bibliothek zum Münzcabinet gemacht. Bey schlechtem Befinden soviel als möglich die Arbeiten gefördert. Zu Mittag fortgesetzte Relation der Verwirrung letzter Tage und Stunden. Abends Oberbaudirector Coudray. Professor Riemer, Canzler von Müller, Soret. Letzterer angenehme Mineralien bringend. Professor Riemer Abbildung der kleinen Bronze von Dornburg, von der patriotischen Menge für einen

1823. November.

Gott Thor, von uns aber für einen Christus gehalten, von uralter schlechter Nachbildung eines guten Musters. War früh Geh. Hofrath Huschke bey mir gewesen.

10. Wegen Hustens die Nacht übel geschlafen. Spät aufgestanden. Den gestern von Zelter empfangenen Brief fing John zu copiren an. Dr. Neuburg giebt Nachricht von dem Ableben der Tante Melbert. Mittag zu vieren. Ottilie blieb auf dem Zimmer. Sendung von Varnhagen; ingleichen von dem serbischen Wuk interessante Lieder genannter Nation. Abends Herr Canzler von Müller. Über seine neusten Gedichte, über die kleinen Geburtstagsfeste. Geistreiche Scherze der Frauenzimmer dabey.

11. An Zelters Tagebuch zu mundiren fortgefahren. Berliner Theaterrecensionen. Geh. Hofrath Huschke. Demoiselle Seidler Thorwaldsens Bild und einen alten Plan von Rom bringend. Herr Hofrath Meyer, verschiedene Kunstwerke ankündigend, anderes besprechend. Mittag zu vieren. Ottilie befand sich noch nicht wohl. Nach Tische die von Meyer gesendeten und andere Kupfer. Giotto, Abendmahl, Fries, das Bild von Rafael. Noch einige Recensionen von Kupferstichen. Abends Herr Canzler und Herr Soret. Letzterer brachte noch einige polnische Bernsteine und einen ganz kleinen Smaragd in Feldspath aus Ägypten.

144   1823. November.

12. Mancherley vorbereitet. Dictirt am Bibliotheks=
berichte. Kam Hofrath Rehbein, seine Krankheit
erzählend, meine überlegend und verschreibend.
Meyersches Concept abgeschrieben. Im Sessel ge=
dämmert. Walther war gar artig im Erzählen
theilnehmend. Nähere Betrachtung des kleinen
Smaragden in Feldspath. Die Grimmischen
kleinen Radirungen an Fräulein Adele. Mittag
zu vieren. Nach Tische Herr Staatsminister
von Humboldt. Mit ihm den Nachmittag unter
mancherley Gesprächen zugebracht. Abends Canzler
von Müller und Hofrath Meyer. Gar manche
Dinge wurden durchgesprochen.

13. Schlimme Nacht. Einiges beseitigt. Hinweisung
auf die Göttingische Recension der serbischen Lieder.
Staatsminister von Humboldt. Verschiedene Ver=
hältnisse, litterarische und philosophische. Cor=
respondenz zwischen Schiller und mir. Gab ihm
das letzte Heft der Morphologie pp. Mittag zu
fünfen. Den Nachmittag mit verschiedener Lectüre
zugebracht. Schillers Briefe an Humboldt zu
lesen angefangen. Abends Oberbaudirector Cou=
dray, Riemer, Soret und Canzler von Müller.
Briefe von Professor Zelter waren angekommen.
— Herrn Maler Anton Rab'l nach Frankfurt
a. M., Absendung seines Gemäldes betreffend.

14. Schillers Briefe vom Jahre 1795—96 an Hum=
boldt, auch weniges von 1805. Auszüge daraus,

was mich betraf. Herr von Humboldt besuchte mich. Einige Jahre der Chronik vorgelesen. Sonstiges besprochen. Tagebuch eines jungen Soldaten. Mittag zu fünfen. Nach Tische mancherley durchgedacht. Abends war große Cour bey der Erbgroßherzogin. Mich besuchten Canzler von Müller und Eckermann. Vieles Erfreuliche durchsprechend. Auch kam Rehbein für kurze Zeit.

15. Kamen die Enkel mich besuchend und waren sehr artig. Eckermann wegen der Schweizerreise von 1797. Abschrift eben dieser Reiseacten. Herr von Humboldt war mit Serenissimo auf der Bibliothek u. s. w. Mittag für uns. Das Diarium des jungen spanischen Kriegsmannes durchgelesen. Abends Herr Soret. Nachher Riemer und Canzler von Müller, ingleichen Eckermann.

16. An der Schweizerreise von 1797 mundirt. Des jungen spanischen Soldaten Tagebuch gelesen und die erste Abtheilung vollendet. Kam Hofrath Meyer und besuchte mich. Mittags für uns. Nachmittags Eckermann. Abends einige Freunde.

17. Wie gestern. Durchsah die von der Frau Erbgroßherzogin gesendeten Studien von Isabey. Die Abschrift von der Schweizerreise von 1797 fortgesetzt. Zu Mittag Herr von Humboldt auf einige Stunden; er las den Paria. Zu Tische für uns. Nachmittags die Abschrift von obigem

fortgesetzt. Oberbaudirector Coudray mich be=
suchend.

18. Die Abschrift von der Reise von 1797 fortgesetzt.
Herr von Humboldt las das neue Buch des
Paradieses. Mittags für uns. Herr von Hum=
boldt, Meyer, Canzler und Soret. Geschenk der
Amethiststufe von Seiten des Herrn Erbgroß=
herzogs. Blieb die Nacht sitzend im Sessel.

19. Gesenius Jesaias gelesen. An der Schweizerreise
von 1797 fortgefahren zu mundiren. Kam Herr
von Humboldt. Später Ihro Königl. Hoheit der
Großherzog. Um 1 Uhr beyde nach Belvedere.
Mittags für uns. Nach Tische Staatsminister
von Humboldt. Später Oberbaudirector Coudray,
Riemer und Canzler von Müller. Beschauten die
50 lithographischen Blätter von Isabey. Waren
auch die Madonna von Schadow, ingleichen
mehrere Eisengüsse angekommen. Brachte die
Nacht abermals im Sessel zu.

20. Einiges im oberaufsichtlichen Geschäft. Verschie=
denes geheftet und geordnet. Kam der 7. und
8. Revisionsbogen von Kunst und Alterthum.
Mundirte John an Zelters Reise. Staatsminister
von Humboldt auf einige Stunden. Ließ Blut=
igel setzen. Ruhte nachher, blieb aber nachher
im Sessel.

21. Verschiedenes geordnet und geheftet. Einige Brief=
concepte. An dem Reisetagebuch fortgefahren zu

1823. November.

munbiren. Ruhte einige Zeit im Seſſel. Mit=
tag für uns. Beſchäftigung für mich. Abends
ganz allein. Nachts im Seſſel. — Herrn Pro=
feſſor Zauper nach Pilſen, von Eckermann.

22. Nebenſtehendes expedirt: Herrn Weſſelhöft
nach Jena Manuſcript zu Kunſt und Alter=
thum, die Eckermanniſchen Inhaltsverzeichniſſe
zu den letzten Bogen. Am Reiſetagebuch Zelters
fortgefahren zu munbiren und den Bogen h. ab=
geſchloſſen. Kam Herr Profeſſor Riemer. Herr
Canzler, Soret mich beſuchend. Vorher Herr
Geh. Hofrath Huſchke. Mittags für uns. Nach=
mittags allein. Nachts mit meinem Sohn. Brachte
im Seſſel zu.

23. Auf die Schweizerreiſe von 1797 Bezügliches
copirt. Beſuchte mich Herr Staatsminiſter von
Humboldt. Später Soret und Herr Canzler.
Erſterer von Rudolſtadt kommend, um Abſchied
zu nehmen. Mittag zuſammen; wegen dem Tode
des Onkels in Deſſau alles in Conſternation.
Abends Herr Obermedicinalrath von Froriep,
von Müller und Coudray. — Herrn Weſſel=
höfts Druckerey Reviſionsbogen 7 und 8 nach
Jena.

24. Kein beſſeres Befinden. Tauſend und eine Nacht
geleſen. Verſchiedenes geheftet. Brief an Oertel
und Herbegen nach Hof dictirt. An der Reiſe
fortgefahren von 1797. Herr Profeſſor Zelter

kam an. Später Herr Canzler von Müller.
Professor Zelter blieb zu Tische. Unterhaltung
über mancherley. Zelter stattete Besuche ab.
Kam Abends wieder. Die Korssunschen Thüren
zu Nowgorod, von der Frau Erbgroßherzogin
zum Ansehen gesendet.

25. Brief an Oertel und Herbegen mundirt. Ferner
an dem Jahr 1797 auszuschreiben fortgefahren.
Herr Canzler von Müller mich besuchend. Mit=
tags mit Zelter zu Tische. War meine Schwieger=
tochter frühe nach Dessau gefahren, wegen dem
Tode des Onkels daselbst. Nachts im Sessel zu=
gebracht.

26. Frühe Herr Professor Zelter nach Jena zum
Besuch. Nebenstehendes fortgesendet und einiges
geordnet und geheftet: Herren Oertel und
Herbegen in Hof, wegen zwey Kisten Mineralien. Las im Tagebuch des jungen spanischen
Soldaten die Fortsetzung. Kam Herr Canzler
von Müller, einen Brief von Major von Knebel
bringend. Mittags zu drey. War Eckermann,
Hofrath Meyer da. Versuch im Bette liegend
zu schlafen. War nicht durchzuführen.

27. Den gestern angefangenen Blumenbachischen Brief
mit dem Diplom der Göttinger Societät fernerhin erwiegend. An der Schweizerreise von 1797
fortgefahren. Besuchte mich Herr Geh. Hofrath.
Ferner Fräulein Schopenhauer und Herr Soret.

Rath Vulpius brachte ausgezogene Bogen aus
den Curiositäten. Mittags für uns. Kam Pro=
fessor Zelter gegen Abend von Jena zurück. Einige
Unterhaltung. Hernach ganz allein. Meyersche
Kunstgeschichte weiter gelesen. Schlief die Nacht
im Sessel.

28. Fortgesetzte Lectüre. Unterhaltung mit Zelter.
Zeigte ihm die englischen Facsimiles der italiäni=
schen Zeichnungen. Mittag zu vieren. Nach
Tische meist allein. In Meyers Kunstgeschichte
fortgefahren. Waren Briefe für die nächsten
Posttage vorbereitet worden. Zelter speiste Abends
bey Frau von Heygendorf.

29. Meyers Kunstgeschichte zu Ende gelesen. Einiges
Spanische. Mit Zelter über Berlinische Ver=
hältnisse. Geh. Hofrath Huschke. Bücher nach
hinten gebracht. Sendung von Herrn von Wiebe=
king von München, 2. Band dessen Civil=Archi=
tectur. Mittag zu fünfen. Nach Tische geschlafen.
Abends Ottilie. Zelter war in der Oper: Die
heimliche Heyrath, sodann bey Schopenhauers ge=
wesen. — Herrn Wesselhöfts Druckerey
den neuen Aufsatz von Carus zum 6. Bogen der
Morphologie, Revisionsbogen Morphologie 5.

30. Briefe revidirt. Manches geordnet. Unterhal=
tung mit Zelter. Erhöhung der Stimmen bey'm
Steigen des Barometers. Verhältniß des neuern
kleinen Theaters zu dem größern. Die Elegie

gelesen und wieder gelesen. Mittags zu vieren.
Mein Sohn hatte den Hofdienst. Zelter hatte
sich entschlossen zu bleiben. Nach Tische geruht.
Abends Gräfin Line. Sodann mit Zelter die
Elegie nochmals gelesen. Nachts in die hintern
Zimmer gezogen. Zum erstenmal wieder im
Bette geschlafen. (NB. Hatte vor Tisch mit
Meyer die Abbildung des Basaltbruchs verhan-
delt.) — Herrn Banquier Zeis nach Dresden,
Inlage nach Böhmen.

December.

1. Ordnung der Papiere in dem neuen Aufenthalte.
Einiges aufgesucht und vorbereitet. Mittags Professor Zelter und Eckermann im Hinterzimmer
mitspeisend. Gegen Abend allein. Verschiedenes
unternommen und beseitigt. Zeitig zu Bette.
2. Kräuter stellte verschiedene Bücher an die rechten
Plätze. Nebenstehendes expedirt: Herrn Geh.
Regierungsrath von Gerstenbergk, mit
einer Notiz wegen den zwey fehlenden Kisten
Mineralien. Unterhaltung mit Professor Zelter.
Speiste derselbe mit. Den Seitenschmerz gepflegt.
Zeitig zu Bette, obgleich erst spät eingeschlafen.
3. Früh, obgleich unwohl, einige Expedienda angegriffen: Herrn Geh. Oberregierungsrath
Schultz, mit Zelters Brief und einigen Bey-
lagen. Herrn Ritter von Martius nach

1823. December.

München, die Abhandlung über die Palmen nebst
Danksagungsschreiben. Herrn Rath Grüner
nach Eger, die mehr erwähnten Mineralien-Kisten
betreffend. — Die Sendung an Graf Sternberg
vorbereitet. Mit Professor Zelter die Appiani=
schen Friesen durchgesehen. Sonstiges besprochen.
Geh. Regierungsrath Gerstenbergk wegen der Stein=
kisten. Herr Canzler von Müller von Jena, der
Knebelschen Geburtstagsfeyer und sonst erzählend.
Mittag Zelter, die Frauenzimmer und Walther.
Nach Tische für mich. Zeitig zu Bette. Nahm
Ulrike noch Abschied, die nach Dessau ging.

4. Gebadet.
5. Schlußmanuscript für das laufende Heft Kunst
und Alterthum. Mémorial de Sainte-Hélène.
Par le Comte Las Cases. Mit Zelter Schillersche
Briefe an Wilhelm von Humboldt gelesen. Herr
Oberbaudirector Coudray, Herr Soret, einige
Mineralien, auch eine besonders merkwürdige
röthliche Farbenerde bringend. Mittag zu vieren.
Nach Tisch geschlafen. Abends Zelter und Reh=
bein. Über das Lebensdiarium des Herrn von
Schweinichen gesprochen. Mit Zelter nachher die
Schillerschen Briefe fortgesetzt. Er ging zu Frau
von Heygendorf. Ich las Nettelbecks britten Band,
die Belagerung von Colberg.
6. Einiges dictirt am laufenden Heft. Kam Pro=
fessor Riemer, mit ihm das Schlußmanuscript

durchgegangen. Professor Zelter befand sich nicht
wohl, hütete deßhalb das Zimmer und blieb im
Bett. Zu Mittag unter uns. Eckermann schickte
die kleine Recension. Abends blieb mein Sohn
lange und ging nachher zu Soret zum Abend=
essen. Im Laufe des Tags hatte ich Herrn Soret
die electromagnetischen Apparate geschickt.

7. Brief zu Nebenstehendem mundirt: Manuscript
an Wesselhöft zum Abschluß des neuesten
Heftes Kunst und Alterthum. John arbeitete
bey meinem Sohn. Alles Oberaufsichtliche ex=
pedirt und bey Seite geschafft. Betrachtung eines
von Demoiselle Seidler gesendeten Kupferwerkes,
die drey Thüren am Baptisterium zu Florenz ent=
haltend. Ingleichen zwey Kupfer von Koch nach
Dante. An Zelter den Herrn von Schweinichen
1. Theil. Herr Canzler von Müller besuchend.
Lieber zeigte sein Gemälde vom Freyschütz vor.
Mittags für uns. Nach Tische Las Cases 2. Theil.
Die Bronze vom Baptisterium näher angesehen.
Kamen die Kisten von Eger endlich an.

8. Notiz an Herrn von Gerstenbergk wegen den an=
gekommenen Kisten. Oberaufsichtliche Munda.
Um 10 Uhr gebadet. Mineralien ausgepackt.
Las Cases gelesen. Mittag zu vieren. Herr Soret
den electromagnetischen Apparat wieder bringend.
Fortgesetzte Lesung des Las Cases. Sendung des
serbischen Wörterbuchs, nicht weniger der Gram=

matik. Brief von Ulriken, über die Berliner Un=
glücksfälle. Abends mit meinem Sohn Äußeres
und Inneres besprochen. Fortgesetzte Lectüre und
Betrachtung des Gesteins.

9. Kam Zelter herüber bey Zeiten. Weitere Be=
trachtung über das Gestein vom Wolfsberg. Las
Cases 3. Band. Mittag zu fünfen. Nach Tische
Fortsetzung des Gesprächs. Schillers Briefe an
Humboldt. Oberbaudirector Coudray. Gestein
vom Wolfsberg fortgesetzt. Bald zu Bette.

10. Starker Schnee, bey 27' 8" Barometerstand.
Nebenstehendes expedirt und abgesendet: Herrn
Hauptmann Raabe nach Dresden die ge=
sendeten Gemälde zurückgeschickt. Herrn Rath
Grüner nach Eger, wegen der wiedergefundenen
Kisten. Herrn Hauptmann Raabe, obige
Gemälde angemeldet. An Fräulein Ulrike
von Pogwisch nach Dessau. — Gebadet. Den
Generalsuperintendenten vergebens erwartet. Canz=
ler von Müller. Mittag zu fünfen. Nach Tische
ganz allein. Verschiedenes durchgearbeitet. Fossile
Stierschädel nach Cuvier.

11. Mundum der Gewitterzüge vom Grafen Stern=
berg. Unterhaltung mit Zelter. Generalsuper=
intendent Röhr. Mittag zu fünfen. Nach Tische
geschlafen. Abends Zelter. Aus der Chronik
des Jahres 1809. Er hatte früh die Elegie
nochmals gelesen. In den Zwischenmomenten

las ich fort an dem Las Cases. Brief von Boisserée.

12. Antwort an Boisserée. Gebadet. Den Brief an Boisserée zu mundiren angefangen. Professor Zelter. Eckermann; über verschiedenes die neue Ausgabe betreffend. Ich gab ihm den Divan mit. Mittag zu fünfen. Erhielt mich wach nach Tische. Abends Zelter, Canzler von Müller, Hofrath Meyer. Wunderlicher Zeitungsartikel wegen der Frankfurter Naturforscher in Alexandrien. Ingleichen Cabinetsordre des Königs wegen des Unglücks bey dem Einzug der Prinzessin.

13. Den Brief an Sulpiz Boisserée abgeschlossen. An der Schweizerreise von 1797, Vol. II angefangen zu mundiren. Um ½11 Uhr kam Zelter, um Abschied zu nehmen. Nach 11 Uhr nach Jena abgefahren. Mémorial de St. Hélène. Vorbereitung zu den naturwissenschaftlichen Heften. Mittag zu vieren. War von dem Verkauf der Geschenke zum Frauenverein die Rede. Nach Tische 4. Band des Las Cases geendigt. Abends blieb mein Sohn. Über Haushaltung, Gartenwesen und sonst. Fing ich an die Chronik meines Lebens wieder zu lesen.

14. Früh gebadet. Den Aufsatz über die Lepas dictirt. Schwerdgeburth zeichnete nach Großherzogs Porträt. Über die ausgewitterten Steine von Marienbad. Mémorial de St. Hélène, 3. Band.

Die naturwissenschaftlichen Hefte weiter durchgedacht. Vor Tische Eckermann. Blieb derselbe mitzuspeisen. Fortgesetztes Lesen von St. Helena. Abends Professor Riemer. Mit demselben die symbolischen Zeichnungen zum sächsischen Land- und Lehnrecht. Über verschiedene noch secretirte Gedichte. Demselben die Elegie mitgetheilt. Darüber gesprochen. Nachher Unterhaltung mit meinem Sohn. Über verschiedenes Vergangene, Geleistete, Genossene und Gelittene.

15. Aufsatz über die Mineralien, welche von der Marienquelle angegriffen. Nebenstehendes abgeschickt: Herrn Dr. Sulpiz Boisserée nach Paris. Herrn Wesselhöfts Druckerey, Jena, Manuscript zum Bogen L. — An der Schweizerreise von 1797, Vol. II mundirt. Las Cases fortgelesen, fünften Band. Herr Canzler von Müller. Später mein Sohn.

16. Gebadet. Manches zum Behuf der nächsten Hefte. John beschäftigt mit der Reise von 1797. Professor Müller; übergab ihm den Basaltbruch. Mittag zu vieren. Nach Tische St. Helena. Hamanns Brief an Jacobi. Zeitig zu Bette.

17. Die gestern Abend spät angekommene Sendung von Jena betrachtet und beachtet. An Riemer zwey Bogen; die beyden andern an Eckermann. Selbsteigene Beherzigung. Vorbereitung der abzusendenden Briefe. Gegen zwey Uhr Eckermann.

Wir besprachen das Vorliegende. Blieb zu Tische. Sprach mit ihm wegen des Englischlernen. Nach Tische Las Cases 6. Band. Abends Herr Ober=baudirector Coudray und Hofrath Meyer. Letzterer mehrere Kupferbücher abholend. Später mein Sohn, Nachricht von dem Feste des öconomischen Vereins, begangen in Belvedere, bringend. In=gleichen das Arrangement in Jena wegen Nau=mann.

18. Absendungen weiter vorbereitet. Quartalextract der Hauptkasse. Derselben guter Bestand. Schreiben an Boisserée vorbereitet. Ingleichen Herrn Grafen Sternberg. Eckermann wegen der zwey letzten Bogen für Kunst und Alterthum. Mémorial de St. Hélène. Hamanns Briefe an Jacobi. Die an Moser vorgesucht. Mittag zu vieren. Brief Zaupers an Eckermann. Fortgesetztes Lesen der morgendlichen Bücher und Schriften. Abends Herr Canzler von Müller. Die Appianischen Friese mit ihm durchgegangen. Reise des Re=gierungsrath Schmidt und Zweck derselben.

19. Der Einsiedler von Gagern. Aufsatz über die Lepaden redigirt. Hamanns Briefwechsel mit Jacobi. Herr Soret, die Augitkrystalle ferner sondernd. Mittag Eckermann. Die Correcturen waren früh auf den 2. Bogen des Verzeichnisses übertragen worden. Frage wegen Erlernung des Englischen diskurirt. Bey Tische manches über

Hamann und damalige Zeiten. Nach Tische früh=
morgendliche Arbeiten fortgesetzt. Abends Pro=
fessor Riemer. Mit demselben den 9. und 10.
Revisionsbogen durchgegangen. — Herrn Dr.
Sulpiz Boisserée nach Paris. Herrn Grafen
Caspar Sternberg nach Prag.

20. Den Aufsatz über die Lepaden abgeschlossen. Neben=
stehendes expedirt: Herrn Wesselhöfts Drucke=
rey nach Jena 9. und 10. Revisionsbogen. Herrn
Wuk Stephanowitsch nach Leipzig. — Einige
Briefconcepte. An der Reise von 1797 abge=
schrieben. Hamanns Leben in dem Jacobischen
Briefwechsel betrachtet. Ingleichen Napoleon in
dem Las Cases. Mittag Dr. Weller, über Jenensia
berichtend. Morgenbliche Lecture fortgesetzt, in=
gleichen Abends. Kamen an calligraphische Blätter
von Schulgen; ingleichen meine Porträte aus
England. Blieb den Abend für mich.

21. Nebenstehende Expedition: Herrn Wesselhöft
Revision der 2 letzten Bogen mit dem Wunsch
nochmaliger Zurücksendung; Manuscript zu Kunst
und Alterthum V, 1; Manuscript zu Erfüllung
des 6. Bogens Morphologie. Vorbereitung durch
Concepte und Munda. Herr Soret arbeitete an
den Augiten. Mittag Eckermann. Sutors Tradi=
tion einer Himmelserscheinung. Nach Tische Vor=
stehendes durchgedacht. Canzler von Müller, wegen
meinen aus London gekommenen Porträts. Brief

des Herrn von Gagern mitgetheilt. Hofrath Meyer. Über das Recensirte und nächst zu Recensirende.

22. Meyers Sendung von Kupferwerken und Recensionen. Verschiedenes zur Morphologie und Naturwissenschaft. Absendung der Koffer und Kisten nach Berlin für Ottilien. Mittag zu vieren. The Abbot von Walther Scott. Abends Herr Soret, der sich mit den Augiten beschäftigte. Brief von Fräulein Ulrike. Vorsatz der Frau von Pogwisch nach Berlin zu gehen. Beschleunigte Abreise deßhalb Ottiliens und der Gesellschaft.

23. Nebenstehendes. An Serenissimum, wegen der Bürgerischen Angelegenheit. Herrn Frege nach Leipzig. — Über den Wolfsberg einiges. Mehreres geheftet und geordnet. Eckermann brachte die zwey letzten Bogen von Kunst und Alterthum. Besprechung mit ihm über den Divan. Mittag zu vieren. Nach Tische den Abbot fortgelesen. Abends Canzler von Müller. Las die Elegie, sodann Schillers Briefe an Humboldt. Sprach über Ludens Angelegenheit.

24. Nebenstehende Expeditionen: Wesselhöfts Druckerey letzte Revisionsbogen 9 und 10 durch den Boten, ferner Bogen 11 und 12 durch die Post. Hamanns Brief copirt durch John. The Abbot 2. Theil. Fünf Porträte von Dawe eingepackt und zum Theil versendet. Um 1 Uhr der Herr

Erbgroßherzog. Mittag zu vieren. Verschiedenes, auf die nächsten Hefte Bezügliches. Abends allein. Den dritten Band von Abbot ausgelesen.

25. Abschriften Meyerischer Recensionen. Nach 12 Uhr spazieren gefahren. Mittag zu vieren. Nach Tische St. Helena. Revisionsbogen 6 Morphologie. Abends Hofrath Meyer und Oberbaudirector Coudray. Den Wiebekingischen 2. Theil Bürgerlicher Baukunst; besonders Kupfer.

26. Nachrichten vom Bade Gastein. Abschrift von Hamanns Briefen. Ich las in Hamanns Schriften, herausgegeben von Roth. Geh. Cammerrath Helbig, wegen meteorologischer Gegenstände. Mittag zu vieren. Fortsetzung des früheren Lesens. Abends Generalsuperintendent Röhr. Ottilie nahm Abschied. (Um 1 Uhr spazieren gefahren.)

27. Ottilie fuhr um ½7 Uhr ab nach Berlin. Fortgesetzte Hamannische Abschrift und Studien. Spazieren gefahren mit Walther. Mittag Eckermann. Austern von Hofrath Rehbein. Kleines niederländisches Bild durch Schmeller. Abends Hofrath Meyer, günstige Nachricht bringend von den Landschaften . Professor Riemer, revidirt mit ihm Bogen 6 Morphologie. Über Carus bedeutende Ideen. Über Las Cases und Sonstiges Napoleon betreffend.

28. Nebenstehende Expeditionen: Herrn Banquier Zeis nach Dresden. Herrn Hofrath Voigt,

wegen dem Mineralien-Cabinet der Naturforschenden Gesellschaft, nach Jena. Herrn Wesselhöfts Druckerey Umschlag Kunst und Alterthum, Revisionsbogen 6 Morphologie. — Manches andere vorbereitet. Herr Canzler von Müller. Sodann Präsident von Ziegesar. Mittag Professor Riemer. Derselbe las nach Tische einige Excerpte und einige Reflexionen. Abends die beyden jungen von Heygendorf, Dresdner Cadetten. Später Hofrath Meyer. Mit demselben die zu recensirenden Kunstwerke durchgesprochen. Ferner neue Schemata und Agenda entworfen. Register von Las Cases Annalen.

29. Inhaltsanzeige triplirt. Betrachtungen und Vorarbeiten zu den verschiedenen Heften. Herr Kochel, Münzmeister aus Mannheim, von Dresden kommend, einen Brief von Tieck bringend. Herr Schönberger die Ansicht einiger Landschaften anbietend. Mittag Herr Sterling. Kamen die 500 Thlr. von Frege. Zugleichen ein Madonnenbildchen in gebranntem Thon von Henschel aus Cassel. Fräulein Adele Schopenhauer. Sodann Herr Canzler von Müller. Neuste Nachrichten vom Bundestag und dessen Vorschritten. Einige Gedichte vorlesend. Das Gräflich Reinhardische Gedicht aus früherer Zeit bringend. Ich sah die Schublade der Kupferstich-Miscellen durch.

30. Nebenstehende Expeditionen: Herrn Ritter von

Hoff, mit einem Stück Morphologie. Frau von
Goethe nach Berlin, mit einer Anzeige von Kunst
und Alterthum. Herrn Geh. Hofrath Blumen=
bach nach Göttingen, Dank für die Aufnahme in
die Göttinger Societät. Herrn Geh. Cammer=
rath Frege, Anzeige von den angekommenen
500 Thlrn., Leipzig. — Abbé Dubois, Letters on
the state of Christianity in India. Herr Soret
setzte seine Untersuchung der Augiten fort. Um
1 Uhr spazieren gefahren allein. Mittag Ecker=
mann. Herr Director Stichling. Herr Soret. Über
kirchliche Einrichtung in Genf und den benach=
barten Kantonen. Über Physik und Chromatik.

31. Mehrere Briefe und Billete vorbereitet: Verord=
nung an Rentamtmann Lange, wegen Ab=
schluß der Jahresrechnung, nach Jena. Deßgleichen
an Cammercalculator Hoffmann, dahier.
— Herr Regierungsrath Schmidt, Abschied zu neh=
men, nach Berlin gehend. Herr Genast. Herr Rath
Hage. Herr Geh. Hofrath Kirms. Mittag zu
zweyen. Die Kinder waren bey der Urgroßmutter.
Nach Tische Unterhaltung mit meinem Sohn.
Den indischen Missionarius weiter gelesen. Abends
Fräulein Adele. Prosaische und poetische Reisende.
Später kam Ulrike von der Reise. Ging noch zu
Schopenhauers. Mein Sohn zu Piknik und Ball.
Ich bedachte Schmellers Angelegenheit.

1824.

Januar.

1. Wechselseitige Gratulationen. Herr Geh. Legationsrath Conta gesprochen. Mittag Fräulein Ulrike. Geschichte Ihrer Abwesenheit. Erinnerung an die Berliner Reisenden. Gegen Abend Fräulein Adele. Sodann Herr Canzler von Müller. Gräfin Line Egloffstein. Frau von Pogwisch. Zuletzt Herr Oberbaudirector Coudray, welcher blieb. Shakespeares Heinrich den Sechsten gelesen.
2. Nebenstehendes zum neuen Jahr expedirt: Serenissimo. Der regierenden Frau Großherzogin. Der Frau Erbgroßherzogin. — Briefe abgeschlossen. Anderes vorbereitet. An der Reise von 1797 geschrieben. Mittag Eckermann. Über Shakespeares Heinrich VI. Abends Professor Riemer. Einiges zu Kunst und Alterthum mit ihm durchgegangen.
3. Geognosie vom Wolfsberg. Nebenstehende Expeditionen: Herrn Dr. Carus, Dresden. Herrn Ludwig Tieck dahin. — Manches andere vorbereitet. Der Prinz von Hessen und sein Adjudant. Professor Riemer zu Tische. Nachher alterthüm-

liche Kupferstiche. Später für mich allein. Schiller=
sche Briefe von 1802. Dazu gehörige Chronik
und Tagebuch. Vorläufige Redaction für Kunst
und Alterthum.

4. An Rath Hage, wegen Schmeller. Abschrift der
Meyerschen Recensionen. Ingleichen an der
Schweizerreise. Bey Gelegenheit von Schillers
Briefen das Jahr 1802; schriftliche Überbleibsel
derselben. Mit Eckermann das Portefeuille von
Rafael durchgesehen. Blieb derselbe zu Tische.
Besprechung über den Divan. Abends für mich.
Fortgesetzt die Untersuchungen über 1802.

5. Meyersche Recensionen mundirt. Dictirt bezüg=
lich auf 1802. Spazieren gefahren mit Ecker=
mann. Vorsehendes besprochen. Hatte derselbe
den Divan gebracht. Nahm den Anfang Parali=
pomena mit. Blieb für mich. Die Briefhefte
von 1802. Notamina daher.

6. Mundum vollendet der Meyerschen Recensionen.
Dictirt vom Jahr 1802. Von Donop Lippsche
Lande; besonders wegen der Externsteine. Munda
der Schillerschen Briefe. Oberaufsichtliches mit
meinem Sohn. Spazieren gefahren mit Hofrath
Meyer. Die Geschichte vom 5. März 1802 durch=
gesprochen. Sehr schönes Wetter. Hofrath Meyer
zu Tische. Nach Tische und Abends für mich.
Fortsetzung der morgenblichen Studien. Sur le
Gouvernement de la Hollande par Louis Bona-

parte. — Herrn Hofrath und Ritter Carl von Reinhard nach Berlin.

7. Promemoria wegen des Kupferstichcabinets. Flüchtige Betrachtung der Schmellerischen Arbeiten. Holländische Geschichte. Badeinspector Schütz die Geschichte des ihn betroffenen Diebstahls erzählend. Mittag Generalsuperintendent Röhr; über die indischen Angelegenheiten; über die sittlichen Wirkungen des Theaters bey Gelegenheit des Werkes von Staüblin. Nachher mit Ulriken; über die Verhältnisse, die bey bevorstehendem Maskenball zur Sprache kommen; über die Engländer und hiesigen jungen Leute. Geschichte von Holland unter dem Napoleontischen Königthum. Zustand von 1806 im September. Offenbrand bey'm Drechsler Grosch auf dem Markt. Bald gelöscht. Briefe concipirt an Zelter und Schultz. Mit meinem Sohn eine Stunde. Über dessen Geschäftslage. — Herrn Regierungsrath und Kreisphysicus Dr. Meyer in Minden a. d. Weser, mit meinem Porträt.

8. Votum wegen der Kupferstichsammlung. Schillersche Briefe. Schmellers Zeichnungen und Gemälde im Vorsaal gesehen. Spazieren gefahren allein. Zu Mittag Hofrath Rehbein. Fernere Geschichte von König Ludwig. Abschrift des Zelter- und Schultzischen Briefes. Der Externstein.

9. Munda in oberaufsichtlichen Sachen und Ex-

pedition derselben. Schillersche Briefe ferner ab=
geschrieben. Hauptmann Weyland, wegen der
Zeichnung des Wolfsberges. Spazieren gefahren
allein. Professor Riemer zu Mittag. Einiges
für Kunst und Alterthum arrangirt. Nach Tische
Hofrath Meyer. Blieb bis gegen Abend. Mit
John verschiedenes besonders auf 1802 bezüg=
liches. Des Königs Louis Werk über Holland
geendigt. — Herrn Professor Zelter nach
Berlin. Herrn Geh. Oberregierungsrath
Schultz ebendahin.

10. Dictirt bezüglich auf 1802. Ingleichen Brief
an Cotta. An den Schillerschen Briefen ge=
schrieben. Spazieren gefahren mit Eckermann,
welcher mit uns speiste. Hermann und Dorothea
prosaisch. Sendung von Wesselhöft sämmtlicher
Aushängebogen von Kunst und Alterthum, No. 10
ausgenommen. Abends Herr Canzler von Müller.
Das Rectorats=Jubiläum. Die katholischen An=
gelegenheiten von Madame Szymanowska durch=
gesprochen. Späterhin Concepte durchgesehen. —
Verordnungen an Conducteur Ludwig Schrön,
Doctor Körner, Rentamtmann Müller,
Museumsschreiber Färber nach Jena. (Siehe
die Concepte.)

11. Dictirt an 1802. Verordnung und Communicat.
Schillersche Briefe. Oberbaudirector Coudray.
Fuhr derselbe mit mir spazieren. Speiste mit

uns. Abends und Nachts für mich. Frau von
Woltmann Spiegel der großen Welt. Keferfteins
Deutschland. Vorbereitungen zu weiterer Aus-
führung der Chronik von 1802. Die Schillerschen
Briefe waren an Riemer mitgetheilt. Rescript
wegen Schmellers.

12. Chronik von 1802. Schillerische Briefe. Schrönische Tafeln. Herr Präsident Schwendler. Allein
spazieren gefahren. Herr Canzler von Müller zu
Tische. Abends erst für mich, dann mit John
die Chronik von 1802 fortgesetzt.

13. Chronik von 1802. Schreiben an Cotta revidirt.
Schillersche Briefe von 1802 abgeschlossen. Herrn
von Staff erwartet. Dr. Körner ein Schreiben
bringend. Mit Eckermann spazieren gefahren.
Speiste mit uns. Serbisches Heldengedicht. Beredung wegen sonstiger Arbeiten. Abends mit
John verschiedenes expedirt und vorbereitet.

14. Abschriften in der Schmellerischen Sache. Ingleichen Schreibens an Cotta. Besuch von denen
Herren von Tompson und von Bielke. Mittag
zu dreyen, die Kinder bey Melos. Einige große
Portefeuilles durchgesehen. Neuerregte Bewunderung des Claude Lorrain. Mit John einiges
expedirt und vorbereitet. Manuscript zur Naturwissenschaft angegriffen.

15. Zur Wissenschaftslehre verschiedenes. Briefe mundirt. An der Reise von 1797. Allein spazieren

gefahren. Mittag Frau Gräfin Henckel. Gelesen Don Alonzo ou L'Espagne, Histoire contemporaine. T. I. Abends für mich Geschäfte und Betrachtungen des Tags fortgesetzt.

16. Einzelne Capitel der Wissenschaftslehre einzeln bezeichnet und geordnet. Herr Beer von Berlin, Verfasser des Paria, mir sein Stück zurücklassend. Ich las solches alsobald und es gefiel mir. Allein ausgefahren. Mittag Hofrath Rehbein. Gesprochen über die neue inquisitorische Verordnung in Cassel. Abends für mich. Den ersten Band des Don Alonzo durchgelesen. — Herrn Geh. Oberregierungsrath Schlosser, Frankfurt a. M. Herrn Geh. Hofrath von Cotta, Stuttgardt.

17. Abschrift von der Reise von 1797. Die Capitel der Wissenschaftslehre ferner completirt. Schild von Serenissimo. Denselben näher betrachtet. Porträte französischer Gelehrten und Künstler, Vues des Côtes de France. Peintes et gravées par M. Louis Garneray. Professor Riemer, ein serbisches Liedchen besprechend. Obgedachte Kunstwerke besehen. Speiste mit uns. Ward auf's neue die bevorstehende Maskerade verhandelt. Abends Don Alonzo 2. Theil. Brief an meine Tochter dictirt und mundirt. — Herrn Bergrath Lenz nach Jena. Herrn Geh. Oberregierungsrath Nicolovius, Berlin.

18. Säcularfest von Serenissimi Rectorat der Jenai-

schen Academie. Zwey Studirende die Gedichte
überbringend. Herr Geh. Assistenzrath von Hoff.
Hiezu die Deputirten der Academie: Prorector
Danz, Geh. Hofrath Stark, Professor Baum=
garten-Crusius, das Programm bringend und auf
morgen einladend. Don Alonzo weitergelesen.
Neue Zeitungen in dem Sinne betrachtet. Von
Froriep, die Zeichnung des Wolfsbergs bringend.
Unterhaltung mit demselben. Schreiben von
Blumenbach, mit bibliothekarischen Notizen, über
das Journal of the House of Lords. Mittags
Eckermann. Nach Tische Unterhaltung mit Ulriken,
erst die Theatererscheinungen, dann über die Cour=
tage und Abende. — An Frau Geh. Cammer=
rath von Goethe nach Berlin.

19. John schrieb an der Reise von 1797. Ich las
in den spanischen Geschichten fort. Gnädigstes
Rescript, wegen Erweiterung des Jenaischen bota=
nischen Gartens. Nähere Kenntniß des Es=
kurials und anderer spanischer Localitäten. Zu
Tische Herr Oberbaudirector Coudray. Viel über
die vorseyenden Maskeraden. Notiz von den eng=
lischen Kettenbrücken. Kam Fräulein Adele. Das
Masken-Interesse ward fortverhandelt. Das
Schild vorgezeigt u. s. w. Später mit John ein
Promemoria an Serenissimum ajustirt. Erhielt
Sendungen von Bonn, mit einem Probedruck
des Casseler Elephantenschädels. Auch sonstiges.

1824. Januar.

Ferner von Berlin Brief und Zeichnung von Bettinen.
20. Ordnung in dem Zimmer und sonst. Abschrift des Geburtstagsgeschenkes für den Herrn Erbgroßherzog. Besuch von Huschken und Rehbein. An Serenissimum Promemoria über viele Puncte. Abschrift an der Reise von 97. Herr Canzler von Müller zu Tische. Gestriges Jubiläum. Zukünftiges. Gedicht der Studirenden. Abends für mich. Spanische Topographie.
21. Rolle an Hofrath Eichstädt. Pyrotypische Sammlung von Albenreuth. Kupferstecher Ermer, Verabredung wegen einiger Platten. Herr Lawrence, Engländer, Bruder des hier längst bekannten geistreichen Mannes. Chronik von 1802 durchgesehen. John an der Reise schreibend. Mittags allein mit Ulriken, welche den verschiedentlichen Zwiespalt erzählte, der aus den neusten Ball- und Maskengeschichten entsprang. Nachher Professor Riemer. Die Einleitung zur Maskerade, auch zu den italiänischen Dichtungen vortragend. Sodann über verschiedenes Naturhistorische. Ferner erzählte ich, wie es mit dem historisch-politischen Roman Alonzo aussehe. Abends Briefe dictirt. — Herrn Hofrath Eichstädt, Rolle und Brief von Bonn, nach Jena.
22. Abschrift der Reise von 1797. Schluß von Alonzo. Herr von Einsiedel. Mit Hofrath Meyer spa-

zieren gefahren. Speiste derselbe mit uns. Berebeten wir die Sendung von Bonn. Brief von Ottilien. Fräulein Adele. NB. War Herr Director von Fritsch nach Tische dagewesen. Topographie von Spanien.

23. Abschrift von der Reise von 1797. Einige Stellen aus der Chronik von 1802. Alonzo IV. Theil geendigt. Herr Präsident von Motz wegen Jenaischer Angelegenheiten. Zu Mittag Frau von Pogwisch. Blieb bis gegen Abend. Gräfin Line Egloffstein. Die spätere Zeit mit John und Expeditionen zugebracht.

24. Preußen und Bayern im Concordate mit Rom vom Regierungsrath Müller. Expeditionen in oberaufsichtlichen Angelegenheiten. Dergleichen im Concept vorbereitet. Karte von Booden und Altalbenreuth vorgenommen und die dortigen Umstände bedacht. Herr Soret, seine bisherigen Abwesenheiten erklärend und entschuldigend. Feuererzeugnisse von Altalbenreuth ihm mitgetheilt. Er verspricht fernere Fortsetzung der Arbeiten über die Wolfsbergischen Augiten. Von Jena Kunst und Alterthum V, 1, erster Revisionsbogen. Eckermann, die Redaction der kleinen Gedichte überbringend. Mit ihm spazieren gefahren. Derselbe zu Tische. Viel über Theater mit Ulriken und Walthern. Späterhin mit Ulriken und meinem Sohn, wegen der Hofangelegenheiten. So-

dann mit Wolf, der von Gräfin Henckel zurückkam, mit der bleyernen Jagd gespielt, wo er sich
sehr vernünftig und anmuthig erwies. Für mich
einige Portefeuilles angesehen. — Verordnungen
an Herrn Dr. Weller, die Sternwarte betreffend. Herrn Dr. Körner deßgleichen. Rentamtmann Müller nach Jena. Frau Geh.
Cammerrath von Goethe nach Berlin.

25. Schreiben an Nees von Esenbeck. Besuch von
Oberbaudirector Coudray. Sodann von Ecker-
mann. Mit Professor Riemer spazieren gefahren.
Dessen Gedicht zum Geburtstagsaufzug besprochen.
Er speiste mit uns. Las nach Tische die fertigen
Stanzen vor, die als wohlgelungen mußten ge-
lobt werden. Über die obwaltenden Politica.
Abends spielten die Kinder mit der Jagd. Ich
blieb für mich und las im Gesellschafter den
Criminalprozeß von Castaing, wo die Ärzte
lächerliche Personen spielen.

26. An den Schillerischen Briefen theils redigirt und
einiges abgeschrieben. In Heusingers Histologie
gelesen. Herr Soret, seine begonnenen Aufsätze
über die Wolfsberger Hornblenden und Augiten
vorlegend. Nicht spazieren gefahren. Herr Canzler von Müller zu Tische. Theaterangelegenheiten.
Maskeraden-Irrungen. Hofgeschichten. Heyraths-
begebenheiten. Herr von Staff und Gräfin Beust.
Eckermann einen Augenblick, das Jahr 1802 wieder-

bringend. Brief von Madame Szymanowska von Frankfurt. Höchstbedeutender Brief von Zeltern. Concept des Briefs an Alexander von Humboldt.

27. Abschrift des Tiefurter Gedichtes, der Bemerkungen des Barometerstandes auf die Kehlen von Zelter. Das Zeunische Gedicht für Herrn Canzler. Spazieren gefahren mit Eckermann. Blieb zu Tische. Hofrath Meyer war frühe dagewesen, hatte das Armband mit Saphiren von der Hoheit vorgezeigt. Professor Riemer seine Gedichte vorlesend. Abends für mich. Betrachtung über die Zelterische Sendung. Nicht weniger über die Histologie von Heusinger.

28. Abschrift von Zelters Tagebuch. Sonstiges bedacht, vorbereitet, eingeleitet, zurechtgelegt. Für mich spazieren gefahren. Mittag für uns. Die Kinder spielten Abends unten. Eckermann wegen dem ersten Bogen des neuen Stückes Kunst und Alterthum. Mit John vieles beseitigt, was heute früh vorbereitet war.

29. Reise von Zelter fertig geschrieben. Bey'm Aufstehen heftiges Erbrechen. Die Thätigkeit des Tags gelähmt. Im Bette zugebracht. Ärztliche Anordnungen befolgt.

30. Leidlich geschlafen. Besseres Befinden; doch im Bette geblieben. Die Ärzte. Oberbaudirector Coudray. Hofrath Meyer, war das Modell angekommen. Darüber gesprochen. Auch wegen

der Billete zur Redoute verhandelt. Mittag weniges gegessen. Unterhielt mich Ulrike mit allerley Stadt-, Hof- und Tanzgeschichten.

31. Aufgestanden. Das Nächste durchgedacht. Einige Concepte. Sorets Arbeit über die Krystalle vom Wolfsberg durchgelesen. Auch Cain von Lord Byron studirt. Mittag zusammen auf meiner Stube gegessen. Nach Tische Herr Hofrath Rehbein. Später Herr Hofrath Meyer. Mit John weniges. Für mich allein. Chronik von 1797 bis 1801 incl. gelesen. Auch Cain. Die Kinder im Theater, wo Raupachs Freunde gegeben wurden. — Herrn Wesselhöfts Druckerey Revisionsbogen V, 1, 1; ingleichen Schillers Briefe Fol. 1 bis 10 incl., Jena. An Frau Geh. Cammerrath von Goethe, Berlin.

Februar.

1. Nebenstehendes expedirt: Herrn Cammerdirector Stichling, wegen der Bibliotheksrechnung. An Dr. Güldenapfel, Verordnung, nach Jena. Frau Geh. Cammerrath von Goethe nach Berlin. — Ferner mehreres vorbereitet und abgeschlossen. Promemoria an Serenissimum. Kam Herr Oberbaudirector Coudray. Mittag Dr. Eckermann, Verabredung wegen verschiedener litterarischer Kunden, auch wegen des morgenden Balles. Alonzo wieder zu lesen an-

gefangen. Herr Canzler von Müller. Abends für mich. Gar manches vorbereitet.

2. Abschluß der Sendung an Nees von Esenbeck. Glückwunsch an Frau Großherzogin. Das Tifurtianum an den Erbgroßherzog. Dr. Weller, Frau Major von Knebel, Hauptmann von Knebel, Bernhard. Herr Hofr. Voigt, die Naumannische Angelegenheit besprochen. Mittag unter uns. Nach Tische Alonzo und sonstig Spanisches. Abends fortgesetzt besonders den Auszug. Eckermann. Mein Sohn und Ulrike maskirt. Vorstehende Studien und Beschäftigungen fortgesetzt.

3. Mundba von Briefen, vorbereitend auf morgen. Gesiegelt, ingleichen Aufschriften. Herr Oberbaudirector Coudray vom gestrigen Ball aufgetragenen höchsten Gruß der Frau Erbgroßherzogin bringend. Vorher die Kinder Geschichten von daher erzählend. Mittag Eckermann. Gleichfalls Wiederholung der Ballgeschichten. Abends Hofrath Meyer, Canzler von Müller. Professor Riemer. Über die verschiedenen Ballgeschichten und sonstige Vorfallenheiten. Fortgesetzter Auszug der Personen aus Alonzo. Hatte diesen Tag den Lauf des Grundgebirges durch Spanien in die Karte gezeichnet. Meyerische Recensionen über einige Kunstwerke.

4. Abschrift dieser Recensionen. Drüben stehende Expeditionen: Herrn Wesselhöfts Druckerey

zweyte Revision des Bogens 1 Kunst und Alterthum, Krystallographisches Manuscript zur Naturwissenschaft, Schillers Briefe bis zu Ende 1802.
Herrn Professor Zelter nach Berlin, dessen
Reise im Spätjahr, Kunst und Alterthum IV, 3,
zweyte Hälfte, handschriftliche Gedichte von mir,
Riemers Gedichte vom 2. Februar. Herrn Professor Döbereiner, Krystalle vom Wolfsberg
mit dem Ersuchen um Analyse. — Die handeln-
den Personen des Alonzo ausgezogen und redigirt.
Um 1 Uhr spazieren gefahren nach Belvedere.
Mittag für uns. Abends Generalsuperintendent
Röhr. Professor Krugs in Leipzig Grundlage
zu einer neuen Theorie der Gefühle. Den Meyerschen Aufsatz durchgesehen.

5. Die Personen aus Alonzo in's Reine geschrieben.
Sendung von Grafen Sternberg. Ingleichen von
Wilhelm von Schütz. Ferner von Oberlandes-
gerichtsrath Göschel aus Naumburg. Mit Eckermann spazieren gefahren. Derselbe blieb zu Tische.
Abends Hofrath Meyer. Recensionen zu Kunst
und Alterthum angesehen. Revisionsbogen No. 2
kam an. Blieb nachher allein. Las Über Goethe's Faust, Leipzig 1824.

6. Inventarium der Sternwarte mundirt. Die angekommenen Sendungen überdacht. Sonstig Einzelnes. Mittag Herr Cammerdirector von Fritsch.
Nachher Fräulein von Münchhausen. Gräfin

Egloffstein. Hofrath Meyer und Dr. Eckermann. — Herrn Chr. Binder nach Stuttgardt.

7. Der Erbgroßherzog schickte das große Bild von der Versammlung bey Madame Geoffrin. Absendungen vorbereitet. Eckermann mit dem Revisionsbogen 2 Kunst und Alterthum. Färber von den Jenaischen Verhältnissen und Umständen erzählend. Mittag Hofrath Rehbein, sodann Hofrath Meyer. Professor Riemer, mit demselben Revisionsbogen 2 völlig ajustirt. Ingleichen das serbische Gedicht. Vorarbeit an 1802.

8. Briefe dictirt. Geh. Hofrath Kirms zum Besuch. d'Agincourt Alterthümer durchgesehen. Ingleichen Megrick's ancient Armour, 2 Bände. Mit Professor Riemer spazieren gefahren. Speiste derselbige mit uns zu Mittag. Nach Tische Sonette vorgelesen. Einige philosophische Materien durchgesprochen. Abends für mich. Das Manuscript von 1802 durchgegangen, corrigirt und was noch erfordert wird notirt. Früh Dr. Weller, die Risse der Bibliothek mitbringend. — Herrn Wesselhöft Revisionsbogen 2 Kunst und Alterthum, durch Dr. Weller.

9. Auf 1802 bezügliches Einzelnes. Ferner in andere Ordnung gestelltes Schema. Hofrath Rehbein Ihro Königl. Hoheit die Frau Großherzogin auf morgen anmeldend. In dem vorderen Zimmer Fortsetzung von d'Agincourts Kupfer. Kauf-

manns Minervenkopf. Canzler von Müller zu Tische. Frankfurter Haus in Zeichnung bringend. Das Buch der altenglischen Waffen durchgesehen. Nachricht von dem Verheimlichungsrescript. Veranlassung dazu. Eckermann, die von ihm redigirten Xenien bringend. Fräulein Adele Schopenhauer von den Tableaux im Alexanderhof erzählend. Nebenstehenden Brief: An Frau Geh. Cammerrath von Goethe nach Berlin. Columbia in dem Ethnographischen Archiv Band 23, Nr. 2.

10. Frau Großherzogin und Gräfin Henckel. Gutachten von Kieser in der Sache des Gräfe von Laasan und seiner Wundercuren. Kam die zweyte Revision von Bogen 2 Kunst und Alterthum. Mittag Herr Geh. Hofrath Huschke. Kräuter hatte den Durchschnitt des kugeligen Basaltberges in Kupfer gestochen eingereiht. Abends mit den Kindern eine Stunde. Sodann Columbia.

11. Nebenstehendes: Herrn Dr. Weller nach Jena, wegen Carl Meyer, Studiosus. Museumsschreiber Färber, wegen Eisenacher Mineralien, Jena. — Auf 1802 bezüglich Einzelnes. Zu Mittag Eckermann. Lebhafte Unterhaltung über die vergangenen Bälle. Fräulein Adele und von Münchhausen. Hofrath Meyer, Medaillen bringend und auslesend.

12. Externsteine weiter beachtet. Hofrath von Köppen

aus Petersburg. Heinrich Müller, ein Bild des
Grafen Bernstorff vorweisend, ingleichen eine
Composition des Königs von Thule. Zwey Eng=
länder gaben Billets ab. Den Römerberg von
Frankfurt eingerahmt. Die angekommenen Exem=
plare Kunst und Alterthum IV, 3. Zu Mittag
für uns. Sodann die alterthümliche Kunst von
d'Agincourt. Briefe aus Berlin. The Vision of
Judgement mehrmals durchgegangen.

13. Mehrere Exemplare Kunst und Alterthum IV, 3
an die Weimarischen Freunde gesendet. Zwey
Engländer . Der junge Müller
seine Zeichnung des Königs von Thule abholend.
Die Nachahmung der englischen Bände vom Buch=
binder. Rath Vulpius die Abschrift des Cata=
logs der Ernestinischen Linie bringend, sonstige
Nachrichten gebend. Mittag Eckermann. Nach
Tische Bild von van der Neer sowie von Van=
dinelli. Hofrath Meyer, die Händel in der
Zeichenschule besprechend. Packete für die näch=
sten Posttage. Später Lord Byrons Todten=
gericht theilweise nochmals durchgegangen, die
unbekannten Worte nachgeschlagen und das Ganze
überdacht. — An Herrn Cammerherrn von
Horben nach Constanz, Manuscript von Amin=
tas. Herrn Wesselhöfts Druckerey Bogen 2
zweyte Revision.

14. An den Externsteinen redigirt. John schrieb an

der Reise. Historischer Handatlas aus dem In=
dustriecomptoir. Dazu die Zeitrechnungstafeln.
Hofkupferstecher Schwerdgeburth. Allein ausge=
fahren und das nächst zu Unternehmende bedacht.
Mittag Hofrath Rehbein, die neusten Vorkommen=
heiten durchgesprochen. Nach Tische Herr Canzler
von Müller, Nachrichten von Madame Szyma=
nowska bringend, auch andere Politica durch=
sprechend. Nähere Nachricht der Händel in Halle.
Erst allein. Dann mit meinem Sohn, die aben=
teuerliche Dolchgeschichte besprechend. Nähere Auf=
klärungen darüber. — Herrn Major von
Knebel nach Jena, ein Exemplar Kunst und
Alterthum IV, 3.

15. Revision der Externsteine. Ingleichen Aufsatz
über Don Alonzo. Wuk Stephanowitsch brachte
die zwey ersten Bände seiner serbischen Lieder
und einen Brief von Professor Vater. Dr. Körner
von der Spiegelung des Sonnenlichtes erzählend.
Carl Meyer, Studiosus aus Westpfalen. Spa=
zieren gefahren mit Eckermann. Speiste derselbe
mit. Brachte die ersten Jahre der Chronik wieder
und eine aufgeschriebene frühere Unterredung.
Nach Tische Oberbaudirector Coudray, über seine
geognostische Untersuchung der Kalksteine. Später=
hin blieb ich allein und betrachtete die May=
ländischen Kupfer Napoleons Siegesglück in Ober=
Italien vorstellend. Bezüglich auf die Tabellen

der Weltgeschichte. — Promemoria an Serenissimum. Herrn Professor Zauper, Eckermanns Büchlein und Kunst und Alterthum IV, 3, Pilsen. Herrn von Schütz nach Dresden, wissenschaftliche Manuscripte.

16. Über Lord Byrons Cain. Über die Kupfer nach Appiani. Anfrage wegen des Portefeuilles mit Jagemannischen Zeichnungen. Facius einige Arbeiten seiner Tochter vorweisend. Spazieren gefahren mit Hofrath Meyer. Kam derselbige zu Tisch. Verhandlungen wegen der Schule im Jägerhaus, auch wegen Wuk Stephanowitsch. Oberbaudirector Coudray. Abends für mich. Die verschiedenen Anfänge für das nächste Kunst und Alterthum durchgehend und durchdenkend. Auch das Niederländische Portefeuille beschauend. Die Kinder waren auf dem Hofball wegen des Geburtstags der Frau Erbgroßherzogin.

17. Verschiedenes zu Kunst und Alterthum, a. Cain. b. Napoleon in Ober-Italien. Zu Mittag Oberbaudirector Coudray, die Risse der schwebenden Eisenbrücken mitgebracht. Sodann für mich die morgendlichen Aufsätze durchsehend. Sodann die Kinder. Wolf blieb allein bey mir bis spät.

18. Die Helldorfischen Acten von Gastein und einige Briefe durch Rehbein. Schmeller Kräuters Porträt und andere schon fertige Büsten-Zeichnungen bringend für die zweyte Classe. Spazieren ge-

fahren allein. Mittag Frau Gräfin Wrisberg. Der Generalsuperintendent. Nach Tische Bade-inspector Schütz; spielte einiges auf dem Flügel. Sodann allein, die Sendung von Köln betrachtend. Sodann Canzler von Müller, von Gräfin Line gesendet. Manches Öffentliche und Innere besprochen. Blieb allein. Stanze für den Corsaren.

19. Schreiben an Landgraf Christian; d'Altons und Nees von Esenbeck Schreiben überlegt und beantwortet. Ingleichen die vorliegenden Zeichnungen in Ordnung gebracht. Byrons Cain an Riemer. Spazieren gefahren. Mittags für uns. Nach Tische Herr Soret. Ingleichen Herr Professor Riemer. Aufsatz über Cain und sonstiges besprochen. Brief von meiner Schwiegertochter. Einige Concepte durchgesehen.

20. Früh Briefe mundirt und expedirt, anderes vorbereitet: An Landgrafen Christian von Hessen-Darmstadt, Durchlaucht, mit zwey Kunst und Alterthum IV, 3. Herrn Professor d'Alton nach Bonn. Herrn Präsidenten Nees von Esenbeck, dahin. Herrn Regisseur Durand, mit Hermann und Dorothea. Herrn Professor Riemer, serbisches Gedicht. — An der Reise von 1797 fortgefahren. Den Redoutenscherz eingeleitet. Herr Canzler von Müller, wegen eines Gedichts bey dieser Gelegenheit. Mit Fräulein Ulrike. Die Umhüllung des Gedichtes

für die Frau Erbgroßherzogin. Mittag Frau Gräfin Wrisberg und Tochter. Nach Tische Ordnung gemacht. Abends mehrere Masken in ihrem Putze. Später mit den Kindern, welche Kupfer ansahen und sonst spielten.

21. Kam eine Parthie Münzen von Stuttgardt an. Ging Frau Gräfin Wrisberg fort. Einige Revisionen und Munda. Um 12 Uhr die jungen Herrschaften. Sodann Hofrath Voigt. Wegen dem kleinen Mineralogischen Cabinet, auch allgemeineren wissenschaftlichen Umgebungen. Für uns zu Tische. Abends Herr Canzler von Müller.

22. John arbeitete den ganzen Vormittag in Oberaufsichts-Geschäften bey meinem Sohn. Kräuter gab Nachricht von dem Transport der Kupferstiche in den Thurm. Ich ging was zu nächst gethan werden müßte durch. Redigirte einiges und bereitete vor. Um 12 Uhr Frau von Spiegel und Canzler von Müller. Ingleichen Herr Soret, welcher früher an den Hornblende-Krystallen gearbeitet hatte. Mittag Eckermann, welcher die Recension vom Paria brachte. Nach Tische die Landschaften des Lago maggiore und die Galerie der Herzogin von Berry. Französische Schule. Abends Erinnerungsbuch der Frau von Spiegel. Gedichte desselben. An ein gleiches denkend. Zeitig zu Bette.

23. Die oberaufsichtlichen Concepte mundirt und ge-

siegelt. Frau von Spiegel Gedächtnißbuch. Die
drey Parias. Für die Mißwollenden Vorschlag.
Demoiselle Steinhard von Jena, mit Bitte um
Wielands Porträt von der Bibliothek. Herrn
Sorets französischer Catalog von Jena. Buch=
stabe M. Herr Soret arbeitete an den Kryftallen.
Kündigte den Prinzen auf Nachmittag und sich
selbst auf'n Abend an. Mittag Hofrath Meyer
und Rehbein. Nach Tische das Kästchen mit den
Landschaften und Steindrücken durchgesehen. Der
kleine Prinz in seinem Redouten=Ornat. Kam
ein Kästchen von Berlin; mit der Stirn der
Minerva vom Parthenon und Münzen von Me=
dailleur Brandt. Abends Herr Soret in seinem
Maskenkleide. Später Betrachtungen über alles
Vorgefallene und Beschaute.

24. John schrieb an der Reise. Ich bereitete das
Gedicht für Frau von Spiegel vor. Herr Soret
wegen einer Stelle des Revisionsbogens. Hof=
gärtner Baumann. Um 1 Uhr Eckermann; mit
demselben das Nächstvorliegende besprochen. Rath
Vulpius brachte die Münzschatulle und das Ver=
zeichniß der darin befindlichen Thaler und Münzen.
Eckermann speiste mit uns. Nach Tische wurden
Abbrücke von Gemmen gesehen. Abends für mich.
Die Münzen nach dem Catalog von Vulpius durch=
gesehen. — Verordnung an Cammercalculator
Hoffmann, Schmellers Besoldung betreffend.

25. Nebenstehende Expeditionen mundirt und expedirt: Verordnungen an Herrn Dr. Renner, die Heiberschen Bücher betreffend. Herrn Dr. Güldenapfel, wegen Nachrichten der Festung Wittenberg. An Denselben, Bibliotheksangelegenheiten betreffend, mit einer Rolle, worinnen Quittungen und Risse. Sämmtliches nach Jena. Herrn Bibliothekar Grimm, mit Kunst und Alterthum IV, 3, nach Cassel. — Um halb 11 Uhr J. K. H. die Frau Großherzogin. Die Münzen vorgewiesen. Nachher das Gedicht für Frau von Spiegel abgeschrieben. Eckermann speiste mit uns. Verschiedenes über die zu ordnenden kleinen Gedichte. Nach Tische Portefeuille Französische Schule. Professor Riemer. Canzler von Müller. Den Römerberg von Frankfurt am Mayn betrachtet. Die neusten Gedichte besprochen.

26. Abschrift von Hofrath Meyers Gutachten, sodann der Zeichen zur Correctur aus dem Formbuch. Um 12 Uhr die jungen Herrschaften. Die neueren Münzen durchgesehen und zurechtgelegt, auch die neusten eingeschaltet. Rochlitz für Freunde der Tonkunst. Brief Ottiliens bis zum 17. Februar. Mittag für uns. Nach Tische Walthern die Gemmenabdrücke vorgewiesen. Abends Hofrath Meyer. Die nächsten Erfordernisse der Zeichenschule besprechend. Herr Soret, abgesendet von Ihro Hoheit der Frau Großfürstin. Beyde gingen

weg und ich studirte noch für mich mehreres Vorliegende. Brief und eingesendete Gedichte, auch Münzabdrücke von Brandt in Berlin, nebst Tiecks Brief deßhalb. — Herrn Geh. Hofrath Blumenbach nach Göttingen, mit zwey Büchern.

27. Revision des Bogen M. zur Naturwissenschaft geendigt. Betrachtung über Alonzo und dessen Recension im Journal des Débats, Mercredi, 11. Février 1824. Inhaltsverzeichniß des neuen Stück von Kunst und Alterthum, auch vom naturwissenschaftlichen Hefte. Mit Walthern spazieren gefahren. Dr. Meyer zum Tentamen gehend. Rehbein, ankündigend, daß er wohl bestanden. Bey Tisch zu drey. Nachher mit meinem Sohn über gegenwärtige innere und äußere Verhältnisse. Abends Herr Hofrath Meyer. Ingleichen Dr. Eckermann. Letzterer fragt an wegen der aus den ersten 20 Bänden herüber zu nehmenden kleinen Gedichte. Beschäftigung mit den modernen Münzen bey Gelegenheit neuer Acquisition. — Herrn Ludwig Tieck nach Dresden, mit Kunst und Alterthum IV, 3. Herrn Wesselhöfts Druckerey nach Jena.

28. Vieles bey mir liegende in der Stadt umhergeschickt und mich sonst von manchem losgemacht. Ein Kupfer zur Morphologie, ingleichen eins zur Wissenschaftslehre von Ermer eingeliefert. Seit gestern: Für Freunde der Tonkunst von Rochlitz,

1. Band. Mamsell Seidler eine Seelandschaft, die sie in Frankfurt copirt, vorstellend. Manches andere vorbereitet und expedirt. Abschrift des französischen Urtheils über Alonzo. Spazieren gefahren mit Walthern. Denselben bey Professor Melos abgesetzt. Mittag zu zweyen. Mancherley Zustände mit August durchgesprochen. Nach Tische Rochlitz Für Freunde der Tonkunst. Die Fuge und Händels Messias. An der kleinen Münzsammlung neuster Zeit geordnet und umgelegt. Schemata und Manuscripte zu den Heften durchgesehen. — Herrn Bergrath Lenz die sämmtliche mineralogische Correspondenz einiger Jahre nach Jena.

29. Nebenstehendes Packet abgeschlossen: Herrn Präsident Nees von Esenbeck, mit einer Kupferplatte und Kupfern, Bonn. Rochlitz Ursprung der Oper. Französische Journale wegen Alonzo. Ausgefahren mit Eckermann. Speiste derselbe mit uns. Ward über die neue Ausgabe manches besprochen. Nach Tische die Lombardische Schule besehen. Sodann für mich. Die französischen Recensionen des Alonzo. Nahm Fräulein Münchhausen Abschied. Das Nächste überlegt, notirt und schematisirt.

März.

1. Einiges Oberaufsichtliche und Briefliches. Kleines Gedicht mundirt. Übersetzung aus dem Euripides.

Rath Vulpius. Mit Professor Riemer spazieren gefahren. Speiste derselbige mit uns. Blieb bis Abends. Wir besprachen die nächsten Artikel zu Kunst und Alterthum. Insonderheit bey Gelegenheit des Paria, über die in jedem geselligem Zustande sich bildende Absonderung der auf mannigfaltige Weise beschäftigten Menschen. Blieb für mich. Bereitete manches vor. — Herrn Geh. Hofrath von Cotta, mit einem andern Briefe von   , Stuttgardt.

2. Munda von Geschäftsexpeditionen. Die Risse zu den Kupferstichschränken an Serenissimum. Gegenwart der Frau Großherzogin. Gräfin Henckel und Frau von Pogwisch. Copie von Gedichten und Vollendung einiger Aufsätze nachgebracht. Mittag für uns. Nach Tische Eckermann. Später Hofrath Meyer. Sodann Canzler von Müller. Litterarische und politische Gespräche. — Herrn Rath Grüner nach Eger. Herrn Bernhard Dumont nach Frankfurt a. M.

3. Abschriften kleiner Gedichte. Revision verschiedener Aufsätze für die laufenden Hefte. Mittag für uns. Nach Tische mit meinem Sohn. Abends deßgleichen. Publica, Privata, Ästhetica durchgesprochen. — Wesselhöfts Druckerey, Bogen M Naturwissenschaft, Jena.

4. Abschriften der Gedichte fortgesetzt. Die Lehrer der Zeichenschule, wegen den zu arbeitenden neuen

Vorschriften. Der junge Müller, bringend die Zeichnung für Herrn Erbgroßherzog: den König von Thule. Mittag zu drey. Nach Tische die Kinder. Umherziehende Affen und Bären zu sehen. Kam Ottilie von Berlin zurück. Fräulein Abele, sie zu begrüßen. Professor Riemer; mit ihm die Bogen Kunst und Alterthum 3, 4, V, 1 durchgegangen. Später Ottilie von Berliner Vorfallenheiten sprechend.

5. Sendung von Berlin durch Ottilien: der Externstein durch Rauch. Auf Wachsblätter aufgetragene und grün erhaltene Pflanzen, vom württembergischen Legationsrath Wagner. Schmeller zweymal wegen den Nachzeichnungen aus van Brée. Herr Hofrath Meyer wegen eben dieser und der Rauchischen Statuen Angelegenheit. Briefconcepte an die Freunde in Berlin. Lieder, aus dem Schwedischen übersetzt von Frau von Helbig. Mittag Hofrath Meyer. Ottilie viel von Berlin erzählend. Oberbaudirector Coudray eine neue französische Abhandlung über die Hängebrücken vorzeigend. Herr Canzler von Müller. Später für mich. — Herrn Wesselhöfts Druckerey nach Jena Revisionsbogen 3 und 4 Kunst und Alterthum.

6. Munda von Briefen nach Berlin. Schrön, zwey sehr schöne Tabellen vorzeigend. Die jungen Herrschaften. Später die Prinzessinnen und Demoiselle Masselet. Eckermann die Abtheilung der

lyrischen Gedichte bringend. Der 2. Aushängebogen.
Abschrift der Desiderata von Jena. Mittag Hof=
rath Rehbein. Ottilie forterzählend von Berliner
Zuständen. Gegen Abend Canzler von Müller,
von dem Anfang seiner Memoires erzählend.
Später die Nordischen Gesänge aus dem Morgen=
blatt 1822, No. 165 und folgende. — Herrn
Frommann, vier Bände: Der Abt von Walther
Scott, Wielands Porträt in einem Kästchen.

7. Fernere Munda der Briefe nach Berlin. In=
gleichen Mineralogica betreffend. Briefe über
Thaers frühere Zustände. Besuch von Geh. Hof=
rath Kirms, seinen Austritt aus dem Hofmar=
schallamte berichtend. Serenissimus über ver=
schiedene Geschäfte und Personenveränderungen.
Schrön, seine Besprechung mit Helbig berichtend.
Aufmunterung desselben zum Druck der Tabelle,
auch Zusage des Beystandes. Mittag Eckermann.
Abends die Kinder spielend, indessen ich das
Gedicht zu Thaers Fest schrieb. — Herrn Rath
Vulpius, Verordnung wegen der Taschenbücher
und Almanache auf der Bibliothek.

8. Briefe concipirt, mundirt, Sendungen auf die
nächsten Posttage vorbereitet. Schrön wegen des
Stechens der neuen Witterungsplatte. Herr
Staatsrath Schweitzer, verschiedene Academica
und sonst. Für mich spazieren gefahren. Abends
Herr Canzler und Professor Riemer.

9. Nebenstehendes besorgt: An Herrn Geh. Ober=
regierungsrath Schultz, mit einem Kunst
und Alterthum IV, 3. Eingeschlossen: An Zelter.
— Abschrift der Parias. In dem blauen Zimmer
aufgeräumt und das alte Repositorium hergestellt.
Mit Soret, die Mineralien von Booden und
Albenreuth durchgesehen. Mittag für uns und
Eckermann. Nach Tische Herr Oberbaudirector
Coudray, die Risse von dem neuen Lusthaus in
Berka bringend. Walther nahm Theil daran.
10. Fortgesetztes Aufräumen. Mein Sohn hatte die
noch nöthigen Concepte in Oberaufsichtssachen
geschrieben. Dieselben mundirt, gesiegelt und
expedirt. In der blauen Stube aufgeräumt und
Rubriken zu den Portefeuilles geschrieben. Herr
Generalsuperintendent Röhr zu Tische. Zum
Nachtisch Fräulein Abele, welche blieb und ver=
schiedenes vorzeigte, auch einiges zum Copiren
aussuchte. Abends für mich, die Varia der großen
Schublade zu sondern angefangen. — An Groß=
herzogliches Landschafts=Collegium, wegen
der 1000 Thlr. Zuschuß für Extraausgaben. An
den Thierarzt Heider, den Verkauf von In=
strumenten und Büchern betreffend, nach Mark=
suhl. Bericht an Serenissimum, die Festung
Wittenberg betreffend.
11. Einige Concepte und Munda. Die jungen Herr=
schaften um 12 Uhr. Nachher auch die Prin=

zessinnen und Gräfin Fritsch. Ordnung der Kupferstiche fortgesetzt. Mittag mit Ottilien und Walthern. Ich ging mit ihr die Anrufungen der Engel durch. Die Kinder wurden zum General=superintendent eingeladen. Herr Soret, einen Abdruck der Genfer Medaille bringend. Herr Eberwein, den zweyten Act seiner Oper vor=tragend. Verabredung wegen Händels Messias. Noch einiges an dem Kupferportefeuille.

12. Gedichte von Eckermann zu Thaers Fest. Eins davon an Eberwein. Ottilie gab verschiedenes Manuscript und Druck, ihr mitgegebenes. Briefe mundirt und zur morgenden Post vorbereitet. Schmellerische lithographirte Vorzeichnungen. Spazieren gefahren mit Hofrath Meyer. Speiste derselbige mit uns. Nach Tische Wolf, der sich spielend beschäftigte. Canzler von Müller im Lobe des Alonzo sich ergehend. Abends für mich. Briefe und Aufsätze durchgedacht. — Herrn von Froriep, wegen des Abdrucks der chromatischen Tafeln. Herrn Eberwein, das Eckermannische Lied für Thaer.

13. Sendung von Serenissimo. Botanischer Criminal=prozeß in London. Voigts Mineralogische Reisen durch Weimar. Promemoria an Serenissimum. Monstroser Kieferzweig sehr schön. Ermer, die Zeichnungen des Basaltbruchs übernehmend, in=gleichen die Abdrücke der beyden fertigen Tafeln.

Mittag Professor Riemer. Mit ihm bis gegen Abend conversirt und das Nächste im Druck und Manuscript abgethan. Auch Älteres ward von ihm beygebracht. Später von Martius' Rede am Jubiläumsfest. Mit der Stielerischen Karte verglichen. — Herrn Professor Zelter, mit dem Gedicht für Thaer, Berlin. Herrn Geh. Oberregierungsrath Nicolovius, vier Bände Kunst und Alterthum, dahin; nebst Brief an Sterling.

14. Nebenstehendes abgeschlossen und eingepackt: An Wesselhöft Revisionsbogen 5, durch Dr. Weller, Jena; ingleichen Manuscript der drey Paria und bildende Kunst, später abgegeben. Herr Staatsrath Schweitzer sendet auf Anatomie bezügliche Briefe und Zeichnungen und kündigt sich auf morgen an. Dr. Weller Besuch, berichtet und fragt an. Hofrath Rehbein, des Großherzogs frühere Reise und verschiedene medicinische Versuche nach mechanischer Theorie vortragend. Serenissimus, von den bisherigen Bemühungen eine Consequenz in dem Kalkstein zu finden zuförderst sprechend. Ihm wird das Nöthige aus chemischen und geognostischen Büchern mit Beyspielen vorgelegt. Mit Eckermann spazieren gefahren. Die Redaction des ersten Bands der Gedichte besprechend, wovon er die vordern Hefte ablieferte. Nach Tische mit meinem Sohn, in von Martius' Rede weiter

gelesen. Die Externsteine waren an Riemer abgegangen.

15. Einige Briefe: An Herrn Johann Friederich Mayer nach Gengenbach bey Offenburg. Frithiofs Saga. Serbische Litteratur. Gläschen Opodeldoc. An der Reise von 1797 geschrieben. Brachte Schmeller das Porträt von Soret. Mit Walther in den untern Garten. Mittag für uns. Nach Tische einige Kupfer in Ordnung. Fräulein Abele. Abends für mich. Martius Brasilien.

16. Bräunliches Papier von Müllern. Über die nordischen Heldenlieder. Um ½11 Uhr Ihro K. H. die Frau Großherzogin. Vorgelegt den Flachwuchs der Kiefer. Van der Neers Nacht. Den Externstein. Das Altdeutsche Gesetzbuch mit Steinbrücken. Fuhr in den untern Garten mit Walther. Ließ das Haus öffnen, lüften und reinigen. Mittag unter uns. Nach Tische Herr Canzler. Später Herr Soret und musikalische Gesellschaft. Vortrag des Messias; auch erhielt ich das Eckermannische Lied für Thaer componirt.

17. Nordische Gedichte. Serbische Gedichte. Booden und Altalbenreuth. Die Externsteine von Riemer zurück. Mittag für uns. Brief und Sendung von Nees von Esenbeck. Mineralien für Jena eingepackt. Mein Sohn war in Belvedere bey der Versammlung der Landwirthe zugegen gewesen. Eisfahrt, Bild von Preller, näher mit

Bewunderung betrachtet. Das Carneval von Cöln aus der Neesischen Sendung näher betrachtet und bedacht.

18. Desiderata wegen des Carnevals an Nees von Esenbeck. Zettelchen geschrieben zu der Soretischen Hornblende-Sammlung. Geisterkarte von Deutschland, gefertigt von Dr. Müglich, gegenwärtig in Genua, mitgetheilt von Serenissimo. Professor Hoffmann beantwortet die Fragen des geronnenen Opodeldocs. Zu Tische Herr Hofrath Meyer. Vor Tische Herr Erbgroßherzog. Das Niederländische Portefeuille angesehen, Rubens u. s. w. Fräulein Adele kam dazu. Abends Professor Riemer. Die Externsteine absolvirt. Über das Cölner Carneval. Später Vorbereitung auf meines Sohns Reise nach Jena.

19. Die Nummern zu Herrn Sorets Amphibolen. Einiges copirt und sonstiges betrachtet. Temmler übergab Blumenzeichnungen. Ermer ließ die Papierprobe und Abdrücke sehen. Mit Eckermann nach Belvedere, wo die Kamelien blühten, ingleichen eine Strelitzia. Im Palmenhaus war man beschäftigt, die Pflanzen sämmtlich umzusetzen. Speiste Eckermann mit uns. Nach Tische Eröffnung meines Sohns wegen abendlicher Anmuthung und Vorsätze. Herr Canzler von Müller. Oberbaudirector Coudray Zeichnung eines Altars für das Städtchen Geis vor-

1824. März.

weisend. Abends mit meinem Sohn, alles zur morgenden Jenaischen Expedition vorbereitend. Ging derselbe noch auf den Ball. Empfing von Martius Brief und Rede zum 14. Februar. Ingleichen Brief und heroische Comödie von Graf Platen; beachtete letztere näher.

20. Nebenstehende Expeditionen: An Conducteur Schrön, gedruckte Tabelle des Decembers, ingleichen die gezeichneten, nach Jena. An Wesselhöft, Manuscript die Externsteine, dahin. An meinen Sohn, verschiedene Sachen, auch eine Schachtel mit Mineralien. — Schmeller brachte Rehbeins Bild. Hofrath Rehbein des Dr. Schäffer Beytrag zur Kenntniß der mineralischen Wasser. Walther zeichnete zum erstenmal nach den lithographirten Umrissen. Ich las den durch Fräulein Alwine mir mitgetheilten Brief des Bruders aus Mayland, dessen Wanderung vom Comersee beschreibend. Auch las ich den Anfang von Graf Platens Schauspiel: Der gläserne Pantoffel. Mein Sohn war nach Jena gegangen, um dort die Herren Meckel und Froriep mit den Museen bekannt zu machen. Mittag mit Ottilien und Walthern. Nach Tische die Biographischen Denkmale Varnhagens von Ense durchgelesen. Abends Walther spielend, sodann die Trajanische Säule durchblätternd. Nach Tische Badeinspector Schütz, bedeutendes Gespräch.

21. Die Biographischen Denkmale hinausgelesen. Kurzen Aufsatz darüber dictirt. Herr Genast. Herr Hofrath Rehbein. Demselben den Paria an Frau von Heygendorf mitgegeben. Mit Riemern spazieren gefahren. Derselbe speiste mit uns.
22. Briefconcepte dictirt. Herrn Präsident Nees von Esenbeck, wegen des Carnevals, Bonn. Sendung an den Großherzog. Ingleichen an Professor Riemer. Madame Unzelmann und Tochter von Breslau. Mit Eckermann spazieren gefahren. Herr Canzler von Müller. Abends mit Walther, der die Zauberflöte sehr lebhaft erzählte.
23. Nähere Ansicht der gestrigen von Wolzogischen Vorschläge. Einige Munda und Concepte. Frau Großherzogin um halb 11 Uhr. Brüßler und Genfer Bronzmedaillen. Die Porträte von Schmeller. Mit Ottilien im untern Garten zu Fuße hinab- und heraufgegangen. Mittag für uns. Gegen Abend Professor Riemer. Sobann Eckermann. Mit ersterem Manuscript zum Bogen N. der Wissenschaftslehre. Walther versuchte zu zeichnen. — An die Weygandische Buchhandlung nach Leipzig, wegen einer neuen Ausgabe Werthers.
24. Abschrift von kleinen Gedichten. An Riemer seine Ode für Thaer und meine lyrischen Gedichte, an Eckermann kleineres einzuschalten. Fortgefahren

an der Reise. Frau von Wolzogen um 11 Uhr.
Ging im untern Garten, blieb bey gutem Wetter
zwey Stunden daselbst. Mittag für uns. Später
Herr Canzler von Müller. Nachts für mich; an
die neue Ausgabe von Werthers Leiden gedenkend.
— Manuscript zum Bogen N. Naturwissenschaft
an Wesselhöft.

25. Verschiedene Abschriften. Erlaß an Frau von
Wolzogen wegen der Herausgabe der Briefe. Herr
Erbgroßherzog. Herr Rath Helbig, wegen der
Thaerischen Angelegenheit. Mittag für uns mit
Eckermann. War das Gedicht zur neuen Aus=
gabe von Werther fertig geworden. Sendung von
Serenissimo, verschiedene Geschäfts= und Lebens=
puncte betreffend. Brief von Zelter, Entwick=
lung des Messias von Händel. Beredung mit
meinem Sohn wegen der Jenaischen Vorfallen=
heiten. War früh Herr Durand dagewesen, um
mich auf den Sonnabend einzuladen.

26. Abschrift des gestrigen Gedichts. Dictirt an Zelter
und an Serenissimum. Sonstiges beseitigt. Dr.
Eckermann die geordneten Gedichte bringend. Mit=
tag für uns. Nach Tische Concepte durchgesehen.
Gegen Abend Professor Riemer, das neue Gedicht
durchgegangen und stellenweis bedacht. — Röses
Brief aus Paris an Rath Hage. Eckermanns
und Ebermeins Beyträge zu Thaers Fest an
Geh. Cammerrath Helbig.

27. Vielfache Besorgungen, besonders des Nebenstehenden: Serenissimo, auf mehrere Puncte des Handbillets vom 25. geantwortet. An Professor Zelter, Nürnberger Choralbuch geschickt. auch umständlichen Brief in Antwort auf seinen vom 20. d., Berlin. An Regisseur Durand. Ablehnung der Einladung. An Graf Platen, die Absendung des Trauerspiels, Erlangen. — Schmeller brachte Herrn Geh. Hofraths Kirms Porträt. Ich ersuchte Herrn von Einsiedel, sich gleichfalls zeichnen zu lassen. Mittag für uns, viel über Berlin und die dortigen Abschränkungen der Gesellschaft. Die Geisterkarte fand sich wieder. Oberbaudirector Coudray und Herr Canzler. Nachrichten von Madame Szymanowska im Constitutionnel. Lebhafte Unterhaltung über das Pro und Contra der französischen Journale.

28. Hofrath Rehbein berichtet über das Befinden des Großherzogs. Einige Briefe concipirt und selbst mundirt. Eckermann bringt das Conversationsblatt Nr. 61 mit Recension seines Werkchens. Dr. Huschke, sein Werk über die Sinne. Mittag Eckermann. Nach Tische mit ihm einiges aus der Venetianischen Schule. Abends für mich. Mämpels Campagne gelesen. Anderes vorgearbeitet. Später mein Sohn aus Tell. Mittag war viel von der gestrigen Vorstellung: Hermann und Dorothea die Rede gewesen.

29. Manches durch Mundiren und Concipiren vorbereitet. Ottilie sang einige Arien mit Accompagnement des Herrn Eberwein. Nach 1 Uhr spazieren gefahren. Bey Tische unter uns. Zwey Revisionsbogen 6, 7 von Jena. Ingleichen Nachricht wegen der naturwissenschaftlichen Hefte. Besorgung und Betrachtung deßhalb. Brief von Herrn van Brée mit Anfrage wegen eines historischen Stücks aus der sächsischen Geschichte. Anmeldung der Frau Großherzogin. — Herrn Geh. Cammerrath und Cammerdirector Stichling, wegen einiger Handschriften von Herder und Wieland.

30. An Briefen, Geschäftssachen und die Hefte betreffend manches gearbeitet. Um ½ 11 Uhr Frau Großherzogin. Die Geisterkarte vorgetragen. Mit Ottilien spazieren gefahren. Mittag für uns. Gegen Abend Eckermann. Später für mich.

31. Von Jena Lenzische Briefe. Das Porträt Wielands wieder auf die Bibliothek. Brief an Herrn von Odeleben. Aufsatz über serbische Lieder. Präsident von Motz. Schmeller mit Einsiedels Porträt. Der junge Stark wegen Illumination der Tafeln zur Farbenlehre. Mittag zu dreyen. Nach Tische Marko Kralewitsch. Herr Hofrath Meyer wegen Zeichenschul-Geschäften. Professor Riemer wegen Kunst und Alterthum Bogen 6, 7. Herr Canzler verschiedene französische Zeitungen brin-

genb. Überlegung wegen des Brief an Aubert de Vitry in Paris. — Serenissimum, mit einem Buch von Varnhagen von Ense. An die Gebrüder Boisserée nach Stuttgardt.

April.

1. Munda und Concepte von Briefen, ingleichen zu Kunst und Alterthum. Serenissimus die Schmellerischen Porträte beschauend, ingleichen die Geistertafel. Der Erbgroßherzog, dessen Stammbücher vorgewiesen. Herr Canzler von Müller, Herrn Regierungsrath von Ulmenstein einführend. Fortgesetzter Auszug zu Behuf der serbischen Lieder. Dr. Eckermann. Blieb derselbe zu Tische. Nachher einige Kupfer aus der Venetianischen Schule besehen. Mit meinem Sohn verschiedenes durchgesprochen. Vorbereitung auf morgen. Zeitig zu Bette. Vorher mit Walther beschäftigt. — Herrn Wesselhöft Revisionsbogen 6, 7 nach Jena.

2. Sendung von Geh. Staatsrath Schweitzer das Voigtische physikalische Cabinet betreffend. Promemoria deßhalb. Ein studirender Schwede von Göttingen. Die Autographa für Schlosser geordnet. Votum den Voigtischen Apparat betreffend. Simonows Entdeckungsreise. Bedeutende Barometerbeobachtung desselben. Mittag Hofrath Meyer. Schul- und Kunst-Angelegen-

heiten. Ankunft der Nürnberger Stammbücher, Beschauung derselben. Später mit meinem Sohn. Publica und Privata. Früh zu Bette.

3. Epitome des gestrigen Votums. Billete an Staats=rath Schweitzer und Serenissimum. Einiges zu Kunst und Alterthum. Prellers Quittungen autorisirt. Auszug aus Simonows Entdeckungs=reise, einiges Allgemeine zur Naturwissenschaft. Quatremère de Quincy, Olympischer Jupiter. Die Autographa beglaubigt. Mittag Professor Rie=mer. Mancherley Bevorstehendes mit ihm durch=gesprochen. Frithiofs Saga berichtigt. Abends Herr Canzler von Müller. Anregung den Alonzo wieder vorzunehmen. Zeitig zu Bette.

4. Mehrere Artikel für Kunst und Alterthum vor=genommen und bearbeitet, womit der ganze Morgen zugebracht wurde. Der junge Preller, welcher für die gegebene Beyhülfe dankte, sein Vorhaben nach Dresden zu gehen vortrug. In=gleichen Doctor Eckermann, welchem ich den Olympischen Jupiter und die Restaurationen vor=legte. Speiste derselbe mit uns. Hildebrandts Heft über die Vegetation in Deutschland. Noch=malige Durchsicht der Aufsätze für Kunst und Alterthum.

5. Abschluß von Rochlitz. Secretär Kräuter hatte zum erstenmal wieder angefragt. Büschings wöchentliche Nachrichten an die Großfürstin.

Aufsätze zu Kunst und Alterthum. Mittag Herr Generalsuperintendent Röhr. Betrachtung der Porträte. Gegen Abend Herr Canzler von Müller, Sendung von Bremen bringend. — An Conducteur Schrön, wegen dem regelmäßigen Steigen und Fallen des Barometers unter den Wendekreisen, Quittung auf 40 Thaler Remuneration, nach Jena. Herrn Wesselhöfts Druckerey Manuscript, Frithiof.

6. Conducteur Schrön sendet die abschriftlichen Instructionen für die verschiedenen Beobachter. Secretär Kräuter reicht die Schillerische Handschrift wieder ein. Frau von Wolzogen und von Schiller zum Besuch. Zu Mittag Herr Baudirector Coudray. Der dritte Riß vom Berkaischen Pavillon wurde besprochen. Über Schmellers Bilder. Abends für mich. Aufsätze zu Kunst und Alterthum. Herr Jordis von Berlin kommend, nach Frankfurt gehend, mit Savignys verschwägert. Zeitig zu Bette.

7. Hofrath Meyer sendet Recension des Appianischen Frieses. Auch Lieberische Vorzeichnungen. Nähere Betrachtung der Instructionen für die Witterungsbeobachter. Relation des jungen Feldjägers. Mein Sohn überreicht das Concept seines Vortrags über die letzte Jenaische Expedition. Fernere Expedition der Briefe für Schmeller. Dieser brachte die Porträte von Canzler von Müller

und Director von Fritsch. Herr von Cruikshank, Berlinische und andere Weltneuigkeiten mittheilend. Manuscript des spanischen Feldzugs mit der Landeskarte verglichen. Mittag für uns. Nach Tische einiges der nächstliegenden Geschäfte. Abends Gräfin Egloffstein. Mancherley über Ästhetisches und Moralisches. — Herrn von Volkhammer, Schreiben nebst Medaille, nach Nürnberg. An Färber einige Quittungen nach Jena.

8. Frau von Wolzogen sendet einen Brief von Cotta. Veredung wegen eines Gastmahls für morgen. Hofrath Meyers Aufsatz über die Napoleontischen Kupfer mundirt. Schillers Briefe von 1794 durchgesehen. Aufsatz über des jungen Feldjägers zehnjährige Campagne. Mittag für uns.

9. Fortgesetzte obengemeldete Abschrift. An der Tageschronik einige frühere Jahre. Spazieren gefahren allein. Mittag Freunde zu Walthers Geburtstag. Der junge Student Meyer von Jena Abschied nehmend. Mit Herrn Canzler über Alonzo. Mit Professor Riemer über die neusten kleinen Aufsätze. Zeitig zu Bette.

10. Mundum des Meyerschen Aufsatzes fortgesetzt. Kleine Aufsätze für Kunst und Alterthum durchgegangen. Der neue academische anatomische Zeichner, Schenk, meldet sich, dankt und bittet um Erlaubniß, in den Museen zeichnen zu dürfen.

Frau von Wolzogen, Unterhaltung und Verabredung mit derselben. Mittag Eckermann. Kamen meine Briefe an Schillern von der Frau Hofräthin an. Ich sonderte sie sogleich und ordnete sie und war bis in die Nacht hinein damit beschäftigt. — An Conducteur Schrön die meteorologischen Instructionen zurück nach Jena.

11. Früh aufgestanden, die wechselseitigen Briefe in einander geschoben und zur reinen Abschrift vorbereitet. Herr Geh. Hofrath Kirms. Cammerconsulent Schnauß. Mittag Professor Riemer. Vor und nachher mit demselben verschiedene Expedienda durchgegangen. Herr Soret eine Vorlesung störend. Merkwürdiger politischer Aufsatz in der Beylage der Litteraturzeitung No. 63 und 65 mit der Überschrift: Historische Übersicht der letzten Neun Monate des verflossenen Jahrs. Ankunft der Boisseréeschen Domsendung, ingleichen der neuen Hefte ihres lithographischen Werkes. Später Revision der Schillerischen Correspondenz.

12. Den Antheil an der Boisseréeschen Sendung Serenissimo zugestellt. Ankunft des Fäßchens Mineralien von Gengenbach. John am Briefwechsel geschrieben. Hofrath Meyer um 1 Uhr. Mein Dom-Exemplar sowie das 9. und 10. Heft der lithographischen Blätter durchgesehen und beurtheilt. Die Angelegenheiten der Zeichenacademie besprochen. Schmeller war gestern nach Jena

gegangen. Ich hatte die angekommenen Mineralien von Gengenbach gesehen, auch gegen Abend mich damit beschäftigt. Weitere Überlegung des Bevorstehenden. Früh zu Bette.

13. Früh aufgestanden, manches besorgt, schematisirt und expedirt. John schrieb am Briefwechsel. Die Frau Großherzogin kam halb eilf Uhr. Blieb bis nach 12 Uhr. Fuhr mit Ottilien spazieren. Nach Tische las ich ihr die Einleitung zum Werther vor. Lebenslauf von Hauy, academische Vorlesung von Cuvier. Eingegangene Briefe von 1794 durchgesehen. — Herrn Professor Hinrichs nach Breslau. Wesselhöfts Druckerey Revisionsbogen 8 nach Jena.

14. Fortgefahren an der Briefdurchsicht. Manches auf jenes Jahr Bezügliches. Ferner nach Zelters Anleitung Seite 262 im Divan gelesen. Hofrath Voigt von Jena, sein Wörterbuch der botanischen Kunstsprache bringend. Naumanns Norwegen. Mit Eckermann spazieren gefahren. Papiere über den Dilettantismus besprochen. Speiste mit uns. Ottiliens Ereignisse mit der Herzogin von Cumberland. Nach Tische Herr Soret. Großes Portefeuille durchgesehen. Statue des Grafen Schulenburg errichtet in Corfu. Hofrath Meyer Recension der letzten Hefte Stuttgarter Steindrücke. Abends Gesänge aus dem Messias unter Anleitung Eberweins.

15. Einige Briefe und Billets dictirt. John schrieb den Meyerschen Aufsatz über Stuttgarter Lithographie. Fuhr spazieren mit Ottilien. Mittag zu vieren. Nach Tische mit meinem Sohn die Einleitung zu Werther gelesen. Auszug aus den Briefen von 1794. John schrieb an der Schillerschen Correspondenz. Abends die Briefe von 1795 durchgelesen und ineinander geschaltet. Angekommen Revisionsbogen 9.

16. Mehrere Briefe dictirt. John fuhr an der Correspondenz fort. Hofrath Meyer durchsah das Cölner Domwerk. Operateur Heine und Canzler von Müller zum Besuch. Professor Riemer, Durchsicht des 9. Bogens Kunst und Alterthum. Mittag derselbe zu Tische. Den Anfang von Alonzo durchgegangen. Abends für mich. Die Schillerische Correspondenz beachtet. John Millars historische Entwicklung der englischen Staatsverfassung. Den Schluß des dritten Bands.

17. Millars englische Staatsverfassung. Schröns Arbeit über die Cölner Wasserstände an Serenissimum. Fernere Abschrift der Correspondenz. Bedeutung des Worts Pietas bey den Römern. J. K. H. der Erbgroßherzog. Eckermann, der mit uns speiste. Aufsatz über den Dilettantismus besprochen. Ulrike speiste wieder mit. Ankündigung des Geh. Raths Wolf. — An Wessel-

höft Revisionsbogen 9, Manuscript bis Junger Feldjäger incl. nach Jena.

18. John fuhr an der Abschrift der Correspondenz fort. Englische Geschichte. Ausgefahren mit Ottilien. Mittag für uns. Nach Tische Piranesi. Serenissimi Intention wegen Prellers. Unterhaltung darüber mit Hofrath Meyer. Geh. Rath Wolf kam an. Unterhaltung mit demselben. Canzler von Müller. Die Kinder an Hof. Styl der Septuaginta und des neuen Testaments. Geh. Rath Wolf speiste ein mäßiges Abendessen. Entfernte sich mit Meyern nach ergangener Einladung auf morgen. NB. Heute hatte ich den Auszug aus den Briefen von 1794 zu Stande gebracht. Relation meines Sohns von den Vorlesungen aus der Trauerloge zum Andenken Graf Marschalls, Kämpfers und Landes=Directions=Rath Horn.

19. Verschiedene Expeditionen: An Serenissimum Antwort auf einiges Mitgetheilte. Die Eisbahn an Serenissimus gesendet. John fuhr an der Correspondenz zu schreiben fort. Mittag Geh. Rath Wolf, Professor Riemer, Rehbein, Coudray und Canzler von Müller. Nach Tische Unterhaltung. Blieb ich zuletzt mit Riemer allein. Verschiedenes zu Kunst und Alterthum überlegend. Millars englische Staatsverfassung. — Lord Byron stirbt.

20. Briefe von 1795 geheftet. Herrn Hofrath Meyers Aufsatz zu Kunst und Alterthum. Früh Canzler von Müller. Kam Schmeller von Jena und zeichnete Dr. Heine. Die Frau Großherzogin um ½11 Uhr. Kam Geh. Rath Wolf und machte ihr sogleich die Aufwartung. Derselbe speiste bey Hof. Vorher fuhr ich allein auf der Troschke nach Belvedere und spazierte einige Zeit. Professor Riemer speiste mit uns. Gegend Abend Geh. Rath Wolf. Canzler von Müller. Beyde gingen zu Schopenhauers. Blieb für mich. — Herrn Grafen Brühl nach Berlin.

21. Geh. Rath Wolf beschloß heute sich in der Stille zu halten. Besorgte ich das Manuscript zu den letzten Bogen Kunst und Alterthum und bedachte manches andere. John schrieb an der Correspondenz fort. Ich fuhr über Oberweimar und ging in den untern Garten. Um 2 Uhr holte Ottilie mich ab. Für uns zu Tische. Mit Ottilien spazieren gefahren. Erst zum Erfurter Thor hinaus, dann wegen der heißen Sonne um's Webicht. Abends Professor Riemer, dann Canzler von Müller. Dann Geh. Rath Wolf, welcher zuletzt blieb. Sendung von Cöln der osteologischen Kupfer und Carnevalsscherze. — Herrn Bergrath Lenz, seine Briefe zurück, nach Jena. Herrn Präsident von Ziegesar, wegen seines Porträts, dahin. Herrn Dr. Weller, Schmeller betreffend, dahin.

22. Briefe vorbereitet. Abschrift an der Correspondenz. In den untern Garten. Geh. Rath Wolf kam zum Frühstücke. Mittag zusammen gespeist. Blieb nach Tische allein. Auch hatte ich früh meine Correspondenz von 1795 die ersten Monate durchgesehen. Ankunft einer Sendung von Odeleben.

23. Manches vorgearbeitet. John fuhr an der Schillerischen Correspondenz fort. Ich war in den Garten gefahren und blieb daselbst bis 2 Uhr. Geh. Rath Wolf speiste mit uns. Nach Tische die fossilen Muscheln von Odeleben ausgepackt. Kam Professor Riemer. Auch Eckermann. Letzterer berichtete seine Bearbeitung der Tabellen über Dilettantismus. Nach dessen Entfernung mit Riemer die serbischen Gedichte von Halle gesendet. Hatte früh Les Environs du Puy en Velay von J. M. Bertrand-Roux.

24. Verschiedene Munda in Oberaufsichtssachen. An der Schillerischen Correspondenz, auch den sonstigen den Jahren nach zu redigiren fortgesetzt. Um 11 Uhr der Erbgroßherzog. Nicht ausgefahren. Zu Tische Geh. Rath Wolf. Nachher Canzler von Müller, seine Reise nach Würzburg ankündigend. Geh. Rath Wolf nahm Abschied. Dr. Eckermann brachte den Aufsatz über Dilettantismus. Nachher mit Walthern. Demselbigen verschiedene Kupferwerke vorgewiesen. Früh zu Bette. —

1824. April.

Herrn Geh. Hofrath Blumenbach nach Göttingen. Herrn Hofrath Sartorius, dahin.

25. Gebadet No. 1. Briefe von 1795 arrangirt und geheftet. Briefe corrigirt und mundirt. John schrieb an der Correspondenz. Ich arbeitete an den Redactionen fort. Mit Eckermann spazieren gefahren. Speiste derselbe mit uns. Durchsah ich ein großes Portefeuille und legte die Landschaften zusammen. Kam der 10. Bogen von Kunst und Alterthum. Mit Walthern Kupfer angesehen, besonders den Cyclus der Ceres von Wagner. Oberbaudirector Coudray. — An Fräulein von Jakob, mit serbischen Gedichten, nach Halle.

26. Briefe von 1795 geheftet und überhaupt das Jahr betreffend berichtigt und ausgezogen. John schrieb an der Correspondenz von 1796 fort. Bogenhardt, junger Mechanicus, der eine Drechselmaschine für halb erhobene Arbeit gefertigt hatte. Der junge Jos. Held, Gärtner aus Wien, Stiefsohn des K. K. Hofgärtners Antoine. Frau Präsident Schwendler. Frau von Wolzogen. Serenissimus. Fuhr allein spazieren. Kurze Zeit im untern Garten. Redigirte die Schillerische Correspondenz bis Ende 1796. Abends Canzler von Müller und Professor Riemer. Mit letzterem Revision einiges Manuscripts, auch des Bogens 10 von Kunst und Alterthum. — Brief

an Frege, mit einer Assignation auf 500 Thlr. zu Gunsten Julius Elkans, nach Leipzig.
27. Einiges an Kunst und Alterthum. Im Nachtrag zum Divan gelesen. John schrieb an der Correspondenz. Ich fuhr in den Garten. Besuchte mich Ottilie. Gingen wir hinauf in den Garten der Frau von Pogwisch. Zu vieren zu Tisch. Die Correspondenz Schluß des Jahres 1795 geheftet. Mit Walthern Kupfer angesehen. Blieben lange beysammen und erzählten Märchen.
28. Gebadet No. 2. Briefe mundirt und expedirt. Schmeller war zurückgekommen. Preller wegen seiner Reise. Canzler von Müller mit Sohn, Abschied nach Würzburg zu gehen. Mit Eckermann spazieren gefahren. Speiste derselbe mit uns und hatte Shakespeare als Theaterdichter gebracht. War die neue Einleitung in der Zeichenschule geschehen. Hofrath Meyer wegen einer Stelle in Kunst und Alterthum. Fuhr mit ihm spazieren über Oberweimar in den untern Garten. Abends für mich. Morgende Geschäfte überlegt.
29. Sendung an Grafen Sternberg vorbereitet. Schmeller Arbeiten von Jena bringend. Um 12 Uhr Frau Erbgroßherzogin und Gemahl. Spazieren mit Professor Riemer. Mittags zu dreyen. Nach Tische große landschaftliche Kupfer ausgesucht. Gegen Abend Professor Riemer und Herr Canzler. Letzterer blieb und brachte sein Tage-

buch von 1806. Verhandlung wegen des Bogens 10 von Kunst und Alterthum.

30. Nebenstehende Expeditionen: Herrn Grafen Sternberg nach Prag. Herrn Inspector Grabl nach Marienbad. Herrn Wesselhöfts Druckerey nach Jena. — Rath Hage, wegen der Boisserée'schen Zahlung. Frau und Fräulein von Schiller Landschaften ansehend. Herr Staatsminister von Fritsch, für Grüner und Volckhammer Diplome und Bänder bringend. Reinigung der oberen Küche und der hinteren Zimmer, um die mit Hagern besprochenen Veränderungen und Besorgungen möglich zu machen. Abends mit Meyern, der mitgespeist hatte, mancherley Verhältnisse durchgesprochen. Sodann mit Walthern spazieren gefahren. Im untern Garten bis Sonnenuntergang. Zu Hause die eingegangenen Briefe von 1796 durchgesehen.

Mai.

1. Briefe vorbereitet. Die vordere Einrichtung weitergeführt. Gebadet No. 3. Herr Eberwein einladend zu seiner Oper. Abgelehnt. Versprechen einer Probe beyzuwohnen. Mittags allein. An den eingegangenen Briefen von 1797 heftete John. Abends spazieren gefahren. — Herrn Bergrath Lenz und Färber, wegen Abschrift der Catalogen. Herrn Professor Zelter nach

Berlin. Herrn Hofrath Rochlitz nach Leipzig, letzterem das einleitende Gedicht zu Werthern gesendet.

2. Kräutern Briefconcepte dictirt. John schrieb an der Schillerischen Correspondenz. Dr. Weller mit Schmellern, der die Jenaischen Arbeiten zusammenstellte. An ersteren Auftrag das Porträt von Lipsius herüberzuschicken. Die jungen Herrschaften um 12 Uhr. Eingegangene Briefe von 1797 arrangirt. Mittags Schopenhauers und Frommanns, auch Professor Riemer. Abends mit Eckermann spazieren gefahren und manches was zur Redaction der Papiere nothwendig besprochen.

3. Nebenstehendes expedirt: Herrn Rath Grüner, mit Serenissimi Vergünstigung und dem rothen Bande, recommandirt, Eger. Herrn Professor Hegel nach Berlin. Herrn Melchior Boisserée nach Stuttgardt. Herrn Frommann nach Jena. — Das Jahr 1797 der Correspondenz ineinander geordnet und durchgesehen.

4. John an der Correspondenz fortschreibend. An Kräutern Briefe dictirt. Geldgeschäfte mit meinem Sohne abgemacht. Die Piccolominis gelesen. Das hinterste Zimmer in Ordnung. Gräfin Line speiste mit, auch Hofrath Rehbein. Nach Tische Hofrath Meyer. Die Schmellerischen Bilder durchgesprochen. Mit ihm spazieren gefahren. Rech=

nung der Sparkasse. Abends für mich. Die Piccolominis abgeschlossen. Wallenstein zur Hälfte. — Herrn Wesselhöfts Druckerey nach Jena.

5. Gebadet No. 4. Aufsatz über das Carneval zu Cöln. Briefe vorbereitet. Schluß vom Aufsatz über Boisserée's Werk. John fuhr an der Correspondenz fort zu schreiben. Um halb 11 Uhr die Frau Großherzogin. Mittag zu vieren. Briefe von 1796 foliirt und ausgezogen. Wallenstein gelesen und betrachtet. Zeitig zu Bette. — Herrn von Volckhammer nach Nürnberg. Herrn Wesselhöft nach Jena zweyte Revision des 10. Bogens.

6. Briefe concipirt. Anderes die Mineralien von demselben betreffend. An der Correspondenz fortgefahren. Privatdocent Dr. Gebser von Jena. Großherzog, Erbgroßherzogin und Gemahl. Zu Tische Professor Riemer. Mit Meyer spazieren gefahren in den untern Garten.

7. Gebadet No. 5. Instruction für Herrn Geh. Cammerrath von Goethe die Mineralien von Obeleben betreffend. John die Abschrift der Correspondenz fortsetzend. Um 1 Uhr spazieren gefahren mit Hofrath Meyer, welcher vorher sich mit Schmellern über die bis jetzt gefertigten Porträte unterhalten hatte. Mittag für uns. Nach Tische Fräulein Adele. Die Briefe von 1797 ausgezogen. Fand Serenissimum am Thurne mit

den sämmtlichen Ministern. Bestieg und besah das Innere mit ihnen. Abends Oberbaudirector Coudray, schildernd den Neustädter Kreis und sonst verschiedene Sitten anderer Localitäten. Sprach von den errichteten und zu errichtenden Epitaphien pp. — Herrn Präsident Nees von Esenbeck nach Bonn.

8. Rath Hage Abschied nehmend. Die Bezahlung der Boisseréeschen Rechnungen durch Elkan ankündigend. Briefe dictirt und mundirt. Herr Hofrath Stark von Jena zum Besuch und wissenschaftlicher Unterhaltung. Eckermann mit uns speisend. Nach Tische Anfang der Ordnung im gewölbten Zimmer. Eingegangene Briefe von 1797.

9. Briefe mundirt. Kräuter arbeitete im gewölbten Zimmer. Kräuter transportirte das litterarische Archiv in das gewölbte Zimmer. Buchbinder Müller heftete 1794, 95 und 96. Major von Germar. Präsident von Motz. Im Garten. Zu Tische Hofrath Rehbein. John schrieb an 1797 fort. Die Schillerische Correspondenz von 1798 ajustirt. Serenissimus reisten ab. — Herrn Schulz nach Freyenwalde. Frau von Grotthuß nach Berlin. Herrn Tieck nach Dresden, durch Genast.

10. In dem Gartenhaus die Mineralien in Ordnung zu bringen angefangen. Mit August bey den Fossilien. Osanns Beyträge zur Chemie und Physik gelesen. Generalsuperintendent Röhr zu

Tische. Im Gartenhause fortgefahren. Eingegangene Briefe von 1798 durchgegangen und ausgezogen. Herr Soret, Verabredung wegen der Krystalle. Aufklärung der Jenaischen oberaufsichtlichen Geschäfte. — Herrn Geh. Rath Willemer nach Frankfurt a. M.

11. Briefe mundirt: An Fräulein Therese von Jakob nach Halle. — Anderes vorbereitet und geheftet. An der Correspondenz von 1797 zu mundiren fortgefahren. Herr Watson ein Engländer, Herr Beurlin ein Genfer. Mittag für uns. Mancherley in Ordnung gebracht. Abends die Herren Meyer, Riemer und Eckermann. Mancherley besprochen, verabredet, besorgt.

12. Die prinzlichen Stammbücher an Hofrath Meyer. Nebensonnen bey leicht überzogenem und cirrhusartigem Himmel. Sammlung von Amphibolen und Pyroxenen zusammengepackt. Schmeller kam von Jena. Er hatte Herrn Hofrath Stark und Major von Knebel gezeichnet. Alles Nöthige angeordnet. Gegen drey Uhr abgefahren mit Ottilien. In Jena um 6 Uhr. Mit August die bisherigen Geschäfte. Dr. Weller, Vorkommenheiten. — Herrn van Brée nach Antwerpen.

13. Von Obelebischen Catalog durchgegangen. Güldenapfel, Weller, Compter, Beyer, Rentamtmann Müller, Götze, Baumann, Färber. In's Schloß gefahren, die Mineraliensammlung zu beyden Seiten

angesehen. Bergrath Lenz arbeitete am Ein=
schalten neuer Mineralien und der oryctognosti=
schen Sammlung und Erneuerung des Catalogs.
In dem obern Stock fand ich meinen Sohn und
Dr. Naumann, welche die angekommenen Mine=
ralien ausgepackt hatten. Es wurden schöne
Exemplare gefunden. Sodann in's osteologische
Cabinet. In das menschlich=anatomische, in den
Thurm, wo ich Profector Schröter mit Auffüllen
beschäftigt fand. Man war mit den angekomme=
nen Gläsern wohl zufrieden; besonders fand man
die Preise sehr leidlich. Zu Major von Knebel.
Über dessen Porträt disputirt. Zu Frommanns
zu Tische; Schopenhauers und andere Gäste.
Abends zu Hause, besuchte mich Dr. Weller.

14. Mit meinem Sohn besprochen das zunächst Vor=
zunehmende. Das botanische Cabinet ward in
das mittlere Zimmer, das Mineraliencabinet in
das vordere Zimmer gebracht. Auch die ange=
kommenen Mineralien einrangirt. Ich hatte mich
im neuen Gebäude der Veterinärschule umgesehen.
Fuhr auf die Bibliothek, wo ich alles in bester
Ordnung fand. Mittag zu Knebel. Vorher war
Professor Kosegarten bey mir gewesen. Abends
für mich das Allernächste bedenkend.

15. Bey Zeiten aufgestanden, eingepackt. Noch einige
Anmeldungen von Untergeordneten. Temmler
brachte eine wohlgerathene Zeichnung von dem

Himmelsphänomen mit hinlänglicher Beschreibung. Um 9 Uhr abgefahren. Um Zwölf in Weimar. Das Neuangekommene eröffnet, untersucht. Graf Brühlische Theatersendung. Rescript wegen des Voigtischen physikalischen Apparats.

16. Das Tagebuch in Ordnung gebracht. Alles Nöthige, Nächstbevorstehende beachtet. Um 11 Uhr Eckermann, die redigirten Theatralia bringend. Herr Präsident von Motz, wegen der Acquisition Voigtischer Instrumente. Um halb 12 Uhr die Prinzessinnen und der kleine Prinz. Zeigte die Schmellerischen Porträte vor. Nachher die Eckermannische Arbeit durchgesehen. Derselbe war Mittag zu Tische. Mit ihm über seine bevorstehende Reise gesprochen. Abends Hofrath Meyer, Herr Soret und Riemer. Mit letzterem den Bogen 11 Kunst und Alterthum, auch das Cölner Carneval durchgegangen. Ich erzählte die Geschichte von Wischma Mitra. Zeitig zu Bette.

17. Nebenstehende Expeditionen: Herrn Wesselhöft Revision des Bogens 11, Manuscript zum Abschluß, Umschlag, nach Jena. Herrn Rittmeister von Obeleben nach Waltersdorf. — Hamanns Werke 5. Theil, Briefe enthaltend. Manches Vorliegende zu zu redigirenden Papieren. Der Erbgroßherzog, des Gedichtes in sein Stammbuch gedenkend. Hofrath Meyer. Mit demselben verschiedene Hofangelegenheiten durchgesprochen.

Speiste derselbe mit uns. Erhielt eine Antwort
von Rochlitz. Las ferner in Hamanns Briefen.
Ferner die Hochzeit des Maxim Cernojewitsch.
Überlegte mir Stoffgehalt und Ausführung.

18. Verschiedene Kleinigkeiten geheftet, anderes geord=
net. John fuhr an der Correspondenz fort. Ich
überdachte einen fernern Erlaß an Hofrath Roch=
litz. Förderte sämmtliche Angelegenheiten. Fuhr
spazieren. Blieb für kurze Zeit im untern Garten.
Mittag für uns. Nach Tische Eckermann. Mit
ihm dessen nächstbevorstehende Reise besprochen.
Meyers Noten zur Kunstgeschichte. An Eckermann
Entwicklung des Hamannischen Verhältnisses,
auch anderer eingreifender litterarischer Charaktere.
Früh war Fräulein Bogislawski, Hofdame der
Prinzeß Wilhelm, mit Ottilien bey mir gewesen.

19. An Hofrath Rochlitz und die Weygandische Buch=
handlung vorgearbeitet. Prinz Wilhelm von
Preußen und Sohn. An Rath Schlosser. John
schrieb einzelne Sprüche zum völligen Abschluß
des neusten Stückes von Kunst und Alterthum.
Fräulein Adele Schopenhauer von ihrer nächsten
Reise sprechend. Mittag Herr Hofrath Meyer.
Mit Walther einige Portefeuilles durchgesehen.
Blieb der Knabe bey mir bis spät. — Herrn
Wesselhöft Rücksendung des Abschlusses von
Kunst und Alterthum.

20. Briefe dictirt und zum Theil mundirt. Im

Garten spazierend. Herr Hofrath Schwabe. Um 12 Uhr erbgroßherzogliches Paar. Mittags Hofrath Rehbein. Meyers Kunstgeschichte Text und Noten im Bezug. Nach Tische Eckermann; über eine räsonnirte Anzeige des neuen Heftes von Kunst und Alterthum gesprochen, die für den Kranz bestimmt wäre.

21. John fuhr an der Correspondenz fort. In den vordern Zimmern aufgehalten. Meyers Kunstgeschichte nebst Noten. Mittag Professor Riemer. Mit ihm verschiedenes durchgegangen. Sodann Oberbaudirector Coudray. Über die vergangenen Begebenheiten von der Wartburg und sonst. — Herrn Rath Schlosser nach Frankfurt a. M.

22. Nebenstehende Expeditionen: Herrn Hofrath Rochlitz nach Leipzig. Herrn Buchhändler Jasper dahin, wegen einer neuen Auflage von Werthers Leiden. An Dr. Naumann nach Jena. An Museumsschreiber Färber ebendahin. — Ferner verschiedenes von Herrn Canzler von Müller Mitgebrachtes. Neugriechischer Charon von Marko. Merkwürdige Mineralien, Geschenk der Senckenbergischen Stiftung. Mittag Dr. Eckermann. Nach Tische mit ihm wegen seiner Reise. Herr Canzler von Müller, welcher von Frankfurt a. M. kam, manches bringend und erzählend. Meyers Kunstgeschichte.

23. Überlegung und Vorbereitung. Brief und Ein=

labung zu einer englischen Zeitschrift. Oberbaudirector Coudray und Maler Vogel von Dresden. Mittag Eckermann. Vorher Schillerische Correspondenz von 1798 durchzulesen angefangen. Erste Nachricht vom Tode des Lord Byron. Gegen Abend Canzler von Müller. Nachrichten von Frankfurt, von Graf Reinhard und Familie, von des Großherzogs Aufenthalt. Absicht Fräulein Jacobi mitzubringen vereitelt. Überlegung des Antrags von Alexander Walker. Hofrath Meyer. Über Vogels Arbeiten. Nicht weniger über den Charon Marko's.

24. Durchgängig die Schillersche Correspondenz von 1798. John schloß 1797 ab. Um 11 Uhr Professor Vogel. Zeigte seine Porträtsammlung vor. Zeichnete nachher am meinigen. Mittag für uns. Nach Tische Fräulein L'Estoq und Graf L. Egloffstein. Abends für mich. Den Antrag zur englischen Monatsschrift nochmals durchgedacht. Zuckerschachtel von Berlin.

25. Kam Schrön von seiner Expedition zurück. Thaers Fest wieder vorgenommen in Bezug auf England. Sonstige Concepte. Professor Vogel. Hofrath Meyer, Coudray. Fortsetzung des Porträts. Frau von Könneritz. Mittag Eckermann. Über seine bevorstehende Reise einiges gesprochen. Mit Ottilien im untern Garten gefahren. Schrön hatte frühmorgens seinen Reisebarometer vorgewiesen und die unsrigen verglichen.

26. Briefe mundirt und concipirt. Fortsetzung des nußbraunen Mädchens. Um 11 Uhr Professor Vogel und Oberbaudirector Coudray. Zeichnung meines Porträts fortgesetzt. Sodann Herr Hofrath Meyer. Mittag für uns. Ich überdachte das gestrige Gespräch mit Soret und daraus herfließende Resultate. Eckermann kam Abschied zu nehmen. Ich fuhr mit Ottilien in den untern Garten. Abends Canzler von Müller.

27. Die Gemälde und Zeichnungen an Herrn Professor Vogel zurück. Er schickte dagegen die allgemeine Auferstehung. Drey Porträte von Tawe an Canzler von Müller. Concepte und Munda von Briefen. Fortgeschrieben an Lenardos Tagebuch. Um 12 Uhr die Frau Großfürstin und der Erbgroßherzog. Mittags Hofrath Meyer; den Brief von Oberbaudirector Moller besprochen, auch die Soretische Lehrmethode. Nachher Professor Riemer; mit solchem den Abschluß des neusten Stücks von Kunst und Alterthum. Vieles verhandelt, besonders das letzte Stück von Calderon: Drey Vergeltungen in Einer. Mancherley Sendungen von Berlin und sonst.

28. Briefe mundirt, andere concipirt. John fuhr an der Schillerischen Correspondenz fort. Ich beachtete verschiedene Sendungen. Hermes 1. Stück: Über Balladen-Wesen. Dr. Meyer von Berlin. Frau von Schiller und Tochter. Mittag für

uns. Über Ottiliens Reise nach Ems. Im ge=
wölbten Zimmer an den Papieren zurecht gelegt.
Fräulein Adele Schopenhauer im Garten. Die
nächstbevorstehenden Arbeiten durchgedacht und
theilweise gefördert. — An Frau von Wolt=
mann nach Prag die Eckermannische Sendung.

29. Briefe abgeschlossen, einiges umdictirt. John fuhr
an der Correspondenz fort. Um halb 12 Uhr die
Prinzessinnen und Umgebung. Im Garten. Brief
von Fräulein Jakob aus Halle. Über Balladen=
Poesie im 1. Stück des Hermes von 1824 weiter
gelesen. Mittag für uns. Nachher Canzler von
Müller seine Frankfurter Erfahrungen mitthei=
lend. Hofrath Meyer die Anmeldung Rauchs
auf die Hälfte Juni bringend. Verhandlung
darüber. Auch über die zunächst zu erwartenden
bedeutenden Verfügungen vom Bundestage her.

30. Nebenstehende Expeditionen durchgeführt: Herrn
von Cotta nach Stuttgardt. Herrn Alexander
Walker nach Paris. Herrn Dr. C. Schlosser
nach Frankfurt a. M., mit Handschriften. Groß=
herzoglichem Rentamtmann Lange nach
Jena. An Madame Löwe, Sachen zum Waschen
und Färben, nach Berlin. — Einige Concepte
vorbereitet. Nicht weniger im gewölbten Zimmer
verschiedenes geordnet. Präsident von Motz; Nach=
richt von der Anschaffung des Cabinets von Voigt
für die Academie, zugleich seine Reise nach Wies=

baden meldend. Mittag Oberbaudirector Coudray.
Wurde manches über Bauwesen, Chausséebau
u. s. w. verhandelt. Neuer Weg durch's Oberland. Kam Professor Riemer und Hofrath Meyer.
Lasen wir das erste serbische Gedicht, wo Marko
auftritt. Kam Herr Canzler von Müller, die
von Serenissimo gesendeten Kupfer vorlegend.
Solche zusammen durchgesehen.

31. Einige Briefconcepte. Einiges im gewölbten
Zimmer rangirt. Das neue Leben des Heiligen
Bruno in Steindruck durchgesehen und mit den
älteren Kupferstichen verglichen. Mittag der
Hofrath Rehbein. Frau von Wolzogen vorher.
Sendung von Iken. Die Tabelle durchgesehen.
Abends mit Walther, welcher Gottfrieds Chronica
durchsah. Mit meinem Sohn, der aus den Ga-
leerensclaven kam. Über diese neuere Dichtart.
Auch über die neueren Nachrichten von Berlin.

Juni.

1. Briefe mundirt. Buchbinder Vater von Jena
brachte sein Meisterstück. K.H. die Frau Großherzogin und Frau von Eschwege. Zeigte das
lithographirte Leben des Heiligen Bruno vor.
Mittag für uns. Nach Tische die eigne Correspondenz von 1797 ausgezogen. Mit Walthern im untern Garten gefahren. Herr Canzler
von Müller, die neusten Umtriebsgeschichten.

nicht weniger andere Publica und Privata durchsprechend.
2. Nebenstehendes expedirt: Herrn Grafen Reinhard, Inlage. An Fräulein Auguste Jacobi nach Frankfurt a. M. — Nach Berka mit Ottilien gefahren. Gräfin Schulenburg gesprochen. Bey Machon gefrühstückt. Mit Badeinspector zu der Arbeit am Grunde des neuen Hauses. Mittag für uns. Abends Professor Riemer.
3. Vorbereitende Beschäftigung. Mittag Hofrath Meyer. War spazieren gefahren. Sendungen von Zelter, Graf Sternberg, Rath Grüner. Leben Händels aus dem Englischen. Nachricht von Thaers Fest durch Zelter. Canzler von Müller. Unterhaltung besonders über die neuen Umtriebsacten, welche zu lesen ich mich den Tag über beschäftigt hatte.
4. Gedachte Acten ferner gelesen und remittirt. Kräuter fuhr fort, die älteren eingegangenen Briefe zu foliiren. Ich zog einige Monate der Correspondenz von 1797 aus. Las in den Briefen der Madame de Sévigné. Mittag für uns. Betrachtung der Venetianischen Gebäude. Briefe der Frau von Sévigné. Abends Beschäftigung mit Walther. — Herrn Wesselhöfts Druckerey Revision das Umschlags nach Jena.
5. Bericht von Schrön über seine letzte Expedition, solche gelesen. Schmeller, von Knebels litho-

graphirtes Porträt bringend. Dr. Weller Nach=
richten von Jena. Die Söhne von Sartorius mit
einem Briefe waren angekommen. Wir speisten
unter uns. Um 4 Uhr gedachte Knaben. Im
Garten. Walther hatte andere Kinder bey sich.
Die Sartorius gingen mit Kräuter in's Schau=
spiel. Kam Oberbaudirector Coudray. Vene=
tianische Gebäude. Professor Riemer. Gleiche
Theilnahme. Auch Hofrath Meyer. NB. Früh
waren die jungen Herrschaften dagewesen. —
An Lenz, Correspondenz zurück. An Färber
autorisirte Quittungen nach Jena.

6. (Pfingstfest.) Verschiedene Einrichtungen im Hause
auf Rauchs Ankunft bezüglich. Sonstige Ord=
nung. Die Sartorius fuhren mit Kräuter nach
Belvedere. Brief von Odeleben und Beantwor=
tung unserer letzten Erklärung. Die Sartorius
und Kräuter speisten mit uns. Fuhren gegen
Abend nach Jena. Herr Professor Riemer, der
nach Tische gekommen war, blieb. Herr Canzler
von Müller.

7. Mit Secretär Kräuter in den vordern Zimmern
beschäftigt. Studiosus von Frankfurt, durch
Kirchner empfohlen, eingeführt durch Canzler von
Müller. Dr. Markus, Arzt von Göttingen, mit
einem Schreiben von Sartorius, eingeführt durch
Professor Riemer. Mittag für uns. Briefe der
Frau von Sévigné. Historisch dazu Gehöriges.

Hofrath Meyer die große Geschichte der alten
Kunst überbringend. Canzler von Müller ein
handschriftliches Blatt.

8. Mit Kräutern einiges in den vordern Zimmern
berichtigt. Mit Stadelmann ausgeräumt zur
Vorbereitung auf Herrn Rauchs Ankunft. Um
halb 11 Uhr Frau Großherzogin und Frau von
Pogwisch. Die französischen Porträte und Facsimiles aus der Revolutionszeit angesehen. Den
Aufsatz über Purkinje näher betrachtet. Mittag
Frau Cammerherrin von Egloffstein. Nach Tisch
Fräulein Schopenhauer. Später Herr Oberbaudirector Coudray. Mittags war große Gesellschaft in Berka gewesen. — Schreiben an Nico=
lovius, mit Einlage, nach Berlin.

9. Besorgung wegen der vordern Zimmer. Aufsatz
über Purkinje. John schrieb an dem Briefwechsel. Die beyden Sartorius kamen von Jena
zurück. Beschäftigt die Schillerische Correspondenz
zu ordnen. Mittag für uns. Nach Tische aber=
mals die beyden Sartorius. Sie fuhren in der
Troschke bis an die Grenze. Abends Professor
Riemer, erzählend vom Berkaischen gestrigen
Mittagsessen. Hofrath Meyer, war gestern in
Belvedere gewesen. Vorbereitung der vordern
Zimmer auf Rauchs Ankunft. Abends besahen
die Kinder die Silbermünzen. — Herrn Dr.
Sulpiz Boisserée nach Stuttgardt.

10. Kam das Geld für die Kupfer von Frommann. Übersendete solches durch Kräuter an Ermer. Besuchten mich Herr und Madame Stich auf ihrer Durchreise von Paris nach Berlin. Ich las in Langsdorfs Anleitung zur Salzwerks= kunde. Ein Theolog aus Straßburg, von Berlin kommend, Namens . . . . . Einige Briefe dictirt. Mittag für uns. Nach Tische Herr Canzler von Müller, Nachrichten von Frankfurt und mehrere andere bringend. Die Schillerische Cor= respondenz redigirt. Abends mit den Kindern mancherley Spiele mit eingeflochtenem Unterricht.

11. Psychologie von Stiedenroth. Die zehnte Satyre von Boileau. Briefe vorbereitet auf morgen. Con= ducteur Schrön, über den gegenwärtigen Stand des Geschäftes. Die ersten Jahre der Schilleri= schen Correspondenz durchgegangen. Mittag Hof= rath Meyer. Schreiben an Moller von ihm gebilligt. Mannigfache Unterhaltung. Fortge= setzte Durchsicht der Schillerischen Correspondenz. Abends mit Walther um's Webicht gefahren. Zweyter Vers des Fischers, gelernt und gesungen. Abends mein Sohn. Der Meister des Stuhls, die sämmtlichen Beamten auf ein Jahr confirmirt. Über Schultz in Berlin. Auch hatte ich den Tag über Stiedenroths Psychologie gelesen. — Herrn Grafen Sternberg nach Prag.

12. Stiedenroths Psychologie fortgesetzt. Nebenstehen=

des: Herrn Frommann Quittung über 81 Thlr.
9 Gr. Curr. von Ermer und Kolbe. Herrn Geh.
Hofrath Eichstädt, die Trierischen Antiquitäten
betreffend, Jena. Serenissima, Notiz von dem
Letztern und Mehrerem. — Von Langsdorf geo=
logischer Vortrag. Um 11 Uhr Rath Helbig.
Um 12 die jungen Herrschaften. Corrigirte an
der Schillerischen Correspondenz. War Adelens
Geburtstag. Wir speisten zu vier. Nach Tische
morgenbliche Beschäftigung. Abends mit Wal=
ther spazieren gefahren. War die Braut von
Messina gespielt. NB. Hatte mit meinem Sohn
wegen Anschaffung alter Münzen verhandelt.
Professor Riemer hatte mich nicht gefunden.

13. Ordnung gemacht und das Nächste betrachtet.
Stiedenroths Psychologie. Langsdorfs Salzwerk.
Zu Tische Professor Riemer. Scherzhafte Dichtung einer Novelle, darstellend eine Dame, die
um ihre langweiligen Verehrer los zu werden
eine Reise macht, aber immer unterwegs, eben
da sie eine neue Eroberung zu machen im Be=
griff ist, von einem alten Freunde nach dem
andern gestört wird. Stiedenroths Psychologie
besprochen. Auszug aus Purkinje durchgegangen.
NB. Früh war Herr Soret da gewesen. Ich gab
ihm die meteorologische Tabelle und besprach mit
ihm die erste Sendung der Medaille. — Herrn
Oberbaudirector Moller nach Darmstadt.

14. Einige Briefe dictirt. Stiebenroths Psychologie. Mittag Hofrath Rehbein. Sendung von Kind aus Berlin und von Nauwerck aus Neustrelitz. Ersteres Buch über die neuere deutsche Litteratur gelesen. Gleichfalls den Anfang vom Ring Fouqué's. Kam Oberbaudirector Coudray. Manches mit ihm über den Erfurter Congreß, das französische Theater in Weimar. Sodann auch über die neusten Ereignisse der Untersuchungen wegen politischer Umtriebe. Ganz heiterer Himmel bey einem Barometerstand Abends von 27′ 4″.

15. Briefe vorbereitet. John an der Correspondenz fortfahrend. Professor ..... Um 1 Uhr Staatsrath Strube, mit Fürst Lubow.

16. Der Ring von Fouqué. Deutsche Litteratur von Horn. Graf Canicof. Der Vicomte de Nieulant aus Brabant. Mittag für uns. Professor Riemer. Mit ihm den kleinen Aufsatz über Stiebenroth besprochen. Mit ihm und den Kindern in den untern Garten. Demselben den Aufsatz über Lord Byron mitgegeben. Herr Soret war des Morgens dagewesen, auch Schmeller, von Jena zurück. — An Mechanicus Hoffmann, mit einem chromatischen Instrument, nach Leipzig. Herrn Dr. Naumann Packet Mineralien nach Jena. Herrn Dr. Weller, ebendahin.

17. Mundum durch Kräuter an Serenissimum. Fouqué's Ring. Horns Litteratur. Ottilie sich zur Abreise bereitend. Nach Tische Canzler von Müller deßhalb. Briefe aus Gent. Erklärung darüber. Correspondenz mit Schiller vom Jahr 1800. War bis 1798 durch den Buchbinder geheftet worden. Ankündigung des Herrn von Jakob aus Halle.

18. War Ottilie früh 4½ abgereist. Kräuter mundirte den Brief an Serenissimum. Ich war in den vordern Zimmern beschäftigt, wo sich vieles gehäuft hatte. Um 10 Uhr Herr von Jakob und Tochter. Um 12 die jungen Hoheiten und Demoiselle Massalet. Man besah Rousseau's Botanik mit Redouté's Kupfern. Hofrath Meyer speiste Mittags mit uns. Gingen wir das technische Gebirge zusammen durch. Hofbildhauer Rauch und Tochter kamen an. Das Modell ward ausgepackt, auch einiges andere. Mehrere Briefe waren mitgebracht worden. Fräulein Abele kam. Thee und Abendessen. Vieles über die Kunstthätigkeit von Berlin. Anecdoten von Werner und Hoffmann.

19. Mancherley concipirt. John schrieb an der Correspondenz fort. Hofrath Meyer und Rauch, consultirten über die Statue. Mittag mehrere Freunde, hauptsächliche Unterhaltung über die Medaille für Serenissimum. Von Herrn Rauch

vorgelegt verschiedene Kupfer und Zeichnungen Berliner Architectur und Plastik vorstellend. Professor Riemer blieb. Fuhr mit ihm und den Kindern in den untern Garten. Verschiedenes über Charaktere einiger Mitwirkenden. Kehrte derselbige mit mir zurück. Mittheilung des serbischen Gedichtes, Das Amselfelder Mädchen. Betrachtung des Bevorstehenden. — An Rentamtmann Müller nach Jena, mit einer Luittung. An Herrn Major von Knebel, Schreiben von Berlin mit einem Säckchen, dahin.

20. Vorbereitung auf das Nächste. Herr Professor Rauch um 9 Uhr. Unterhaltung mit demselben über die neusten Berliner Angelegenheiten, im politischen sowie im Kunstfache. Die Prinzessinnen um 12 Uhr. Herr Rauch wies ihnen die Berliner Kupferstiche vor. Zu Mittag mehrere Freunde. Professor Riemer bis gegen Abend. Unterhaltung mit Canzler von Müller, wegen der Frankfurter Bibliothek-Angelegenheiten. Schreiben von Cotta. — Herrn Regierungsrath Quednow nach Trier.

21. War der Thon für Herrn Professor Rauch angekommen. Fing derselbe an zu modelliren. Verschiedene Gespräche dabey. Kam Hofrath Meyer und gab zu neuer Unterhaltung Gelegenheit. John schrieb an der Correspondenz. Beredung wegen der Medaille. Mittag Gräfin Line Egloff-

stein. Nach Tische Canzler von Müller. Später=
hin Professor Rauch und Meyer. Sie gingen zu
Coudray zum Thee und Abendessen. Ich fuhr
mit Walther spazieren, der nach der Zurückkunft
mich mit mancherley Geschichten unterhielt.

22. Um halb 11 Uhr die Großherzogin. Legte ich
ihr die Berliner Risse und Zeichnungen vor.
Später wurde Rauch präsentirt, der ihr die Mo=
delle vorwies. Mittag Rauch und Meyer in
Belvedere. Die Tochter, Adele und Emma zu=
sammen zu Tische. Starker Regen. Canzler von
Müller die Frauenzimmer zu sich in's Haus ein=
ladend. Blieb für mich. Fuhr mit Walther
spazieren. NB. War Herr von Herda aus Stutt=
gardt dagewesen. Unterhaltung mit ihm über
einen Salzversuch im Württenbergischen.

23. Herr Rauch bekleidete das Modell. Unterhaltung
mit ihm über das Weitere. Auch über die nöthige
Zeit zur Vollendung des ganzen Werks. Manches
andere. Über Kunstbeförderung und technische
Thätigkeiten. Canzler von Müller. Den Auf=
satz wegen der Jubilarmedaille. Derselbe ging
nach Hofe. Blieben zu Tische Professor Rauch,
Riemer und Coudray. Hatte mich vorher besucht
Herr Falk und Wagner von Leipzig. Nach Tische
für mich. Das Nächste zur Morphologie be=
trachtet. Abends allein spazieren gefahren durch
Oberweimar, den Feldweg hinauf, bis in's Webicht.

Zu Hause mit Obigem beschäftigt. Hofrath Meyer; über die vorliegenden Geschäfte. — Herrn Professor Giesebrecht nach Berlin.

24. Früh bey Sonnenaufgang Regenbogen in Westen. Des Erbprinzen Geburtstag. An der Morphologie dictirt. Mit Rauch, der am Modell arbeitete, mich über die weiteren Schritte bis zur Vollendung unterhielt, die neusten politischen Schritte und Verhältnisse weiter aufklärte. Herr von Hellborf besuchte mich, sprach über seine Zustände, über seine Babereisen nach Marienbad und Gastein. Fuhr in Belvedere. Canzler von Müller wegen des Medaillenprotocolls. Sonstige Ausrichtung und Ereignisse in Belvedere. Weitere Verhandlung mit Rauch. Zu Mittag er und Tochter, auch Fräulein Ulrike. Nach Tische mit Rauch die modernen Silbermünzen besehen. Über das Monument Friedrichs des Großen. Abends für mich. Das neuangekommene Trauerspiel Absalon gelesen. — Rolle nach Tepl, durch Herrn von Hellborf.

25. Vollendung des Modells. Dasselbe wird gegen Mittag geformt. Regisseur Grüner von Darmstadt. Capellmeister Hummel. Canzler von Müller wegen der Medaille. Maaße der Statur beredet und besprochen und an die Wand gezeichnet. Die Inschrift beredet. Die jungen Herrschaften um 12 Uhr. Mittags Rauch und Tochter. Gräfin

Line Egloffstein, Adele Schopenhauer, Canzler von Müller, Meyer und Riemer. Nach Tische Mantegna's Triumphzug mit Rauch. Abends Gesellschaft bey Schwendler, wohin auch unsere sämmtlichen Gäste geladen waren. Blieb vor mich, das Nächstvorliegende durchzudenken. War von Herrn von Eschwege Nachricht angekommen, wie es mit dem sogenannten neuentstandenen Vulkan sich verhalten habe.

26. Ordnung gemacht. Die Originalbriefe von Schiller und mir 1797, 98 und 99 reponirt. War 1800 unter'm Mundiren. Acten wegen der Medaille geordnet. Punctation und Ankündigung concipirt. Schmeller zeichnete an Rauchs Porträt. Canzler von Müller wegen der Medaille und der Statue. Zu Tische Gräfin Henckel, Rauchs und Adele. Zeichnete Schmeller weiter. Abends mit Rauch. Über die Externsteine und sonst manches, Kunst überhaupt, auch Berlinische Unternehmungen betreffend. Mein Sohn aus der Oper Euryanthe kommend.

27. Mancherley Concepte und Munda in Geschäftsangelegenheiten. Herr Professor Rauch und Tochter. Schmeller zeichnete fort. Hofrath Meyer. Canzler von Müller. Beredung über die Medaille. Brief des Herrn Canzlers nach Frankfurt an Kirchner. Graf Canicof. Frau von Wolzogen. Mittag für uns. Ordnung angefangen. Reini=

gung vorbereitet. Hofrath Meyer; was vor seiner Abreise und in dessen Abwesenheit vorzunehmen. Vorschlag wegen einer von der Frau Erbgroß= herzogin angeregten Beschreibung hiesiger Kunst= besitzthümer. Vorbereitendes auf morgen. — Herrn Professor Tieck nach Berlin. Herrn Professor Zelter, dahin. Herrn Geh. Ober= regierungsrath Schultz deßgleichen. Kunst und Alterthum 5, 1.

28. Verschiedene Concepte dictirt. Auch Munda be= sorgt. Den Schutzgeist für Berlin durchgesehen. Herr von der Malsburg und ein Cadet, Garrik genannt. Das erste Stück von Lope de Vega. Mittag für uns. Kupfer geordnet. Die An= kündigung wegen der Medaille unterschrieben. Rousseau's Briefe über Botanik vorgenommen. Mit Wolf spazieren gefahren. Hernach für mich, zeitig zu Bette. NB. Nach Tische war Fräulein Abele dagewesen.

29. Brief an Ehlers durch Kräuter. In den vordern Zimmern gearbeitet. Vorbereitung zu Herrn Graf Sternbergs Ankunft. Dr. Körner einiges vorzeigend und meldend. Facius mit seiner Tochter, verschiedene Arbeiten vorlegend. Dank= bar für bisherige Mittheilung von guten Mustern. Der junge Müller, wegen seines Vaters Bade= reise und die deßhalb zu treffenden Anstalten. Regierungsrath Müller eine Dedication seiner

Schrift über die vier Reichsstädte anbietend. Verschiedenes dictirt für Berlin. Mittag für uns. Sodann die Malsburgische Übersetzung des Lope de Vega. Hofrath Meyer, einiges wegen seiner Abreise; Subscription der Frau Erbgroßherzogin zur Medaille. Mit demselben spazieren gefahren durch Oberweimar um das Webicht. Die Atmosphäre füllte sich schon wieder mit Feuchtigkeit. Abends mit den Kindern. Zeitig zu Bette.

30. Brief an Schultz concipirt und mundirt. An den vorsehenden Geschäften gearbeitet. Mittag für uns. Briefe von Frankfurt von Reinhard, Schlosser und Eckermann. Gegen Abend Canzler von Müller, Riemer, Coudray, Meyer. Letzter um Abschied zu nehmen. Mit den ersteren die Medaille, die Ankündigung deßhalb besprochen und anderes auf's Jubiläum Bezügliches.

Juli.

1. Stadelmanns Abgang. Nöthige Einrichtungen deßhalb. Mit Walther spazieren gefahren gegen Belvedere. Mittag verschiedenes angekommen. Die Caffeemaschine von Berlin, von Frau von Grotthus, von Graf Platen und 50 Ducaten von Leipzig. Nach Tische die Aulularia betrachtet. Madame Neumann, angenehme Schauspielerin, einen Brief von Regisseur Wolff mitbringend. Herr Canzler von Müller. Mit demselben die

Erlanger Unart. Berathung deßhalb. Andere Eröffnungen.

2. Einige Briefe dictirt. Stiedenroths Psychologie ferner durchgearbeitet, mit Überschriften und Marginalien versehen. Diderots Reise nach Holland. Ingleichen Briefe an Demoiselle Jobin. John fuhr an der Abschrift fort. Ich beschäftigte mich in den vordern Zimmern. Ulrike fuhr nach Belvedere. Mittags zu dreyen. Nach Tische Fortsetzung des früheren Lesens. Abends mit Walther.

3. Nebenstehende Expeditionen: An die Weygandische Buchhandlung in Leipzig. Herrn Geh. Oberregierungsrath Schultz nach Berlin. — Erwartung des Herrn Grafen Sternberg. Vorbereitung deßhalb. Stiedenroth fortgesetzt. Bode, ein junger Student aus Halle. Professor Osann, Chemicus aus Dorpat, brachte verschiedenes. Um 12 Uhr Canzler von Müller und Riemer, wegen der Medaille und deren Ankündigung. Nachher Coudray sich entschuldigend, daß er nicht früher gekommen. Mittag für uns. Nach Tische fortgesetzte Studien. Auch von Leonhards Charakteristik der Felsarten. Mit meinem Sohne verschiedenes verhandelt. Später abermals Stiedenroth.

4. Kräuter, Auskunft wegen Missolunghi. Einige Briefe dictirt. Anmeldung Graf Sternbergs. Geh. Hofrath Kirms. Kam Herr Graf Stern-

berg. Erste vorläufige Besprechung. Mittags Herr Canzler von Müller. Oberbaudirector Coudray. Professor Riemer. Nach Tische der Graf mit meinem Sohn bey den Versteinerungen. Ging derselbe in sein Quartier. Abends allein zusammen. Über manches Wissenschaftliche, besonders Geognostische.

2. Cactus speciosus blühend. Verabredung mit Kräuter, wegen Graf Sternbergs Besuch der Bibliothek. Commerzienrath Widow aus Hamburg mit Hofrath Rehbein. Graf Sternberg mit uns allein. Nach Tische Vielfaches durchgesehen. Die Harz=Zeichnungen. Nachher auch die Flora subterranea. Einiges näher beschrieben und ausgelegt. Zuletzt die Münzen. Walther war nach Dornburg gefahren.

6. Mein Sohn war gegen Morgen krank geworden. Herr Canzler von Müller ward ersucht mit Herrn Graf Sternberg nach Dornburg zu fahren. Protocoll der neusten Umtriebe. Fauriel, Neugriechische Gedichte. Packet an Soret, Brief an Frau von Pogwisch nach Dornburg. An Frau von Hopfgarten und Herrn von Bielke nach Belvedere, Packete von Kunst und Alterthum. Fräulein Abele zum Mittag. Durch sie und Ulriken viele Mädchengeschichten. Ich fuhr fort verschiedenes zu lesen, Angekommenes zu betrachten. Der Graf und Canzler von Müller

waren in Dornburg zum Thee geblieben und kamen erst spät in der Nacht zurück. — Herrn Dr. Schubarth, Herrn Professor Zelter, Herrn Varnhagen von Ense, Herrn Geh. Oberregierungsrath Nicolovius, Frau Generalin von Helbig nach Berlin, mit Kunst und Alterthum V. Bandes 1. Heft.

7. Legte verschiedenes zusammen, dem Herrn Grafen vorzuzeigen. Besuchte mich derselbe und ließ die gestern mitgebrachten Kalksteine sehen. Erzählte auch die geognostischen Untersuchungen in Gesellschaft von Herrn Soret. Dictirt an dem morphologischen Hefte. Fuhr Graf Sternberg und Herr Canzler nach Belvedere. Ich setzte mein Lesen und Betrachten fort. Mittag mit Ulriken allein; Walther in Dornburg. Abends Professor Riemer. Sendung von Ruckstuhl aus Coblenz. Sendung von Usedom. Gespräch über Schulanstalten und die durch Druckschriften verbreitete überschwengliche Litteratur in allen Fächern. In gleichem Sinne für mich Betrachtungen über Ruckstuhls Programm. Unübersehbare Ausdehnung des Schulunterrichts. — Herrn Major von Knebel Kunst und Alterthum V, 1 nach Jena. Herrn Professor Müller, wegen seiner Badereise in Hinsicht auf den Diener Riese.

8. Einiges dictirt. Graf Sternberg. Demselben verschiedenes vorgezeigt und besprochen. Schmeller

zeichnete dessen Porträt. Zu Tische Herr Canzler, von Froriep, Oberbaudirector Coudray. Nach Tische zeichnete Schmeller weiter. Fuhr Abends mit dem Grafen spazieren über Oberweimar um's Webicht. Verharrte derselbe zu Hause mit mir im Gespräch bis 9 Uhr.

9. Nebenstehendes expedirt: An Ottilien nach Ems, Kunst und Alterthum V, 1. Herrn Fenner nach Cassel, Rücksendung des Carmagnola. Herrn Wesselhöft zum Bogen 8 Morphologie nach Jena. — Einiges dictirt zur Morphologie. Weitere Betrachtungen darüber. Der Graf Sternberg und Canzler waren nach Drackendorf gefahren. Das erbgroßherzogliche Paar und Demoiselle Masselet um 12 Uhr. Professor Riemer zu Tische. Besprochen die neugriechischen Gedichte. Gegen Abend mit Wolf in den untern Garten. Kam August und fuhr mit zurück. Neugriechische Gedichte.

10. An der Morphologie dictirt. Briefe mundirt. Nebenstehendes expedirt: An Fräulein Therese von Jakob nach Halle, Kunst und Alterthum pp. Herrn Dr. Weller nach Jena. — Um 12 Uhr Herr Graf Sternberg. Schmeller zeichnete. Wir speisten unter uns. Vorher Besichtigung der Mineralien im hintern Zimmer. Nachher derselbe im Gartenhause. Für mich allein. Mannigfache Betrachtung. Herr Graf Sternberg

kam wieder. Manches reassumirt und nachgebracht. Abschied. Walther kam von Dornburg.
11. Aufgeräumt, gesondert und geordnet. Eingepackt für Carlsbad. Hofrath Rehbein. Über die neusten durch die Zeitung verbreiteten Umtriebshistorien. Manches durch die Gegenwart des Grafen Angeregte besorgt und beseitigt. Mittag für uns. Gegen Abend Schillersche Correspondenz von 1802 ineinander geschaltet. Auch in den Tagebüchern nachgeschlagen und jener Zeiten mich erinnert. War die antike Eule von Berlin angekommen. Betrachtung deßhalb. Antike Thiere verglichen mit den Satyrspielen. Niedrige Naturen im hohen Sinn behandelt. — Herrn Hofrath Meyer nach Carlsbad, Brief mit Kunst und Alterthum V, 1. Herrn Graf Sternberg, verschiedene Kupfer. (Beydes durch Herrn Regierungsrath Müller. Die Rolle in Carlsbad abzugeben bey Herrn Dr. Pohl.) Frau Geh. Cammerrath von Goethe nach Ems.
12. Dictirt das Verhältniß zu Lord Byron für Soret. Schreiben von demselben. Ferner einige Briefe. Gebadet. Mit Hofrath Rehbein gesprochen über Marienbad und sonst. Mittag für uns. Canzler von Müller. Nachricht von verspäteter Ankunft Serenissimi. Einige Politica. Professor Riemer. Coudray. Quittungen nach Gotha, wegen des Zuschusses zur Medaille. Über die An=

ordnung zum Transport der fürstlichen Särge.
Chronik meines Lebens durchgeschaut. Nachts
das Conversationsblatt vom Januar an. — Herrn
Soret nach Dornburg.

13. Aufsatz für Soret umdictirt und corrigirt. Ab=
schrift von 1801 vollendet. In den vordern
Zimmern beschäftigt mit verschiedenen neuange=
kommenen Schriften. Mittag Professor Riemer.
Mit demselben nachher den Aufsatz für Soret
durchgegangen. Aus Stiedenroths Psychologie
einiges gelesen. Später für mich, die Insel Föhr
und das Seebad daselbst. — Herrn Rittmeister
von Obeleben, Schachtel mit dem Lievrit, nach
Waltersdorf.

14. Früh nach Berka. Besah den Anfang des neuen
Badehauses. Sprach mit Frau Präsident Schwend=
ler. Klarer Himmel, sehr heiß. John hatte den
Aufsatz für Soret geschrieben. Mittag für uns.
Nach Tische die verschiedenen neuangekommenen
Bücher und Hefte angesehen.

15. Nicht ganz wohl. Verlor den Morgen. Mittag
unter uns. Conversationsblatt von 1824. Ferne=
res Lesen in den angekommenen Büchern und
Heften. Professor Riemer von Belvedere kommend.
Später Herr Canzler von Müller. Das gestern
angelangte Porträt vorgezeigt. Über den Trans=
port der fürstlichen Särge gesprochen. Staats=
ministerliches Billet und Erklärung. Schillersche

Correspondenz von 1803 geordnet. — Herrn Soret nach Dornburg, Aufsatz des Verhältnisses zu Lord Byron.

16. Expeditionen zusammen gemacht, gesiegelt. Ich nahm das Tagebuch von 1794 vor. Um 1 Uhr die Glieder des Vereins wegen eines eingegangenen Schreibens des Herrn von Lynckers. Mittag für uns. Nach Tische fortgefahren in der früheren Arbeit. Ferner Conversationsblatt gelesen. Herr Director von Fritsch wegen eines Packets von Dornburg. Selbiges enthielt eine Übersetzung des Wilhelm Meisters in drey Bänden. Ich suchte die Gedichte auf, die ich wohl gerathen fand.

17. Aufgeräumt und Ordnung gemacht. Schemata für's Jahr 1794. Köhler, Organist in Breslau. Weiteres für das Jahr 1794 bedacht. Mittag Hofrath Rehbein und Frau. Halsbinden-Angelegenheit. Conversationsblatt. Betrachtung über dessen Leistung.

18. John schrieb an der Correspondenz fort. Ich nahm die Epoche von 1794 vor. Herr Soret mehrere Steinarten von Dornburg und eine silberne Medaille bringend. Ich fuhr in meinem Geschäft fort. Las einiges darauf Bezügliche. Beschäftigte mich mit den Kindern und überdachte das Nächstbevorstehende. Um 11 Uhr Frau von Wolzogen, über die Ausgabe der Briefe ge-

sprochen. Ihr die Elegie lesen lassen. Mittag für uns. Kam eine Sendung von Ottilien an, welche zu mancherley Betrachtungen Anlaß gab. Nach Tafel Gräfin Egloffstein. Herr Canzler von Müller. Sendung von Serenissimo. Aufnahme in die Genter Agrikultur-Gesellschaft und Medaille. Brief von Zeltern, durch Herrn Regierungsrath Schmidt. Mit Herrn Canzler über das Porträt und die Maccoschen Briefe. Stelle aus Dichtung und Wahrheit Band II, S. 449. Walthern die Geschichte der Siebenschläfer erzählend. Durch Schillers Briefe hingewiesen auf eine Recension Matthissonischer Gedichte in der Allgemeinen Jenaischen Litteratur-Zeitung von 1794, No. 298. Langsam herannahendes, endlich in Sturm und Regengüsse ausbrechendes Gewitter. Die Schloßgasse und das Vorwerk war durch das zuströmende Oberwasser überschwemmt. Man mußte mit den Pferden flüchten.

19. Die gestern bemerkte Recension gelesen. Die Schillersche Correspondenz von 1796 durchgegangen. Um 11 Uhr Regierungsrath Schmidt von Berlin kommend und von dortigen Zuständen viel erzählend. Billet von Herrn Soret und Packet Mineralien. Mittag für uns. Nach Tische Fortsetzung der morgenblichen Arbeit und manches andern darauf Bezüglichen. Abends geschröpft.

Unterhaltung mit Rehbein. Brief von Zauper. Antwort an Soret Abends.

20. Schillerische Recension von Matthisson geendigt und fürtrefflich gefunden. Der Dichter mit Recht gelobt, nur die Einheit der Darstellung hie und da vermißt. Das Jahr 1802 fertig geschrieben. Herr Baron von Martens. Dr. Weller, verschiedenes die Bibliothek betreffend. Mittag für uns. Troilus und Cressida von Shakespeare. Fräulein Adele. Über den Tod von Lord Byron von Walther Scott. Herr Dr. Weller Abschied nehmend. Die Schillerische Correspondenz bis Ende 1796 durchgesehen. Die Bedeutung des Ganzen immer mehr erkannt. Abends Professor Riemer. Den ersten und zweyten Bogen Werthers, der Morphologie No. 8 durchgegangen. Über Stiedenroth sonstiges Psychologische und Ästhetische.

21. Ordnung in vielen Dingen gemacht. Nebenstehende Expeditionen: An Weygands Buchhandlung 2. Bogen von Werther nach Leipzig. Herrn Geh. Hofrath Cotta das Manuscript vom Spanischen Feldzug nach Stuttgardt. Herrn Wesselhöft Morphologie 8 und Manuscript zu 9, Jena. — Einiges andere beseitigt. Troilus und Cressida weiter gelesen. Verhältniß zu Lord Byron mundirt. Revision des Jahrs 1796 der Correspondenz. Mittags Generalsuperintendent

Röhr. Unterhaltung über den feyerlichen Act bey
Versetzung der Leichen. Ferner über Stieben=
roths Psychologie. Heinrich der Achte von Shakespeare.

22. Früh gebadet. Dictirt die Erklärung wegen aus=
wärtiger Theilnahme an der Medaille. Revision
des Jahres 1797 zur Hälfte. Auf die Chronik
bezügliche Betrachtungen darüber. Mittag für
uns. Anstalten die hintere Cammer einzurichten.
Timon von Athen angefangen. Wiederholte Be=
trachtung über Shakespeare. Schöne Wirkung
der Eschenburgischen Übersetzung als Prosa.

23. Einige Briefe dictirt. Verhältniß zu Lord Byron.
Die Abschrift mit den Originalen in ein Porte=
feuille. John fing das Jahr 1803 an. Schmeller
das Bild des Herrn von Einsiedel auffstellend.
Verhandlung mit ihm wegen des zu hoch stehen=
den einen Augs und sonst. 1797 revidirt. Herr
von Lyncker Abschied nehmend. Anfrage wegen
des Steindrucks. Shakespeares Timon ausgelesen.
Professor Riemer zu Tische. Mit demselben
manches Grammatisch=Kritische und Ästhetische
verhandelt. Abends aufgeräumt und manches
beseitigt.

24. Schmeller den Steindruck von Knebel vorzeigend.
Die jungen Herrschaften ließen für heut absagen.
Eberwein von Berlin kommend und vieles er=
zählend. Fortgesetzte Revision des Jahres 1797.

Gedichte von Amalie Louise aus Braunschweig.
Betrachtungen darüber. Mittag für uns. Herr
Canzler von Müller war früh abgegangen und
hatte noch einiges gesendet. Frau Rath Vulpius,
um Abschied zu nehmen. Beschäftigung mit dem
kleinen Wolf. Büchschen über die Medaille vom
Drechsler. Betrachtung über die Atmosphäre und
deren Habitus im Bezug auf's Barometer.
Richard III. von Shakespeare zu lesen angefangen.
— Herrn Hofrath Meyer nach Carlsbad, mit
Kunst und Alterthum V, 1, durch Herrn von
Lyncker in Jena.

25. Brief mundirt. Die Revision von 1798 fort=
gesetzt. Shakespeares König Richard III. Geh.
Hofrath Huschke Nachricht von Carlsbad brin=
gend. Mittags Geh. Legationsrath Conta und
Obermedicinalrath von Froriep. Nach Tische die
moderne Münzsammlung vorgewiesen. Allein mit
Ulriken. Brief von Ottilien. Gräfin Line Egloff=
stein. Abends die Kinder.

26. Kants Abhandlung über das Weltgebäude. Re=
vision von 1798 fortgesetzt und darauf Bezügliches.
Um 12 Uhr die jungen Herrschaften und der Prinz
von Oldenburg. Mittag für uns. Shakespeares
Vorschule. Die Sage vom Pater Baco. Neue
Tausend und eine Nacht von Breslau. Pro=
fessor Riemer, mit ihm den 3. und 4. Bogen
von Werther. Frau von Arnim Zeichnungen

vorweisend. Schreiben von Fräulein von Jakob mit Rücksendung der serbischen Gedichte, Original und Übersetzung.

27. Früh gebadet. Einiges in Ordnung und vorgearbeitet. Der oldenburgische Cammerherr von Freytag. Shakespeares Vorschule von Tieck. Die Mord- und Hexengeschichte. Mittag unter uns. Nach Tische fuhr mein Sohn nach Jena. Professor Rübecker von Berlin, Mitglied der deutschen Sprachgesellschaft. Abend Frau von Arnim.

28. Shakespeares Vorschule näher bedacht. 1804 und 5 der Correspondenz sorgfältiger gelesen und die Briefe und Billete ohne Datum eingeschaltet. J. K. H. Frau Großherzogin von ½11—12. Die neusten Berliner architektonischen Hefte vorgelegt. Herr Canzler von Müller. Nachrichten von seiner Naumburger und Dresdner Reise. Mittag mit Ulriken und Walther. Die Tausend und eine Nacht. Mancherley geordnet. Abends die Briefe ohne Datum wieder vorgenommen; zu besserer Entwirrung die Tagebücher und Comödienzettel durchgesehen.

29. Kants kleine Schriften. Betrachtungen über's Weltgebäude. Conversationsblatt vom July. Gebadet. John endigte das Mundum der Correspondenz von 1803. Ich corrigirte an 1799. Herr Soret Walthern nach Belvedere holend. Geh. Legationsrath Conta und Herr von Hoff. Vor Tische

mein Sohn von Jena zurückkommend. Mittags zu
dreyen. Gute Nachrichten von unsern Geschäften
drüben. Tausend und eine Nacht 1. Band ab=
solvirt. Correspondenz von 1799 ferner durch=
gesehen. Die neue öconomische Behandlungsart
Alberti's im Magdeburgischen und Kösnischen
bey Veranlassung einer Zeitungsnachricht durch=
gedacht.

30. Briefe dictirt und mundirt. Einiges geordnet
und damit den ganzen Morgen hingebracht. Mit=
tag für uns. Nach Tische an der Schillerschen
Correspondenz. Eingeschaltet Briefe ohne Datum.
Mit Untersuchung fortgefahren deßhalb bis Nachts.
Außerdem den gesprengten Schildkrötenkopf be=
trachtet.

31. Gestrige briefliche Expeditionen weitergeführt:
An Herrn Major von Knebel nach Jena.
An Museumsschreiber Färber Mineralien,
Pflanzen etc. nach Jena. — Kam ein Blücheri=
sches Modell von Berlin an. John besorgte die
Einschaltungen von 1803. Herr Hofmarschall
von Bielke, mit dem Antrag der Hoheit, dem
Hofgärtner Baumann den Prinzessinnen=Garten
auch in Aufsicht zu geben. Rousseau's botanische
Schriften mit Abbildungen von Redouté. Mit=
tag für uns. Nach Tische Herr von Stein aus
Breslau. Rousseau fortgesetzt. Herr Canzler von
Müller, mancherley Publica und Privata be=

sprochen. Des Großherzogs Aufenthalt in Wilhelmsthal. Die Medaillen u. s. w.

August.

1. Aufgeräumt und Einzelnes beseitigt. John bey August beschäftigt, die Wäsche in Ordnung zu bringen. Um ½12 Uhr der Erbgroßherzog und der Prinz von Oldenburg. Nach 12 Uhr die Prinzessinnen, der kleine Prinz und Umgebung. Walther fuhr mit nach Belvedere. Mein Sohn war spazieren gegangen. Speiste mit Ulriken allein. Las Rousseau's botanische Briefe. Kam Dr. Eckermann, erzählend von seiner Reise. Fräulein Adele, über Wolfs Ankunft sprechend. Fortgesetzte Überlegung der abzusendenden Briefe. Sendung von Frankfurt.

2. Nebenstehendes ausgefertigt: Serenissimo nach Wilhelmsthal. Fräulein Therese von Jakob nach Halle. — Einiges vom Jahr 1803 der Correspondenz umgeschrieben. Lieutenant von Witzleben, Abschied zu nehmen. Rousseau's Botanik nebst einigen andern zur Morphologie überdacht. Mittag Eckermann. Schöne Sendung von d'Alton. Erzählung von Verhältnissen der Lehrer zu Bonn, sonstigen Zuständen und Gegenständen auf der Reise bemerkt. Professor Riemer die Schillerische Correspondenz besprechend. Dazu Eckermann. d'Altons Beurtheilung in Kupfer gestochener

Pferde. Secretär Kräuter sorgte für Eckermanns Einrichtung.

3. Anmeldung von Wolffs. Antritt des neuen Bedienten. Die Correspondenz von 1804 an John übergeben. Die Nagethiere von b'Alton. Die Großherzogin von ½11—12 Uhr. Sodann Wolffs. Ferner Professor Riemer, Eckermann und Canzler von Müller. Speisten sämmtlich mit uns. Berliner Theater- und andere Geschichten. Auch Reminiscenzen aus früheren Weimarischen Zeiten. Blieb für mich. Das nächste Morphologische durchgedacht. Dr. Eckermann. Reisegeschichten und Sonstiges was vorzunehmen sey.

4. Berliner frühere Correspondenz zwischen dem bedeutenden Frauenzimmer und einigen Freunden. Gebadet. Der Buchbinder heftete an dem fernern Mundo der Correspondenz. Herr Dr. Schütze von Dresden erzählend. Herr Regierungsrath Werneburg mit Hofrath Rehbein. Mittag Eckermann, von seinem Quartier sprechend. Die Briefe und Fragmente der Frau von Varnhagen durchgelesen. Abends Eckermann. Die nächsten Arbeiten besprochen. Der Anfang der Chronik ihm mitgegeben. — Herrn Geh. Rath von Willemer nach Frankfurt. An Frau von Goethe nach Ems.

5. Englisches Gedicht auf Lord Byrons Tod. Briefe der Frau von Varnhagen an die Freunde und

1824. August.

wechselsweise. John schrieb an der Correspondenz von 1804. Herr Gerhard, Frau und Kind. d'Altons Nagethiere. Mittag Herr von Groß, von den Niederlanden und Paris erzählend. Nach Tische Betrachtungen fortgesetzt. Abends mit Wolf spazieren um's Webicht. Sendung Nees von Esenbeck, auch von Dorow. Professor Riemer. Herr Canzler von Müller von Jena kommend. Wir besprachen die Angelegenheit wegen der Medaille und anderes die vorhabende Reise des Herrn Canzlers betreffend. NB. Großfürst Constantin war gegen Abend angekommen und fuhr nach zweystündigem Aufenthalt in Belvedere sogleich weiter.

6. Gegenstände zur Morphologie durchgedacht. Herr Cammerherr von Cruikshank, Abschied zu nehmen. Der junge Müller die traurige Geschichte der Wiesbader Reise mit seinem Vater erzählend. John schrieb an 1804. Ich dictirte verschiedenes zur Morphologie Gehöriges. Dr. Peez über Wiesbaden, ein vorzüglich gut geschriebenes Werk. Mittag Herr von Stein aus Breslau. Von den dortigen Zuständen viel erzählend. Setzte Naturbetrachtungen fort. Fuhr mit Eckermann spazieren in's Webicht. Ließ denselben die weitere Ausführung vom Jahr 1775 lesen und besprach überhaupt das Geschäft mit ihm. Einiges in den Tagesblättern.

7. Hofrath Rehbein, den traurigen Zustand des Professor Müllers referirend. Der Diener deßgleichen, die Schlüssel zu dem Museum abholend. Ich dictirte den Aufsatz zu d'Altons Nagethieren in's Reine. Machte mich mit Julius Pontedera Anthologia bekannt. Mittag für uns. Nach Tische Herr von Stein. Vielfache Gespräche. Später Canzler von Müller, Abschied zu nehmen und die Acten wegen der Medaille übergebend. Ich las Tiecks Vorschule, die Hexen in Lancashire. — Herrn Dr. Weller wegen der Stabelmannischen Rechnung. Herrn Wesselhöft, das Manuscript vom 9. Bogen der Morphologie zurückverlangt, Jena.

8. Schrön sendete Meteorologica. Ich excerpirte d'Altons Einleitung zu den Nagethieren. Mit Schrön verschiedenes auf Meteorologie durchgesprochen. Alles Herkömmliche durchgedacht. Manches vorbereitet. Mittag Dr. Schütze, Riemer und Eckermann. Abends mit Riemer spazieren gefahren. Nachher Eckermann. Mit ihm die Aufsätze von 1775 durchgesprochen. — Herrn Regierungsrath Quednow nach Trier, das Eichstädtische Programm.

9. Schmeller, das Porträt der jungen Gräfin Schulenburg vorweisend. Mehrere Bücher für die Bibliothek durch Canzler von Müller. Memoiren des Iturbide. Alte Geschichte des heiligen Bonifacius

in Dorows Denkmälern. Mittag Frau Obercammerherrin von Egloffstein. Verschiedenes Naturhistorische von der Bibliothek. Blieb für mich und bereitete manches vor.

10. Das Eichstädtische Programm an Serenissimum zur Begrüßung. Gestrige Lectüre fortgesetzt. Herr Soret, in Auftrag von dem Erbgroßherzog. Etwas zur Morphologie dictirt. John schrieb die Correspondenz von 1804 bis zu Ende. D'Agincourt Geschichte der bildenden Kunst. Das Leben des heiligen Bonifacius. Verschiedene neue Bücher von der Bibliothek. Mittag für uns. Nach Tische Herr Hofrath Otto, Nachricht von Belvedere bringend. Ulrich von Hutten Briefe an Pirkheimer. Mit Professor Riemer spazieren gefahren. Blieb derselbe. Dazu Eckermann, das Manuscript vom 4. Bande der Confessionen bringend. Herr von Stein. Man besah die Kölner Acta Eruditorum. — Herrn Wesselhöfts Druckerey nach Jena Manuscript zur Morphologie.

11. Feyerlichkeit in Belvedere wegen Confirmation der Prinzeß Marie. Aufsatz über d'Altons Nagethiere. Ulrich von Huttens Briefe an Pirkheimer fortgesetzt. Mittag Herr Cammerdirector von Fritsch. Gegen Abend Herr von Stein aus Breslau. Ersterer besah die Berliner Hefte. Letzterer die Silbermedaillen der neuern Zeit.

12. Gebadet. Einiges an d'Altons Nagethieren. Briefe dictirt. Mittag Eckermann. Sodann Hofrath Meyer, von seiner Bad- und Dresdner Reise erzählend. Später Serenissimus. Über Gent, Antwerpen, Seeland, persönliche, nationale und Kunst-Angelegenheiten.

13. John schrieb die Correspondenz fertig. Recension der Nager weiter bearbeitet. Consistorialdirector Peucer, wegen einer von Seiten des Consistoriums Serenissimo zum Jubelfest zu bezeugenden Aufmerksamkeit. Entoptischen Apparat wieder vorgesucht. Mittag für uns. Gegen Abend Herr von Stein. Mit demselben spazieren gefahren. — An Fräulein Adele Schopenhauer nach Wiesbaden.

14. Zum Aufsatz von den Nagethieren. Briefe vorbereitet. Baumann wegen seiner Anstellung in dem Prinzessinnen-Garten. An Schillers Correspondenz revidirt. Mittag für uns. Gegen Abend Hofrath Meyer, Coudray und von Stein. Letzterer ältere und neuere landschaftliche Verhältnisse erzählend. Coudray von den Bauten in Eisenach, dem Wegebau im Oberlande, ferner in Ilmenau u. s. w. erzählend.

15. Am morphologischen Hefte. Das neue Vorrathszimmer eingeräumt. Eckermann die Jahre 1805, 6, 7 übergebend. Mittag Oberbaudirector Coudray und Eckermann. Vieles von Eisenach und

den dortigen Bauten. Den neuen Weg von Tiefen=
ort aus in's Oberland in Kefersteins Karte ge=
zeichnet. Später Hofrath Meyer. Die Verhält=
nisse in Belvedere und im Jägerhause durch=
gesprochen. Professor Riemer den ersten Band
der Schillerschen Briefe wegen gewisser Einzeln=
heiten durchgesehen. Einiges vorbereitet. Arti=
schocken waren angekommen.

16. Den 2. Band der Correspondenz an Hofrath
Meyer. Recension von d'Alton an Professor
Riemer. Nebenstehendes concipirt und ausge=
fertigt: Herrn Geh. Rath Willemer nach
Frankfurt. Herrn Kummer, Buchhändler in
Leipzig, wegen den Festgedichten. Serenissimo
wegen Paria. — Mittag für uns. Martius
Palmen betrachtet. Shakespeares Richard III.
Herr von Stein, über Breslauer Verhältnisse.

17. Kräuter wegen den Veränderungen in der Biblio=
thek. Englische Bücher von Serenissimo. Briefe
dictirt, mundirt, überhaupt mancherley vorbe=
reitet. Um halb 11 Uhr die Frau Großherzogin.
D'Agincourt, 1. Band der Kupfer. Zu Tische
Professor Riemer. Nachher die Schillerschen Briefe
mit ihm durchgegangen. Herr von Stein auf
kurze Zeit. Mit Professor Riemer spazieren ge=
fahren um's Webicht. Nachher an der Arbeit
fortgefahren.

18. Mit Kräuter das Weitere wegen Bibliothek und

Thurm. Briefe, Concepte und Mundum fort=
gesetzt. Gräfin Line Egloffstein die Petersburger
Reise anzeigend. Herr Hofrath Rehbein Nach=
richt von Gastein bringend. Herr Gersting von
Meißen, von der gegenwärtigen Beschäftigung
der dortigen Fabrik. Mittag für uns. Den
ersten Band der Schillerschen Correspondenz aber=
mals durchgesehen. Fuhr mit den Kindern um's
Webicht. Herr von Stein. Über verschiedene schlesi=
sche Verhältnisse. Hofrath Meyer den 2. Band
Schillerischer Briefe wieder bringend.

19. Weitere Revision der Schillerschen Correspondenz.
Verschiedene Briefe concipirt und mundirt. Hof=
rath Meyer wegen Belvederischer und Zeichen=
schule = Angelegenheiten. Hofrath Rehbein den
Brief aus Gastein bringend. Mein Sohn den
Vortrag wegen der letzten Jenaischen Expedition
vorlegend. Mittag für uns. Luidgarda, Trauer=
spiel aus dem Polnischen. Gegen Abend Ober=
baudirector Coudray von Eisenach erzählend, von
Geh. Rath Thon und sonstigen neuern Ereignissen.
Besahen zusammen die Karte von New=York und
die Anlage des neuen Westkanals.

20. Nebenstehende Expeditionen: An den Herrn
Fikentscher nach Redwitz, mit Zeichnungen zu
Präparaten = Gläsern. Herrn Geh. Rath von
Leonhard nach Heidelberg. Herrn Professor
d'Alton nach Bonn. Serenissimo, wegen

überschickten englischen Büchern. — Das Jahr 1796. Schillersche Correspondenz abgeschlossen. Um 12 Uhr die jungen Herrschaften mit Demoiselle Masselet. Vorher Herr Stromeyer den Schlüssel zur Theaterloge überbringend. Mittag für uns. Sodann zum Abschluß der naturwissenschaftlichen Hefte hingearbeitet.

21. In Betrachtung des neuern geologischen Entzündungsprozesses. John liniirte die meteorologische Tafel. Ich ging die Aufsätze aus diesem Fache durch. Um 1 Uhr Professor Riemer. Revision des 9. Bogens, ingleichen des Manuscriptes zum 10. Speiste derselbige mit uns. Nach Tische fortgesetzte Unterhaltung. Abends im Schauspiel; ward Euryanthe vorgestellt. Später kleine Aufsätze zur Naturwissenschaft.

22. Nebenstehendes: Herrn Wesselhöfts Druckerey den 9. Bogen zurück, Manuscript zum 10. Einiges zur Wissenschaftslehre. Serenissimus über Reise und Aufenthalt in den Niederlanden sprechend. Zu Mittag Ernst von Schiller, Geh. Cammerrath Helbig, Hofrath Meyer und Rehbein, auch Eckermann. Letzterer kam gegen Abend wieder. Schreiben von Walker aus London. Ich bereitete Manuscript zu den letzten Bogen der naturwissenschaftlichen Hefte.

23. Nebenstehendes: Herrn Präsident Nees von Esenbeck nach Bonn in Auftrag Serenissimi.

Herrn Geh. Rath von Willemer nach Frankfurt a. M. — Einiges zur Wissenschaftslehre. Erste Bände von Gilberts Annalen. Anderes Physikalisches. Mittag für uns. Sendungen: Festgedichte von Leipzig. Werthers Aushängebogen von daher. Europäisches Archiv. Westküste von Südamerika. Acapulca. Hofrath Meyer. Geschichte der Erfurtischen Arrestationen.

24. Sendungen von Bopp, Übersetzungen aus dem Sanscrit. Einige Briefe dictirt und mundirt. Die indischen Gedichte gelesen. Manches geordnet und vorbereitet. Mittag für uns. Nach Tische Eckermann. Über indische Poesie und sonst gesprochen.

25. Recension von Eckermanns Beyträgen in der Allgemeinen Litteratur-Zeitung. Einiges an Schrön. Schema zu den serbischen Gedichten. Einiges zum Abschluß des Packets an Rauch und Zelter. Mittag Oberbaudirector Coudray und Riemer. Letzterer blieb und sah den Titelbogen der neuen Ausgabe des Werthers durch. Ich fuhr mit ihm spazieren, nachher beachteten wir das Sylbenmaß der Sanscrit-Gedichte. Später Hofrath Meyer. Ausstellung der Zeichenschule. Ingleichen Belvederische Verhältnisse. NB. War auch Gräfin Fritsch zum Besuch dagewesen. Hatte verschiedenes von Carlsbad erzählt. Auch die nächste Ankunft des Herrn von Martius berichtet.

26. Die Physiognomie des Pflanzenreichs in Brasilien wieder vorgenommen. Aufsatz über die serbischen Lieder. Herr Hofrath Meyer, Belvederische Angelegenheiten. Mittag Eckermann. Über indische Poesie und bey Gelegenheit des Nala. Herr Dr. Stichling, Geh. Legationsrath Conta, der erste von Carlsbad, der zweyte von Liebenstein zurückkommend. Setzte Betrachtungen über serbische Poesie fort.

27. An dem Aufsatz über serbische Lieder dictirt und die Betrachtungen hierüber fortgesetzt. Mittag für uns. Ankunft meiner Schwiegertochter. Unterhaltung mit derselben. Mit derselben über Ems und Schlangenbad.

28. Früh einige Freunde und Freundinnen zum Besuch. Fuhr ich mit Ottilien nach Berka. Weitere Ausführung der Bade- und Reisegeschichten. Abends im Schauspiel: Der Freyschütz. Überraschender Bezug auf meinen Geburtstag. — Herrn Professor Rauch, mit 2 Exemplaren Festgedichte. Herrn Professor Zelter, pr. Einschl. deßgleichen, nach Berlin. An die Weygandische Buchhandlung in Leipzig.

29. Ordnung gemacht. Manches in Packete vertheilt, zum Versenden der Geburtstagsgedichte vorbereitet. Die Rahmen im hintern Zimmer aufgehängt. Mittag Herren von Froriep, Peucer, Meyer und Eckermann. Blieben nach Tische.

Abends Professor Riemer und Meyer. Die gestrigen Gastmahls- und Theatergeschichten durchgesprochen.

30. Sendung von Dorows Alterthümern. Einiges über serbische Zustände. Nebenstehendes eingeleitet und abgeschlossen: Durch Herrn Regierungsrath Schmidt: An Professor Zelter nach Berlin, an Herrn Geh. Oberregierungsrath Nicolovius dahin, an Herrn Varnhagen von Ense dahin, im Namen meiner Schwiegertochter. Herrn Professor Heusinger nach Jena. Herrn Bibliothekar Grimm nach Cassel, mit Kunst und Alterthum. — Regierungsrath Schmidt, Abschied zu nehmen, nach Berlin gehend. Die Kinder fuhren nach Belvedere zur Tafel. Ich speiste mit Eckermann und den beyden Knaben. Nach Tische für mich. Die serbischen Lieder von Fräulein Jakob gesendet. Abends Oberbaudirector Coudray, einen Schmuck von monstrosen Perlen vorweisend. Eckermann, der Tänzerin Grab zurückbringend.

31. Die Sammlung serbischer Lieder durchgelesen und durchgedacht. Die Frau Großherzogin um ½11 Uhr. Den 2. Band von D'Agincourt Kupfern zur Kunstgeschichte zur Hälfte durchgesehen. Um 12 Uhr die jungen Herrschaften und Demoiselle Masselet. An den serbischen Liedern fortgefahren. Mittag für uns. Nach Tische Beschäfti-

gung wie Morgens. Abends mit Ottilien spazieren gefahren und Wolf.

September.

1. Gestrige Betrachtungen wieder aufgenommen. Die Lieder schematisirt und die Abtheilungen dictirt. Ferner den Inhalt der Liebeslieder ausgezogen. Mittag für uns. Mein Sohn kam von der Jenaischen Expedition zurück. Ich setzte meine Arbeit fort. Beschäftigte mich mit Wolf. Fuhr allein spazieren. Der Abend war sehr schön. Eckermann kam später. Ließ einen Brief von Kiesewetter zurück.

2. Fuhr fort an der Betrachtung serbischer Lieder. Mundirt den Vorschlag zur Ordnung der Gedichte in Duplo. Herr von Strube mit Geh. Staatsrath de Gouroff aus Petersburg, welcher in Angelegenheiten der Findelhäuser reiste. Überlegung des Briefs von Kiesewetter. Secretär Kräuter mit Schortmann von Buttelstedt. Mittag die Herren Stromeyer, Coudray, Meyer und Eckermann. Nach Tische Professor Riemer, der Abends mit mir spazieren fuhr. Sendung von Breslau, Berlin und anderen Orten.

3. Früh zu Serenissimo in's römische Haus gratuliren gefahren. Verschiedenes besorgt und eingerichtet. Besuch von Herrn von Hoff, Präsident von Motz, von Lyncker und Bran. Serbische

Lieder charakterisirt. Betrachtung des von Herrn von Motz überschickten Goldschmieds=Werkes. Mittag für uns. Gegen Abend mit den Kindern spazieren gefahren. Später Hofrath Meyer. NB. Herr Staatsminister von Gersdorff war morgens bey mir gewesen, hauptsächlich die Coburger Geschichte erzählend und berichtigend.

4. Früh gebadet. Nebenstehende Expeditionen expedirt: Herrn Geh. Hofrath Eichstädt nach Jena. Herrn Professor Güldenapfel dahin. Herrn Wesselhöft deßgleichen. — Einiges vorbereitet. Mittags für uns. In Bezug auf Eckermann die Heidelberger Anträge überlegt. Abends mit Wolf um's Webicht gefahren und an's Vogelschießen. Später Hofrath Meyer. Nachricht wie es mit der Ausstellung stehe. Betrachtung der Goldschmiede=Arbeit.

5. Die Sammlung der neueren Gedichte durchgesehen. Das erste Heft von Professor Riemer abholen lassen. Nebenstehende Expeditionen mundirt und abgesendet: Herrn Professor Kosegarten nach Jena, mit Einschluß an Professor Güldenapfel. Herrn Dr. Schrön autorisirte Rechnung zurück nach Jena. — Um 12 Uhr die Prinzessinnen. Mein Sohn war früh nach Rudolstadt gefahren. Mittag Eckermann. Sodann Hofrath Meyer. Derselbe ging die Palmen des Martius durch. Von Raumer Geschichte.

6. Briefe vorbereitet. Abschrift der Elegie. John nahm die früheren Festgedichte mit, sie zu Hause zu schreiben. Ich beschäftigte mich mit den zwey Bänden handschriftlicher kleinerer Gedichte. Las von Raumer Hohenstaufen ersten Theil. Registrator Geist einige Versteinerungen bringend. Mittag für uns. Nach Tische fortgesetzte morgenbliche Beschäftigung. Überlegung der letzten Schrönischen Arbeiten. Die Kinder gingen auf's Vogelschießen. Abends fortgesetzt die Hohenstaufen. — Herrn Hofrath Eichstädt, mit den vergessenen Papieren, Jena.

7. Kam eine Sendung von d'Alton nebst Brief. Ingleichen eine von Schweigger nebst Brief. Wolf beschäftigte sich gar zierlich mit Ordnung seiner Spielsachen. Hofrath Rehbein, Ankündigung angekommener Kasten von Gastein. Geschichte des abendländischen Kaiserthums, besonders auch Bosniens, Serbiens u. s. w. Herr und Frau Dr. Förster, auf ihrer Durchreise, mit Madame Zimmermann. Ferner kündigt sich Madame Davy durch ein Billet an. Ich durchsah die beyden Manuscriptbände Lieder; einiges zu ordnen und einzurichten. Mittag für uns. Kam eine Sendung von Jena, durch Osann. Nachricht von einer neu sich bildenden Gesellschaft für Wissenschaft und Kunst. Abends Madame Davy und Herr Wooley. Erstere von Lord Byron,

Walther Scott, Thomas Moore erzählend, auch von Rom und Neapel.

8. Die serbischen Angelegenheiten geordnet. Ingleichen den 1. Theil der kleinen Gedichte fernerhin durchgesehen. Mittag Madame Davy und Herr Wooley. Erstere von den Reisen mit ihrem Gemahl durch Frankreich nach Italien sprechend, von Cardinal Consalvi, dem Papst Pius VII., von dem König von Neapel, der sich gegen die antiken Manuscripte Känguruhs ausbittet. Sie fuhr mit meiner Tochter auf's Schießhaus. Ich blieb für mich und las weiter in der Geschichte der Hohenstaufen ersten Band. — An Fräulein Therese von Jakob nach Halle, Manuscript der serbischen Lieder zurück.

9. Die kleinen Gedichte vorgenommen. Ingleichen die Chronik von 1794. John schrieb den Aufsatz von Meyer über Martius Palmen ab. Besuch von General von Voth und Frau. Sie erinnerten sich mit Ottilien Emser Anmuthigkeiten. Mittag für uns. Am Jahre 1794 fortgefahren, sowie an der Berichtigung der beyden ersten Theile Lieder. Abends Hofrath Meyer. Später Professor Riemer, Wolffs Ankunft vermeldend. In Raumers Geschichte der Hohenstaufen weiter gelesen.

10. Chronik von 1794. Verschiedenes auf morgen vorbereitet. Herr Wolff von Berlin. Nachher

Herr General Neidhard. Russe, sehr feiner Mann. Mittag für uns. Manches fortgearbeitet. Auch die Autographa wieder angesehen. Abends und zum Nachtessen Herr Wolff, die Herren Coudray, Meyer, Riemer und Eckermann. Über Theater, besonders auch die Radziwillschen Vorstellungen von Faust. Mit Bedauern der Unterbrechung derselben.

11. Das Jahr 1794. Besuch von Herrn Frommann und Familie. Ingleichen Professor   mit Frau. Sendung des 6. Bandes Calderonischer Schauspiele von Gries, wovon ich sogleich: Hüte Dich vor stillem Wasser mit großem Vergnügen las. Mittag für uns. Abends das Stück zu lesen fortgefahren und geendigt. Abends im Schauspiel, Ferdinand Cortez von Spontini. Später Sendung von Böhndel aus Schleswig. — Herrn Wesselhöft, Manuscript zum 10. Bogen Morphologie. Herrn Professor Osann Dank wegen der Sendung zum 28. August.

12. Den Aufsatz über Martius Palmen concipirt. Die lithographischen Arbeiten des Böhndels betrachtet. Mittag für uns. Von Raumers Geschichte der Hohenstaufen. Die allgemeine Zeitschrift von Walker. Zögerung des Drucks und Berechnung des Seiteninhalts gegen Kunst und Alterthum.

13. Aufsatz über die Palmen wieder durchgesehen.

Herr von Martius. Zugleich in die Localitäten von Brasilien, Palmen und andere Geschlechter schöne Einsichten mittheilend. Derselbe fuhr nach Belvedere. Ich bereitete mich auf eine Unterhaltung vor. Er speiste bey uns, mit seiner jungen Frau und deren Tante, einer Fräulein von Stengel. Ich hatte die große brasilianische Karte aufgehängt. Er ging sie mit mir durch. Ferner die zwey Lieferungen Palmen, die ich schon besaß. Ferner die neusten Blätter bis zum hundertsten illuminirt, wobey das Nähere erzählt und ausgelegt worden. Von brasilianischen Zuständen erzählte er das Weitere. Sodann kam das Gespräch auf die Regensburger botanische Gesellschaft, ingleichen auf Bonn und Erlangen. Durchaus fand ich seine Einsichten und Urtheile alles Beyfalls werth. Er blieb bis 8 Uhr und ich entließ ihn ungern.

14. Schreiben an Hofrath Sprengel nach Halle. Nähere Betrachtung des 1. Stücks von European Review und zwar den gegenwärtigen Zustand der deutschen historischen Litteratur betreffend. Frau Großherzogin Vorgemeldetes mitgetheilt. Die Epochen von 1794 bis 96 nach den Entwürfen und Auszügen durchgedacht. Mittag Hofrath Meyer. Durchgesprochen die Holzschnitte von Schleswig gesendet, auch gewisse belvederische Verhältnisse. Graf Panin von Geh. Rath Lober

aus Moskau ein Buch bringend. Abends für mich. Der Münchner Naturforscher Reise nach Brasilien.

15. Dictirt am Jahr 1794. Darauf angestellte Betrachtung, was dem naturwissenschaftlichen Hefte vortheilhaft seyn könnte. Hofrath Voigt von Jena. Anzeige wie er von Serenissimo zur Revision in Belvedere berufen worden. Verschiedene Briefe und Expeditionen concipirt und mundirt. Mittag Eckermann. Mit demselben besprochen seine einzeln aufgesetzten Fragmente, Recensionen über Carl den Kühnen, auch Bemerkungen über den ältesten Götz von Berlichingen. Abends mit Walther spazieren gefahren. Später die Reise der Münchner Naturforscher nach Brasilien.

16. Zur Wissenschaftslehre einige Blätter dictirt. Sonstiges in Ordnung gebracht. Ankunft des Revisionsbogens 10 der Morphologie von Jena. Herr von Schulz im Gefolge der Oranischen Herrschaften. Den Bogen 10 Morphologie, ingleichen Naturwissenschaft L. weiter durchgedacht und gefördert. Mittag für uns. Mein Sohn kam von seiner Reise auf den Thüringer Wald zurück. Die brasilianische Reisebeschreibung weiter gelesen und des Herrn von Martius' Verdienste ferner überdacht. Mit Wolf auf der Troschke in den untern Garten und um's Webicht gefahren.

17. Dictirt am naturwissenschaftlichen Hefte. Sonstige

Vorbereitungen. Mittag für uns, den Abschluß des 10. Bogens an Riemer. Mit demselben spazieren gefahren. Nachher gedachten Bogen im Druck revidirt. Auch anderes auf Sprache und Sprachbildung Bezügliches besprochen.

18. Schreiben von Herrn Grafen Sternberg von München. Beachtung der Lehre von Gängen und Klüften. Deßhalb vorgenommene Musterstücke. Wolfens Geburtstag. Dr. Naumann seinen Abgang von Jena anmeldend und wegen der Übergabe des Mineralogischen Cabinets anfragend. Mittag für uns. An den Bogen L. Naturwissenschaft gedacht. Abends Herr von Hartmann, Frau und Sohn von Petersburg. Generallieutenant Murray mit Frau. Frau von Wegner. Späterhin Canzler von Müller von seiner Reise erzählend und einiges mitbringend. NB. Früh Morgens war Frau von Altenstein und Tochter da gewesen. — Herrn Hofgürtler Seyffarth nach Dresden, mit einem Kästchen, worin ein getriebenes Porträt. Herrn Hofrath Sprengel nach Halle, wegen der Dedication an Serenissimum. Herrn Wesselhöft Abschluß des Bogens 10 Morphologie nach Jena. Herrn Dr. Weller, wegen der Instrumente bey Körner.

19. Expeditionen vorbereitet. Großes Frühstück, wobey besonders die hier anwesenden Engländer sämmtlich gebeten waren. Mittag Eckermann.

War viel von den Bareuthern die Rede. Hof=
rath Meyer berichtete wegen der Zeichenschule
und den auszutheilenden Prämien. Will. Emer=
son aus Boston, Nordamerika, in Göttingen
studirend, protestantischer Theolog. Blieb für
mich. Viele Expeditionen auf die nächsten Tage
vorbereitend. Abends spazieren gefahren. Auf
dem Rückweg Oberbaudirector Coudray mitge=
nommen. NB. Bey'm Frühstück war General
Murray und Gemahlin.

20. Verschiedenes mundirt, concipirt nnd angeordnet.
Herr Hofrath Fries. Der in Gotha umgekom=
mene arabische Hengst im Bilde. Mittags für
uns. Nach Tische Dr. Schubert, Professor der
Geschichte an der Universität in Königsberg.
Spazieren gefahren. Hereinziehende Gewitter in
Südost. Nachts für mich. Brasilianische Staats=
Veränderungen bey der Ankunft des Königs.
Sinica von Serenissimo gesendet. Anerbietung
einer großen Sammlung chinesischer Sprachwerke
im Besitz von Antonio Montucci.

21. Harzer Gebirgszeichnungen. Dieselbigen durch=
gesehen, catalogirt und numerirt. Kam die letzte
Revision des morphologischen Bogens 10. Herr
Canzler von Müller von seiner Reise her vieles
mitbringend, referirend, besonders auch die Graf
Reinhardischen Angelegenheiten durchsprechend.
Frau Gräfin Henckel zu Tische. Von Hof= und

Familiensachen durchgesprochen. Fortgefahren an den morgendlichen Arbeiten. Mit John das Weitere betrieben. Hofrath Meyer gegen Abend. Die Prämiensache der Zeichenschule abgeschlossen. Derselbe las die neuste Geschichte von Brasilien in Brans Minerva vor. Später für mich Martius Reise. — Herrn Grafen Sternberg nach Prag, mit denen Durchzeichnungen der Antithesis Christi et Antichristi.

22. Nebenstehende Expeditionen: An Färber Quittungen zurück. Herrn Professor Werneburg englisches Journal zurück, Jena. An Serenissimum Sinica zurück; drey Kisten, 1. Böhmisch von Wolfsberg, 2. Portugiesisch von Lissabon, 3. Folge bis zum Steinsalz. Herrn Geh. Cammerrath Frege, die Assignation an Elkan wegen 400 Thlrn. — Manches andere besorgt. Vierhundert Thaler von Elkan. Zeichnungen vom Harzgebirg catalogirt. Göttlings Aristoteles. Canzler von Müller kurze Note. Mittag mit Ulriken und den Kindern. Nach Tische Anordnungen, Expeditionen, Vorarbeiten aller Art fortgesetzt. Allein spazieren gefahren. Den Bogen 10 der Morphologie nochmals revidirt. Den Bogen L. Naturwissenschaft im Manuscript durchgesehen. Der bayrischen Naturforscher brasilianische Reise weiter gelesen.

23. Die Gebirgslehre wieder aufgenommen. Einiges

deßhalb dictirt. An Professor Bachmann wegen
der Sinica. Schmeller, die Tochter der Frau
von Gersdorff vorweisend. Müller, den Gothai=
schen Hengst in Stein abgebildet zurückbringend.
Französische Oryktologie von Kräutern in der
Auction erstanden vom Jahr 1755. Mittag Dr.
Eckermann. Beurtheilung des Trauerspiels: Das
Bild. Halb scherz=, halb ernsthaft. Johnsons
englisches Lexicon in der Auction gekauft. Spa=
zieren gefahren mit Wolf. Abends Professor
Riemer. Wir gingen die geognostischen Blätter
und wissenschaftlichen Hefte durch. Später Bra=
silianische Reise. Sendung von Schrön über=
dacht.

24. Vorbereitete Expeditionen durchgesehen. An dem
wissenschaftlichen Buche, N. Geh. Referendar
Helbig, wegen der meteorologischen Angelegenheiten
gesprochen. Mittag Professor Riemer. Mit dem=
selben die Harzer Zeichnungen durchgesehen und
durchgesprochen. Über chinesische Sprache bey Ge=
legenheit der Sendung von Montucci. Abends
allein spazieren gefahren. Das Bevorstehende
durchgedacht. Unterwegs den Oberbaudirector
Coudray aufgenommen, welcher mit mir nach
Hause fuhr. Die Berliner Steindrucke, ingleichen
das mecklenburgische holzgeschnitzte Monument
betrachtet. Auch einige Stellen in der Brasi=
lianischen Reise gelesen.

25. Nebenstehende Expeditionen: Herrn Professor Bachmann nach Jena, wegen der Sinica. Verordnung an Schrön, mit den meteorologischen Tabellen des Monats May. An Färber, wegen den Kisten mit Mineralien, nach Jena. — Die auszutheilenden Medaillen an Hofrath Meyer. Einiges zur Morphologie. Nach 12 Uhr Prinz von Hessen. Mittag für uns. Fortgesetzte Studien, Vorbereitungen.

26. Einiges am wissenschaftlichen Hefte. Gegen 12 Uhr die Prinzessinnen. Nachher Herr von Nagler. Nachher Canzler Niemeyer, Doctor Niemeyer und Professor Thilo von Halle. Zu Tische Hofrath Meyer und Professor Riemer. Letzterer blieb bis gegen Abend. Herr Canzler von Müller kam und erzählte von den Folgen seiner Reise. Ich las nachher den neusten Hallischen Missionsbericht, 72. Stück.

27. Weniges zur Naturwissenschaft. Vieles geordnet und vorgesehen. Um 12 Uhr die jungen Herrschaften und Demoiselle Massellet. Das Geschäft der Sternwarte mit meinem Sohn verhandelt. Vortrag an Serenissimum concipirt. Acten geheftet und arrangirt. Nebenstehende Expeditionen: An Herrn d'Alton, Abbildung des Gothaischen Hengstes, Bonn. Wesselhöfts Druckerey, Manuscript für Bogen L. — Mittag für uns. Nach Tische fortgesetzte Arbeiten. Die Farben.

ein Lustspiel von Carl von Holtei. Missions=
anstalten 72. Stück. Einige Nachricht vom König=
reich Ara darin. Walther besah die Stockholmer
Kupfer.

28. Einiges expedirt und vorbereitet. Bericht wegen
der Sternwarte durchgesehen. Der schönschreibende
Schwager des Capellmeister Hummel, Reckel. Ihro
K. H. die Großherzogin. Die Palmen von Mar=
tius angesehen. Nachher Louis Liegnißer aus Bres=
lau, auf Landwirthschaft studirend. Die Farben,
Lustspiel, ausgelesen. Mittags Eckermann. Ge=
schichte von dem närrschen Kiesewetter. Natur=
wissenschaftliche Betrachtungen. Abends Oberbau=
director Coudray. — An Studiosus Vor=
mann, Manuscript zurückgegangen, nach Halle.

29. Von Raumers Hohenstaufen, gegen Ende des
zweyten Theils. An Herrn Canzler von
Müller Sendung. Die Schrönische Angelegen=
heit weiter befördert. Deßhalb derselbe auch bey
mir einsprach. Die Arnimsche Gruppe ausge=
packt und durch Feuchtigkeit des Mooses gesprengt
gefunden. Carusens Bilder eingepackt. Einiges
zum wissenschaftlichen Hefte. Mein Sohn ging
nach Jena, wegen der Übergabe des neuen Ca=
binets von Naumann. Mittag für uns. Fort=
gesetzte Beschäftigung und Überlegung. Abends
im Schauspiel, Richard Löwenherz. Nachher Ar=
naults Tragödie Marius zu Minturnä.

30. Geburtstag der Prinzeß Auguste. Brief eines Arztes aus Marseille, Segaud, die letzten Stunden des Geh. Raths Wolf erzählend. Briefe von Herrn von Rennenkampff, wegen einer Angelegenheit den Ritter von Krusenstern betreffend. Mittag für uns. Arnaults Trauerspiele. Das Nöthige zur Naturwissenschaft überdacht und ferner zusammengestellt.

October.

1. Briefe dictirt. Abschrift der Übersetzung von Geh. Rath Wolfs letzten Stunden. An der Wissenschaftslehre dictirt. Kam mein Sohn von Jena zurück. Mittags die Froriepsche Familie. Martius Palmen und Sonstiges vorgewiesen. Hofrath Meyer gleichfalls. Die Kupfer wurden durch Kräuter in Thurm geräumt. Gegen Abend Professor Riemer. Späterhin Kupfer dem Walther vorgezeigt.

2. Nebenstehende Expeditionen besorgt: Herrn Carl nach Jena, mit zwey Kisten nach Prag und Dresden. Herrn Dr. Carus nach Dresden. Herrn Geh. Staatsrath Langermann nach Berlin. Herrn Dr. Weller, mit Quittungen, nach Jena. An Färber, einige Aufträge, dahin. — Geh. Cammerrath Helbig, den Beyfall Serenissimi zu den meteorologischen Einrichtungen besprechend. Schreiben von Fräulein von Jakob

von Halle. Die graphischen Darstellungen von zwey Jahren zusammengesucht. Heine von Göttingen. Mittag für uns. Nach Tische die morgendlichen Arbeiten fortgesetzt. Um 5 Uhr der Baßsänger Reichardt von Berlin. Herr und Frau von Schreibershofen auf ihrer Durchreise nach Dresden. Im Schauspiel Hermann und Dorothea. Später Geschichte der Hohenstaufen.

3. Naturwissenschaftliches dictirt. Kam der Aushängebogen 10 Morphologie. Sturm Beyträge der Landwirthschaft. Reichardt und Ottilie sangen. Gräfin Henckel und Frau von Pogwisch waren gegenwärtig. Mittag Dr. Eckermann. Über die gestrige Vorstellung von Hermann und Dorothea. Sonstig Litterarisches. Für mich einiges Historische. Die Geschichte der Hohenstaufen.

4. Vorbereitung zu dem Bogen N. Naturwissenschaft. Einige Briefe nach Rußland mitzugeben. Um 12 Uhr die Frau Erbgroßherzogin und Demoiselle Massaet. Mittag für uns. Nach Tische Umsicht des Bevorstehenden und Durchsicht des Nächsten zur Naturwissenschaft. Alte Kupfer gesondert. Geschichte der Hohenstaufen von Raumer.

5. Am Naturwissenschaftlichen dictirt. Ingleichen Briefe. Herr Hofrath Meyer, verschiedenes zu verabreden. Zu Tische Frau Hofrath Schopenhauer und Tochter. Abends Professor Riemer, Bogen L. zur Naturwissenschaft durchgegangen.

Ingleichen einen großen Theil des Jahres 1797 Schillerscher Correspondenz.

6. Nebenstehende Expeditionen: Herrn Geh. Rath von Willemer nach Frankfurt a. M. Wesselhöfts Druckerey Bogen L. Wissenschaftslehre. An Färber autorisirte Quittungen nach Jena, nebst einer Schachtel mit einem anatomirten Schildkrötenkopf. — Attestat für den jungen Friedrich Preller. Hefte der Morphologie an den Buchbinder. Einige Concepte und Munda. Geh. Secretär Müller, Anfrage wegen Volckamers in Nürnberg. Mittag für uns. Vorbereitet und fortgesetzt. Oberbaudirector Coudray. Später die Geschichte der Hohenstaufen. Cactus Hexagonus-Zeichnung von Jena.

7. Briefe mundirt. Nebenstehendes Gräfin Line Egloffstein überantwortet: Herrn Geh. Rath Loder nach Moskau, mit einem Packet Bücher Morphologie und Naturwissenschaft. Herrn Generalmajor von Klinger nach Petersburg, mit Kunst und Alterthum letztes Heft. — Dr. Schrön. Unterhaltung mit demselben über meteorologische Fragen und Vorkommenheiten. Nicht weniger Auftrag zu einem Aufsatz für das naturwissenschaftliche Heft. Schema der Jenaischen unmittelbaren Anstalten auf Anregung meines Sohnes, der hiernach einen Aufsatz für's Jubiläum zu machen gedenkt. Noch einige Concepte

für morgen. Mittags für uns. Kamen die
Wertherschen Exemplare von Leipzig an. General=
superintendent Röhr sich entschuldigend, der mor=
genden Einladung nicht folgen zu können. Spren=
gels Dedications=Exemplar an den Großherzog.
Raczynskis Malerische Reise, erhalten durch Geh.
Oberregierungsrath Schultz in Berlin. Abends mit
Walthern. Späterhin mancherley vorgearbeitet.
Eine geheimnißvolle Schachtel mit Trauben.

8. Eine Schüssel Trauben an die Frau Großherzogin.
Mehrere Concepte und Munda. Auch sonstig
vorbereitete Expeditionen. Dr. Weller von Jena
das Neuste auf Bibliothek bezüglich bringend
den Hauptbericht zusagend. Um 12 Uhr die jungen
Herrschaften, auch der kleine Prinz und Frau
Dr. Batsch. Um 1 Uhr die beyden Prinzessinnen
und Demoiselle Sylvestre. Mittag für uns. Ex=
pedition für Jena in Angelegenheiten der Stern=
warte. Herr Canzler von Müller von seiner
Expedition nach Neustadt erzählend. Gräfin Line
Egloffstein, Abschied zu nehmen. Abends John
verschiedenes mundirt und einpackend. — Herrn
Geh. Rath von Willemer neue Ausgabe von
Werthers Leiden in Frankfurt a. M.

9. Verschiedene Munda und Expeditionen: Verord=
nung an Rentamtmann Müller, wegen Abänderung im Quartal=Extract, nach Jena. Zweyte
Revision von Bogen L. Wissenschaftslehre. An

Professor Riemer 2. Revision Bogen L. Schrön Abschied nehmend. Dr. Kranichfeld, Reisender, von Konstantinopel kommend, in russischen Diensten. Frau von Bechtolsheim und Frau Präsident Schwendler. Frau von Wolzogen. Herr Staats=minister von Fritsch. Mittag für uns. Nach Tische Fräulein von Jakob. Absichten morgen ein Frühstück zu geben. Abends im Theater, die heimliche Heyrath.

10. Meteorologischer Bericht an den Großherzog dictirt und mundirt. Um 11 Uhr Geh. Staatsrath Jakob von Halle, Schopenhauers, von Gerstenbergk, Fräulein Weiß, Canzler von Müller. Mittag Professor Riemer, nachdem wir vorher das Manuscript zur Naturwissenschaft durchgegangen hatten. Nach Tische mit demselben verschiedenes abgehandelt. Abends Dr. Eckermann. Über seinen unterhabenden Aufsatz. Sein bezogenes Quartier und sonstige geschäftliche Verhältnisse. Walthers Armbruch.

11. Nebenstehende Expeditionen: Herrn Major von Knebel, Exemplar von Werther, Anfrage, Jena. Herrn Bergrath Lenz, Eingesendetes zurück, Anfrage wegen eines curriculum vitae des nordischen Freundes. Herrn Dr. Schrön meteorologisches Heft von Würzburg. — Einiges zur Ordnung des hinteren Zimmers. Deicks, Philologe, empfohlen von Tieck. Mittag für uns.

Kam der Grundriß des Königsstädter Theaters von Berlin. Betrachtungen darüber. Käftchen zur Schillerschen Correspondenz. Rudolf Suhrlandt, Großherzoglich Schwerinischer Professor und Hofmaler, eine Sammlung Porträte in schwarzer Kreide gezeichnet, meistens Künstler, vorweisend. Abends Professor Riemer das Jahr 1797 der Schillerschen Correspondenz mit mir durchgehend. Unterbrochen durch Herrn Canzler von Müller. Ersterer blieb zum Abendessen.

12. Kamen die Niemeyerschen Reisen an. Ich ordnete manches zu nächster Expedition. Um 11 Uhr die Frau Großherzogin, den neuen Theater-Grundriß in Berlin ihr vorgelegt. Auch die Reise des Grafen Raczynski. Mittag für uns. Nach Tische kam Walther, mit dem Freyschütz zu spielen. Abends Hofrath Meyer, Professor Riemer. Die Correspondenz von 1797 durchcorrigirt.

13. Concepte, Munda und Expeditionen: An die Weygandische Buchhandlung nach Leipzig. Mit dem Schillerschen Briefwechsel beschäftigt. Mittag Eckermann, den Antrag von Professor Melos mit ihm verhandelt. Die Niemeyersche Reise weiter gelesen. Abends Professor Riemer, den Briefwechsel von 1798 durchgegangen. Er genoß ein Abendbrod und blieb bis gegen 10 Uhr. Überlegung wie die Sache ferner zu behandeln sey.

14. In die Schillersche Correspondenz einiges ein=

gelegt. Um 11 Uhr Frau von Wolzogen und Herr General von Wolzogen. Um 12 Uhr Herr Professor Riemer, die Schillersche Correspondenz abermals mit durchzugehen. Blieb zu Tische. Obige Arbeit nach Tische fortgesetzt. Gegen Abend Herr Canzler von Müller. Herr Oberbaudirector Coudray. Mit demselben das Berliner neue Königstädter Theater beurtheilt.

15. Einschaltungen in die Schillerische Correspondenz. Serenissimi Erklärung wegen des Geburtsfestes. Rescript wegen Wiedereinsetzung Körners. Herr Bär von Berlin nach Bonn gehend. Durchsicht einiger Jahre der Chronik. Frau Professor Melos, wegen der Einleitung von Eckermanns Verhältniß. Mittag Eckermann. Ich sprach mit ihm das Verhältniß zu Melos durch. Verfolgte sodann meine Obliegenheiten. Abends Hofrath Meyer. Das Königstädter Theater mit ihm durchgesprochen. Andere Geschäftsverhältnisse. Kam Professor Riemer. Ging mit demselben die Schilerische Correspondenz von 1798 zum Theil durch. Nach dem Abendessen fuhren wir fort. Es wurden bedeutende und erfreuliche Bemerkungen gemacht.

16. Einiges zur Chronik vom Jahre 1794. Beschäftigte mich damit den ganzen Vormittag. Nebenstehendes expedirt: Herrn Geh. Staatsrath Langermann, was aus dem Concept ersichtlich, nach Berlin. Fräulein von Jakob die Königin-

hofer Lieder, Halle. An Dr. Körner, Citation
auf den 18. October nach Jena. — Mittag unter
uns. Gegen Abend Canzler von Müller. Der
Medaillen-Angelegenheit erwähnend und einiges
anderc. Voß Antisymbolik.

17. Mit nebenstehenden Expeditionen den Morgen be=
schäftigt: An Canzler von Müller den Schiller=
schen Brief für den Herzog von Orleans. An
Stromeyer, Vorbereitung zum Paria. — In=
gleichen Schema zu 1795. Herr Professor Riemer
um 12 Uhr. Revision der Schillerisch=Goethischen
Briefe. Speiste derselbe mit uns. Wir setzten
nach Tische das Geschäft fort und beendigten das
Jahr 1798. Ich überlegte bis in die Nacht das
Weitere deßhalb. Um 5 Uhr war Herr von Mals=
burg, Bruder des verstorbenen Dichters, bey mir,
die Hinterlassenschaft in Dresden abzuholen, mit
einem rechtlichen Beystand, Herrn ....., der die
verwickelte Geschichte der Casseler Verschwörung,
insoweit man sie durchdrungen hatte, umständ=
lich erzählte.

18. Einleitung des zunächst Nöthigen. Herr Genast,
Ankündigung eines Fremden. Hofmechanicus
Körner, Publicirung eines gnädigsten Rescripts
und Vorhalt wegen seines bisherigen Betragens.
Einige Anordnung zum Beziehen der Winter=
quartiere. Lord Byrons The age of Bronze. Mit=
tag für uns. Des Aristoteles Politik in Garves

Übersetzung. Die Exterſteine von Menke. Der Maler   , von München kommend, drey Hefte Raphael Sanzio von Fr. Rehberg. Hofrath Meyer in Auftrag Sereniſſimi. Beredung deßhalb. — An die Herren P. J. Frank nach Straßburg, mit Inlage. Herrn Obriſt von Lyncker, wegen des Bibliotheksbiener Beyer, nach Jena.

19. Abbrücke des Gothaiſchen Pferdes von Müller. d'Altons Aufſatz darüber abgeſchrieben. Zum Jahre 1795 einiges dictirt. Brachte Reckel die Abſchrift der Jenaiſchen Bibliotheks=Diſpoſition. Nachricht von der intendirten Gefangennehmung eines Griechen in Dresden. Einiges Meteorologiſche. Mittag zu dreyen. Ottilie war bey der kranken Mutter. Gegen Abend Herr Canzler von Müller. Darauf Frau von Arnim, von ihren Frankfurter Expeditionen.

20. Jenaiſche Sendung von Weſſelhöft, Schrön und Bran. Überlegung, Arbeiten und Vorarbeiten deßhalb. Nebenſtehende Sendung abgefertigt: Herrn Weſſelhöft die Kupfer zum morphologiſchen und naturwiſſenſchaftlichen Hefte. Sereniſſimo d'Altons Gutachten über die Zeichnung des Gothaiſchen Hengſtes nach Wilhelmsthal. — Herr Soret wegen des franzöſiſchen Blättchens. Meteorologiſche Darſtellungen an Helbig 1823 December, 1824 Januar bis Auguſt, fehlt der

1824. October.

May. Mittag für uns. Schillers Niederlande, zufällige doch angenehme Begegnung. Hofrath Meyer einiges wegen der Zeichenschule eröffnend. Frau von Arnim.

21. Sendung von Meyern des Museum Worsleyanum, auch die alten Münzen, erklärt durch Nöhden. Hofbuchhändler Hoffmann, mit einem Bilde von Klopstock und Anfrage, ob es gleiche? Einiges an der Chronik von 1795. Briefconcepte. Sonstiges besorgt und vorbereitet. Nachricht von der unglücklichen Aderlaß der Königin von Bayern. Mittag zu dreyen. Sodann fernere Überlegung wegen des Bogen N. Abends Professor Riemer. 1798 der Schillerschen Correspondenz abgeschlossen, 1799 angefangen. Schillers Abfall der Niederlande.

22. Mamsell Facius. Vorbereitung der morgenden Sendung an Wesselhöft. Herr Eckert grüßend von Herrn von Helldorf und das Kästchen Gebirgs- und Gangarten von Gastein abliefernd. Vorbereitung sie auszupacken und auszulegen. Hofrath Rehbein. Über Wirkung der warmen Bäder auf Paralysen, entstanden durch Nervengebrechen und durch Gicht. Zwey persische Gedichte, übersetzt von Scherer in München, mitgetheilt von Canzler von Müller. Sie sind von der höchsten Vortrefflichkeit. Englische Nachbildungen, herrliche Antiquitäten abermals ange-

sehen. Mittag Herr Generalsuperintendent Röhr. Nach Tische die Gebirgsarten von Gastein ausgepackt und überdacht. Abends Professor Riemer. Am Jahr 1799 der Schillerschen Correspondenz zu revidiren fortgefahren. Blieb derselbe zu Tische. Verschiedene durch jene Briefe aufgeregte Erinnerungen durchgesprochen.

23. Von Raumer Hohenstaufen, König Manfred im vierten Bande. Mineralien von Gastein, Catalog durchgesehen und Nummern geschrieben. An dem Jahre 1795 dictirt. Pastor Lossius von Heusdorf, einige Münzen bringend. Um 12 Uhr Professor Riemer. Behandlung der Correspondenz von 1799. Speiste derselbe mit. Fernere Anordnung der Gasteinschen Mineralien. Canzler von Müller, eine Unterredung mit Frau Großherzogin referirend. Mit Riemer fortgesetzt die Correspondenz von 1799. Mancherley Betrachtungen und Verhandlungen darüber. NB. Um 5 Uhr Frau von Spiegel und Fräuleins.

24. Bericht wegen der Zeichenschule im Jägerhaus. Verschiedenes Jena betreffend mit meinem Sohn. Hofrath Rehbein, die Gasteiner Mineralien schauend. Manches geordnet. Einiges am Jahr 1795. Kurzes Promemoria wegen des Ludus Helmontii. Mittag für uns. NB. Vor Tische der Erbprinz und Herr Soret. Letzterem wurden die Gasteiner Mineralien vorgewiesen. Nach Tische weitere

1824. October.

Ordnung und Betrachtung gedachter Mineralien. Abends Professor Riemer, mit ihm die Briefe von 1800 durchgegangen. Kam eine Sendung von Herrn Zanoli aus Köln, Bilder des Kölner Carnevalszugs enthaltend. Interessantes Gespräch über Sprache, Sylbenmaaß, Metier und Verfahrungsweise der Grammatiker.

25. Briefe concipirt. Julius Angersteins Gemälde-Sammlung in Kupfer von Serenissimo. Kräuter, Bibliotheksangelegenheiten. Mittag für uns. Nach Tische die Ordnung der Gasteiner Gesteine weitergeführt. Gegen Abend Oberbaudirector Coudray. Eisenacher Ereignisse. Angesehen die Kölnischen Carnevalsbilder, ingleichen den neuen Band Kupferstiche nach dem Cabinet des Herrn Angerstein, welches nach dessen Ableben das Londner Museum angekauft hat. Zu Nacht ältere Dinge vorgenommen.

26. Den Brief wegen der Zeichenschule an Hofrath Meyer expedirt. Verschiedenes vorbereitet auf morgen. Das neue Repositorium einzuräumen angefangen. Sonstige Ordnung im hinteren Zimmer. Um halb 11 Uhr die Frau Großherzogin. Die Gebirgsarten von Gastein absolvirt. Mittag mit den Frauenzimmern. Mein Sohn war bei der Logentafel. Kam die Revision des Bogens N. von Jena. Gegen Abend mit John verschiedenes expedirt. Wachlers Handbuch der Geschichte der Litteratur betrachtet.

27. Der Bibliotheksdiener Beyer von Jena, wegen der Militär-Angelegenheit. Resolution von Serenissimo auf den Vortrag wegen der Zeichenschule. Mittag für uns. Stufen von Kupferkies aus dem Neustädter Kreise. Gegen Abend Herr Canzler. Mahnzer Untersuchungsacten. Andere Notizen von öffentlichen und besondern. Brief von Paris, Lord Byrons Büste und die meinige ankündigend. Die Acten der italiänischen Reise durchgesehen. Wachlers Handbuch. — Herrn Obrist von Lyncker nach Jena, mit einem Attestat für Beyer etc.

28. Correspondenz von 1796 in Absicht auf Politica durchgesehen. Die darauf bezüglichen Paragraphen dictirt. Alles Vorseyende weiter geführt. Werthers Leiden an Frau von Stein. Elegie an Frau von Pogwisch. Herr Rath Hage, ein Verzeichniß archivalischer und typographischer Merkwürdigkeiten von Serenissimo bringend. Mittag Eckermann. Umständliches Gespräch über die hiesigen Engländer, deren Absichten, Fähigkeiten und Behandlungsweise derselben. Brief von Geh. Rath von Leonhard. Auch dessen Taschenbuch für 1823. Fortgesetzte Studien des nächst Vorliegenden. Professor Riemer. Den Jahrgang der Briefe 1801 mit ihm durchgegangen.

29. Copie von Brief und Schreiben die Bundestags-Angelegenheiten betreffend. Herr Präsident von

Motz, Academica: von seiner Seite Eichstädts Naturalien betreffend, von meiner Wohnung des Bibliothekars. Herr Geh. Legationsrath Conta. Zeitschrift für Physiologie, gesendet von Herrn Roux für die Jenaische Bibliothek. Heinrich Müller, den Tod seines Vaters meldend und seine Wünsche wegen des Steindrucks vortragend. Einiges am Jahre 1796. Sonstiges eingeleitet und abgeschlossen. Mittag für uns. War Geburtstag der Fräulein Ulrike. Die Geschenke vorgezeigt und ein scherzhaftes Gedicht erwidert. Gegen Abend Hofrath Meyer, die Angelegenheiten der Zeichenschule durchgesprochen. Auch die Fortschritte des jungen Prinzen. Ich las in Wachlers Handbuch.

30. Papiere der italiänischen Reise gesichtet. Manches vorbereitet und eingelenkt. Nebenstehendes: Herrn Professor Zelter nach Berlin. Wesselhöfts Druckerey Bogen N. und 2 Conventionsthaler nach Jena. — Besuchte mich J. A. Stumpff, Harp-Maker to his Majesty. Conversationsblatt, October. Schmeller wegen der Veränderung im Jägerhause. Mittag für uns. Auf die Lebenschronik Bezügliches. Conversationsblatt von October. Leonhards neustes Taschenbuch von 1823.

31. Correspondenz von 1797. Ottiliens Geburtstag. Dr. Weller von Jena den Bibliotheks-Haupt-

bericht bringend. Einige kleine Bemerkungen.
Um Zwölf Herr Professor Riemer; mit demselben
die Briefe von 1802 durchgegangen. Speiste der=
selbe mit uns, auch Eckermann. Gegen Abend
fuhr ich in der Arbeit mit Riemern fort. Ge=
dachtes Jahr ward geendigt. Vermischte Briefe
von 1797 angefangen auszuziehen.

November.

1. Das erste Vierteljahr von 1797 abgethan. Den
Güldenapfelschen Bericht bis zum Beschluß ge=
lesen. Den Bericht an die höchsten Höfe durch=
gedacht, den Entwurf dictirt. Heinrich Müller
wegen der Schlüssel und der Locale. Verhält=
nisse des Gebäudes. J. A. Stumpff, ein Kühler,
in England angesessen. Regierungsrath Müller
sein Werk über die Hansestädte bringend. Mit=
tag für uns. Sodann alles Vorliegende vor=
wärts gebracht. Briefe von 1797 excerpirt. Blieb
allein und fuhr fort bis Nachts. Den früh con=
cipirten Bericht durchgesehen.

2. Den Bibliotheksbericht frisch dictirt; die Expedi=
tion an Herrn von Nagler ausgefertigt: Herrn
von Nagler nach Berlin, nach dem Concept.
Den Abschluß des Güldenapfelschen Berichts er=
halten und durchgelesen. Die Rechnungs=Extracte
nochmals durchgesehen. Sonstiges hierher Ge=
höriges arrangirt. Mit dem Diener bey der

Zeichenschule, Riese, besprochen, besonders wegen
des Holzes. Mittag für uns. Nach Tische Herr
Canzler von Müller. Französische Übersetzung
des Briefes nach Brüssel. Sonstige Verhand=
lungen. Professor Riemer, mit demselben erstlich
den Bogen O. und den Umschlag durchgegangen.
Sodann die Correspondenz von 1803. Zuletzt
Wachlers Handbuch vorgenommen.

3. Fernere Wintereinrichtung im hinteren Zimmer.
Nebenstehendes: Verordnungen an Güldenapfel, an Geh. Hofrath Eichstädt, an Rent=
amtmann Lange nach Jena, nach dem Concept.
An Wesselhöft Abschluß des Bogen O. und
Umschlag. — Einiges über kurz erst gelesene
Bücher. Fernere Überlegung des Bibliotheks=
Berichtes. Mittag Eckermann. Nach Tische die
serbischen Lieder vorgenommen. Auch die nächsten
Hefte Kunst und Alterthum und Naturwissen=
schaft durchgedacht. War die Anzeige des morpho=
logischen Hefts für die Zeitungen fertig geworden.
Später Wachlers Handbuch.

4. Erst am Berichte corrigirt. Nachher verschiedenes
Einzelne. Ältere Papiere zu Kunst und Alter=
thum vorgenommen. Abschriften des Inhalts
des letzten naturwissenschaftlichen Heftes. Fernere
Einrichtung in dem hinteren Zimmer. Mittag
für uns. Einleitung verschiedener Dinge auf
morgen. Wachlers Handbuch.

5. Anzeige und Affiche des Paria auf morgen. Bibliotheks-Bericht. Meteorologie. Kam der junge Hose von Eisenach, seiner Schwester Gemälde in dem Museum zu sehen wünschend. Hofrath Renner, Nachricht gebend, daß der verdiente Naturforscher Bojanus krank hier angekommen sey und bedauere mich nicht besuchen zu können. Renner zeigte zugleich das Skelett eines Auerochsen vor und erbat sich vor Bojanus den Jenaischen Urstier copieren zu lassen. Fortgesetzte Meteorologica. Mittag für uns. Nach Tische bald in's hintere Zimmer. Alles Vorliegende durchgesehen. Manches Nächste durchgearbeitet, zuletzt Wachlers Handbuch. — An die Cotta'sche Buchhandlung des morphologischen Heftes Inhalt nach Stuttgardt. War das Gleiche gestern nach Berlin abgegangen.

6. Das Geschäft von gestern Abend fortgesetzt. Sodann die eigentlichen Expeditionen vorgenommen: Verordnung an Färber, wegen Renners Gesuch, Jena. Einladung Hofrath Meyers auf morgen. — Bibliotheks-Bericht, Rechnungs-Extracte vorgenommen. Concepte auf morgen dictirt. Acten der Mahnzer Untersuchungscommission. Sonstige Einzelnheiten dictirt, wissenschaftlich und psychologisch. Mittag für uns. Sodann die Acten der Mahnzer Central-Commission wieder gelesen. Abends im Schauspiel: Der Paria und Der

neue Gutsherr. Später die Protokolle ferner angesehen.

7. Die Concepte durchgesehen. Die Grundrisse in die Bibliotheksacten geheftet. Kamen einige Kisten Gipswaare von Berlin. Hofrath Rehbein. Hofrath Meyer, Kunstaufsätze bringend, einen Holzdiebstahl im Jägerhause anzeigend. Auszug aus den Mahnzer Acten. Um 12 Uhr Professor Riemer. Den Hauptbibliotheks-Bericht von Jena mit ihm durchgegangen. Blieb derselbe zu Tisch. Gegen Abend die Schiller'schen Briefe bis 1805 revidirt. Später über Anmaßung der Grammatiker, Modestyl und darauf gegründete Kritik. Ältere Wiener Philisterey über meine Lieder. — Herrn Canzler von Müller Herrn Dr. Nöhden, für Herrn von Eschwege, London. Letztern an Rehbein abgegeben.

8. Ordnung gemacht. Nebenstehendes: Herrn Wesselhöfts Druckerey Bogen O. und Umschlag letzte Revision, nach Jena. Herrn Geh. Legationsrath Conta, wegen Hesse in Rudolstadt. — Abschrift des Bibliotheks-Berichts. Um 12 Uhr der Prinz, Herr Soret, Hofrath Meyer. Den französischen Catalog an Herrn Soret. Hofrath Meyer, durchgesprochen mit ihm das Museum im Jägerhause und dessen künftige Besorgung. Blieb derselbe zu Tische. Besprachen wir die übrigen Geschäfte der Zeichenschule. Gegen Abend

Canzler von Müller. Später für mich. Den Schillerschen Briefwechsel der drey ersten Jahre. Auch Wachler über Cicero.

9. Mancherley gefördert und für die nächsten Tage vorbereitet. Rubriken und Sonstiges zum Jenaischen Bibliotheks-Hauptbericht. Der Frau Großherzogin Königliche Hoheit von halb 11 Uhr an, besahen die Sammlungen der Frau Herzogin von Berry lithographirt. Packete für die nächsten Posttage. Mittag für uns. Gegen Abend Eckermann. Über die Engländer, ihre Persönlichkeit, Absichten und sein Verhältniß zu ihnen besprechend. Später für mich, die serbischen Lieder vorgenommen. — Herrn Canzler von Müller, wegen Herrn von Anstätten.

10. Zunächst den Bibliotheksbericht betrachtet. Mit meinem Sohn verschiedenes die oberaufsichtlichen Geschäfte betreffend. Den Bibliotheksbericht auf alle Weise gefördert; das Blättchen für Herrn von Anstätten geschrieben. Nebenstehendes abgeschickt: Mr. Chevalier de Kirckhoff à Anvers. Herrn Kreismedicinalrath Ringseis, München, mit einer Schachtel Mineralien. — Mittag für uns. Verschiedenes vorgearbeitet. Die Prinzen von Darmstadt, mit Aufträgen von ihrem Herrn Großvater. Wachlers Litteratur der späteren Latinität. Einiges zu mehrerer Ordnung in dem hinteren Zimmer.

11. Die Buchstaben in die Bibliotheks=Zeichnungen eingeschrieben. Die serbische Angelegenheit vorgenommen. An Oberbaudirector Coudray die sitzende Statue von Berlin. Mittag für uns. Nach Tische Sendung von Conta, ingleichen von Berlin und Maynz. Catalog von Weigel. Abends Professor Riemer. Den Bibliotheks=Bericht mit ihm durchgegangen, ingleichen die serbischen Angelegenheiten. Speiste derselbe bey mir.

12. Fortgesetzte Betrachtung über die serbischen Lieder. Bibliotheksbericht dem Abschluß näher geführt. Einige Briefe concipirt. Der junge Müller seine lithographischen Abenteuer schriftlich vortragend. Mittag Fräulein Adele. Herr Canzler von Müller. Später für mich. Wachlers neuere Römer.—Herrn Präsident Nees von Esenbeck nach Bonn.

13. Abschriften des Berichtes an die Herren Erhalter. Ankunft der letzten Aushängebogen von Kunst und Wissenschaft. Cäcilia, Journal, näher beleuchtet. Einiges andere, die Incunabeln und Anfrage des Großherzogs betreffend. Die Gräfin Julie Egloffstein. Mittag zu dreyen. Ließ Walthern mehrere Bilder sehen. Kam Dr. Eckermann und erzählte verschiedenes die Engländer betreffend. Oberbaudirector Coudray von Ilmenau und den dortigen Wegebau=Angelegenheiten sprechend. Ingleichen von Lieutenant Batsch und dessen Sendung an die Werra.

14. Nebenstehendes: An Serenissimum, wegen der Incunabeln und wegen Blücher. Nachher die Abschrift von dem Berichte fortgesetzt. Betrachtung über eine Stelle in der Cäcilie. Mittag Dr. Eckermann und der Badeinspector. Verkaische Geschichten und Verhältnisse. Nach Tische den Kindern Bilder vorgewiesen. Zeitungen gelesen. Unterhaltung mit meinem Sohn. Wachlers Litterargeschichte. Später Griechen und bis zu den Kirchenvätern.

15. Abschrift des Berichtes vollendet. Verschiedene Studien für mich das Nächste betreffend. Hofrath Meyer, wegen einiger Angelegenheiten der Zeichenschule. Verschiedene Munda. Concept wegen des Grafen Vargas Bedemar. Mittag für uns. Fortgesetzte Arbeiten von früh. Abends große Gesellschaft, die hiesigen Engländer und nächsten Freunde. Nachts Wachlers Litteratur.

16. Abgeschlossen die Abschrift des Berichtes. Las den Bhagavad-Gita, von Wilhelm Schlegel gesendet. Serenissimi Anregung wegen Gebrauch des gelben Zimmers. Mittag Professor Riemer. Gespräch über grammatisches Interesse. Nach Tische Herr Canzler von Müller. Frauenzimmerliche Unterhaltung über die neusten Schriften. Sodann Revision der letzten Schillerschen Jahres-Correspondenz. Ferner der erste Theil meiner neuen kleinen Gedichte. Speiste derselbe ein

Abendbrod. — Herrn Auctionator Weigel nach Leipzig, einige Aufträge wegen Kupfern.

17. Letzte Beschäftigung mit dem Bericht. Ältere Venetianische Gemälde. Abermals einige Anfragen und Aufträge von Serenissimo. Mittag für uns. Nach Tische das Ethnographische Archiv durchgelesen. Bis gegen Abend. Alsdann die Miscellen. Ersteres Nachrichten von Mexico, zweytes von Columbien.

18. Promemoria an Serenissimum wegen verschiedener Geschäfte. Promemoria an Sulpiz Boisserée, wegen Heinrich Müllers. In den Miscellen Columbien weiter gelesen. Der junge Müller die letzte Arbeit seines Vaters, Kants Bildniß, bringend. Vorher die junge Facius eine Bossirung nach meiner Medaille vorzeigend. Mittag aß Walther zum erstenmal nach dem Wiedergebrauch seines linken Arms mit uns. Mein Sohn war nach Hetschburg mit Gesellschaft gegangen. Die Unterredungen mit Byron kamen zur Sprache. Einige sehr schöne Gedichte desselben wurden gelesen. Abends Herr Canzler von Müller; die neue Einrichtung auf der Bibliothek zur Beschauung der Kupferwerke besprochen. Brief der Demoiselle Jacobi von Düsseldorf. Rolle mit Steindruck von Nauwerck. Später mit meinem zurückgekommenen Sohn.

19. Heinrich Müllers Angelegenheit nach Stuttgardt

zu befördern. Mit Wolf spazieren gefahren. Mittag für uns. Gegen Abend Herr Knight. Unterhaltung über seine zurückgelegten Reisen.

20. Wachlers abendländische National-Litteratur. Expeditionen nach Stuttgardt für Müller. Herr Soret mit einem Tiroler Mineralienhändler. Serenissimus befahlen einiges für Jena auszusuchen. Einiges dictirt in Bezug auf die neuen Hefte. Kräuter wegen der Loderischen Tafeln zu Berka. Mittag für uns. Wurden die neusten Schriften über Byron besprochen. Gegen Abend Canzler von Müller einen Brief des Grafen Reinhards vorlegend. Betrachtete ich nachher noch einige fragmentarische Dictata.

21. Einzelne Munda nachträglicher Briefe einzuschalten in's Jahr 1795. Den Aufsatz über Venetianische Gemälde und Restaurationen abschriftlich an Riemern. Herr von Cruikshank zum Besuch. Mittag für uns. Die Schillerschen Briefe vorgenommen. Ingleichen auf serbische Gedichte Bezügliches. Abends deßgleichen. Einiges andere für Kunst und Alterthum. Die Kinder zeichneten und besahen Bilder.

22. Auf serbische Lieder Bezügliches dictirt. Wurden die Fenster bey mir geputzt. Nachher in der Schillerschen Correspondenz Briefe eingeschaltet. Ließ die Frau Großherzogin auf morgen sich anmelden. Mittag für uns. Serbische Litteratur.

Abends Hofrath Meyer, wegen des Catalogs im Jägerhause, auch der Instruction der Demoiselle Seidler. Nachher Oberbaudirector Coudray. Wir besahen die Niederländische ältere Schule, besonders Landschaften. Er ging in's Stadthaus zu einer künstlerischen Darstellung des   .
Ich fuhr an der serbischen Angelegenheit fort.

23. Einige Einschaltungen zu der Schillerschen Correspondenz. Einiges zu den serbischen Gedichten. Frau Großherzogin Königliche Hoheit. Im hinteren Zimmer aufgeräumt. Mittag für uns. Um 6 Uhr Professor Riemer. Die alten Venetianischen Gemälde mit ihm durchgegangen. Ingleichen einiges über die serbischen Lieder. Derselbe blieb zu Tische und wurde gar manches über Sprache, auch über den Unterschied der Naturpoesie gehandelt.

24. War der Teppich im hintern Zimmer gelegt. Dictirte die serbische Angelegenheit weiter. Die dazu gehörigen Briefe wurden geheftet. Die sogenannten Fabrikmalayen betrachtet. Mittag für uns. Nach Tische die serbischen Lieder. Zweifel wegen Haikuna. Abends Eckermann. Sein Verhältniß zu den Engländern erzählend. Betrachtung über den fortgesetzten Unterricht derselben. Später für mich. Hatte die zurückgebliebenen Briefe von 1795 in die Schillersche Correspondenz eingeschaltet.

25. Sendung von Frankfurt: Kastanien und Senf.

Von Kassel: Göttinger Professoren und Färöer Lieder, mitgetheilt von Grimm dem Jüngeren. Die Professoren vom jüngsten. Das Frankfurter Kästchen ausgepackt. Kastanien, Senf und Stickwolle gesondert. Mittag für uns. Gegen Abend Herr Canzler die neusten Byronschen Angelegenheiten besprechend. Späterhin Conversations de Lord Byron premier. — An Serenissimum, Promemoria über verschiedenes; mit den Kupfern der Professoren von Göttingen.

26. Einschaltungen in die Schillersche Correspondenz. Sendung von Serenissimo. Ferner von Berlin, die Kupfer zu Lalla Rookh. Mittag für uns. Lord Byrons Unterhaltungen weiter gelesen. Abends Professor Riemer. Mit demselben den Abschluß der serbischen Gedichte. Ferner das nordische Lied, übersetzt von Wilhelm Grimm, gelesen.

27. Einschaltungen in die Schillersche Correspondenz. Beschäftigung dazwischen mit den Kindern. Noch einige Betrachtungen, welches serbische Lied bey'm Schluß der Abhandlung zu brauchen. Bibliotheksdiener Beyer von Jena, mit Nachricht, daß er zur Verloosung gehe, durch Herrn Obrist von Lyncker ermuthigt. Schmeller seinen lithographirten Dr. Heine vorzeigend. Mittag für uns. Den neuen Aufsatz von Eckermann gelesen. Abends in der Oper Tancred. Nachher den Eckermannischen Aufsatz geendigt.

28. Einige Briefe concipirt. Fräulein von Lieb=
haber aus Braunschweig. Hofrath Rehbein und
Schwager. Nachher Herr Präsident von Motz.
Geh. Hofrath Kirms. Mittag Eckermann zu
Tische. Gespräch über seine neuste Abhandlung,
auch wie er für einen Band seiner kleinen Ab=
handlungen sorgen müsse. Abends für mich.
Las die Kriegsgeschichte der Jahre 1813 und 14.
29. Einschaltungen in die Schillersche Correspondenz.
Artaria von Mannheim, seine mitgebrachten
Kunstwaaren vorzuzeigen erbötig. An den Ein=
schaltungen fortgefahren. Ich las den Feldzug
vom Rheine bis nach Paris. Mittag für uns.
Hofrath Meyer kam wegen einiger Angelegen=
heiten der Zeichenschule. Abends ein Heft von
Klaproth gegen Schmidt in Petersburg.
30. Sendung von Fräulein Therese von Jakob.
Maxim's Hochzeit. Briefe vorbereitet und mun=
dirt. Nebenstehendes abgesendet: Herrn Rath
Grüner nach Eger. Gräfin Julie Egloffstein.
Artaria Kupferstiche und Gemälde vorzeigend.
Hofrath Soret. Mittag für uns. Abends Pro=
fessor Riemer. Den Abschluß des serbischen Auf=
satzes durchgegangen. NB. Hatte das große serbi=
sche Gedicht nochmals für mich gelesen.

December.

1. Meldeten sich Geh. Rath Schinkel und Reisegesellschaft. Einiges zu Kunst und Alterthum. Mittag Geh. Rath Schinkel, Geh. Rath Kerll, Dr. Waagen. Speisten zugleich mit Müller, Coudray und Meyer. Nach Tische verschiedenes vorgezeigt. Sie reisten noch den Abend ab. Ich blieb für mich und beachtete die Einzelheiten auf's neue. Der Diener Krause trat heute früh seinen Dienst an.

2. Auf das nächste Stück von Kunst und Alterthum die Aufmerksamkeit gewendet. Das Einzelne von gestern Abend wieder aufgenommen und überdacht. Prinz Mujo's Krankheit abgeschrieben. Herr Obrist von Lyncker, wegen dem Bibliotheksdiener Beyer sprechend, was für ihn zu thun sey beredend. Mittag für uns. Einige Zeit mit den Kindern. Sendung des Grafen Sternberg. Las in Hormayrs Taschenbuch für die vaterländische Geschichte die Legenden und die Geschichte der Krone von Böhmen. Überlegung wie aus dem Mattstedter eingegangenen Kohlenwerke einige Musterstücke zu erhalten.

3. Briefe mundirt, concipirt und vorbereitet. Einiges auf Kunst und Alterthum Bezügliche durchgesehen. Verschiedene Sendungen. Mittag für uns. Las Plato's Jon in der Stolbergischen Übersetzung. In dem Hormayrischen Wiener Handbuch Legenden

und Familiengeschichten. Herr Canzler von Müller, die Colossalbüste von Dante vorlegend. Eckermann von neuen Anmuthungen zur Mitarbeit an dem Europäischen Magazin erzählend.

4. Nebenstehendes mundirt und expedirt: Herrn Dr. Schrön die Wasserhöhe des Rheins. An Färber die Anfrage wegen der Kisten, Jena. An Fräulein von Jakob nach Halle. Herrn Professor Zelter, mit einem Werther und einer Medaille. — Wolf zeichnete nach seiner Art. Gedicht für Schellhorns gestrigen Jubeltag. Einiges an der Abschrift von Meyers Recensionen. Mittag für uns. Sodann das Wiener Taschenbuch betrachtet, besonders die Geschichte des Schlickischen Münzwesens zu Joachimsthal. Die Silbermünze dagegen betrachtet und was an Grafen Sternberg zu erlassen seyn möchte bedacht.

5. Rath Schellhorn für das gestrige Gedicht dankend. Abschrift der Meyerschen Recensionen geendigt. Der junge Müller wegen eines abzudruckenden Steines. Herr Soret und der Prinz. Serenissimus. Höchstdenenselben verschiedenes vorgewiesen und vorgetragen. Mittag für uns, ohne Ulriken, die auf dem gestrigen Ball wieder verletzt worden war. Hofrath Rehbein wegen dieser Angelegenheit. Nach Tische besonders auch neuere Kupfer angesehen. Abends Hofrath Meyer, wegen des Gemäldekatalogs und sonst. Mit Professor Riemer

den Anfang des Meyerschen Manuscripts durch=
gegangen. Schreiben von Willemer.

6. Livre d'Amour mit ausgemalten Kupfern von
Serenissimo. Mancherley corrigirt, ausgefertigt,
concipirt, besonders auch Briefe für die nächsten
Tage. Mittag für uns. Kamen die Exemplare
Morphologie von Jena. Valerie von Satori, ein
neuer deutscher Roman. Livre d'Amour durch=
gesehen.

7. Vorbereitung zur Ankunft Ihro Hoheit der Frau
Großherzogin. Derselben die Ausschiffung der
Prinzeß von Brasilien vorgewiesen, ingleichen
die lebendigen Berliner Festbilder von Hensel.
Briefe von Weigel und Carl von Leipzig und
Jena. Mittag für uns. Kupferstiche beschaut.
Die nächsten Briefe und andere Expedienda durch=
gesehen. Später Wachlers Litteratur. — An
Auctionator Weigel nach Leipzig, wegen der
Kupferstich=Erstehung.

8. Eröffnung der Kiste von Paris. Mancherley
Munda und Concepte. Mittag zu dreyen. Ul=
rike erschien nicht. Überlegung des Nächsten.
Abends Canzler von Müller. Sodann in das
Schauspiel. Aufführung der Bürger von Wien
mit Staberls Lustigkeiten.

9. Brief an Graf Sternberg mundirt. Schreiben
von Rees von Esenbeck erhalten. Einiges einge=
schaltet in die Schillerische Correspondenz. Mittag

zu drey. Gegen Abend Doctor Eckermann. So=
dann Oberbaudirector Coudray, das Nähere von
der Petersburger Überschwemmung erzählend.
Professor Riemer, ging mit demselben einige
Meyerische Aufsätze durch. Er blieb zu Tische
und wir verhandelten verschiedenes Litterarische
und Moralische.

10. Der erste starke Schnee. Vieles geordnet, be=
richtigt, vorgearbeitet. Im vordern Zimmer die
Schillersche Correspondenz gesichtet und sorgfältig
fortgesetzt. Heinrich Müller, die Probedrücke von
Heinens Porträt bringend und das Geschäft über=
haupt durchsprechend. Proposta di alcune Cor-
rezioni ed Aggiunte. Gedanken über einen Vor=
schlag an Nees von Esenbeck. Den Plan von
St. Petersburg aufgesucht. Mittag zu drey.
Herr Canzler von Müller, dem den Abdruck des
Heinischen Bildes übergab. War von einem
Werke des Grafen Ségur die Rede. Nachher Hof=
rath Meyer, mit welchem einige Stellen der
Kunstaufsätze durchging. Später Tausend und
eine Nacht, von Breslau übersendet, zweyter
Band.

11. Nebenstehende Expeditionen: Herrn Carl, Kauf=
mann in Jena, mit 5 Thlrn. 3 Gr. Curr. An
den Conducteur Schrön zu Jena. An Färber
autorisirte Quittungen dahin. Herrn Breit=
kopf und Härtel nach Leipzig, Empfangschein

wegen des Buquoyschen Werkes. An Professor
Riemer, wegen des französischen Catalogs. —
Einschaltungen in die Schillerische Correspondenz
von 1800. Canzler von Müller wegen der Pariser
Büsten. Promemoria deßhalb an Ihro Hoheit
den Großherzog. Baurevisor Klein, wegen des
Mattstädter Kohlenwercks. Einige Emendationen
zu dem Manuscript von Kunst und Alterthum.
Mittag zu dreyen. Tausend und eine Nacht,
zweyter Theil. Gegen Abend Dr. Weller. Wurden
mit ihm die Bibliotheks-Angelegenheiten und
Privatgeschäfte durchgesprochen. Blieb derselbe
zu Tische.

12. Schillersche Briefe für Kunst und Alterthum.
Ich bedachte die Versendung der Morphologie.
Herr Geh. Cammerrath Helbig wegen eines
von Lindenauischen Briefes, nicht weniger die
sämmtlichen graphischen Darstellungen zurückbringend. Ich beschäftigte mich ferner mit dem
fertigen Manuscript Kunst und Alterthum. Mittag zu dreyen. Nach Tische Tausend und eine
Nacht. Überlegung des ästhetischen und sonstigen
Werths derselben. Professor Riemer, das Buch-
händlerblatt mit Anzeichnungen zurückbringend.
Einige Stellen in Hofrath Meyers Aufsätzen berichtet. Das Mayländische Werk gegen Crusca
stellenweis durchgegangen.

13. Einen Brief d'Altons an Serenissimum bringend.

Abschrift von meinen Briefen von 1802 zu Kunst und Alterthum fortgesetzt. Briefe mundirt und Nebenstehendes expedirt: An Serenissimum, einiges zurück gesendet. Herrn Geh. Rath von Willemer nach Frankfurt. — Demoiselle Facius. Noch einige Concepte von Briefen und Schemata von Aufsätzen. Mittag zu dreyen. Den morgenden Verkauf der Frauenvereinswaare besprochen. Nach Tische einige Concepte vorgenommen. Abends Herr Canzler von Müller, das Gemälde eines alten Schulmeisters von Gräfin Julie von Egloffstein vorweisend, von des Grafen Ségur russischem Feldzug erzählend. Tausend und eine Nacht fortgelesen.

14. Einzelnes vorgenommen. Auf heute Abend anderes vorbereitet. Briefe rein dictirt. Einiges mundirt. Einige Bemerkungen aufgezeichnet. Morphologische Packete gemacht und abgesendet. Mittag zu zwey; Ottilie war wegen des Frauenvereins abwesend. Gegen Abend mit John einiges nachgearbeitet. Besuch des Herrn von Helldorf. Herr Professor Riemer, mit welchem verschiedene Concepte durchgegangen wurden. Er blieb zu Tische und wir besprachen besonders auch die eigentlichen Entwicklungen der Sprache aus sich selbst und die großen dabey obwaltenden Schwierigkeiten, woher die Differenzen der verschiedenen Meynungen und die Unmöglichkeit sie zu vereinigen

entspringt. — Herrn Geh. Oberregierungsrath Schultz, Herrn Geh. Oberregierungsrath Nicolovius, Herrn Geh. Rath Langermann, Herrn Professor Zelter nach
Berlin; mit 4 Heften Naturwissenschaft pp.,
adressirt an letzteren. Herrn Grafen Sternberg nach Brzezina. An die Weygandische
Buchhandlung nach Leipzig.

15. Sämmtliche vorliegende Briefe mundirt. Die
Angelegenheit wegen Güldenapfelschen Deputats
durchgeführt, anderes beseitigt und berichtigt.
Mittag zu vieren. Abenteuer des gestrigen
Balles. Ich nahm nachher das in Frage seyende
Güldenapfelische = Eichstädtische Deputat wieder
vor, um ein kleines Actenfascikel zu formiren.
Vorher war Fräulein Adele Schopenhauer dagewesen. Herr Hofrath Meyer, den Catalog des
Museums bringend, verschiedenes besprechend auf
die Tabelle seiner alten Kunstgeschichte bezüglich. Herr Oberbaudirector Coudray, von seinen
gegenwärtigen Beschäftigungen referirend. Sendung des Herrn Staatsrath Schweitzer. Dieselbe genau durchgegangen. Später Tausend
und eine Nacht. — An Serenissimum die
Boisseréeschen Steindrücke, vierte und fünfte
Lieferung.

16. Promemoria an Herrn von Motz weiter arrangirt. Abschrift an der Schillerschen Correspon-

denz. Einiges in den Branischen Miscellen und Minerva gelesen. Mittag zu vieren. Medwins Unterredungen mit Byron. Abschriften zu dem Promemoria für Herrn von Motz. Später für morgen vorgearbeitet und schematisirt. Herr Hofrath Soret, die goldne und silberne Medaille von Genf vorzeigend und manches besprechend.

17. Abgeschlossen den Aufsatz für Herrn von Motz. Mehrere Munda und Concepte. Nebenstehendes mit einem Blatt für Herrn Nees von Esenbeck und Herrn Beer: Herrn Präsident Nees von Esenbeck mit 4 Exemplaren Morphologie: 1 Nees von Esenbeck, 1 Herrn Oberbergrath Nöggerath, 1 Herrn Professor d'Alton, 1 nach Paris. — Pasten-Sendung von Berlin. Mittag zu vieren. Tausend und eine Nacht fortgelesen. Gegen Abend Herr Canzler von Müller. Sodann Herr Dr. Eckermann. Mit letzterem, der fortfuhr Englisch zu lernen, über englische Litteratur und Geschichte. Auch die großen Vortheile, solche zu studiren. Dann ward über das Byronsche Leben in Italien und Griechenland gesprochen.

18. Einige Briefe mundirt. Nebenstehende Expeditionen abgeschlossen und expedirt: Herrn Dr. Storch, Medicinalrath, nach Salzburg. Herrn Jos. Max, Buchhändler, nach Breslau. An Fräulein Therese von Jakob nach Halle.

Herrn Präsident von Motz nach
Jena, das Güldenapfelsche Frucht-
deputat betreffend.

Herrn Frommann, mit einer Medaille für Alwina.

An Färber, autorisirte Quittungen
zurück.

} Sämmt-
liches
nach
Jena.

An der Correspondenz fortgeschrieben, zu Kunst
und Alterthum. Mittag zu vieren. Gegen Abend
Herr Eckermann und der Engländer Jelle. Nachher Herr Oberbaudirector Coudray, welcher von
einem vorseyenden Bau im Schlosse, von der
Dampfheizung, einem Ausflug nach Erfurt und
seinen jetzt am Ende des Jahrs gehäuften Geschäften erzählte. Tausend und eine Nacht. John
hatte an meinen Briefen von 1802 an Schillern
geschrieben.

19. Meine Briefe an Schiller von 1802 für Kunst
und Alterthum. Für eben dies neue Heft manches
vorbereitet. Besonders das Einzelne näher gerückt und in Ordnung gebracht. Schmeller von
seiner Abreise nach Jena sprechend. Mittag die
jungen Heygendorfe, Rath Hage, Professor Riemer, Hofrath Rehbein, Dr. Eckermann, Secretär
Kräuter und Rinaldo Vulpius. Später Graf
Blankensee. Sodann Präsident von Ziegesar
und Canzler von Müller. Abends für mich.
Vorbereitung auf morgen. Tausend und eine

Nacht. Ein Brief von Frau von Helbig, durch
Graf Blankensee.

20. An den einzelnen Paragraphen. John schrieb an
einzuschiebenden Schillerischen Briefen. Besuch
des Herrn Geh. Staatsrath Schweitzer, wegen
eines fraglichen Orientalisten. Besuch Herrn
Frommanns. Über das Lexicon von Riemer.
Andere Unternehmungen, buchhändlerische. Ma=
dame Frommann und Alwine, für die Medaille
dankend. John schrieb an den Briefen für Kunst
und Alterthum fort. Mittag zu dreyen. Abends
Eckermann, mit dem jungen Doolan. Abends
allein. Die d'Altonischen Affen durchgesehen,
auch Raubthiere verglichen. Redigirt an den
Briefen von 1802. Tausend und eine Nacht. —
Herrn Frommann Manuscript zu Kunst und
Alterthum bis Fol. 66 incl.

21. Heiterer Morgen und Sonnenschein. Einschaltungen in die Schillerische Correspondenz von
1802. Frau Großherzogin betrachtete erst d'Al=
tons Händewandler, sodann die neusten Boisserée=
schen Sendungen. Concepte zu Briefen dictirt.
Mittag zu dreyen. Betrachtung über das was
man Geist in der Unterhaltung nennt. Canzler
von Müller, einen Brief von Gräfin Line und
General Klinger bringend. Für mich, die Parle-
ments=Reden des Lord Byrons, später Tausend
und eine Nacht.

22. Briefe mundirt. Abschriften der Einschaltungen von 1802. Dr. Röse, welcher sich mit Herzog Bernhards Geschichte beschäftigt und deßhalb in Paris war. Meine Schwiegertochter hatte Gesellschaft zum Abschied der Mandelslohischen. Madame Eberwein sang. Kam ein Brief von Melchior Boisserée, die Steindrucks-Angelegenheit in's Klare setzend. Übersah ich den Aufsatz an die Großherzogin wegen der Mittellinie des Barometers, ingleichen an den Großherzog eben wegen des Steindrucks. Mittag zu drey. Die Frauenzimmer mit ihren Christgeschenken beschäftigt. Betrachtung des Briefes von Melchior Boisserée. Projectirter Auszug aus demselbigen. Promemoria deßhalb concipirt. Nicht weniger über die Mittellinie des Barometers einen Aufsatz angefangen.

23. Nachts schrecklicher Sturm; Tiefe des Barometers. Abschrift des Auszugs aus dem Boisseréeschen Brief. Ich completirte in das Exemplar von Kunst und Alterthum meine Briefe an Schiller. Herr Rath Hage wegen einiger Münzen für den jungen Heygendorf. Mittag zu drey. Nach Tische die Boisseréeschen Steindrücke angesehen. Gegen Abend Hofrath Meyer. Sodann Eckermann. Ferner Oberbaudirector Coudray. Wurden die Nubischen Kupfer von Gau angesehen. Oberbaudirector Coudray produzirte sein Pentagonium. Nachher berieth ich mich mit Meyern darüber,

welcher mir die neusten Schloßereignisse vortrug. Beredung wegen des Catalogs für's Museum.

24. Promemoria wegen Heinrich Müller. Sendung von Ernst Meyer, die Euphorbien von Röper. Ordnung in verschiedenen Dingen, mein Zimmer aufgeräumt. Buquoys neustes Werk betrachtet. Weihnachten an Professor Riemer. Mittag zu drey. Beschäftigung der Frauenzimmer mit den Christgeschenken. Mannigfaltige Übersichten und Vorbereitungen. Abends Professor Riemer. Wir gingen ältere Aufsätze durch. — An den Professor Güldenapfel nach Jena das Verzeichniß der Incunabeln. Herrn Dr. Ernst Meyer nach Göttingen, mit einem morphologischen Hefte II, 2. An Hofrath Voigt nach Jena, durch Schmeller.

25. Christfest. Sendung von Herrn von Martius letzte Palmen-Lieferung. Nebenstehende Expeditionen: Herrn Geh. Rath von Leonhard nach Heidelberg, mit einem Heft Morphologie II, 2. Herrn von Martius nach München, mit einem dergleichen. — Hofrath Rehbein. Ärztliche und psychische Unterhaltung. Demselben die Palmen vorgewiesen. Mittag Hofrath Meyer. Vorher mit demselben die neuen Steindrücke angesehen. Was noch für Kunst und Alterthum zu thun sey besprochen. Gegen Abend Herr Canzler. Verschiedenes von Petersburg. Nachrichten durch

den General-Adjubanten des Kronprinzen von Oranien.

26. Mit meinem Sohn oberaufsichtliche Geschäfte abgethan. Nebenstehendes mundirt: Herrn Grafen Reinhard nach Frankfurt a. M., mit einem Heft Morphologie II, 2. Der junge Frommann besuchte mich und erzählte von der Gothaischen Schulfeyer. Mittag Eckermann. Nach Tische die angekommenen Beutherischen Decorationen angesehen und betrachtet. Später die Schillersche Correspondenz vom Jahre 1794 durchgesehen, die aufzuklärenden Stellen bemerkt, auch die Chronik desselbigen Jahres durchgesehen.

27. Mehrere Vorbereitungen. Überlegung wegen der Angelegenheit des Schauspiels. Betrachtungen zu der Schillerschen Correspondenz von 1794. Schwerdgeburth, das Bild des Vogelschießens bringend. Die jungen Heygendorfe und Dankelmann, Abschied zu nehmen. La Gaule Poëtique. Einschaltungen in die Schillersche Correspondenz. Mittag zu vieren. War von der gestrigen Vorstellung des Don Juan die Rede. War morgens Dr. Schrön dagewesen und hatte die graphische Darstellung vom October überbracht. Ich übergab ihm die übrigen mit dem Auftrag ein Portefeuille machen zu lassen und sie bey der Sternwarte zu verwahren. Gegen Abend mit Walthern die alten Münzen angesehen. Die Schillersche

Correspondenz von 1794 in Rücksicht der dazu
erforderlichen Noten durchgesehen. Einige Schub-
laden Mineralien vorgenommen. — Herrn Geh.
Staatsrath Schweitzer, Einladung. Herrn
Canzler von Müller, Brief an Flatters nach
Paris.

28. Ordnung in vielem gemacht, mundirt und concipirt. An Kräuter die Insertionsgebühren für
Jena. An Schwerdgeburth die Medaille nach
gestriger Verabredung. Der junge Baron von
Pappenheim und von Gersdorff. Ich zeigte denen-
selbigen einige Schubladen Mineralien vor. Mittag zu vieren. Nachher Beschäftigung mit den
Schillerschen Briefen. Abends Professor Riemer.
Briefe von 1802 für Kunst und Alterthum.
Gräfin Julie Egloffstein, die Beutherischen Decorationen angesehen. Nachher die einzelnen Bemerkungen für Kunst und Alterthum durchgegangen, die wichtigsten Puncte besprochen.

29. Die Decoration für Berlin gepackt. Einiges Einzelne dictirt. Die Instruction für's Museum, abgeschrieben und completirt; mit Hofrath Meyer
zu bereden. Nebenstehendes abgeschlossen und expedirt: Herrn von Knebel zwey Medaillen nach
Jena. Herrn Hofrath Sartorius eine silberne. An Färber, eine Capsel mit Herbarium
vivum von Serenissimo, nach Jena. — Manches
Briefliche vorgearbeitet. Mittag zu vieren. Gegen

Abend Herr Canzler von Müller, die Angelegenheit mit Flatters in Paris besprechend. La Gaule Poëtique gelesen. Die Hälfte des Jahrgangs der Correspondenz von Schiller 1794 nochmals durchgegangen.

30. Verschiedenes dictirt zu den Noten der Schillerschen Correspondenz. Anderes mundirt und vorbereitet. Mittag Geh. Staatsrath Schweitzer und Generalsuperintendent Röhr. Brief von Herrn von Nagler und Nees von Esenbeck. Überlegung des einen und andern. Mit den Kindern eine Stunde. Für mich die Gaule Poëtique.

31. Briefe bezüglich auf die gestrige Sendung von Berlin. Abschriften für Kunst und Alterthum. Brief von Knebel. Nähere Überlegung des Bevorstehenden. Dr. Schrön dankend für den gegönnten Platz in den wissenschaftlichen Heften und sonstige Begünstigung. Herr Genast, Nachricht von der Verheyrathung der jüngsten Mamsell Böhler, auch sonstige Nachrichten. Mittag zu dreyen. Nach Tische fortgesetzte Überlegung der nächstbevorstehenden Geschäfte. Abends Professor Riemer, den ersten Bogen von Kunst und Alterthum durchgehend. Herr Canzler von Müller, wegen des Briefs an Flatters. Oberbaudirector Coudray, das Pentazonium bringend. Es wird angesehen, gebilligt und mit Riemer das Nähere besprochen.

Agenda

(1819.)

1823. 1824.

Foliobogen, in der Mitte gebrochen. *g.**)

Agenda
19 Jul. 1819.

B. Welden.
Nicolov. Haman.
Prof. Köstlin.

Museen
**v. Zigesar.*
**Mauer Doeber.*
**Treppen Zeich.*
Pferde Embryonen.
**Diener Sternw. Ber.*
*———— *Biblioth. Remun*

Exemplare m. Wercke
Gingo biloba.
* *35. Bogen.*
**Cubus Koerner.*
*Mess Catalogus
**Gruner.*

1823.

Quartblatt, halbbrüchig, ganz von Johns Hand, vorn im Tagebuch eingeheftet. Auf der rechten Spalte:

H. und Fr. v. Fritsch.   H. St. R. Schweitzer.   H. v. Gruikschank.   H. v. Tompson.   H. O. C. Tr. Peucer.   H. O. Bbr. Coudray.   Reg. R. Schmidt.   H. Hofr. Rehbein.   H. Canzl. v. Müller   H. Gen. Sup. Röhr.

*) Das als erledigt Gestrichene ist mit * bezeichnet.

Foliobogen, halbbrüchig, ganz von Johns Hand, vorn im Tagebuch eingeheftet. Auf der linken Spalte:

Gegenwärtig beim Abendthee den 4. April 1823.

Frau Oberkammerherrin von Egloffstein. Gräfin Auguste v. Egloffstein. Zwey Frl. v. Egloffstein von Eisenach. Gräfin Line Egloffstein. Frau von Pogwisch. Fräulein v. Witzleben. Frl. Abele. Herr Clarke. Herr May. Herr Airen.

Den 27. May. 1823.

Fr. Gräfin von Henckel. Fr. v. Pogwisch. Fr. v. Mandelsloh. Frl. Schopenhauer. H. Gen. Sup. Röhr. H. Canzl. v. Müller. H. O. Mdc. R. v. Froriep. H. Hofr. Meyer. H. Prof. Riemer. H. Soret sen. et jun. H. May. H. Sterling. H. Geh. Legat. R. Conta. H. Geh. Refer. Helbig.

1824.

Foliobogen, in der Mitte gebrochen, g, g^1, g^2 und von John beschrieben.*)

Agenda
den 1 Januar 1824.

Briefe:
    Blumenbach.
    *v. Reinhard.
    v. Cotta.
    *v. Hoff.
    *Carus.
    Ernst Meyer.
    *Meyer Minden.
    Mad. Frommann.
    Fr. Stock.
    *H. Tieck.

    Münter.
    Schlosser.

*Julie Zeichnung.
*Von Spiegel
*Schillers Unterschr
*Bogen M.
*Kupfer Platten pp Bonn
*Jena Garten Sternw.
*Schrön Wasser Maas Mpt
*Münter
*Weygand
M.........W...J...
*Genua und das anstoßende östliche Gebirg
Versendung des Inhalts von Kunst und Alterthum.

*) Das als erledigt Gestrichene ist mit * bezeichnet.

*Grüner.   *Jena.
 *Silberzeche   *Berlin.
 *Erdbeben   *Frankfrt.
 *Criminalunters.   *Stuttgard.
 Schrön Wassermaaß   *Mit Meyer Ausstellung
 Jena Garten Sternw.   *———— erster Punct.
                             *Kräuter
                              *Mithra Dienst
 *Kräuter
  *Mithra Dienst
  *Carte Genua   *Zu meinen Werken.
  *Messias Partitur   *Abschrift der Reise
                              *Eckermanns Beschäftigung.
                             *Kräuter
                              *Mämpel
                              *Kupferstiche mahnen.
                              *Mappe für Ottilien
                              *Wiel. Bild

        Innere Seiten eines Foliobogens, sechstheilig gebrochen,
     g und g¹ beschrieben.
                          Juli 1824.
 Zelter.   *Schulz   Münter *Obeleben.   Schloßer.   Varnhagen
            *dessen Ge-   *Rücksendung *Eckermann   Rochliß
             mälbe   des Liedes   *Aufnahme   Helwig
            *Corrigiren   *Halbbezah- *Credit   Grimm
             der Gebr.   lung   Schubert
             Werke
                                *Ganze Be-
                                friedigung
                                                          *Tieck Berl.
                                                          Roux

        Agenda   Bibl. Jena   Lenz
        *Riemer Gelb
        Gedichte Roux
        *Rev. B. 7. M. Tagebücher
        *Dilettantism.
        Steiner Thurn?

        Kräuter an
        Ehlers
        Coudray

Foliobogen, in der Mitte gebrochen, g, g¹ und von John beschrieben.

Agenda
12. Octbr. 1824.

*Das Besondere im Allgemeinen
*Zum Allgemeinen das Besondere suchen

*An Wesselhöft
  *1. Revision des Bogens N mit Abänderung
  *2. Verlangen einer zweyten Revision.
  *3. Separat Abbruck des ersten Blattes, mit Schmutztitel.
  4. Manuscrpt. Bogen O.
  5. Manuscrpt. Umschlag und Inhalt.

*v. *Kirckhof.*
Societaet.
Göttling
Schwerdtgeburt.
v. Motz.
Weygand.
Ludus Helmontii.
*Gleichniß vom aufgehenden und wieder zufrierenden Eise.
*Münzen Loosens
*Bergw. Neustadt
*Quittung Reckel
*Schachtel München
*Werther Fr. v. Stein
*Elegie Fr. v. Pogwisch
*In der Natur Strafe eines cathegorischen Imperativs wie im sittlichen. Nur bedencke man daß man dadurch nicht am Ende sondern am Anfang ist.

*Schrön
  *1. Anerkennung des Gesendeten.
  *2. Aufforderung für das folgende Heft.
  *3. Tabelle vom Juny gesendet.

Bücher-Vermehrungsliste.

1823.

1823.		Verehrer.
Januar.	Stolberg, Christian und Friedr. Leopold, Gesammelte Werke. Zehnter Band. Hamburg 1822	Vom Verleger.
	Joh. Friedr. Kästners poetischer Nachlaß. Herausgegeben von seinem Sohn. Görlitz 1823	Vom Herausgeber.
	Lettre adressée à la Société asiatique de Paris. Par M. Louis de l'Or. Paris 1823	Von der Post.
	Zeitschrift Prometheus 1.— 6. Stück. 1823	Vom Herausgeber Karl Panse.
	Miscellen, 1. Heft } 1823. Herausgegeben Minerva. Januar } von Bran.	Vom Herausgeber.
	Méditations Poétiques, par Alphonse de Lamartine. Paris 1823 . . .	Von Graf Reinhard.
	Der Gesellschafter, Dezember 1823, von Gubitz	Vom Herausgeber.
	Catalog der Schmidtischen Kupfersammlung in Hamburg. 1823	Vom Kunsthändler Harzen.
Februar.	De Organogenia etc. Programma indicit Car. Frid. Heusinger. Jenae 1823	Vom Verfasser.
	Voigts System der Natur und ihre Geschichte. Jena 1823	"
	A. W. Griesels Neuestes Gemälde von Prag	Geschenk von Professor Zauper.

1823.		Verehrer.
Februar.	Oeuvres dramatiques de J. W. Goethe. Tom. IV. Paris 1823	Durch die Verlagshandlung.
	Mariä Krönung und die Wunder des heiligen Dominicus v. W. Ternite .	Vom Künstler.
März.	August Hagen, Gedichte. Königsberg. 1822	Vom Verfasser.
	Über den Bau und die Wirkungsart der Vulkane pp von Alexander von Humboldt. Berlin 1823	"
	Dr. C. G. Carus, Von den Anforderungen an eine künftige Bearbeitung der Naturwissenschaft. Leipzig 1822 .	"
	La Pentecoste, inno di Alessandro Manzoni. Milano 1822	"
	Praelectiones semestres, in Caesarea Universitate Litteraria quae Dorpati constituta est etc. Dorpat .	Von St. R. Morgenstern.
	Catalog einer Kupferstichsammlung des Herrn Specter in Hamburg. 2. Abtheilung, deutsche und franz. Schule, gehalten in Leipzig 1823	Von Weigel.
	Minerva, Februar 1823 Miscellen, 2 Heft 1823 } Herausgegeben von Dr. Bran in Jena	Vom Herausgeber.
	Predigt bey Eröffnung des Landtags 1823 von Röhr	Vom Verfasser.
	Das Reich des Scherzes, v. Ab. Wagner. Leipzig 1823	"
	Minerva, März 1823 Miscellen, 3. Heft 1823 Ethnogr. Archiv 20. Bdes. 2. Hft. } Herausgegeben von Dr. Bran in Jena	Vom Herausgeber.
	Médailles Grecques. St. Petersburg 1822	Von Herrn Staatsrath von Köhler.
	Kirchen, Paläste und Klöster in Italien, von Ruhl, IV. Lieferung. Cassel 1821	Von Ruhl.

Bücher-Vermehrungsliste.

1823.		Verehrer.
April.	Über die Gränzen zwischen Philosophie und Naturwissenschaft, von Raumann. Leipzig 1823	Vom Verfasser.
	Beiträge zur geognostischen Kenntniß von Norddeutschland von Hoffmann. Berlin 1822	Durch Staatsrath Nicolovius.
	Friedr. Osann, Sylloge Inscriptionum Antiquarum graecarum et latinarum. Jenae MDCCCXXII . . .	Vom Verfasser.
	Seconde Lettre adressée à la Société asiatique de Paris. Par M. Louis de l'Or. Paris 1823	.
	Curiositäten der physisch pp.-historischen Vor- und Mitwelt. 9. Bandes 6. Stück. Weimar 1823	.
	Der Gesellschafter, März 1823, von Gubitz	Vom Herausgeber.
	Sophoclis Tragoediae, recensuit Erfurdt. Lipsiae MDCCCXXIII. (Antigona.) De Sogenis Aeginetae Victoria Quinquertii. Disser. Lips. 1822 . . .	Von Prof. Hermann.
	In nuptias Ioannis Principis et Amaliae Bavarae. Lipsiae 1822	Von Prof. Hermann.
	Phantasie-Gemälde von G. Döring. Zwey Theile. 1823 . . . . Zenobia, ein Trauerspiel, von demselben. Frankfurt a. M. 1823 . . . . Der treue Eckart, v. demselben. Frkfrt. a. M. 1822	Vom Verfasser.
	Paläophron und Neoterpe, 1. Heft, von Schubarth. Theilweise	Vom Herausgeber.
	Des Hommes Célèbres de France au dix-huitième siècle	Von den Übersetzern nnd Herausgebern durch Graf Reinhard. Staatsminister von Bülow.

1823.		Verehrer:
April.	Minerva von Bran. April 1823...	Vom Herausgeber.
	Eichstädts Memoria Augusti Ducis Saxoniae. Editio altera....	Vom Buchdrucker Schreiber.
	Goethea, novum Plantarum genus.	Von Nees von Esenbeck.
	Hornschuchia, novum Plantarum Brasiliensium genus........	"
	Boisserée's Steindrücke. Heft....	Von dem Herausgeber.
	Zwey Kupferstiche, Prospekt von Athen und der Akropolis besonders...	Von den Künstlern Heger und Hübsch.
	Bryologia Germanica oder Beschreibung der in Teutschland und der Schweiz wachsenden Laubmoose. Von Nees von Esenbeck. Nürnberg 1823...	Von den Verfassern.
	Aushängebogen 11. der neuen Zeitschrift von Schubarth. Dieselben vollständig	Durch Schulz.
May.	Goethe's Hermann und Dorothea. Aus Versen in Prosa umgebildet von C. Th. Kersten. London 1823....	Vom Verfasser.
	Prof. Wahl, Dissertatio Mathematica Symbolas ad Epicrisin Theoriarum paralellas spectantium continens.	Vom Verfasser.
	Tragödien nebst einem lyrischen Intermezzo von Heine. Berlin 1823....	Vom Verfasser.
	Ter Graf von Essex. Romantisches Trauerspiel aus dem Spanischen. Göttingen 1822. Von Dr. Spitta......	"
	Journal für Chemie und Physik. Neue Reihe, Band 7. Heft 1, 2, von Schweigger.........	Vom Herausgeber.
	De Granite juxta calcem transitoriam posito. C. F. Naumann. Dissert. Jenae............	Vom Verfasser.
	Ter Büchernachdruck pp. von Dr. K. Ernst Schmidt. Jena 1823.....	"

1823.		Verehrer:
May.	Graf Stolberg. 11. und 12. Band. 1823.	Vom Verleger.
	Aus Hoffmanns Leben und Nachlaß. 1., 2. Theil. Berlin 1823	Vom Herausgeber.
	Neuere Geschichte der evangelischen Missions-Anstalten pp. Herausgegeben von Knapp. 71. Stück. Halle 1823	
	Predigten von Joh. Fr. Röhr. 2. B. Neustadt a. d. O. 1823.	
	Predigt am Genesungsdankfeste J. K. H. der regierenden Frau Großherzogin von Weimar-Eisenach, von Fr. Röhr. Weimar 1823.	Vom Verfasser.
	Minerva, May 1823 } Herausgegeben Miscellen, 5. Heft 1823 von Bran.	Vom Herausgeber.
	Spittlers Europäische Staaten-Geschichte von Sartorius. 2. Theil. Berlin 1823	Vom Verfasser.
	Das Schloß Marienburg mit Kupfern von Büsching	Durch Duncker, vom Verfasser.
	Heldenbilder aus den Sagenkreisen der Mittelzeit von von der Hagen, 1. Theil. 2. Theil, 2 Abtheilungen	Vom Verfasser.
	Verhandlungen der Gesellschaft des Vaterländischen Museums in Böhmen . .	Von Graf Sternberg.
	Kefersteins Teutschland. 2.Bandes 3.Heft	Vom Verfasser.
	Der Gesellschafter, April-Heft 1823, von Gubitz	Vom Herausgeber.
	Ethnographisches Archiv. Herausgegeben von Bran. 21.Band, 1.Heft. Jena 1823	
Juny.	Der Thermomagnetismus von J. von Yelin München 1823	Vom Verfasser.
	Nachrichten von den kaiserlich österreichischen Naturforschern in Brasilien, durch Schreibers. 1822.	Von demselbigen.
	Pflicht und Gewissen, Trauerspiel von Seckendorff. Leipzig 1823	Vom Verfasser.

1823.		Verehrer.
Juny.	Sulla. Trauerspiel v. Kästner. Hannover 1822	Vom Verfasser.
	Phaethon von Waiblinger. Stuttgart 1823.	"
	Die Natur der lebendigen Pflanze von Carl Heinr. Schulz. 1. Theil. Berlin 1823	"
	Minerva, Juni 1823 Miscellen, 6. Heft 1823 von Alexander Ethnographisches Archiv, Bran 21. Band, 2. Heft.	Vom Herausgeber.
July.	Catalogue des Cartes géographiques, topographiques et marines de la Bibliothèque du Prince Alexander Labanoff de Restoff. Paris 1823	Vom Prinzen.
	Geographische Länge und Breite von Brzezina. Herausgegeben von Aloys David. Prag 1823	Von Prof. Zauper.
	Die Bayerische Köchin in Böhmen. Herausgegeben v. Anna Neubecker. Salzburg 1819	Von Rath Grüner.
	Ökonomische Handgriffe in den wichtigsten weiblichen Wirthschaftsgeschäften. Von A. Neubecker. Ried 1823	"
	Goethe in den Zeugnissen der Mitlebenden. Berlin 1823.	Durch Varnhagen von Ense.
	Miscellen, 9. Heft Minerva, September 1823. Ethnographisches Archiv, Herausgegeben 22. Band 1. Heft von Dr. Bran	Vom Herausgeber.
	Recherches sur l'origine des ordres de chevalerie du royaume de Dannemarc par le Dr. Frid. Münter. Copenhag. 1822 . . . . Symbola veteris Ecclesiae artis operibus expressa a Frid. Münter. 1819	} Vom Verfasser.

1823.		Verehrer.
July.	Om Frankernes Mynter i Orienten. ved. d. Fr. Münter. 1821. . . .	Vom Verfaffer.
	Forklaring af en inscription paa En Gammel Etruscisk Ara i Cortona ved. d. Fr. Münter. 1821. . . .	
	Friderici Münteri Episcopi Seelandiae Epistola etc. 1822.	
	Narratio de Lucio primo Episcopo Romano. D. Fr. Münter	
	Flottbeck und deffen diesjährige Bestellung pp. von Freyherrn von Voght. Altona 1822	Von Flottbeck.
	Die Rheinfahrt. Berlin 1823	Vom Verfaffer.
	Der Herr und seine Apostel in bilblichen Darstellungen von Langer und begleitendem Text von Freyberg. Stuttgart 1823.	
	Der Gesellschafter, August 1823. Herausgegeben von Gubitz	Vom Herausgeber.
	Kritik der Lehre von den Geschlechtern der Pflanzen. Zweyte Fortsetzung von Franz Joseph Schelver. Carlsruhe 1823	Vom Verfaffer.
	Homers Ilias, überfetzt von Oertel. München 1823.	Vom Überfetzer.
	Tagebücher von Venedig von Freyherrn von Freyberg. München 1823 . .	Vom Verfaffer.
24. Septbr.	Schweiggers Journal, Band 8, Heft 3 .	Vom Herausgeber.
	Graf Carmagnola, Trauerspiel von Manzoni. Aus dem Italiänischen von Arnold. Gotha 1823. 8° . . .	Vom Überfetzer.
"	Die Nürnbergischen Künstler N. 1. 2. Nürnberg 1822. 2 Hefte. 4° . .	Vom Verein daf.
	Jonge, Notice sur le Cabinet des Médailles et des Pierres gravées de S. M. le Roi des Pays-Bas. A la Haye 1823. 8	Von J. M. dem König.

1823.		Verehrer.
24. Septbr.	Floresta de Rimas antiguas Castellanas. T. II. Hamburgo 1823	Von Perthes.
	Antiquités du Bosphore	Von Staatsrath Köhler.
3. Octbr.	Eckermann, Beyträge zur Poesie. Stuttgart 1824. 8°	Vom Verfasser.
	Raoul-Rochette, Lettres sur la Suisse écrites en 1819—21. Tom. 1. 2. Paris 1823. 2 Vol. 8°	Deßgleichen.
7. Octbr.	Mehrere kleine französische Aufsätze von Herrn de Candolle. Paris 1822	Durch Herrn Soret.
	Kleine Hefte von Schweigger, den Orientalisch-Europäischen Verein betreffend	Von Schweigger.
	Grundlinien zu einer neuen Theorie der Erdgestaltung von K. Fr. Klöden Berlin 1824	Vom Verfasser.
8. Octbr.	Ethnographisches Archiv, 23. Band, 1. Heft. 1823. Ethnographisches Archiv, Herausgegeben 23. Band, 2. Heft. von Herrn Miscellen, 10. Heft. Dr. Bran Minerva, October.	Vom Herausgeber.
10. Octbr.	Atmosphärische Krankheiten und atmosphärische Ansteckung von Hufeland. Berlin 1823	Vom Verfasser.
	Die Atmosphäre in ihren Beziehungen auf den Organismus, von demselben	
	Über den Kunstcharakter des Tacitus von J. W. Süvern. Berlin 1823	"
	C. G. Carus, Vom innern und äußern Bau der Muscheln und Schnecken	"
b. 15. Octbr.	Sophoclis Tragoediae. Vol. II. Lips. 1823	Von Ritter Hermann.
"	Euripidis Bacchae	
"	De Aeschyli Niobe, Programma	
19. Octbr.	Acta Physico Medica. Tom. XI. Zwey Theile	Von Nees von Esenbeck.

1823.		Verehrer.
19. Octbr.	Die Kirche von Oppenheim v. Director Müller	Von demselben.
20. Octbr.	Gesammelte Werke der Grafen von Stolberg, 13., 14. und 15. Band. Hamburg 1823	Von Perthes.
	Neues Journal für Chemie u. Physik. Neue Reihe, 6. Band, 4. Heft. Herausgegeben von Schweigger. Nürnberg 1822	Vom Herausgeber.
	Université de France. Faculté de droit de Strasbourg. Par. Ch. F. Alb. d. Reinhard. Strassburg 1823 . . .	Vom Verfasser.
27. Octbr.	Metrische griechische Übersetzung des ersten Gesanges von Goethes Hermann und Dorothea von Dr. Winckler. Gießen	"
b 29. Octbr.	Lieben, Lust pp. des schles. Ritt. Hans von Schweinichen. Herausgegeben von Büsching. 3. B. Breslau 1823 . .	Vom Herausgeber.
	Von Martius, Palmen, Kupfer und Text	Von Martius.
b. 5. Novbr.	Miscellen, 11. Heft, 1823 } Herausg. Minerva, Novbr. 1823 } von Dr. Bran	Vom Herausgeber.
b 9. Novbr.	Mémoire sur une Larve qui divore les Helix nemoralis. Par le Comte Ignace Mielzinsky. Genève 1823 .	Vom Verfasser, durch Herrn Soret.
b. 24. ejd.	Journal für Chemie und Physik von Schweigger. Neue Reihe, Band 9, Heft 1. 1823	Vom Herausgeber
	Witterungsblatt, enthaltend die zu erwartende Winterwitterung. 2. Band, 1. Heft. Herausgegeben von Littmar. 1823	"
	Handbuch der Botanik von Wilbrand. 1823	Vom Verfasser.
ben 29. Novbr.	C. F. von Wiebeking, Bürgerliche Baukunde. 2. Band mit 37 Kupfern. München 1823	Vom Verfasser.

1823.			Verehrer.
den 29. Novbr.	Nachweisungen über den Inhalt des 1. u. 2. Bandes von Wiebekings theoretisch-praktischer Bürgerlicher Baukunde. München 1823		Vom Verfasser.
b. 6. Decbr.	Miscellen. 12. Heft. 1823 ⎱ Herausg. Minerva. December 1823 ⎰ von Dr. Bran Feyer der Grundsteinlegung der neuen Bürgerschule zu Eisenach. Gesänge und Reden. Herausgegeben von Dr. J. A. Nebe. Eisenach.		Vom Herausgeber.
b.16.Decbr.	Über Weißkupfer. Eine Vorlesung von Hofrath Ch. Keferstein. Halle . .		Vom Verfasser.
	La Fête de L'Hymen à l'occasion du mariage de S. A. R. Mgr Le Prince Royal de Prusse avec S. A. R. Elisabeth Princesse Royale de Bavière. Par M. Théaulon. Berlin 1823		"
	Statuten des landwirthschaftlichen Vereins für den Weimar-Jenaischen Kreis. 1823		
	Erholungslieder zum Stiftungsfeste, den 16. December 1823		
b.25.Decbr.	Elementa anatomiae corporis humani. Just. Christ. a Loder. Mosq., Rig. et Dorp. 1823		"
	Copien von van der Neri, in gefärbter Aquatinta		
b.28.Decbr.	Schweiggers Journal der Chemie und Physik. Neue Reihe, Band 9, Heft 2. Nürnberg 1823		Vom Herausgeber.

1824.

1824.		Verehrer.
Januar.	A. Meckel, Über Vergleichungen in der Naturwissenschaft. Bern 1823 . .	Von Herrn Nicolovius.
	Dr. C. H. Tölken. Erklärung der Bildwerke am Tempel des Jupiter Ammon zu Siwah. Berlin. 1823	"
	Ludov. Fridr. Kaemtz, Dissert. math. physica de Legibus Repulsionum electricarum mathematicis. Hal .	Vom Verfasser.
	Dr. G. L. Osterdinger, Vorschlag zur Begründung einer Pathonomie. Buchau 1824.	"
	Minerva, Januar 1824 } Herausg. von Miscellen, Erstes Heft } Bran	Vom Herausgeber.
	Dr. C. J. A. Baumbach, Einleitung in das Naturrecht. Leipz. 1823	Vom Verfasser.
	J. E. Purkinje, Commentatio de examine physiologico organi visus etc. Assumto socio G. Kraus, Med. stud. Vratislaviae.	Von Nicolovius.
	Memoires de Goethe. P. M. Aubert de Vitry. Tom I. II. Paris . .	Vom Übersetzer.
	Der Gesellschafter von Gubitz. Decbr., Jan. 1824	Vom Herausgeber.
	C. F. Heusinger, System der Histologie. Eisenach 1823	Vom Verfasser.
	Preußen und Bayern im Concordat mit Rom von Regierungsrath Müller. .	"
	Miscellen, 2. Heft. 1824 } von Bran . . Minerva, Februar }	Vom Herausgeber.

1824.		Verehrer:
Januar.	Dr. Schweiggers Journal für Chemie und Physik. Neue Reihe. Band 9, Heft 3. Nürnberg 1823	Vom Herausgeber.
Februar.	Dr. Bran, Ethnographisches Archiv, 23. Band, 2. Heft. Jena 1824 . .	"
	Über Goethe's Faust und dessen Fortsetzung. Leipzig 1824	Von Göschel, dem Verfasser.
	Joseph Dobrowsky, Geschichte der böhmischen Sprache und ältern Literatur. Prag 1818	Vom Verfasser.
	Mehrere kleine Schriften antiquarischen Inhalts von Köhler und Köppen. .	Von Letzterem.
	Gedichte eines Nordländers. Herausg. von Georg Gr. v. Bl. Berlin 1824. . .	Vom Herausgeber.
	Fr. Rochlitz, Für Freunde der Tonkunst. 1. B. Leipzig 1824	Vom Verfasser.
März.	Minerva, März Miscellen, 3. Heft Ethn. Archiv, 24. Band, 1. Heft } 1824. Herausgegb. von Dr. Bran.	Vom Herausgeber.
	J. R. Thorbecke, über das Wesen und den organischen Charakter der Geschichte. Göttingen 1824.	Vom Verfasser.
	Prof. Huschke, über die Sinne. 1824.	"
April.	Minerva, April Miscellen, 4. Heft } 1824. Von Dr. Bran.	Vom Herausgeber.
	E. F. Glocker, De Gemmis Plinii imprimis de Topazio. Vratislav. 1824.	Vom Verfasser.
	C. Fr. Neumann, Beyträge zur Kenntniß Norwegens. Leipzig 1824	"
	F. S. Voigt, Wörterbuch der botanischen Kunstsprache. Jena 1824	Vom Herausgeber.
	Libri Coronae Legis a J. G. L. Kosegarten. Jenae 1824	Vom Verfasser.

1824.		Verehrer.
May.	Mittheilungen der k. k. Mähr. Schles. Gesellschaft des Ackerbaues pp. Jahrgang 1823. 3. Heft und 4. Heft. Brünn.	
	Minerva, May 1824 Miscellen, 5. Heft } Herausg. von Bran.	Vom Herausgeber.
	Paläophron und Neoterpe. Herausg. von Schubarth. II, 1. Berl. 1824. . .	"
	Specimen anatom. pathologicum inaugurale etc. auctore Const. Nicati. 1822	Vom Verfasser.
	Natürliche Eintheilung der Säugethiere von Dr. Ritgen. Gießen 1824. . .	"
	Berlinische Zeitschrift für Wissenschaft und Literatur. Herausgegeb. von Dr. Göbike. II B., 1. Heft. Berlin 1824.	
	Hermes 1. Stück von 1824. No. XXI der ganzen Folge	Vom Verfasser.
Juni.	Verhandlungen der Gesellschaft des Vaterländischen Museums in Böhmen. 1824.	Von Graf Sternberg.
	Enumeratio plantarum Horti et Agri Brezinensis etc. ab Antonio Franz.	"
	Pathologische Fragmente von Dr. C. W. Stark. 1. Bd. Weimar 1824 . . .	Vom Verfasser.
	Wuks Stephanowitsch kleine Serbische Grammatik, verdeutscht v. J. Grimm. Leipzig und Berlin 1824	Vom Übersetzer.
	Heinrich Meyers Geschichte der bildenden Künste bey den Griechen. 2. Abthl. Dresden 1824	Vom Verfasser.
	Drey Vergeltungen in Einer. Trauerspiel von Calderon de la Barka, übersetzt von Gries	Vom Übersetzer.
	Ethnographisches Archiv, 24. Band . .	Vom Herausgeber.
	Journal für Chemie und Physik. Herausg. von Schweigger. Neue Reihe. Bd. 10, Heft 4. 1824.	"

1824.		Verehrer.
Juni.	Vita de Benvenuto Cellini. Milano 1824.	Von dem jungen Herrn Frommann.
	Der Gesellschafter von Gubitz. April 1824.	Vom Herausgeber.
	Die Poesie und Beredsamkeit der Teutschen von Franz Horn. 3. Bd. Berlin 1824.	Vom Verfasser.
	Journal für Chemie und Physik, von Schweigger herausgegeben. Neue Reihe. 11. Bd., 1. Hft. 1824.	Vom Herausgeber.
	Biographie-Skizze des Prinzen Eugen, Herzogs v. Leuchtenberg, von Chevalier Planat. Augsburg 1824.	Vom Verfasser.
July.	Miscellen, 7. Heft	1824. Herausg. von Bran.	Vom Herausgeber.
	Minerva, July		
	Ethn. Archiv. 21. Bd, 1. Heft		
	Absalon, Trauerspiel von Frohmuth Fiedler. Königsberg 1824	Vom Verfasser.
	Vermischte Gedichte von W. Meinhold. Greifswald 1824	"
	Dissertatio inauguralis sistens Plantarum Papilionacearum monographiam medicam. Public. erudit. exam. submittit Car. Henr. Ebermaier. Berol. 1824.	"
	Bestimmung der Naturkunde für den Schulunterricht von Ruckstuhl. Coblenz 1823.	"
	Journal für Chemie und Physik von Schweigger. N. R. B. 11, H. 2. 1824.	Vom Herausgeber.
	Der Gesellschafter pp. May 1824	"
	Wilhelm Meister's Apprenticeship. In three Volum. Edinburgh 1824	Von Dr. Röhden.
	Die Insel Föhr und das Wilhelminen See-Bad 1824. Von Fr. von Warnstedt. Schleswig 1824.	Vom Verfasser.
	Darstellung des thierischen Magnetismus von Wilbrand. Frankfurt a. M. 1824.	"

1824.		Verehrer.
July.	Friedrichs von Schiller, Sämmtliche Werke. Siebenter Band. Weimar 1824 . .	Von Döring.
	Psychologie von Stiedenroth. 1. Th. Berlin 1824	Vom Verfasser.
	Die Hölle des Dante Alighieri, übersetzt von Streckfuß. Halle 1824 . . .	Vom Übersetzer.
August.	Denkmäler alter Sprache und Kunst. Herausgegeben von Dorow. 1. Bd., 1. 2. 3. H. Bonn und Berlin 1823 und 24	Vom Herausgeber.
	Verhandlungen der Kaiserl. Leopold. Carol. Akademie der Naturforscher. 12. Bandes 1. Abthl. M. K. Bonn 1824 .	Von Nees von Esenbeck.
	Polnische Übersetzung von Werthers Leiden. Zwey Bändchen	Piotrowsky.
	Fortgesetzte Annalen der Physik. Berlin 1824	Durch Poggendorff.
	Ardschuna's Reise zu Indra's Himmel, übersetzt von Franz Bopp. Berlin 1824.	Vom Übersetzer.
	Vergleichende Zergliederung des Sanskrits von Franz Bopp. Berl. 1824 . .	"
Septbr.	F. W. Carové, Über das Recht zur öffentlichen Beurtheilung	Vom Verfasser.
	Amoenitates Botanicae Bonnenses. Fasc. II	Von Nees von Esenbeck.
	Die Skelette der Haussäugethiere und Hausvögel von Dr. M. J. Weber. Bonn 1824	Von Weber.
	Index praeparatorum aliarumque rerum ad anatomen Spectantium etc. a Just. Chr. a Loder. Mosquae 1823	Durch Graf Panin.
	Dr. M. J. Webers Handbuch der vergleichenden Osteologie. 1. Thl. Bonn 1824	Vom Verfasser.

1824.		Verehrer.
Septbr.	Dr. C. G. Carus, Von den äußern Lebensbedingungen der weiß- und kaltblütigen Thiere. Leipzig 1824	Vom Verfasser.
	Miscellen, 9. Heft } von Bran. Minerva, Septbr.	Vom Herausgeber.
	Aristoteles Politik, Griechisch von Göttling	Von Göttling.
	K. Ludw. von Woltmanns sämmtl. Werke. Herausgeb. von seiner Frau. Leipzig 1824. 1. B. 7. Lief.	
	Dissertatio Iuridica Inauguralis de Iure Surdo-Mutorum, auctore Rembto Tob. Guyot.	
October.	Linnaei Systema Vegetabilium ed. Sprengel. I. 1824	Von Sprengel.
	Die Lehre von der Adoption. Von Dr. Ch. Wilh. Schmitt. 1824. Jena.	Vom Darsteller.
	Malerische Reisen des Grafen Eduard Raczinzky, übersetzt v. F. H. von der Hagen. Breslau 1824	Durch Geh. Ob. R. R. Schulz.
	Journal für Chemie und Physik von Schweigger. Neue Reihe. Band 12, Heft 1. Halle 1824	Von Schweigger.
	Beyträge zur deutschen Landwirthschaft und deren Hülfswissenschaft pp. Herausgeb. v. Dr. Sturm. 4. Bdchen.	Vom Herausgeber.
	Schauspiele von Holtey	Vom Verfasser.
	Die Extersteine, dargestellt von K. Th. Menke. Münster 1824	Vom Darsteller.
	Beobachtungen auf einer Reise nach England von Dr. A. H. Niemeyer. Halle 1822	Vom Verfasser.
	Rede am Sarge des Herrn Cammerherrn Fr. C. G. O. Freyherrn von der Malsburg. Cassel. Von A. Fr. Zülch.	Von Malsburg.

1824.		Verehrer.
October.	Rafael von Friedrich Rehberg. 3 Hefte.	Vom Verfasser.
Novbr.	Cäcilia, Zeitschrift für die musikalische Welt. Herausgeg. von einem Vereine Gelehrten. Maynz 1824	Von den Herausgebern.
	Der Eislauf oder das Schrittschuhfahren im Taschenbuch für Jung und Alt. Herausgeg. von Zindel. Nürnberg 1825	Vom Herausgeber.
	Bhagavad-Gita von Schlegel	Vom Übersetzer.
	Der Vesuv in seiner Wirksamkeit während der Jahre 1821, 22, 23 von Corelli, verdeutscht v. Dr. Pauls. Elberfeld 1824	"
	Miscellen, 11. Hft Minerva, Novembr. Ethn. Archiv 26, 2 } Herausgeg. von Bran, 1824.	Vom Herausgeber.
	Charakteristik der Felsenarten von Leonhard. Heidelb. 1824. 3. Abthl.	Vom Verfasser.
	Beleuchtung und Widerlegung der Forschung über die Geschichte der mittelasiatischen Völker von Klapproth. Paris 1824.	"
	Das neue Leben. Übers. und herausgegeben von Friedrich von Oeynhausen. Leipzig. 1824	Vom Übersetzer.
	Rudolph von Habsburg. Ein Heldengedicht in 12 Gesängen von Pyrker. Wien 1825	Vom Dichter.
	Taschenbuch für die Geschichte. Herausgeber die Herren von Hormayr und Mednyansky. 6. Jahrg. Wien 1825.	Von den Herausgebern.
	Werke der Gebrüder von Stolberg. 16., 17. Bd. Herausgegeb. von Perthes in Hamburg. 1824	Vom Herausgeber.

1824.		Verehrer.
Decbr.	Enumeratio Euphorbiarum quae in Germania et Pannonia gignuntur.	Durch Dr. Ernst Meyer.
	Miscellen, 12. Hft. } von Bran herausgegeb. Minerva, Decbr.	Vom Herausgeber.
	Journal für Physik und Chemie. Neue Reihe. Herausgeg. von Schweigger. B. 12, Heft 2. 1824	

Lesarten.

Der vorliegende Band ist bearbeitet von Ferdinand
Heitmüller. An der Feststellung des Textes nahm Julius
Wahle Theil, doch ist ihm der Herausgeber auch für anderweitige freundwillige Mitwirkung zu Dank verpflichtet.
Ein hier gern wiederholtes Dankeswort gebührt auch den
Bürgermeisterämtern von Carlsbad und Marienbad, welche
die Curlisten von 1823 bereitwilligst übersandten. Wie
früher machen auch diesmal die in die Lesarten eingeflochtenen Erläuterungen nicht den Anspruch auf Vollständigkeit. Redactor der Abtheilung ist Bernhard Suphan.

Es bedeutet g eigenhändig mit Tinte, g^1 eigenhändig
mit Blei, g^2 eigenhändig mit rother Tinte Geschriebenes;
Cursivdruck bezeichnet Lateinischgeschriebenes, 𝔖𝔠𝔥𝔴𝔞𝔟𝔞𝔠𝔥𝔢𝔯
Ausgestrichenes der Handschrift. — Die Sonntage sind wie
in den vorigen Bänden durch Fettdruck des Datums ausgezeichnet.

1823.

Actenformat: Blaue Deckel mit der von John bezw.
Kräuter herrührenden Aufschrift „Tage-Buch. Januar. Februar. Maerz. April. May. Juny. 1823" (fol. 1—36) und
„Tagebuch July bis December 1823" (fol. 37—93). In der
rechten Ecke oben je eine 11 (verstümmelt) und 12. Vorgeheftet sind dem ersten Heft ein Quartblatt (*a*) und 8 Folioblätter, davon 4 beschrieben mit einem Namensverzeichniss
und der „Bücher-Vermehrungsliste" (fol. a—d); dem zweiten
6 Folioblätter, davon 3 beschrieben mit der „Bücher-Vermehrungsliste (fol. e—g). Auf fol. e sind zwei Heidlersche
Recepte, die Goethe in Marienbad machen liess (12. und
14. 8. 1823), aufgeklebt.

Der Schreiber, der Goethe in diesem Jahr auch auf die Reise begleitet, ist John. Ausnahmen sollen bemerkt werden.

Januar.

1, 10 dem] den 14 und Munda nach Briefe 15 Glenck *g* Karl Christian Friedrich Glenck, Salineninspector zu Gotha (1779 - 1845). Vgl. über ihn Allg. Deutsche Biogr. 9, S. 233 f. und Eckermann, Gespräche mit Goethe ⁸ II, S. 118 sowie die Erklärung daselbst S. 267 f. 2, 1. 2 Nachrichtliche Notiz über diese Sendung sowie über die acquirirten Münzen (7, 16—19) in einem dem Grossh. Staatsministerium gehörigen Fascikel: „Acta das Ordnen des Grossherzoglichen Münzkabinets betr. 1822 bis 1829; ingleichen eine anzulegende Münz-Sammlung der neusten Zeiten 1830—1831 betr.", fol. 16. 17. 2. 3 Das Briefchen ist G.-J. VI (1885), S. 136 gedruckt und es bestätigt sich hiernach die daselbst ausgesprochene Vermuthung. 8 Meyerischen richtiger Mayerischen, da wohl zweifellos der Band 8, S. 272, 22—24 erwähnte Johann Friederich Mayer gemeint ist; vgl. auch 10, 6. 7. 11 Herrn nach Herrn Perthes, Gotha, wegen neuerer Gemälde, deren Sendung abgelehnt. 15 Tiebemann] Thielemann 17 Mittags lies Mittag 21 Zu Schweinichen (27) vgl. Kunst u. Alterth. V, 1, S. 14. 23—24 Frankfurt a. M. aR 25 Öffentliches] Öffentl. 3, 10 Friedrich Perthes macht in seinem Briefe vom 1. Jan. a. c. die Künstler, um deren Gemälde es sich handelt, namhaft; es ist eine Verkündigung Mariae von Overbeck und ein Bild von Cornelius gemeint. (Eing. Briefe, Januar — März 1823, fol. 2.) 11 Herrn nach Herrn Geh. Leonhard nach Heidelberg. 14. 15 Vgl. Tagebuch, Band 8, S. 274, 16. 17, und Goethe an Grüner. 25. December 1822 (Briefw. und mündl. Verkehr zwischen Goethe und dem Rathe Grüner, S. 126 f.). Unter den Eing. Brief. auch einer von Grüner (30. Decbr. 1822) mit ausführlicher Beschreibung des Einzugs der Fürstlichkeiten in Eger (fol. 10 und 11); vgl. auch 5, 19. 20. 19 ihm] ihn 21 Pitschaft vgl. 2ᵃ. 4, 1. 4. 1 Abelchi] Abelche 2. 3 Exhibita] Exhebita 17 Sessenheim] Seßenheim 18. 19 Vgl. Kunst und Alterthum IV, 2, S. 158 ff. 5, 3 Sesenheim] Senfenheim (Die variirende Schreibung, die auch wohl auf eine wechselnde Aussprache schliessen lässt, ist absichtlich im Text erhalten worden.) 8, 9 Der Brief an Loos ist gedruckt G.-J. 11 (1881), S. 294. 6, 12 Eisenachischen] Eisenachische 15 Flavie] Flavi vom] v. 19 Bohne] Bohn 7, 5. 6 Vgl. Abth. II, Band 9, S. 280 ff. 9 Sendung von] von eingesetzt 9. 10 Der Brief von Domitianus Nowak, Mitglied des Vereins der barmherzigen Brüder im Kloster zu Kukus, unter den Eing. Briefen, fol. 27, in dem Goethe die Zusendung einer Medaille des Franciscus Gonzaga, „so der Gemahl der Paula und Markgraf von Mantua war", angeboten wurde. Der Dichter nimmt an und dankt unterm 29. Januar (10, 23. 24). Vgl. auch Goethes Unterhaltungen mit dem Kanzler Friedr. von Müller, 29. Septbr. 1822 (S. 62). 16—19 Über die Stuttgarter Münzen (10, 2. 3) vgl. Goethe an Boisserée, 27. Januar (Sulpiz Boisserée. Stuttgart 1862. II. S. 348) und besonders das schon erwähnte Actenfascikel „Das Ordnen des Grossherzogl. Münzkabinets betr. 1822 bis 1829", fol. 17/18. 8, 4 Der die ersten Nummern dieser Zeitschrift begleitende Brief von Carl Panse (Naumburg, am 16. Januar 1823) unter den Eing. Briefen, fol. 31/32. 17 um nach der 19 anregend üdZ von aR 9, 3 Vorbereitungen aus Vorbereitung 23—26 Über die Verhandlung mit Baumann befinden sich ausführliche Bemerkungen in einem dem Grossh. Staatsministerium gehörigen Actenfascikel „Botanisches Institut, Museum und Garten zu Jena betr. vom 1. April 1821 bis zum 31. Decbr. 1829", fol. 37 und 37ᵃ (von August von Goethe unterzeichnet), sowie Erlasse in dieser Angelegenheit an Voigt und Weller vom 13. Februar (von Goethe gezeichnet) auf fol. 39 und 40ᵃ. 10, 16 *de Lamartine*] *de la Martine* 23 Domitianus] Dominicus (Der Vorname nach der eigenhändigen Unterschrift Nowaks verbessert.) 28 Sesenheim] Seesenheim 11, 6 Vgl. die zu 4, 18. 19 gehörige Notiz. 7 Beide Schreiben unter den Eing. Brief., fol. 45/46.

Februar.

12, 22 mundirt, und lies mundirt und 22. 23 Der Brief an Meyer ist gedruckt im G.-J. V (1884), S. 142 f. 25 nach Göttingen? Johann Valentin Adrians Brief (19. Jan. 1823) war ebenso wie der Cottaische aus Stuttgart datirt. Vgl. über ihn G. an Schultz, 11. Juni 1823

(Briefw., S. 276 f.) 13, 1 vom] v. 18 nach] n. 19 Sefen=
heim] Seesenheim 14, 2. 3 Fr. Siegm. Voigt, System der
Natur und ihre Geschichte. Jena 1823. 8°. Voigts Begleitbrief (Jena, 5. Febr.) unter den Eing. Brief., fol. 50.
19 Über die „Dienemannischen Naturkörper" vgl. Briefe des
Grossherzogs und Goethes an Döbereiner (Weimar 1856),
S. 113. (Nr. 46) 24—27 Vgl. 28, 21—23 26 Lalla Roofh] Lala
Ruth (aus Lalar Ruth). Brühls Brief unter den Eing. Brief.,
fol. 51. 28 Tie — Tieck unterstrichen. Vgl. Kunst und
Alterthum, IV, 3, S. 91 f. und W. Frhr. von Biedermann,
Goethes Gespräche, 10. Band (Nachträge). Leipzig 1896.
S. 110 (14. Februar). 15, 7 negoziirend] nejozirend 13. 14
Lalla Roofh] Lala Ruf 23 Verschaffelt] Werschaft vgl. Abth. II,
10. Band, S. 195, 22. 16, 1. 2 C. J. Selb, Geognostische Verhältnisse der Gegend um Dürrheim, zur Beurtheilung des
daselbst mit glücklichem Erfolge erbrochenen Salzlagers.
Karlsr. 1822. Gr. 8°. 4. 5 Von Gagern, Mein Antheil an
der Politik. 10 Wegen des „Webertaktes" vgl. G. an Grüner,
13. Mai 1823 (Briefw., S. 128). 11 Beethoven] Bethofen 23. 24
Präparaten = Gläsern] Praparat. Gläsern 17. 1. 2 Wilhelm
Ternite (1786—1871), „ein preussischer Officier und geschickter Maler, der nach achtjährigem Aufenthalt in Paris
nach Berlin zurückkehrt", überbrachte einen Brief von Antonia Brentano (Frankfurt, 14. Febr.) und sein grosses Kupferwerk, wahrscheinlich wohl die von Forsell gestochenen
15 Zeichnungen „Mariae Krönung". Sein Anmeldebrief vom
17. Februar unter den Eing. Brief., fol. 61. Vgl. über ihn Allg.
Deutsche Biogr. 37, S. 574 ff. 9 Gesteigertes nach Den Tag
leidig zugebracht. Arzeney verändert, etwas mehr Appetit.
Abends Herr Soret. 11 Anmeldung aus Anmeldungen Stroganow
unterstrichen. 11—13 „Er wiederholte öfters sein Bedauern,
um Stroganoffs Besuch gekommen zu sein." (Goethes Gespräche, Band X, S. 112.) 9—18, 26 event. 20, 8 Die Einträge in den Tagen vom 19.—24. Februar, wo die Krankheit ihren Höhepunkt erreichte, event. auch bis zum 2. März
sind erst später aus der Erinnerung heraus nachgetragen
worden. Dafür spricht die schematische Fassung und
Goethes eigne Erkundigung am 24. Februar: „Er fragte, ob
man sein Tagebuch fortgesetzt, und jammerte, dass es nicht ge-

scheben." (Goethes Gespräche, Band X, S. 116.) Biedermann a. a. O., S. 110 ff, theilt für einige Tage (nach der „Handschrift C. A. H. Burkhardt's für die Neuausgabe von Goethe's Unterhaltungen mit dem Kanzler Friedrich von Müller") Einzelheiten der Krankheitsgeschichte, wie sie Müller in seinem Tagebuch festhielt, mit. Was bei ihm fehlt, soll hier nach dem Original des Müllerschen Tagebuchs nachgetragen werden, womit auch die von Heitmüller, Aus dem Goethehause, S. 337 (Anm. 503) zusammengestellte Litteratur zu vergleichen ist. Im Müllerschen Tagebuch heisst es:

„Dienstags, 18. Februar

erschreckte mich Mittags, beym General v. Egloffstein, mein Bruder mit der eben aus Rehbeins Munde vernommenen Kunde, dass Göthe höchst gefährlich krank sey u. eine Herzentzündung habe. Ich lief gleich nach Tische hin, erfuhr, dass man ihm zu Ader gelassen, traf Dr. Huschken, sah das Blut mit allen Zeichen der höchsten Entzündung u. musste aus der Aerzte Mund vernehmen, dass die Wahrscheinlichkeit seiner Rettung nur wie 2 : 10 sey. In der Nacht trat Schweiss ein, weshalb man die beschlossenen Blutigel erst am andern Morgen ansetzte."
18, 7 in eingesetzt.   17 Am Schluss seiner von Biedermann mitgetheilten Einträge am Sonntag, 23. Februar notirt Müller: „Sonntag Abends wurde er zu Jene schon todt gesagt."   18 mäßig] mäfig   19 Befuch] Bef.   20—23 In der Beilage zu Nr. 56 der „Neuen Breslauer Zeitung" (7. April 1829) findet sich folgende aus der Berliner Spenerschen Zeitung abgedruckte ‚Berichtigung': „Zur Steuer der Wahrheit und zu Verhütung des bösen Beispiels wird hierdurch bekannt gemacht, dass unser verehrte, uns nun wieder geschenkte, Göthe nicht (wie es in der Vossischen Zeitung erzählt wurde) Champagner-Wein, sondern Kreutz-Brunnen, in seiner Krankheit getrunken, ja dass er noch 14 Tage nach überstandener Gefahr so wenig Wein vertragen konnte, dass ihm schon ein kleines Gläschen leichten Würzburgers neues Fieber erregte, ferner dass er, statt Misstrauen in die Aerzte zu setzen, ihnen vielmehr völlig vertraute, und ihre Verordnungen auf das pünktlichste befolgt."   26 Müller notirt unterm 24. Februar:

„Die Nacht war schlecht gewesen, der Puls intermittirte oftmals, man fürchtete einen Herzensschlag. Man sagte ihm, der Grossherzog habe öfters zu ihm gewollt, man habe ihn aber wohlmeinend zurückgehalten. Er erwiderte: 'Wenn ich der Fürst wäre, so liesse ich mich nicht abhalten, der Fürst muss gerade durchdringen, sich nicht um solche Conspirationen kümmern'."

(Vgl. auch die ähnliche Äusserung bei Eckermann, Gespräche mit Goethe, III, S. 10, von diesem Tage, welche Biedermann IV, S. 213, untern 25. Februar abdruckt.) Zum Schluss dieses Tages heisst es:

„Wir wagten kaum, uns der Hoffnung, die sein Zustand unverkennbar gab, hinzugeben, fürchtend, es sey die letzte Aufloderung des Lebensprincips u. vielleicht schon innerer Brand vorhanden. Besonders die kalten Extremitäten wusste man nicht zu erklären. Doch gegen 8 Uhr nahm diese Kälte ab und allerley gute Symptome traten ein. Er fieng an ruhiger zu schlummern. Um eilf Uhr gieng ich nochmals hin u. vernahm die besten Nachrichten."

19,5 In Müllers Tagebuch heisst es:

„Dienstag Morgens 25. Februar enthielt das Bulletin zum erstenmale lauter Gutes. Er hatte mehrere Stunden ruhig geschlafen, der Puls gieng ziemlich frey u. man überliess sich freudig den schönsten Hoffnungen."

Und abschliessend:

„Ich sprach Nachmittags Ulricken im Nebenzimmer, wie Vormittags den Sohn. Göthe hatte sich zwey ganze Nachfragezettel von Stadelmann vorlesen lassen. 'Es sey doch sehr artig von den Leuten, so viel Theil zu nehmen; man müsste recht dankbar dafür seyn.' Huschke hatte ihm etwas Wein erlaubt, er fand ihn stärker als sonst u. Rehbein missbilligte diese Aufreitzung."

Vgl. auch Riemer an Frommann, 26. Februar 1823 (Heitmüller a. a. O., S. 271 f.). 12 Müllers Tagebuch, 26. Februar:

„Die Nacht war fast ganz schlaflos gewesen, doch schlummerte Er am Morgen. Die linke Hand zeigte sich geschwollen, die Füsse ohnehin. Üble Zeichen. Er war im Ganzen ruhig, fieng an sich nach der Aussenwelt zu erkundigen; ob keine Heirath neuerer Zeit zu Stande gekommen u. s. w. Gegen Abend verlangte er nach Meyern. Voigt von Jena war hier."

27. Februar: „Donnerstags kam Riemer zu ihm u. es gieng viel besser."

28. Februar: „Freytags liess er mich Nachmittags zu sich einladen u. ich fand ihn, zwar noch liegend u. matt, aber doch viel besser aussehend als ich gefürchtet."

1. März: „Sonnabend gieng er schon etwas im Zimmer umher u. die Geschwulst an den Füssen nahm bedeutend ab." (Vgl. das Rehbeinsche Bulletin von diesem Tage bei Heitmüller a. a. O., S. 273.)

„Sonntags 2. März liess er sich alle Nachfrage verbitten, da die Besserung rasch vorwärts schritt." (Vgl. hierzu das bei Heitmüller a. a. O. mitgetheilte letzte Bulletin auf S. 274.)

März.

20, 11. 12 Manuscript zu Kunst und Alterthum, das Riemer am nächsten Tage nach Jena in die Druckerei schickt. Vgl. Riemer an Frommann, 5. März 1823 (Briefw. S. 274 f.). 15. 16 Jeanne Louise Henriette Genest Campan, Mémoires sur la Vie privée de Marie Antoinette Reine de France et de Navarre, suivis de Souvénirs et anecdotes historiques sur les règnes de Louis XIV, de Louis XV et de Louis XVI. P. I—III. Paris 1823. 21, 11. 12 Memoiren] Memoire 13 Herrn — 16 bezieht a R. Vgl. hierzu Goethes Briefwechsel mit Schultz, S. 267, Augusts Brief von 9. März. 15 Ankunft nach der 17 Gräfin nach Hofrath Meyer 22, 13 K. G. Carus, Von den Ur-Theilen des Schalen- und Knochengerüstes, mit 12 Kupfertafeln. Vgl. Goethes Werke (Kürschner): 33. Theil: Naturwissenschaftl. Schriften, I, S. 429 ff. und auch was der Herausgeber Rudolf Steiner von Goethes grossem Interesse an diesem Werke ebenda S. 421 zusammengestellt hat. 14. 15 Es ist jedenfalls der Anfang des noch im selben Jahre (im 1. Heft des 2. Bandes „Zur Morphologie") erschienenen Aufsatzes „Bedeutende Förderniss durch ein einziges geistreiches Wort" gemeint (II. Abthl.,

11. Band, S. 58); vgl. 26, 11. 12.   26 Vgl. auch 26, 15. 16 und 39, 7. 8. Ausserdem bei den Eing. Brief. eine Enveloppe mit der von Eckermann herrührenden Aufschrift: „Gedichte zu Goethes Wiedergenesung. 1823." Darin Gedichte, theils handschriftlich, theils gedruckt, von Fouqué, Emanuel Steiner in Winterthur-Schweiz, Vulpius, Georg Döring in Frankfurt a. M. und Anonymen.   23, 21. 22 Kammerherr Friedrich August von Beulwitz, Major und General-Adjutant. (Staats-Handbuch.) 24 S.] Sr.   27 Joseph Weber, Mémoires concernant la Reine Marie-Antoinette de France. Publié par Berville et Barrière. Tome 1. 2. Paris 1822. Vgl. Goethes Unterhaltungen mit dem Kanzler Friedr. von Müller, S. 50 f. 24, 12 G. dankt dafür am 10. April. Vgl. Briefw. zw. G. und Reinhard in den Jahren 1807 bis 1832. Stuttgart und Tübingen 1850. S. 224 (Nr. 115).   13. 14 Memoiren] Memoire   25 meinen nach Jena   28 Scherer] Scheerer vgl. 66, 11. 12   25, 23 Über die Schreibung des Namens Firnstein vgl. Tagebuch, Band 8, S. 382 (Notiz zu 223, 3). 26, 3—5 Kunst und Alterthum IV, 2, S. 79 ff.   9. 10 Unter den Eing. Brief., fol. 106 ein umränderter Zettel von Carl Augusts Hand mit den Worten: „Der König von Bayern hat mir geschrieben, grüsst Dich bestens u. wünscht Glück zur Wiedergenesung." (20. April 1823.)   12 Joh. Chr. August Heinroths „Lehrbuch der Anthropologie" hatte Goethe bereits Ende vorigen Jahres erhalten und im Tagebuch zuerst am 4. December 268, 26 (woselbst die dazu gehörige Notiz S. 391 zu vergleichen ist) erwähnt. Vgl. auch Kunst und Alterthum V, 2, S. 175.   26 Kostüm] Kostum   27, 2—4 Vgl. G. an S. Boisserée, 10. April und Boisserée an G., 17. April 1823 (Briefw., S. 353 und 355 f.).   5. 6 Vgl. Eckermann, Gespräche mit Goethe, 22. März (III, S. 12) und Riemer an Frommann, 29. März (Briefw. S. 275) und die dazugehörige Anm. 507 (S. 337).   20 deutschen] deutsch. üdZ   28, 1—3 Näheres über diese „Naturalien" in dem Briefe Goethes an Döbereiner vom 9. Februar 1823 (Briefe des Grossherzogs Carl August und Göthes an Döbereiner. Herausgegeben von Oskar Schade. Weimar 1856. S. 113 f.   6—8 Kunst und Alterthum IV, 3, S. 12 ff.   11 Adele Schopenhauer. 21 Theatersekretär nach jun   22 Teichmann] Teichmeyer   21—23

Brühl schreibt darüber später (9. April 1823) an den Dichter: „Teichmann, den Sie so unendlich gütig aufgenommen, und der davon auf's tiefste gerührt ist, hat Sie gesehen und war mir daher der erste sichere Zeuge Ihrer Wiederherstellung. Seine Rückkehr war mir um deswillen doppelt willkommen." (Eing. Brief., fol. 108). Vgl. auch Zelter an Goethe, Ostern 1823 (Briefw. III, S. 306) und 14, 24—27.   29, 14 Fürnſtein] Fürnſtein   19. 20 Zeichnungen eingesetzt; vgl. 22. 23 und 24. 22 Vierte Lieferung der Gebäude aus dem Mittelalter in Italien von Jul. Eug. Ruhl, Architekt in Cassel. Der Begleitbrief vom 14. März unter den Eing. Brief., fol. 86.   24 Mellish] Melliſch   Die Tochter des Königlich Grossbrittischen General-Consuls zu Hamburg, Joseph Carl von Mellish, „mit dem man frei heitere Jahre zugebracht, der nun aber längst entfernt lebte." Vgl. Abthl. I, Band 4, S. 80, Nr. 29.   25 Höyen] Hoim Niels Lauritz Höyen. Vgl. Biedermann, Goethes Gespräche, 4. Band, S. 218 ff.   30, 19 Vgl. zu diesen Worten den mehrfach erwähnten Aufsatz über Heinroth (II. Abthl., 11. Band, S. 58 ff.), auch 32, 28.   20 Professor Dr. Joh. Fried. Posselt, 1819 nach Jena berufen, war tags zuvor dort, erst 29 Jahre alt, gestorben.   27. 28 Büschings Begleitbrief, in dem er diese Bitte aussprach, vom 14. Februar 1823 (Eing. Briefe, fol. 116).

April.

31, 21 Fortſchritte des Steinbruchs in der Hs. unterstrichen. 32, 2 und immer Hage] Hagen   15—17 Vgl. S. 320.   21 Über den Leibchirurgen Kämpfer vgl. Tagebuch Band 8, S. 330 (Notiz zu 1, 1).   33, 2 Gloſſarium] Cloſſarium   6. 7 Abschrift dieses Briefes, aus einem dem Grossherzogl. Staatsministerium gehörigen Actenfascikel — „Von Serenissimo erhaltene, auf ein besonderes Geschäft jedoch nicht immer bezügliche Briefe und Notizen. 1821. 1822. 1823" — entnommen, im Goethe- und Schiller-Archiv.   10 D. Wilhelm Carl Friedrich Succow, Hofrath und Mit-Director des „Medizinisch-chirurgisch-klinischen Instituts" zu Jena. (Staatshandbuch.)   11 Kaiserl. russischer Rittmeister von Tompson. (Staatshandbuch.) 26 ihre ſtete] ihrer ſteten   34, 14. 15 Zweite Ausgabe der Mineralogie von Cleaveland in Boston. Vgl. Goethe an Sternberg, 20. Juni 1823 (Briefw., S. 104).   23 Chr. Friedr.

Schwägrichen, Botaniker (1775—1853). Vgl. über ihn Allg. Deutsche Biogr. 33, S. 175. ²⁸ fünfen] 5 35. ⁴ ben] bem ⁶ Herrn nach Herrn Geh. Oberregierungsrath Schultz nach Berlin. ¹¹. ¹² Dieser Erlass, der die von Baumann auf fol. 42 nachgesuchte Erlaubniss des „Laubrechens" (Laub für die Anlegung von Mistbeeten zu sammeln) ertheilt, befindet sich in dem schon erwähnten Actenfascikel „Botanisches Institut, Museum und Garten zu Jena betr.", fol. 49. ¹⁴. ¹⁵ Stein war am Abend vorher ¹/₂10 Uhr in Weimar, aus Nassau kommend, eingetroffen „und wurde in's Fürstenhaus rechten Flügel vier Treppen hoch logirt". (Fourierbuch.) Am Montag, 14. April, reiste er in Begleitung des Generals von Wolzogen weiter. 36, 7. ⁸ Der Aufsatz über Lepas anatifera steht II. Abthl., 8. Band, S. 255 ff. Goethe liess sich dazu die im Zoologischen Cabinet befindlichen Exemplare der Lepas (anatifera et polliceps) durch Färber aus Jena herüberkommen. ⁸ Vgl. Sorets Aufzeichnungen über diesen Abend bei Eckermann, Gespräche, III, S. 13 f. ¹⁶ Erste Hälfte der Aushängebogen von Paläophron und Neoterpe (1. Stück) von K. E. Schubarth. „Ein besseres vollständiges Exemplar" sandte Schubarth am 29. April aus Berlin ab (44, 16). 37, 10 Vgl. Sorets Notizen über diesen Abend bei Eckermann a.a.O., S. 14. ²⁴ Glasplättchen] Glasblättchen ²⁸ Friedrich Ludwig August von Germar, Hauptmann, Ritter des Civil-Verdienst-Ordens der Bayerischen Krone. (Staatshandbuch.) Er war am 8. April auf Befehl des Grossherzogs nach Dresden gereist, um dessen „Compliment" dem König von Bayern zu überbringen. Am 14. d. M. war er zurückgekehrt. 38. ⁵ Claude] Cloud Chr. Haldenwang (1770—1831). Über seine Kunst vgl. Allg. Deutsche Biogr. 10, S. 406 f. ¹¹—¹³ Des hommes célèbres de France au dix-huitième siècle, et de l'état de la littérature et des arts à la même époque; par Mr. Goethe: traduit de l'Allemand, par M. M. de Saur et de Saint-Génies; et suivi de notes des traducteurs, destinées à développer et à compléter sur plusieurs points importants les idées de l'auteur. A Paris, chez Antoine-Augustin Renouard. 1823. Vgl. die zu 43. ¹⁴. ¹⁵ gehörige Notiz. ¹⁴ Gräfin — ¹⁵ Hamburg ab] Der Brief ist die bis jetzt liegen gebliebene Antwort auf den bekannten Seelenbrief der Gräfin vom 15. October vorigen Jahres. Vgl. Goethes Briefe an die Gräfin Auguste zu Stolberg, verwittwete Gräfin Bernstorff. 2. Aufl. Leipzig 1881, S. 69 f. (Nr. 21) bezw. S. 76 f. (Nr. 22); ferner Goethes Leben von H. Düntzer. (Leipzig 1883.) S. 618. 18, 19 Die „Urgrossmama" war die Generalin Excellenz Gräfin Ottilie Henckel von Donnersmark, geb. Gräfin von Lepel, Oberhofmeisterin am erbgrossherzogl. Hofe. Vgl. über sie Karl von Holtei, Vierzig Jahre. Breslau 1845. V. Band, S. 49. 20. 21 Zweite Lieferung der Vorbilder für Fabrikanten und Handwerker, welche Minister von Bülow aus Berlin gesandt hatte. Sein Begleitschreiben vom 6. April unter den Eing. Brief., April — Juni 1823, fol. 123. Goethe dankt am 27. d. M. (42, 23. 24.) Vgl. auch Kunst und Alterthum IV, 12, S. 176 ff. 39, 7. 8 D. Wilhelm Christoph Günther, Ober-Consistorialrath, Hofprediger und Director des Waisen-Instituts zu Weimar (Staatshandbuch), derselbe, der Goethe und Christiane 1806 getraut hatte. Sein Grabstein an der Aussenseite der alten Jacobskirche in Weimar ist noch erhalten. 15 „Heute früh 11 Uhr kamen Ihro Königl. Hoheit die Fr. Kurfürstin von Hessen Cassel nebst 2 Prinzessinnen Töchtern, 2 Damens u. 1 Cavalier hier an u. logirten im Erbprinzen." (Fourierbuch.) 21. 22 Der Charakter der Krankheit, die sehr gefährlich war, geht aus den Einträgen in das Fourierbuch nicht hervor. Canzler von Müller notirt am

20. April in sein Tagebuch: „In der Nacht wurde die Grossherzogin krank. Der Hof wurde Abends abgesagt."

23. April: „Wegen Krankheit der Frau Grossherzogin blieben von heute die Herren Ärzte Hofrath Stark und Rehbein des Nachts im Schloss u. wurden beköstiget." (Fourierbuch.)

24. April: „Die Krankheit der Grossherzogin hatte in der Nacht die schlimmste Wendung genommen." (Müllers Tagebuch.)

25. April: „Heute wurde in der hiesigen Stadtkirche wegen gefährlichen Krankseyn Ihro Königl. Hoheit der Frau Grossherzogin Gottesdienst gehalten und von dem Herrn Generalsuperindent Röhr eine Rede gehalten." (Fourierbuch.)

„Fortwährende Angst um die Grossherzogin. Man gab fast alle Hoffnung auf." (Müllers Tagebuch.)

26. April: „Wegen gefährlichen Kranksein I. K. Hoheit der Frau Grossherzogin war kein Theater." (Fourierbuch.)

„Es schien am Morgen etwas besser mit der Grossherzogin." (Müllers Tagebuch.)

27. April: „Heute wurde das Läuten zur Kirche sowie überhaupt alles lärmende Fahren, Klatschen pp. in der Nähe des Schlosses wegen noch immer anhaltender Krankheit Ihro Königl. Hoheit der Frau Grossherzogin von Polizeywegen untersagt. Auch war während der Zeit kein Theater." (Fourierbuch.)

„Höchste Todesgefahr der Grossherzogin. Gegen Abend Besserung der Krankheit." (Müllers Tagebuch.)

Vgl. auch 40, 24. 25; 41, 11. 12. 20. 24. 25; 42, 6. 7. 18—20. 25—27; 43, 3—6; 45, 15. 16; 48, 5. 6. 9 und Goethe an Carl August, 30. April 1823 (Briefw. II, S. 215). 24. 25 Vgl. Goethe an Carl August, 20. April 1823 (Briefw. II, S. 213). 27 R. über Er 40, 4 Morphologie nach Natur 5. 6 Vgl. Abth. II, 10. Band, S. 191 ff. 6 Pozzuol] Puzzuol 28 Tempel aus Stempel 41, 1. 2 Vgl. 42, 4. 5 und 121, 15—17. 9. 10 Aushängebogen] Aushangebogen 19 „Geschichte der durch Überlieferung nachgewiesenen natürlichen Veränderungen der Erdoberfläche." 2 Bde. 1822 und 1824. Vgl. Abthl. II, 9. Band, S. 280 ff. 42, 10 NB. — 11 nR 14 Veterinäranstalt] Veterinairanst. 15 D. Christoph Martin, „nicht akademischer Rath" am Ober-Appellations-Gericht zu Jena 20 Dürerschen] Dürrerschen 43, 14. 15 Eine Recension der schon 38, 11—13 erwähnten französischen Übersetzung der Goethischen Anmerkungen zu Rameaus Neffen von Diderot, „welche, für das Froriepsche Literaturjournal bestimmt, aus der Feder der Frau Geh. Regierungsräthin von Voigt, geb. Ludecus, geflossen" war, hatte Peucer Tags zuvor (28. April) Goethen zur Einsicht übersandt. Er schreibt dazu, dass er „ohnehin entschieden war, diese Anzeige, so wie sie ist, nicht zum Abdruck zu bringen, sondern sie theils zu ändern, theils durch Zusätze zu mildern" — und erbittet sich dann Goethes Meinung darüber.

(Eing. Brief., fol. 147 f.) Vgl. 44, 3—9. 10. 21—23; 45, 3. 4. 17. 18. 23. 24; 46, 23. 24; 47, 8. 9. 18 Hetschburg: Dorf in der Nähe Weimars. 44, 7 Mayer] Meyer Vgl. im vorigen Tagebuchband die zu 272, 22—24 gehörige Notiz (S. 391).

Mai.

44, 18. 19 Müller notirt zu diesem Besuch bei Goethe in sein Tagebuch: „Erzählung von meinen französischen Expeditionen", welche Erlebnisse später in seinem bekannten Buche „Erinnerungen aus den Kriegszeiten von 1806—1813. Braunschweig 1851" auch veröffentlicht sind. 23. 24 Dr. Friedr. Wilh. Ludwig Wahl in Jena (Staatshandbuch von 1823). Der Titel der überreichten „Disputation" in der Bücher-Vermehrungsliste. 25 Dr. Johann Friedrich Christian Werneburg in Jena (1777—1851); vgl. Allg. Deutsche Biogr. 42, S. 19. 45, 14 Denstedt: Dorf in der Nähe Weimars; vgl. 20. 21. 26. 27 Wahrscheinlich lautet der Name richtig: Bibran. Das Staatshandbuch führt einen „Kammerherrn Carl Ernst Friedrich Freyherr von Bibran und Kittlitztreben" auf. 46, 3 Mayer] Meyer 9. 10 Vgl. Eckermann a.a.O. III, S. 15. (Von Biedermann in den „Gesprächen" irrthümlich unterm 7. Mai [IV, S. 828] registrirt.) 17 Tienemannischen] Thienemann. 20 Basil von Canicof, Kaiserl. russischer wirkl. Geheimer Rath und ausserordentlicher Gesandter in Weimar. 23. 24 Goethe gab den Aufsatz Riemer mit nach Hause, der ihn andern Tags zurücksendet und darüber sein gewünschtes Urtheil abgibt. Er schreibt: „In dem der Sache und dem Zweck vollkommen genügenden, mit Mässigung und Billigkeit abgefassten Aufsatz habe nichts als Kleinigkeiten der Interpunction und Schreibfehler des Copisten anzumerken gefunden: es wäre denn die Stelle gleich im Anfang, wo des Rameaus Neffen gedacht wird, wo es vielleicht gut wäre, der Deutlichkeit wegen, den Titel materialiter, wie ich ihn an den Rand notirt, anzugeben. Peucer wird sehr erfreut seyn, über die Auszeichnung, die Ew. Excellenz ihm und dem von ihm redigirten Journal widerfahren lassen, und vielleicht hat es die gute Folge, dass man in Nachahmung desselben sich in ähnlichen Fällen gleicher Mässigung, die immer eine Folge der Gründlichkeit ist, befleissigt." (Eing. Briefe, fol. 151.) Vgl. dazu Hempel, Band 31, S. 150 ff. Weniger mild und zurückhaltend sprach G. sich zwei Jahre später Zelter gegenüber aus in dem Briefe vom 11. April 1825 (Briefw. IV, S. 24). Am 17. Mai (50, 7—9) sendet er „die misswollende Recension", die Peucer cassirt hatte, sowie den neu entstandenen Aufsatz in Abschriften an den Grafen Reinhard „zu gefälliger Mittheilung an die Pariser Freunde, dass sie wenigstens vorläufig einen guten Willen von unserer Seite gewahr werden". (Briefw., S. 229 f.) Vgl. auch 47, s. Am 19. Mai bedankt sich Peucer in einem langen Briefe für die „gewogentliche Zusendung eines höchst belehrenden Aufsatzes." (Eing. Briefe, fol. 161/2); vgl. auch 51, s. 6. 26 Der Mineraloge Dr. Karl Friedrich Naumann (1797—1873), der Goethe bei dieser Gelegenheit dem damaligen Brauche gemäss seine in der Bücher-Vermehrungsliste aufgeführte Habilitationsschrift: „De granito juxta calcem transitoriam posito" überreichte. Vgl. Allg. Deutsche Biogr. 23, S. 316 ff. 27 Der Italiener Thioli, der Restaurateur der Paula Gonzaga Trivulzio, befand sich auf der Durchbreise in Weimar. Vgl. Goethe an Schultz, 18. Mai (S. 273 f.) und 11. Juni 1823 (S. 274 f.), ferner an Carl August, 9. Mai (Briefw. II, S. 217) und G.-J. IV (1883), S. 179 f.; vgl. auch 47, 5. 6. 10—12. 13. 14. 24. 25. 28; 48, 1—3. 16. 17. 21—23; 49, 18. 27; 50, 10. 11; 53, 28; 54, 1- 8. 9. 13; 55, 1. 2. 10—13. 19. 20; 57, 1. 2. 47, 8 ber] bes 20. 21 Der Erlass ist gedruckt im G.-J. V (1884), S. 20. 48, 5. 6 „Heute früh wurde die Genesung Ihro Königl. Hoheit der Frau Grossherzogin in der hiesigen Kirchen sowie im ganzen Lande gefeiert. Es war in hiesiger Haupt- und Stadtkirche grosse Kirchenmusik, der Herr Generalsuperintendent Röhr hielt eine diesen Tag betreffende Predigt und alle Hof- und Staatsdiener wohnten dieser heiligen Feyerlichkeit bey." (Fourierbuch.) 10. 11 Es ist wohl der Abthl. II, Band 9, S. 104 ff. gedruckte Aufsatz: „Zur Geognosie und Topographie von Böhmen" gemeint, speciell vielleicht das S. 113 f. mitgetheilte Schema vom „Wolfsberg". 14 Mittag lies Mittags 20 antiquarifchen] antiquarifche 28 Bernhard August von Lindenau (1779—1854), der Gothaische Minister und Astronom, über den jüngst Paul von Ebart eine mancherlei Actenmaterial zusammentragende biographische Skizze veröffentlicht hat (mit drei Bildnissen Lindenaus und drei Ansichten. Gotha 1896.). Vgl. auch Allg. Deutsche Biogr. 18, S. 681.   49,1 Zu Sorets Besuch vgl. Eckermann a.a.O., III, S. 15.   4.5 Cammerherr Graf von Bose im Gefolge der Königin von Baiern und Geh. Rath von Baumbach im Dienste und Gefolge des Herzogs von Meiningen. (Fourierbuch.)   5.6 Der Herzog von Meiningen war — ebenso wie der König von Baiern — am 13. Mai in Weimar eingetroffen und hatte auf der Altenburg Wohnung genommen. Am Abend des 14. Mai „gegen 9 Uhr" traf die Königin von Baiern nebst 4 Prinzessinnen in zwei sechsspännigen Wagen ein. Am 19. Mai früh ³/₄4 Uhr reiste der König wieder nach München ab. (Fourierbuch.)   11.12 „Mit dem Briefe vom 13. Mai schickte Goethe einige gedruckte Blätter, enthaltend vier Gedichte Firnsteins nebst einer Abhandlung Riemers über Naturdichter, dann in einer kleinen Kapsel von Buchsbaumholz einen Dukaten in Gold zur Einhändigung an Firnstein" — fügt Grüner a.a.O., S. 130 erläuternd dem Abdruck auf S. 128 hinzu. Seine Antwort an G. ist ohne Datum und enthält über Firnstein folgenden Passus: „In Folge der darin [nämlich in Goethes Brief vom 13. Mai] enthaltenen Weisung zeige ich an: Dass die hohe, so mächtig wirkende Empfehlung an Firnstein nach Falkenau mit dem Wunsche Euer Excellenz abgesendet wurde. Wie sehr diese Herablassung, diese Anempfehlung auf den von der Natur in körperl. Hinsicht so sehr stiefmütterlich behandelten Firnstein, auf seine Freunde, auf den Ort selbst aufmunternd und vortheilhaft wirkte, wie sehr die edle Absicht Euer Excellenz, auch Keime des Guten und Schönen zu pflegen, abermals erreicht wurde, wird sich erst dann um so vortheilhafter zeigen, wenn man sich von dem ersten Freudentaumel erholt haben wird." (Eing. Briefe, fol. 182/3.)   12 Firnstein] Fürnstein   15.16 In Canzler von Müllers Tagebuch heisst es: „Nachm. zu Göthe, um Cotta zu finden, der bey ihm ass. Lebhafte Unterhaltung mit ihm über politische Schriftstellerey, über Gross, Meyer, Dannecker, Wangenheim. Ottilie liess sich vom alten Herrn Hoffmanns Nachlass schenken, unter den zierlichsten Possen. „Wer keinen Geist hat, glaubt nicht an Geister und somit auch nicht an geistiges Eigenthum der Schriftsteller," sprach Göthe, bezüglich auf den Nachdruck." (Der letzte Satz auch bei Burkhardt, S. 54 und Biedermann IV, S. 229.) 16. 17 Christian Erhard Kapp (1739—1824), mit dem Goethe 1813 in Teplitz fast täglich beisammen gewesen war. Vgl. Tag- und Jahreshefte, Band 36, S. 85, 11. 21 Vgl. die zu 5. 6 gemachte Notiz. 24 Paralipomena] Paralipomen 50, 6. 7 Zum Aufsatz „Fortschritte des Steindrucks" vgl. Kunst- und Alterthum IV, 2, S. 99 ff. 16. 17 Unter andern verſuchte der Bibliothekſchreiber Compter die Geſchicklichkeit zu zeigen, womit er Facſimiles alter Manuſcripte aus freyer Hand nachzubilden weiß; er copirte einige Seiten aus dem Maneſſiſchen berühmten Coder, deren erſtes Gedicht der zweyten Seite in Bezug auf einen edlen Bayeriſchen Fürſten geſungen iſt. (Goethe an Carl August, 19. May 1823. Concept im Goethe- und Schiller-Archiv.) 18—21 Vgl. die zu 49, 5. 6 gehörige Notiz. 27. 28 Caroline Mathilde von Bülow, selbst seit langem schwer leidend, hatte Goethe unterm 18. April (Eing. Briefe, fol. 111) zur Wiedergenesung beglückwünscht, für welche Aufmerksamkeit er ihr jetzt dankt. 51, 7 Die „nebenstehenden" Expeditionen fehlen am Rande; es werden die am nächsten Tage angemerkten gemeint sein. zu den] zum 13 Ödipus] Ädipus 19 Boſe aus Poſe 20 *Mouchin*] *Moussin* 52, 1. 2 C. W. L. Schwabe, der Drucker von Kunst- und Alterthum, hatte Goethe am 12. Mai „Kupfer des neuen Testaments" sowie ein „altes Format Buch von 1733, woraus wir Ew. Excellenz die Correcturzeichen lieferten," zu Kauf angeboten. Der darauf bezügliche Brief von diesem Tage unter den Eing. Brief., fol. 154. 6—10 Friedr. Heinrich v. d. Hagen (1780—1856) aus Breslau, auf der Durchreise nach Brüssel und Paris in Weimar weilend, begleitete seine Gabe, da er persönlich nicht stören wollte, mit einem kurzen Briefe (22. Mai), der mit den Worten beginnt: „Ew. Exzellenz übersende ich ergebenst diese Heldenbilder, als eine Art Fortsetzung und Ergänzung des Ew. Exzellenz verehrungsvoll zugeeigneten Heldenbuchs, mit dem Wunsche einer ebenso freundlichen Aufnahme, obgleich der Text sowohl als die

Nachbildungen merklich hinter ihrem Vorbilde zurückstehen."
(Original im Goethe- und Schiller-Archiv.) Wie aus dem
Tagebuchtext hervorgeht, hat G. ihn aber doch persönlich
empfangen. Vgl. 17. 18 und Allg. Deutsche Biogr. 10, S. 332 ff.
12 Königl. Preuss. Gestüt-Pferde. Begleitbrief, Berlin, 13. May
1823 (Eing. Briefe, fol. 169), ist unterzeichnet: „Fr. Bürde
(Jägerstrasse No. 10)." 13 Œdipus] Œdipus 21. 22 Vgl.
23. 24; 53, 11—13. 24. 53, 4. 5 Die auf dem Cammerberger
Steinkohlenwerke im Mittelflötz gefundene Schilfwurzel
war „um deswillen ein seltenes Stück, weil man die Knoten
der Schilfwurzel daran bemerkt; und denn die ungeheure
Stärke". Johann Christian Mahr an Goethe im Begleitschreiben vom 23. Mai (Eing. Briefe, fol. 176/7). 20 Dr.
August Friedrich Anton Zeutzsch, Bürgermeister in Allstedt.
21. 22 Vielleicht ist gemeint: Friedr. Heinr. Jacobi's „Wider
Mendelssohns Beschuldigungen betreffend die Briefe über
die Lehre des Spinoza (Leipzig 1786)? „Über die Lehre des
Spinoza in Briefen an den Herrn Moses Mendelssohn" war
1785 zu Breslau erschienen, worauf Mendelssohn mit der
kleinen Schrift: „Moses Mendelssohn an die Freunde Lessings.
Ein Anhang zu Herrn Jacobi Briefwechsel über die Lehre
des Spinoza. Berlin 1786" geantwortet hatte. Vgl. 54. 4. 5. 28.
24. 25 Über Ferdinand Esslair (1772—1840) vgl. Eduard Genast,
Aus dem Tagebuche eines alten Schauspielers (Leipzig 1862) I,
S. 266 ff. und Allg. Deutsche Biogr. 6, S. 384 ff., auch Riemer
an Frommann, 24. Mai 1823 (a.a.O., S. 276). Der Theseus
in der „Phädra" war eine seiner glänzendsten Leistungen.
Vgl. aber Eduard Genasts Beurtheilung in dessen Memoiren-
werk II, S. 171. 27. 28 Benjamin Robert Haydon, Londoner
Maler (1786—1846), hatte die durch Lord Elgin nach England gekommenen Tempelstücke des Parthenon gezeichnet
und auch mancherlei darüber geschrieben. Vgl. Tag- und
Jahreshefte II, S. 145, 6—28. 54, 19. 20 Vgl. hinten S. 320.
20 Retzſchens] Rötſchens Über R. vgl. Allg. Deutsche Biogr. 28,
S. 278. 21 Karl Theodor Küstner (1784—1864), Hofrath
und Director des Stadttheaters in Leipzig (Rückblick
auf das Leipziger Stadttheater. Leipzig 1830), ein eifriger
Protector des jungen Eduard Genast. Vgl. Aus dem Tagebuch eines alten Schauspielers II, S. 3, 80, 115, 124, 148 ff.,

154, 174, 180, 201 ff., 242 und besonders Allg. Deutsche Biogr. 17, S. 440 ff.   55, 11—13 Über Herodes und Herodias vgl. G. an Schultz, 11. Juni 1823 (Briefw., S. 275).   14 wo nach mit

Juni.

56, 16—18 Illumination zu Ehren der Grossherzogin, die am Vormittag den ersten feierlichen Kirchgang nach ihrer Genesung wieder gemacht hatte. 26. 57, 1 Der Brief an Rennenkampff ist gedruckt G.-J. IV (1883), S. 179 f. 57, 21. 22 Wohl der in der Personenliste auf S. 320 genannte Engländer May.   23 Starf] Starfe   58, 8 Vgl. G. an Carl August, 4. Juni 1823 und die Randantwort des Fürsten (Briefw. II, S. 219).   14. 15 Héron de Villefosse, Über den Mineral-Reichthum. Deutsch bearbeitet von Carl Hartmann. 1.—3. Theil. Sondershausen 1822. 3 Bde. 8°. Steindrücke dazu in Fol.   22—24 „Sodann zu Göthe, wo ich aber schläfrig war. Beredung über den Meister vom Stuhl." (Müllers Tagebuch.)   25—27 Erlass an Schrön in einem dem Grossherzogl. Staatsministerium gehörigen Fascikel: „Acta observatorii. No. IV." (Abschrift im Goethe- und Schiller-Archiv.)   59, 15. 16 Vgl. 21. 22 und die dazugehörige Notiz.   17. 18 Der „angesehene Landschaftsmaler" Anton Rad'l hatte G. in einem Briefe aus Frankfurt vom 14. Mai (Eing. Briefe, fol. 158) gebeten, eine von ihm gemalte „Ansicht aus meinem Lieblingsthal Cronenberg" dem Grossherzog zu präsentiren. Goethes Antwort verheisst, dass das Bild, dessen Hersendung jetzt unthunlich sei, „zu Anfang Septembers bey unserer Kunstausstellung mit erscheinen soll, wenn ich auch schon nicht voraussehe, dass sich ein Liebhaber hier am Orte dazu finden werde." (Concept im Goethe- und Schiller-Archiv.)   21. 22 Vgl. Eckermann, Gespräche mit Goethe, I, S. 27; auch G. an Schultz, 11. Juni 1823 (Briefw., S. 277).   60, 11 Vgl. Eckermann a.a.O., I, S. 29 f.   21 obern über untern   61, 7 Mayer] Mayers   14. 15 Vgl. 22. 23; 62, 12. 13   26. 27 Nachrichten von den Kaiserlich österreichischen Naturforschern in Brasilien, die Goethe am 23. d. M. auch dem Grossherzog mittheilt. Vgl. G. an Sternberg, 12. Januar 1823 (Briefw.,

S. 91). 62,5.6 Vgl. 69,22—24 und dazu die hiernach zu berichtigende Nachschrift R. M. Werners zu dem Briefe Goethes an die Gräfin vom 30. Juni 1823 (a.a.O., S. 179 ff.). 13 Württemberg] Wirtenberg 14 Fortgeſetzt aus Fortgeſetzte. 16 Berzelius aus Percelius 17—19 Vgl. Eckermann, I, S. 31 f. 63,4—6 Der Hof siedelte am nächsten Tage nach Wilhelmsthal (bei Eisenach) über. Vgl. 15. 13. 14 „Scherzhafte Vertheidigung Naglers und Frau von Pogwisch." (Müllers Tagebuch.) 27 ſpezial aus ſpezial] Spezial 64, 10 Titanite g aus Die Danite Titanite ein Mineral. 20 Ernst Müller. Geheimer Kanzley-Sekretär. (Staatshandbuch.) 21. 22 Über Meyers „bedenkliches Übel" vgl. G. an Knebel, 22. und 25. Juni 1823 (Briefw. II, S. 323 f.). Vgl. auch 65, 1—3. 18—20. Er konnte seine Reise nach Wiesbaden nicht fortsetzen, kehrte nach Weimar zurück, wo er sich langsam erholte. Am 22. Juli schreibt August an Goethe nach Marienbad: „Hofrath Meyer, den ich einigemal besuchte, sieht garnicht gut aus, er geht in einigen Tagen und sobald sein Pass kommt, nach Carlsbad ab." (Eing. Briefe, fol. 219.) 25 ſechſen nach fünfen 65,4 „Der gemüthliche Herr Eckermann", wie Weller ihn nennt, ging nach Jena. Vgl. a.a.O. I. S. 32 f. Goethe hatte sich für seinen Schützling an Weller wegen der „polizeylichen Erlaubniss auf ein Vierteljahr ruhigen Aufenthalt" in Jena gewandt; dieser sandte zuvor auch noch eine Übersicht, woraus „zu berechnen wäre, was dieser junge Mann allenfalls das Vierteljahr hier gebrauchte." Man sieht, Goethes Fürsorge ging bis ins Kleinste. Ein ungedruckter Dankbrief E.s an Goethe — Jena, 23. Juni — unter den Eing. Briefen, fol. 195/6. 8 Nauwerkiſchen lies Nauwerckiſchen Ludwig Nauwerck in Neustrelitz hatte G. bekanntlich schon vor mehreren Jahren Handzeichnungen zum Faust vorgelegt. Der Dichter hatte sie sehr freundlich aufgenommen und den Künstler ermuthigt, „die Blätter dem Publikum durch die Radirnadel bekannt zu machen." Inzwischen hatte Nauwerck, des Radirens unkundig, sich mit der jungen Kunst des Steindrucks vertraut gemacht und sandte nun die erste im Probedruck vollendete Zeichnung (1, Titelblatt: Prolog auf der Bühne). Die andern (2, Prolog im Himmel. 3, Erscheinung des Erdgeistes. 4, Spaziergang vor dem Thor am Ostertage. 5, Beschwörung des Pudels. 6, Auerbachs Keller. 7, Hexenküche. 8, Margarethe, das Blumenorakel fragend, mit Faust im Garten. 9, Valentins Tod. 10, Fahrt nach dem Brocken. 11, Die Walpurgisnacht. 12, Margarethe im Kerker) sollten nach und nach folgen. ₂₈ Abthl. I, 4. Band, S. 18. 66, 11 Scherer] Scheerer 12. 13 Zu Wilhelm Gerhard, gestorben 1858 als Legationsrath in Leipzig, ist die zu Tagebuchband 7, 255, ₂₃ gehörige Notiz zu vergleichen (S. 329); auch Band 8, 67, 17. 18 wird er erwähnt. Ganz neuerdings hat Gerhards Tochter, Similde, über Tod und Bestattung Goethes „nach dem Bericht eines Weimarischen Zeitgenossen" theilweis neue Mittheilungen veröffentlicht. (Wissenschaftliche Beilage der Leipziger Zeitung 1897. Donnerstag, den 18. März, Abends.) 16 Im Fourierbuch heisst es unterm 10. Juni anlässlich einer Reise des Grossherzogs nach Eisenach: „Auch wurde bey dieser Gelegenheit der Platz zu einem neuen Schulgebäude besehen." 67, 7 und durchgehends Hage] Hagen 22 Rehau aus Rehean 24 Cumulus g aus Cumulis 25—27 Von Langheinrich, der G. im Winter Wild (Frischling, wilde Fasanen) gesandt hatte, befindet sich auch ein Schreiben unter den Eing. Briefen, fol. 18, das die hier erwähnten drei Charaktereigenschaften hervortreten lässt. Einen Vornamen enthält die Unterschrift nicht. 27 von nach überreicht 68, 1 guten] gutem 4 Franzensbrunn] Franzensbrunnen 6 Franzensbrunn g aus Franzensbrunnen 8. 9 Vgl. Briefwechsel und mündlicher Verkehr zwischen Goethe und dem Rathe Grüner. (Leipzig 1855.) S. 130 ff. 10 — 69, 12 Vgl. Grüner S. 150 f. 18 Getast g aus Betast (?) oder einem ähnlichen Wortbilde. 23 Menilithe g aus Menelithe 69, 1 den] dem 6 ben aus dem 21 Von hier ab unter der wiederholten Überschrift „Montag den 30 ejd." 22 An — 24 Skizzen aR 24—26 und 70, 2—9 Vgl. Grüner, S. 150 f. 70, 4 Vorliegende — 5 zusagend fehlt bei Grüner. 10 An — 12 aR

Juli.

70,14 In dem zu 87,21.22 näher bezeichneten „Schreib-Calender für das Jahr 1823" findet sich auf dem drittvorletzten Blatte ein zu diesem Zweck flüchtig g^1 hingeworfenes Schema, 1794 bis 1813 umfassend.   17 ʒu — 18 wie? g 18 gegen — 19 Siechhof] Sieghof g üdZ Über die Örtlichkeit, die richtig „Siechhaus oder Jägerhaus" heisst, vgl. Grüner, S. 151 f.   22 Erſterer — 24 aR   71,3—5 Vgl. Grüner, S. 153.   9 Inſpector nach Dr.   10 Biographiſchen g aus biographiſchen Vgl. G. von Loeper, Zu Goethes Gedichten „Trilogie der Leidenschaft" (G.-J. VIII, S. 169).   13 Steinhäuſer von Pilſen aR mit Verweisungszeichen Kriegsrath nach Zauper   13,14 „Herr Karl Schultz, Kriegsrath und Landrentmeister, mit Frau und Tochter, aus Magdeburg, wohnt zum goldenen Adler." (Liste der angekommenen respectiven Brunnengäste zu Marienbad 1823.)   14 „Herr Heinrich Strohmeyer, Grossherzoglicher Kammersänger, und Herr Joh. Christ. Müller, Professor am weimarischen Zeicheninstitute, aus Weimar, wohnen zum schwarzen Adler." (Marienbader Curliste.)   15 Der g aus der   16 Gorcey] Korſy Vgl. über ihn die zu Tagebuch, Band 7, S. 88,6.7 gemachte Notiz (S. 349). „Herr Adalbert Anton Graff, K. K. Rath, wohnt zum goldenen Anker Nr. 37." (M. C.) Er theilte sich mit Graf Gorcey in die Functionen der K. K. Badepolizei-Inspection zu Marienbad.   26 und immer Schäffer] Schäfer „Herr von Schäffer, Hofrath und Med. Doctor, aus Regensburg." (M. C.) „Se. Königl. Hoheit der Herzog Ferdinand von Württemberg." (M. C.)   72,1 „Ihre Durchlaucht die regierende Fürstinn von Hohenzollern-Hechingen, geb. Prinzessinn von Kurland, aus Hechingen, und Frau Gräfinn von Loeben, geborne Gräfinn von Bresler, aus Berlin, wohnen zum grünen Kreuz." (M.C.) Loeben] Löw.   2 Fürſt g aR Zu Labanoff ist der vorige Tagebuchband, S. 214,5, und die dazu gehörige Notiz aus der Curliste (S. 376) zu vergleichen.   4 Daſelbſt g über An der Quelle   5 Schuderoff] Schutroff „Herr Georg Jonathan Schuderoff, Doktor der Theologie und Superintendent aus Ronneburg." (M. C.) Von Sch. befindet sich eine in Briefform (5. Juli 1823) gehaltene Erklärung über Lage und Heilwirkung des Teiches „Siloah" (Siloha) bei Jerusalem unter den Eing. Briefen, fol. 201, die wohl durch die Begegnung beider Männer Nachmittags am Sprudel veranlasst wurde. 5. 6 Gemahlin Friedrichs von Bülow, K. preuss. wirklichen Geheimraths und Oberpräsidenten der Provinz Sachsen. (M.C.) 6 Major *g* über Baron 7 Zu Wartenberg vgl. Tagebuch, 8. Band, S. 220, 8. 9 und die dazu gehörige Notiz aus der Curliste (S. 375). Zu Scheu ebenda, S. 210, 2 und die dazu gehörige Notiz aus der Curliste (S. 375). 9 „Herr Karl von Helldorff, K. sächs. Kammerherr." (M. C.) zog *g* über war .... gezogen 13 von nach nach 15 Zu Klebelsberg ist der vorige Tagebuchband, S. 84, 11 und die dazu gehörige Notiz (S. 348) zu vergleichen. 16 „Se. Excellenz Herr Johann Graf von Nostitz, K. K. Feldmarschalllieutenant, mit Frau Gemahlinn, geb. Gräfinn von Schlick und zwei Comtessen Töchtern, aus Prag, wohnt zum Stern." (M. C.) 18 Grenze] Gränze 20 Plask *g* aus Plask 21 bem *g* aus ben Bröfigkes] Präfigke's 26 Kritik — Theorie in der Hs. unterstrichen. Vgl. 74, 3. 4. 27 zu lesen *g* aR 28 bem *g* aus ben 73, 5. 6 Bathiany] Bathiani *g* aus Pabiani (?) „Herr Vincenz Graf Batthyany, K. ungarischer Hofrath." (M. C.) Vgl. vorigen Tagebuchband, S. 215, 4 und die dazugehörige Notiz (S. 379). 6 an üdZ 7 zusammenzustellen nach Sammlungen 15 Braun von Braunthal über von Blume von Blumenthal Johann Karl Braun Ritter von Braunthal (geb. 1802 zu Eger, gest. 26. November 1866 in Wien). Vgl. Dr. Robert Warkentin, Faustdichtungen. (Forschungen zur neueren Litteraturgeschichte. Herausgegeben von Franz Muncker. München 1896.) S. 43 ff. Bis „vor einigen Tagen", also wohl bis Ende Juni, war B. Hofmeister bei Johann Baron von Bartenstein in Wien gewesen und kam nun, nachdem er in Eger erfahren, der Dichter sei in Marienbad, „Göthe — zu sehen". (Eing. Briefe, fol. 203/4.) In dem ersten, sehr überschwänglichen, wohl Ende April geschriebenen Briefe „an seinen einzigen Freund", dessen G. sich hier (16. 17) erinnert, hatte er um materielle und ideelle Unterstützung gebeten: „Machen Sie mir es, mein Vater, möglich, nach Weimar zu kommen; blutig arbeitend meine Hände will ich meine Schuld durch meine Feder tilgen, machen Sie mir es möglich, hinzukommen, damit ich dort meine Bildung erweiternd meinen Unterhalt suchen kann und Gottes Lohn wird Sie finden, denn er hat Sie bestimmt, einen Unglücklichen zu retten. Mit dreihundert Gulden W. W. kann ich als ehrlich von hier und wie gerne will ich zu Fuss dorthin, wo ich hoffen darf unter Ihrem Gestirne zu wirken und zu leben." (Eing. Briefe, fol. 139—141.) Vgl. 20. 21. G. rieth ihm nach Oesterreich zurückzukehren. Vgl. Biedermann, Gespräche, 4. Band, S. 246 ff.   17. 18 Geymüller] Gnimüller Vgl. Tagebuch, 8. Band, S. 214, 1 und die Notiz aus der Curliste (S. 376).   20. 21 „Geruhen Eure Excellenz einige Blicke in mein Tagebuch zu machen — es wird mich glücklich und unglücklich zeigen." (Braun von Braunthal an G.)   23. 71, 1 Hermann und Dorothea von Goethe. Ins Lateinische übersetzt von M. Benjamin Gottlob Fischer. (Mit dem deutschen Original.) Stuttgart, in der J. B. Metzler'schen Buchhandlung. 1822. 225 S. in 16.   74, 3 Kritik — 3. 4 ähnlichen in der Hs. unterstrichen. Vgl. Abthl. II, Band 9, S. 390 ff.   6 bem g aus ben   8. 9 „Herr Friedrich Bernhard Freyherr von Seckendorff, K. preuss. Regierungsvicepräsident, nebst zwey Fräulein Töchtern Mathilde und Agnes". (M. C.)   11 hatte über war   23 Hage] Hagen   „Herr Karl Christoph Hage, Rath und Chatoulier bei Sr. Königl. Hoheit, aus Weimar." (M. C.)   26 Herrn — 28 December 1822 aR   27 Edl] Etel Vgl. das im G.-J. III (1882), S. 381 mitgetheilte Fragment. (Concept im Goethe- und Schiller-Archiv.)   75, 3 täglichen g aus taglichen   4—6 „Wegen der Glasgefässe für das Museum ist das Nöthige besorgt; vielleicht dass sehr bald Etwas eintrifft, das wir dann schnell nach Jena fördern werden." Der junge F. Fikentscher an G., 10. Juli (Eing. Briefe, fol. 207).   11.12 Eugen Beauharnais: „Se. K. Hoheit der Prinz Eugen Herzog von Leuchtenberg, Fürst zu Eichstädt." (M. C.) Vgl. Knebel an G., 17. Juli (Briefw. II, S. 326).   16 Nach Wetter noch Beharrte das Barometer und so war   17 auch nach es   18 heiterer nach bey   25 Levetzow] Loewezow   76, 4 Der Maler ist: „Herr (Orest) von Kiprinsky, K. russ. Rath der Academie der schönen Künste, aus St. Petersburg." (M. C.) vgl. 14—19; 77, 5. 6. 23; 78, 6. 14. 19—21. 28; 79, 1. 2.   10—12 „Ich bereiste zu Fuss die Gegend südlich von Eger im Umkreise [vgl. 77, 1. 2. 3. 15. 16], und liess durch den jungen Neualbenreuther Förster Netsch die Wege und Gebirgszüge auf Mappen zeichnen..... Im Dorfe Gosel diktirte ich einem unbehülflichen, ungeschickten Schreiber meine Beobachtungen [mehrere Bogen stark], um sie Goethe nach Marienbad zu überbringen." Vgl. Grüner S. 153 ff. 14. 15 Vgl. G. an Schultz, 30. Juli (Briefw., S. 286) und Zarncke, Goethebildnisse (Leipzig 1888), Nr. 43 (S. 46). 20 Nicolovius üdZ 21 Königswart: Bezirksstadt bei Eger. Vgl. 13. 14 und 83, 5. 22—24 Vgl. Grüner, S. 155 f. 25 Wiebemann Curliste hat Widnmann „Herr Dr. Widnmann, K. bair. MedicinalRath und Leibarzt bei Sr. K. Hoheit (dem Herzog von Leuchtenberg), aus München." 27 Geymüller] Gaimüller 77, 1. 2 Diese Worte bei Grüner irrthümlich unterm 17. Juli aufgeführt (S. 156). 2 Booben] Boben 3. 4 Vgl. 22 und die dazu gehörige Notiz. 7 Südwesten durch Streichung g^1 aus Südwestlichen 8 am] an 11 Sprühregen] gen g^1 üdZ West üdZ 14 allein g^1 üdZ 15 auf nach von 22 Vgl. Tagebuch, Band 7, S. 219, 26 (Anmerkung S. 381) und Abthl. II, 9. Band, S. 105 ff. 78, 1 auf nach bey 11 Reinere] reinere 21—27 Klemens Baron von Junker. Vgl. 80, 16—19, ferner G. an Grüner, 28. Juli 1823 (a a.O., S. 158 f.) und Abth. II, Band 10, S. 168 ff. 22 Stufen g^1 aus Stufe 78, 28. 79, 1. 2 Eine Lithographie dieser verschollenen Zeichnung von Grévedon erschien 1826 zu Paris. Eine kleine Nachbildung bei Zarncke, Goethebildnisse, Taf. V, 6. 11 Bröfiglens] Bresiglens 24 Wohl der Verfasser der Abthl. II. Band 10, S. 151 f. behandelten kleinen Schrift, Andreas Chrysogon Eichler (1762—1841), Polizeioberkommissarius in Teplitz? 80, 1 Frau nach Frau v. Brandes 2. 3 August Wilhelm Rehberg (1757—1836). Vgl. Allg. Deutsche Biogr. 27, S. 571 ff. 6. 7 „Herr von Schack, K. preuss. Generalmajor a. D." (M. C.) 8 Ausser dem eben erwähnten „General Schack dem Vater" war noch „Herr von Schack, K. preuss. Generalmajor und erster Adjutant Sr. K. Hoheit des Kronprinzen von Preussen, mit Gemahlinn, aus Berlin" anwesend (M.C.) 9 Dombrowsky lies Dobrowsky Jos. Dobrowsky: eigenhändig unter einem Brief aus „Prag den 14. Jänner." (Briefconcepte, Juli—December 1824, fol. 1345.) Zu D.

vgl. G. an Sternberg, 10. September 1823 und 20. August 1824 (Briefw., S. 111 und 135 f. Vgl. auch 14—16. Er ist der Verfasser einer „Geschichte der böhmischen Sprache." 12 ein *g* üdZ 15 jonſt *g* aus jonſtig 20 i*ch* *g* üdZ „Ihre Durchlaucht die Frau Herzoginn Acerenza, geborne Prinzessinn von Kurland, wohnt zum grünen Kreuz." (M. C.) 81, 11. 12 Louis Bonaparte, 1806—1810 König von Holland: „Herr Graf von St. Leu, mit Herrn Friedrich Petrilli, Gesellschafter, aus Rom, wohnen zur goldenen Kugel" (M. C.) Vgl. B. Suphan, Goethe und der Graf St. Leu in G.-J. XV (1894), S. 111—116). 17 „Se. Excellenz Herr Hans Victor Julius Graf von Bülow, K. preuss. wirklicher geheimer Staatsminister." (M. C.) 19 bey über auf 27. 28 Ein „Regierungsrath Hartmann" kommt in der M. C. nicht vor. Mit einiger Wahrscheinlichkeit ist der Name in „Herrmann" zu verbessern, denn unterm 26. Juni führt die Curliste zusammen mit Schuderoff als dessen Reise- und Hôtelgenossen einen „Herrn Christian Gottfried Herrmann, herzoglich-sachsen-gotha-altenburgischen Regierungs- und Kammerrath, aus Altenburg" auf. 82, 5 um eine *g* über ohne 7 Bädern *g* üdZ 9 ben lies bem 12 einfallendem *g* aus einfallenden 28 Hage] Hagen 83, 2 Ed. Eversmann, Reise von Orenburg nach Buchara, nebst einem Wortverzeichniss aus der Afghanischen Sprache, begleitet von einem naturhistorischen Anhange und einer Vorrede von H. Lichtenstein. Mit 2 Kpf. u. d. Plane v. Buchara. Gr. 4. Berlin 1823. Ob der Verfasser, dessen Ankunft in Marienbad am 20. Juni erfolgte, in nähere persönliche Beziehungen zu G. trat, geht aus dem Tagebuch nicht hervor. Der Eintrag in die Marienbader Curliste lautet: „Herr Eduard Eversmann, Doctor Medicinae und Philosophiae, aus Orenburg in Russland." 6 Glißly über einem unleserlichen, ähnlich lautenden Namen. 15. 16 E. Jouy et A. Jay, Les Hermites en prison, ou consolations de Sainte-Pélagie. Paris 1823. 2 Vol. 18 Franzenbrunn] Franzenbrunnen 20 wo nach Sodann zum Chee 22. 23 Vgl. die zu 72, 16 gehörige Anmerkung. 25 Hefte *g* über Feſte 27 Hefte nach Dergl. 27. 28 „Zweiter Gesang der Ilias prosaisch übersetzt von Zauper in Pilsen." Vgl. 86, 21—23; 87, 5. 6; 88, 13. 15; 89, 1. 84, 1 Ordnen *g* aus Ordnung 7 Poeſie nach Sprache 18 Rehbein aus Rehberg Vgl. G.-J. VI, S. 347 ff. 24 Kritik in der Hs. immer unterstrichen. 26 Pius Alexander Wolff. 27 und immer Hensel] Henschel (Über die Schreibung vgl. Briefw. mit Schultz, S. 285, Anmerkung 6.) „Herr Wilhelm Hensel, Maler aus Berlin." (M. C.) Er brachte G. Briefe von Zelter, 19. Juli (III, S. 315 f.) und von Schultz, 19. Juli (S. 283) und versuchte Goethes Porträt zu zeichnen, was indessen nicht recht gerieth. Vgl. G. an Schultz, 30. Juli (Briefw., S. 285 f.), auch G. an Zelter III, S. 330 f. Er selbst schreibt darüber an G. aus Rom, 26. September 1823: „Wenn Ihr Bild, welches ich auf meiner Hieherreise das Glück hatte in Marienbad zu zeichnen, auch nicht nöthig war, Ihr Andenken in Rom zu erneuern, so hat es doch allen eine innige Freude gemacht und zwiefach hab' ich nun zu danken." Eine kleine Abbildung der Zeichnung, die sich 1888 im Besitz des Sohnes von Hensel in Berlin befand, bei Zarncke a.a.O., Taf. V. 7. Vgl. das. auch S. 46. Über H. (1794—1861), der über Marienbad nach Italien ging, vgl. auch Allg. Deutsche Biogr. 12, S. 3—6. 85, 5 Stroganoff g aus Struganoff „Herr Baron von Stroganoff, K. russ. Flügeladjutant und Kapitän des Preobragensky Garde-Regiments, mit Frau Gemahlinn, gebornen Gräfinn Kotschouboy, aus St. Petersburg, wohnt zum Römer." (M. C.) 8 und g aR 9 Serenissimo g aus Serenissimum 14. 15 Über diesen Besuch der Fürstin von Hohenzollern vgl. den schon citirten Brief Goethes an Schultz, 30. Juli (Briefw., S. 286). 15 Zeichnen g aus Zeichnung 16 Heydebreck] Heidebreck g „Herr (Georg Christ. Friedr.) von Heydebreck, K. preuss. wirklicher geheimer Rath und Oberpräsident in Pommern, mit Frau Gemahlinn, aus Berlin, wohnt zum schwarzen Adler." (M. C.) Vgl. auch Carlsbader Curliste von 1823, Nr. 1453. 19 Die beyden Berliner: P. A. Wolff und Maler Hensel. 23 Zu Petrowsky vgl. die Notiz zu 87, 21. 22. 24 Edl] Edel

August.

86, 3—8 „Frau Elisabeth von Struve, geborne Gräfinn Orxler Friedenberg, K. russ. Staatsraths- und Ministersgemahlinn, mit Fräulein Tochter, aus Hamburg, und Frau Charlotte von Mannsbach, geborne von Grün, Regierungsraths- und Konsistorialassessorsgemahlinn aus Greiz, wohnen zur Stadt Regensburg" „Herr Ludwig Freyherr von und zu Mannsbach, Regierungsassessor aus Greiz, wohnt im Klingers Gasthofe." (M. C.) 8. 9 Mittag zu Tische die Wolfs= berger Suite ließ Mittag zu Tische. Die Wolfsberger Suite u. s. w. 14. 15 „Herr Georg Baron und Ritter von Mannteuffel, Güterbesitzer, mit Gemahlinn, gebornen Baronesse von Hahn, und Familie." (M. C.) Franzenbrunn g aus Franzenbrunnen Stern: Gasthaus in Marienbad. 19 Eckermann sandte durch August von Goethe das Inhaltsverzeichniss der ersten vier Bände von Kunst- und Alterthum. 21 Heybebreck] Heibe= breck, g Das Komma rührt von Goethe her, dahinter ein Strich, um den Raum auszufüllen. Es ist besser zu lesen: Heybebreck. Abschrift. 21. 22 Diese Abschrift im Goethe- und Schiller-Archiv. In blauem Umschlag, mit der von Kräuters Hand herrührenden, in der Notiz zu 83, 27. 28 schon citirten Aufschrift liegen 18 Folioblätter, das erste leer, die übrigen halbbrüchig rechts beschrieben von Johns Hand, links Inhaltsangaben der entsprechenden Verse des Originals. Im Ganzen 34 beschriebene Seiten, ohne Spuren Goethischer Correctur. Vgl. Hempel, 29. Band, S. 556 f. und Goethes Brief an Zauper vom 9. August a. c. (91, 1. 2), welchen dieser in seinen Studien über Goethe (Wien 1840. II, S. 228 ff.) unter dem Datum des 6. August selbst veröffentlicht hat. 87, 4 Korschen nach Korschre (kann auch Korschen heissen) 9. 10 Nun vernimm aber, wie hoch man den König verehrt, indem sein Fest nicht schlecht weg nur einmal, sondern dreyfach ge= feyert worden, und zwar deshalb, weil seine Verehrer über die Art und Weise sich nicht vereinigen konnten.

Ernste, bedeutende Männer beschlossen sogleich eine ansehn= liche Summe zum Stiftungs=Capital des neuen Hospitals an= zufügen; andere, mehr weltlich gesinnt, wozu auch Rehbein sich gesellte, gaben einen großen Schmauß im neuen Traiteur=Hause. Das Schönste kam aber doch hier oben bey uns zu Stande, wo ein Tanzthee von Herren und Damen zahlreich besucht ward. Es ist wahr, man trank Thee und tanzte, allein später ward ein kaltes Abendessen an kleinen Tischen aufgestellt, köstlich be= reitet und mit gutem Wein geschmückt; da denn zuletzt der König, unter dem Schall der Champagnerpfröpfe, dreymal hochlebte, wozu die lärmenden Trompeten den Ausschlag gaben. Ich gelangte erst um Mitternacht zu Hause, woraus Du errathen wirst, daß außer Thee, Tanz, Abendessen und Champagner, wovon ich nichts mitgenoß, sich noch ein Fünftes müsse eingemischt haben, welches auf mich seine Wirkung nicht verfehlte. Der Tanz war anmuthig und wohlbelebt, prächtige, zierliche, niedliche Tänzerinnen mehrerer Nationen thaten sich hervor, Dich hätte ich wohl zu einer sehr artigen Polin gesellen mögen. G. an Ottilie, 4. August 1823. (Concept im Goethe- und Schiller-Archiv.) 18 „Herr Baron Karl von Greiffenclau zu Vollraths, K. K. österr. Kämmerer, mit Gemahlinn, gebornen Gräfinn von Nostitz." (M. C.) 21 Der Name Petrowsky kommt in der Curliste nicht vor. Es ist zweifellos die in dieser unter Nr. 421 aufgeführte Persönlichkeit „Herr Konstantin Piotrowsky, Partikulier, aus Volhynien" gemeint, von dem auch ein auf die Luidgarda sich beziehender französischer Brief an Goethe (Marienbad, 16. August 1824) unter den Eing. Briefen (July — Septbr. 1824), fol. 196 sich befindet, unterzeichnet: Constantin Piotrowski. 21. 22 In einem Notizbuch (Großherz. Weimarischer | Schreib- | Kalender, | für das Jahr | 1823, | mit einigen sehr nützlichen Rech- | nungs- und Interessen-Tabel- | len ꝛc. ꝛc., | und | einem berichtigten | Jahrmarkts-Verzeichniß. | Mit Gr. Herzogl. gnäd. Privilegio. | Preis eines ungebundenen Exemplars | 10 Pfennige. | Weimar, | bei Fr. Albrecht, Hofbuchdrucker.), das Goethe auf der Marienbader Reise bei sich führte, findet sich, offenbar von Piotrowskis Hand, mit Tinte die Notiz:

„La belle Tragedie Ludgarda est ecrit par le General Kropinski auteur de plusieurs pieces charmantes de la literature polonaise".

Später hat G. auch eine deutsche Übersetzung des auf einem Schlosse in Posen spielenden Stückes (Luitgarde, ein Trauerspiel in fünf Aufzügen) erhalten, die jetzt im Goethe- und Schiller-Archiv aufbewahrt wird (57 beschriebene Seiten in Quart). Vgl. 258, 18. 19. 24 „Herr Wilhelm von Ritter, K. K. Strassenkommissär, mit Gattin, aus Rokitzan, wohnt im sächsischen Hause." (M. C.) 25 Wabelliten] Wabeliten 27. 28 und immer Heydebreck] Heidebreck 88, 15 Mit g^1 aus mit wieder g^1 aus Wieder 16 Baron g^1 über Grafen 21. 22 „Herr

Nepomuck Fissel, K.K. Bankalinspektor, mit Gattinn." (M.C.) **Klattau** *g* aus **Clattau**   26 **über** aus **Übern**   89, 6 **Schack** *g* über **Doß**   17 **ben** lies **bem**   18 Vgl. 28. 90, 1. 2.   21. 22 **Galmey-Stufen]** **Galmay Stufen**   24 Hinter **Professor** ist beim Reindruck der Punkt ausgesprungen.   **einer nach der**   28. 90, 1. 2 Über Rehbeins Braut schreibt G. an August (Eger, 24. August 1823): **Fräulein Meyer, Rehbeins Braut, ist hier; ein gar hübsches gutes Frauenzimmer, das einer allgemeinen Achtung genießt; auch Rath Grüner giebt ihr das beste Zeugniß und freut sich dieser Verbindung. Sie weiß sich recht gut zu betragen, wie ich diese sechs Wochen her täglich bemerken konnte.** (Concept im Goethe- und Schiller-Archiv.) Vgl. 93, 3. 96, 14.   90, 3 Über die Abschriften der anvertrauten Gedichte vgl. G.-J. XV (1894), S. 116   8. 9 Lücke in der Hs.   16 **Andenken aus Nachdenken**   19 Das Concept von Goethes Brief an seine Schwiegertochter ist datiert vom 4. August und enthält die bemerkenswerthe Stelle: **Grüße Ulriken, deren Name als vorzüglichstes Ingredienz dieser Zustände sich täglich beweist.** Ulrike von Pogwisch erwidert darauf am 28. August 1823: „Ich habe gehört, dass Sie eine Namensschwester von mir besonders ausgezeichnet; dass diese Ulrike heisst, ist mir gar nicht recht, denn wenn Sie nun hier den Namen hören, werden Sie sich immer der fernen hübschen liebenswürdigen erinnern, und nun eine sehr gewöhnliche sehen, die gar nichts bemerkenswerthes hat als ihre unendliche Liebe zu Ihnen." (Unterzeichnet: „Ackariekchen".)   20 Hinter **Heibler** ist beim Reindruck der Punct ausgesprungen.   25 **Ringel** *g* über **Krittler**   „Frau Charlotte Ringel, Regierungsrathsgemahlinn, mit zwey Fräulein Töchtern, aus Regensburg, wohnt zum goldenen Anker." (M. C.)   91, 7 **Der** nach **Be** 16. 17 Vgl. Goethe an Grüner, 13. August (a.a.O., S. 160) und 92, 13—15. 23.   17 **Bröstgke] Bräsigke**   19 Das tabellarische Verzeichniss im G.-J. XV (1894), S. 17—19. Vgl. auch 93, 10—12 und 95, 23. 24.   21 Über Petrilli vgl. die zu 81, 11. 12 gehörige Anmerkung.   25 **Petrowsky** nach **Später**   27—92, 1 Zu Knorring vgl. 96, 24—26 und die dazu gehörige Notiz.   92, 2. 3 In einer „Nachricht von dem Verhältniss, welches zwischen dem leider zu früh abgeschiedenen Lord Noel Byron und Herrn von Goethe bestanden" (7 Seiten in gr. 4°, von

John geschrieben, von *g* durchcorrigirt) heisst es nach einer allgemeineren Übersicht: [Das S. 65,28 erwähnte Gedicht an Lord Byron] gelangte nach Genua, fand ihn aber nicht mehr daselbst, schon war der treffliche Freund abgesegelt und schien einem jeden schon weit entfernt; durch Stürme jedoch zurückgehalten landete er in Livorno, wo ihn das herzlich Gesendete gerade noch traf, um es im Augenblicke seiner Abfahrt, den 24. July 1823 [ich lese: den 22.], mit einem reinen schöngefühlten erwidern zu können; als werthestes Zeugniß eines würdigen Verhältnisses, unter den kostbarsten Documenten vom Besitzer aufzubewahren. (Befindet sich jetzt im Goethe- und Schiller-Archiv.) Vgl. auch Nr. 17 unter den Aufklärenden Bemerkungen zu den Gedichten, 4. Band, S. 77. Diese bei der Nachricht von Byrons Tode 1824 geschriebenen Worte werden ergänzt durch einen Brief Goethes, den er Mitte August 1823 von Marienbad aus, das „wunderbare Zusammentreffen" betrachtend, an Ottilien schreibt: Wie ernst und groß Lord Byrons Abschied in solchen Augenblicken mir erschienen, fühlst Du mit, es war als wenn man auf einer Maskerade das Wichtigste was nur auf's Leben einwirken möchte unvermuthet erführe. Daß mein Gedicht an ihn mit reinem Gemüth und Sinn geschrieben und abgesendet, wohl empfangen seyn werde, war ungezweifelt, daß aber, durch die wunderbarste Verwicklung der Werth dieser Zeilen erhöht und die Erwiderung so bedeutend seyn sollte, das konnte nur eine dämonische Jugend bewirken, die etwas Frohes und Freundliches bezweckt, und selbst mehr als sie will und weiß, am Ende zu ihrem eigenen Erstaunen zu vollbringen berufen ist. (Concept im Goethe- und Schiller-Archiv.) Nach seiner Rückkehr aus Griechenland stellte der Brief einen Besuch Byrons in Weimar in Aussicht. Vgl. auch ein unadressirtes Concept Goethes vom 15. Juny 1824 im Byron-Fascikel und „Dankbare Gegenwart" in Band 36, S. 297. 7.8 verwundete *g* aus verwunderte 8 Mycielski] Mizielsky *g* „Herr Graf von Mycielski, Gutsbesitzer aus Posen, wohnt im Graf Klebelsbergischen Hause." (M. C.) Vgl. auch Nr. 1483 der Carlsbader Curliste von diesem Jahre. 9 Knorring *g* aus ähnlichem Namen. 10 Die Schwestern Levetzow. 16 dem *g* aus den 19 und immer Milder] Milter „Frau Milder, Opernsängerinn in Berlin." (M. C.) Mad. Milder hab ich singen hören, im engen Kreise, kleine Lieder, die sie groß zu machen verstand; es ist auch gut, daß man bergl. Musterstücke nur unerwartet vernimmt. G. an Ottilie, 18. August 1823. (Concept im Goethe- und Schiller-Archiv.) Vgl. auch G. an Zelter, 24. August 1823 (Briefw. III, S. 329.) 20 „Der junge Engländer [Sterling] ist über Ihre eigenhändige Abschrift des Briefes von Byron ganz glücklich; überhaupt ist es ein herrlicher Brief, auf den Sie sich schon etwas zu gute thun können." August von G. an seinen Vater, 23. August 1823. (Eing. Briefe, fol. 249ᵃ.) 24 „Die beiden Verse, die Sie als Erwiderung für die hiesigen Freunde, welche Ihren Geburtstag feiern werden, mir zugesendet haben, werde ich zur rechten Zeit recitiren; bis dahin sind sie ganz secretirt." August von G. an seinen Vater, 23. August 1823. (Eing. Briefe, fol. 249.) Vgl. Gedichte, Band 4, S. 28 und 80 (Nr. 31). 93,1 „Herr Karl Friedrich von Brand, K. sächsis. geheimer Rath aus Dresden." (M. C.) 8 Mannigfaltige — 9 aR 10 „Frau Maria Szymanowska, erste Fortipianistinn Ihrer Majestät der Kaiserinn von Russland, mit Bruder, Herrn Karl Wotowski, und Schwester Casimira, aus Warschau, wohnen im Klingers Gasthofe." (M. C.) Mad. Szymanowska, ein weiblicher Hummel [nach Engel] mit der leichten polnischen Facilität, hat mir diese letzten Tage höchst erfreulich gemacht; hinter der polnischen Liebenswürdigkeit stand das größte Talent gleichsam nur als Folie oder, wenn Du willst, umgekehrt. Das Talent würde einen erdrücken, wenn es ihre Anmuth nicht verzeihlich machte [g über gleichsam vernichtete]. G. an Ottilie, 18. August 1823. (Concept im Goethe- und Schiller-Archiv.) Vgl. auch G. an Zelter, 24. August 1823, und Zelter an G., 8. Januar 1824 (Briefw. III, S. 329 f. und 382). 11 mißglückter g aus mißglückten 13 Baron g über Grafen 19.20 ganz herrlich g üdZ 24 galoppirt] galoppirt 25 Die Heidlerschen Recepte (12. und 14. August) beim Tagebuch. 94,12 Vgl. Grüner a.a.O., S. 161. 16 Gedicht nach Setzte Vgl. Gedichte, 4. Band, S. 32. 17 Um — 20 gegeben in eckigen Klammern und am Schluss des Tages registrirt, aber durch Verweisungszeichen später hierher gerückt. 22 Mißverständnissen g aus Mißverständnisse 23.24 Brillantirtes Glas g üdZ 24 Nach St. Leu: Ferner brillantirtes Glas. 25 durch über an 27 zu — 29 Jahren g üdZ 95,8 Bröfigte]

Brefigle 10 Das andere Album war das der Schwester Casimira Wotowska (vgl. die Personalien aus der M. C., die zu 93,10 notirt wurden), in das sich Goethe mit den Versen. „Dein Testament vertheilt die holden Gaben" (Gedichte, 4. Band, S. 27) einschrieb. 14 An — 17 vgl. G.-J. III (1882). S. 381. 20. 21 Über den Physiker David Brewster (1781— 1868) und seine Beziehungen zu Goethe vgl. Biedermanns Erläuterungen zu den Tag- und Jahresheften (Leipzig 1894). Abschnitt 931 (S. 178). 21 Ebinburgh] Edimburg 22 zu g über von 27 Bröfigle] Brefigle g aus Bräfigle 96,9 Frau — 10 g „Ihre Excellenz Freyfrau v. Humboldt, K. preuss. Staatsministersgemahlinn, mit Fräulein Tochter, aus Berlin. wohnt zum goldenen Anker." (M. C.) 13. 14 Bröfiglens] Brefiglens g aus Bräfiglens 14 Mittag — 21 Vgl. Grüner a.a.O., S. 162. 16 Von nach Herrlichster klarer Tag 17 Menilithe g aus Menelithe 19 ein breiter Nebelstreif g aus eine breite Nebelstreife 22 gegen Morgen g über Nachts 24—26 C. S. Baron von Knorring. Vgl. Grüner a.a.O., S. 163. 97,1 Über Werner Moritz Maria von Haxthausen (1780—1842) vgl. Allg. Deutsche Biogr. 11, S. 119 ff. 4 Heimskringla] Heims Kringla g aus Heims Oringela 7 vom g über zum 9. 10 „Se. Exzell. Herr Graf v. Trautmannsdorf Weinsberg, K. K. Kämmerer, geh. Rath und Oberststallmeister Sr. Maj. des Kaisers von Oestr., Grosskreuz mehrerer Orden, aus Wien, w. zur Auferstehung in der Kirchengasse." (Carlsbader Curliste von 1823.) Vgl. 99,1. 11—20 Vgl. Grüner a.a.O., S. 163 f. 12 Rath] R. 13 und sonst] u. f. 19 über aus bis übern 21 Rosiana in der Hs. unterstrichen. 23 Gosel] Gost unterstrichen. Vgl. Grüner a.a.O., S. 165 ff. 98,2 Booden] Boben unterstrichen. 7 den aus dem 8 Pyrotypisches g aus Pyrotipisches 9 Altalbenreuth unterstrichen. 13 Gosel] Gost unterstrichen. 14 gar — 15 Mädgen g aR mit Verweisungszeichen. 99,2—6 Vgl. Grüner a.a.O., S. 168 f. 3. 4 Meyers Brief aus Carlsbad, 21. August 1823, in dem er seine Ankunft avisirt, unter den Eing. Briefen, fol. 246. 8 und immer Auersperg] Auersberg 12. 13 Frau von der Recke und Tiedge befanden sich auf der Reise nach Carlsbad, woselbst sie am andern Tage eintrafen. Vgl. Carlsbader Curliste, Nr. 1525,6. 14 Die Einträge der zwölf Carlsbader Tage sind

auszugsweise schon gedruckt im G.-J. VIII (1887), S. 174 ff.
17 Lebezow] Lewezow g aus Loebezow Über ihr g üdZ 18 eingezogen ein g üdZ 21 Aprikosen aus Apfrikosen 22 „Herr Mir. Hein. Nakwaski, Gutsbesitzer, mit Gemahlin, beide aus Warschau, w. zum Rosenberg an der Johannisbrücke." (Carlsbader Curliste von 1823.) In der Marienbader Curliste Nr. 762/3: „Frau Anna Nakwaska, Senatorsgattinn, und Herr Klemens Heinrich Graf von Nakwaski, Gutsbesitzer, aus Warschau, wohnen zur goldenen Traube." 25 bey'm] beym Thee g aR. „Herr von Walewski, Edelmann aus Pohlen, woh. zum gold. Schild nächst der Johannisbrücke." (C. C.) Vgl. 100, 18. 104, 1. 26 sowohl g über von 26 als — 27 im g über vom 100, 1 bem Drehkreuzberg g aus ben drehkreuzberg 2 Der Brief ist bei Grüner, S. 169 gedruckt. 4 Punkt sechs] punkt Sechs 5 bem g aus ben besuchte g über ging an, darüber den g 8 Metsch g 11 und immer Heilingkötter] Heiligengötter: Goethes frühere Wirthin. 13 Almanache g aus Almanach 14 mit Ulriken g 15 und immer Aich] Eich 21 Zenigeo: „Se. Exzell. Graf Geniceo, nied. östr. Herr und Landstand, aus Wien, w. zum weissen Löwen auf dem Markte." (C. C.) 23 Die C. C. verzeichnet zwei Grafen Fredro, einmal „Graf von Fredo, General, mit Gemahlinn", sodann „Graf Eduard Fredro, gallizischer Edelmann, aus Lemberg, w. zum Ritter auf dem Markte." 25 und immer Elbogen] Ellbogen 27 um ein über etwas 101, 5 seyn letztes Wort auf der Seite, weshalb wohl das dem Sinne nach unentbehrliche kann (darf) hinzuzufügen der Schreiber vergessen hat. 11 sieht g aR für sind man üdZ 13 bieser g aus biese 14 er g über sie war unter ist 16 zusammenstürzen] stürzen g über brechen 17 bewölkte] bewölkte g über bewegte 19 Graf — 102, 7 steht in der Hs. auf einem andern Blatt (fol. 61 statt 59), ist aber durch das Goethische Verweisungszeichen ♀ und durch die Überschrift „Zu Mittwoch ben 27. August 1823" als hierher gehörig zu erkennen. 19. 20 , auf Ameliens Necketeyen, g aR Amelie von Levetzow. Vgl. den Brief der Frau von L. an G., Potsdam den 6. September 1829 (G.-J. VIII, S. 185). 26—28 „Se. Durchl. der regier. Fürst zu Hohenzollern Hechingen". „Ihre Durchl. die Prinzessin Julie zu Hohenzollern Hechingen." (C. C.) 102, 1. 2 „Frau von

Gajewska, Starostin, mit Tochter, aus Posen, w. zur schönen Türkin auf der neuen Wiese." (C. C.)   8 Über diese Fahrt, auf der G. seinen Geburtstag „still und gleichsam anonym in Elbogen gefeiert" hat, und ihre Erinnerungen (20. 21) vgl. G.-J. VIII (1887), S. 181.   13 heißer] heiser g aus heiter   14 wo üdZ   16 Bertha — 17 g aR mit Verweisungszeichen für Sehr warm g üdZ Bertha von Levetzow. Vgl. den schon citirten Brief der Frau von L. an G. vom Jahre 1829 im G.-J. VIII, S. 185.   19 dem g über einem   23 bey — 26 g aus bey kühlem und am Horizont bedeckten Himmel, besonders gegen Nordost   kühler g aus kühlem   Luft g aR 103, 4. 5 Meine frühere Freundin von Jaraczewska [104, ꝛc] hat mir das *Sketch Book of Geoffroy Crayon* geborgt, welches ich mit Vergnügen lese. Sag' dies Ottilien, die, wenn ich nicht irre, mir das Büchlein schon gerühmt hat. G. an August. 30. August 1823. (Concept im Goethe- und Schiller-Archiv.) 10 Ernst Müller, Geh. Kanzleisekretär und Redacteur des Regierungsblattes in Weimar.   21 er g üdZ   25 schöne g üdZ   104, 16 benn] ben   17 in über und   19 *Sketch* g¹ aus *Skutch*   18 Der schwarze Zwerg, Roman von Walter Scott. 26 „Frau von Jaraczewska, Gutsbesitzerin aus Santomysl, w. zum gold. Schild nächst der Johannisbrücke." (C. C.) Goethe hatte sie 1818 bei seinem Karlsbader Aufenthalt (vgl. Tagebücher, Band 6, S. 239, 12—14 und 240, 22. 23) kennen gelernt und ihr das Gedicht „Da sieht man wie die Menschen sind" (Gedichte, Band 4, S. 23 und 78 f.) gewidmet.   105, 9 späten g über steht der   12 Heitere g aus heiter nach Längst gar   25 Nachts — 28 g   25 Nachts nach Ab   27 Frau von Levetzow] Fr. v. L.

September.

106, 4 Frau von Levetzow] Fr. von L. und Ulriken g aR mit Verweisungszeichen.   5 die g üdZ nach wegen g üdZ 6 Edgeworth g aus Etgeworth „Herr C. Sneyd Edgeworth, englischer Edelmann, mit Gattin, aus Dublin, woh. zum gold. Schild nächst der Johannisbrücke." (C. C.) Vgl. auch Marienbader Curliste dieses Jahres, Nr. 725.   besuchten g aus besuchte   7 verhandelten g aus verhandelte   10 Ungeduld] Ungedult   12 Nacht der nach Tag der   14 Bertha Vgl. hierzu v. Loepers Vermuthung, dass — wie es freilich 108, 19—22

zu bestätigen scheint, denn beweisend ist diese Stelle nicht, da man ganz gut sich denken kann, dass Bertha anfing und Ulrike fortfuhr zu lesen — Ulrike gemeint ist, im G.-J. VIII (1887), S. 177, Anmerkung 1. 16 ge: langen *g* nach kommen 18 Trziblitz] Tzeplitz *g* aus Töplitz 23 Hartenberg] Hardenberg Vgl. Tagebücher, Band 8, S 96, 26 bezw. die dazu gehörige Notiz (S. 351). 23 ben aus bem Botta *g* „Delle. Fanny Botta, Privat aus Wien, w. zur Eiche auf der Wiese." (C. C.) 107, 1 Bayer *g* aus Beier „Herr Wilh. Bayer, Doktor der Rechte, Hof- und Gerichtsadvokat aus Wien, w. zum Blumenkranz auf dem Markte." (C. C.) alte aus alten 3 Caroline Ulrich, das „hellaugichte Nebengeschöpf", seit 1814 mit Riemer verheirathet, war mit Goethes Frau 1811 in Carlsbad gewesen. 4 ber] b üdZ 6 Anmaßlichkeit aus Anmaßigkeit 6.7 Pracherey nach Plackerey 7 Kestner] Kästner „Herr Georg Kestner, Archivrath mit Gattin, aus Hannover, w. zum grünen Schiff auf der Wiese." (C. C.) 9 allzukurzes *g*¹ aus allzukurzen Verweilen *g*¹ über Aufenthalt 20 Ameliens — Possen *g* aR 22 Herrn — 23 aR Der Brief ist bei Grüner a. a. O., S. 171 gedruckt. 25 abzuholen wohl Ul: riden zu ergänzen. v. Loeper a. a. O., S. 178, Anmerkung 1. erinnert dazu an die Verse 'Am heißen Quell verbringst du deine Tage.' 26 Amelie *g* aus Ameli 27 Ominsky *g* 108, 2 Henriette Pereira, geb. Arnstein, in Wien. 6.7 Gedichte zu Goethes Geburtstage. Vgl. 109, 1. 2. 7 waren nach mit 22 Amelie *g* aus Ameli 109, 5. 6 Lebezow] Loebezow 11 Amelie v. Loeper vermuthet, dass auch hier Ulrike zu lesen ist. 14—16 Vgl. hierzu G. an Grüner, 4. September (a. a. O., S. 172). 23 Erste — Hof aR Vgl. 114, 6. 7. 16—22. 24 Marienbader Elegie. Vgl. 28. 110, 24. 111, 7. 8. 115, 3. 4. 117, 16—18. 27 und dazu Eckermann I, S. 64. 110, 8 ff. Vgl. Grüner a.a.O., S. 173 ff. 111, 5 orbnenb *g*¹ aus orbnen 6 Von *g*¹ aus von 13 Betrachtungen *g*¹ aus Bemühungen 15 System des Freiburger Bergkommissionsraths Friedrich Mohs. 27. 28 Vgl. Grüner a. a. O., S. 178 f. 112, 2 hin auf bem] hinauf bem 3 Siechhäusel] Sieghäusel 7 Rath] R. 10. 11 Also nicht der Tagebuch, Band 8, S. 107, 20. 21 genannte und S. 354 des Näheren bezeichnete Georg Schmied? Im Übrigen wäre es naheliegend, hier an eine Verwechselung der Vornamen zu denken.   18—113, 26   Zum 9., 10. und 11. September ist wieder Grüner, S. 180 f., zu vergleichen.   21 ben g^1 über ein   23 am Syftem g^1 aus an Syftemen   28 Über die Abfahrt des Kutschers aus Weimar am 7. September findet sich ein Aktenstück von Augusts Hand bei den Eing. Brief., fol. 263.   113, 1 Jn üdZ   4 übergab üdZ   13. 14 Der Brief ist gedruckt in den Studien über Goethe. Von J. St. Zauper. (Wien 1840.) II, S. 230 f.   114, 19 anberen] anberer   115, 13 —116, 2 Mitternacht Compters Hand.   23. 24 Goethe in den Zeugnissen der Mitlebenden. Beilage zu allen Ausgaben von Goethes Werken. Erste Sammlung. Zum 28. August 1823. Berlin, bey Ferdinand Dümmler. 8°.   Varnhagen von Ense, der Veranstalter der Sammlung, übersandte am 11. August zwei Exemplare des Werkes an August, deren eins er am 28. August „dem Höchstverehrten" überreichen sollte. (Eing. Brief., fol. 288.) August berichtet über den Eingang an Goethe in einem Briefe vom 23. August (Eing. Brief., fol. 249 ff.) und bringt das Buch jetzt mit nach Jena. Vgl. auch die Anzeige von Geh. Rath Wolf in der Staats- und Gelehrten-Zeitung des Hamburgischen unpartheyischen Correspondenten vom 29. August 1823 und diejenige von Eckermann in Kunst und Alterthum IV, 3. Heft, S. 157 f.   25 Starf] Starfe   26. 27 Rehbein wollte seine Braut einholen. „Meine Braut hoffe ich in der letzten Hälfte des Septbr. abzuholen und ich habe die lebendige Überzeugung, dass ich so für mich wie für meine Kinder und meine Haushaltung sehr gut fahren werde." Rehbein an G., 20. August 1823. (Eing. Briefe, fol. 248.) Vgl. 119, 6   116, 2 Herrn — 3 Johns Hand.   4—24 Färbers Hand.   4. 5 Vgl. 21—24, auch Eckermann I, S. 35 f.   10 fortsſchreitende g^1 aus fortschreitende   13 Ulrike von Pogwisch.   14 dem g^1 aus den   Starf] Starfe   18 anbrohendem g^1 aus anbrohenden   19 Donner lies Donnern   25—117, 10 Compters Hand.   25. 26 Vgl. Carl August an Doebereiner, 9. August 1823 (a. a. O., S. 67).   117, 6 einen aus feinen   9. 10 Karl Friedr. Naumann, Beiträge zur Kenntniss Norwegens, gesammelt auf Wanderungen während der Sommermonate d. J. 1821 und 1822. 2 Thle. Leipzig 1824. Vgl. 205, 12.   15. 16 Kräuter legte über die Eingänge das nachstehende

Verzeichniss an, das sich jetzt unter den Eing. Briefen, fol. 308 und 309 findet.

Verzeichniß der angekommenen Pakete und Briefe
an des Herrn Staatsministers v. Goethe
Excellenz
während seines Aufenthaltes in Böhmen 1823.

1. Frachtbrief nebst Kistchen mit Mineralien . . . . Von Geheimerath v. Leonhard.
2. Brief nebst Kistchen mit Mineralien . . . . Von Herrn v. Stein in Breslau.
3. Brief . . . . Von demselben.
4. do. nebst Rolle mit Kupfern Von Rees v. Esenbeck in Bonn. (Der Brief ist bereits nach Marienbad abgesendet.)
5. Vier Bögen des Mineralogischen Systems, ohne Brief Von Geh. Rath v. Leonhard.
6. Brief nebst einer Mappe mit Zeichnungen . . . . Von Herrn Grimm. (Der Brief ist bereits nach Marienbad abgegangen.)
7. Brief und Buch . . . . . . Von Varnhagen von Ense.
8. Brief und Buch . . . . . . Von Schelver.
9. Brief . . . . Von v. Cotta.
10. Brief und Buch . . . . . . Von Freyherrn v. Voght in Flottbeck.
11. Brief und Buch . . . . . . Von v. Freyberg.
12. Brief nebst Gedicht in Mfct. Von Genelli in Berlin.
13. Brief und Buch . . . . . . Von Herrn v. Wesenberg und Herrn v. Horben.
14. Brief . . . . Von Lau in Hamburg.
15. Die Rheinfahrt, ein Gedicht, ohne Brief . . . . Von Berlin.
16. Brief und Lied . . . . Von Prof. Schnorr in Berlin.
17. Brief . . . . Von Herrn Minister v. Gersdorff in Frankf.
18. Brief nebst Rolle in Wachstuch . . . . Von Herrn v. Stein in Breslau. (Der Brief ist schon nach Marienbad gesendet.)

19. Brief	Von Frau v. Montenglaut in Potsdam.
20. Prospectus: Annales de Legislation, ohne Brief	Von Paris.
21. Eine No. der Eichenblätter.	
22. Brief nebst zwei Büchern	Von Buchhändler Barth in Leipzig.
23. Prospectus: Klaproth Tableaux historiques de l'Asie, ohne Brief	Von Paris.
24. Brief nebst Rolle	Von Wittich in Berlin.
25. Frachtbrief nebst Rolle	Von Bonn.
26. Brief nebst Zeichnung	Von Gebrüder Henschel in Berlin.
27. Brief	Von Mr. Soret in Genf.
28. Brief nebst Ölgemälde	Von Rab'l in Frankfurt. (In der Ausstellung befindlich.)
29. Brief nebst Rolle mit Steindrücken	Vom Lithograph. Institut aus Berlin.
30. Brief	Von Herrn v. Struve in Hamburg.
31. Brief	Von Maurer in Stuttgart.
32. Brief	Von Zelter aus Berlin.
33. Brief	Von Lasius in Hildesheim.
34. Brief	Von Herrn von Rennenkampff. Oldenburg.
35. Brief nebst Gedicht den 28. August betreffend und der No. 138 des Hamburger Correspondenten	Von einer Gesellschaft in Berlin.
36. Brief nebst Kistchen	Von Herrn v. Henning in Berlin.

23—26 Von hier ab und für die folgenden Tage sind besonders Goethes Unterhaltungen mit dem Kanzler Friedrich v. Müller, S. 54 ff. zu vergleichen. 118,5 Charles Sterling. Sohn des englischen Consuls in Genua, „angenehm von Person und rein von Sitten" und mit August befreundet, kam im Frühjahr 1823 von Italien nach Weimar und wurde durch ein noch erhaltenes kurzes Empfehlungsbillet von

Lord Byron (Genua, 6. April 1823) in Goethes Haus eingeführt. Byron schreibt übrigens durchgängig „Stirling". 7 Nach — 13 fortgesetzt Kräuters Hand. 15. 16 Brière in Paris gab sie heraus. Vgl. auch 129, 24 mit der dazu gehörigen Notiz und Goethes Unterhaltungen, S. 57 (21. September). 18 Prinzess Auguste, damals 12 Jahre alt, die spätere deutsche Kaiserin. 23 Herrn —119, 1 incl. Kräuters Hand. 119, 4. 5 Der Kinder-segnende Christus mit seinen Aposteln von Johann Peter von Langer? 7 Schulß] Schulze 15 Das — 25 durchgelesen Kräuters Hand. 16. 17 Alexandre Louis Joseph comte de Laborde, Voyage pittoresque et historique en Espagne. 4 Vol. in fol. Paris 1807—1818. 27—120, 16 Kräuters Hand. 120, 3 *III* nach drei 5. 6 In einer Enveloppe mit der John'schen Aufschrift „Feyer des 28. August 1823" befinden sich der Rehbeinsche Brief über die Festlichkeit des Tages, ein poetischer Festgruss „durch August Zeune, Berlin 1823", das den vom Bremer Senat gespendeten Wein aus der Rose von 1624 begleitende Gedicht von Nicolaus Meyer (in 2 gedruckten Exemplaren), die Verse eines Anonymus und ein später hinzugefügtes Gedicht „An Goethe und Reinhard zum 6. October 1823 bei Entsiegelung zweihundertjährigen Rheinweins." 14—16 Vgl. G.-J. II (1881), S. 295. 21 Umbreit fehlt in der Hs., ergänzt nach Burkhardt, Goethes Unterhaltungen, 24. September (S. 58 f.). Über den protestantischen Theologen Friedrich Wilhelm Karl Umbreit (1795—1860) vgl. Tagebuch, 7. Band, S. 223, 4 und die dazu gehörige Notiz (S. 324), besonders auch Allg. Deutsche Biogr. 39, S. 273 ff. 121, 1 Ihro nach die s. 9 Gedichte auf Marie Szymanowska und deren Schwester Casimira. Vgl. Goethes Unterhaltungen, S. 59 f. 19 Abends — 122, 19 Kräuters Hand. 22 Nach Eckermann in der Hs. mehrzeilige Lücke. 22—24 Vgl. G. an Knebel, 27. September (Briefw. II, S. 328 f.). 25 Nach Musik in der Hs. mehrzeilige Lücke. 26 Nach Baulichkeiten in der Hs. ebenfalls Lücke 122, 12 Um — 13 Eckermann aR 25 Rafaels — Folge in der Hs. unterstrichen. 26 Mittag —123, 6 Kräuters Hand. 29. 123, 1. 2 „Ausser meiner Tochter und meinem Sohn, den ich eben heute in Göttingen erwarte, bringe ich noch eine kleine niedliche Reisegefährtin mit, von der Hr. v. Müller Ihnen

Bericht erstatten kann." Reinhard an G., 8. September 1823 (Briefw. S. 235 f.).

October.

123, 9 Die Wünsche der Seidler richteten sich auf ein Atelier mit freier Heizung, wo sie ihren figurenreichen Carton „Die heilige Elisabeth" ausführen könnte. Sie erhielt ein solches im sog. Jägerhause, in dem die Grossherzogl. Zeichenschule untergebracht war, angewiesen. Vgl. Erinnerungen und Leben der Malerin Louise Seidler. Bearbeitet von Hermann Uhde. 2. Aufl. (Berlin 1875.) S. 320. 18 Über das vom Russ angegriffene Hopfenblatt vgl. Abthl. II, Band 7, S. 350 f. und Bratranek, Goethe's Naturwissenschaftliche Correspondenz II, S. 69 ff., wo auch der hier erwähnte Brief gedruckt ist. 26 Visite] Visitte 124, 1 Vor — 7 Kräuters Hand. 7 Über die geselligen Anträge berichtet Müller a. a. O., S. 63 f., als von Wünschen Goethes nach Geselligkeit in Gestalt eines „ewigen Thees". Vgl. auch 5. October (S. 66). 9 J. Seguin g 11—22 Mineralien Kräuters Hand. 12 Decandolle] de Candolle 13 Johann Bernhard Wilbrand (1779—1846), Professor der Anatomie und Physiologie und Ferdinand August Ritgen (1787—1867), Professor der Medizin zu Giessen. 20 Katarrh] Ratharr 25 Den — vorgenommen Kräuters Hand. Vgl. Abth. II, Band 9, S. 390 ff. 125, 3 Retjch] Röticch Friedr. Aug. Moritz Retzsch (1779— 1857), Illustrator und Radirer. Vgl. Müllers Kunstlexikon (Leipzig 1883), S. 758. 7 Auszug nach Auszug aus Mose fortgesetzt. Canzler von Müller Entscheidung wegen der Zeiteintheilung. Mittag Graf Reinhard und Familie. Vorher 11. 12 Johanna Schopenhauer, Die Tante. Roman in zwei Bänden. Frankfurt a. M. 1823. 8°. Vgl. die Buchhändleranzeige in Nr. 27 des Intelligenzblattes von 1823 (Cotta), S. 105 und Müller a. a. O., 4. und 5. October (S. 66). Das Wort ist in der Hs. immer unterstrichen. 25. 26 Der „Bericht an den Grossherzog, das Ordnen des Grossherzogl. Münzkabinets betr. vom 6. October 1823" gehörte zu diesen Expeditionen. Concept in dem schon citirten Actenfascikel „Das Ordnen des Grossh. Münzkabinets betr. 1822 bis 1829", fol. 52. (Abschrift im Goethe- und Schiller-Archiv.) 126, 2 Büste — Ludovisi üdZ Über die von Schultz dem Dichter geschenkte

Kolossalbüste vgl. Briefw. beider, S. 292 f. 10 eine] ein 10—12 Reinhard wollte „in Gotha eine Sternen-Nacht" abwarten, „um mit dem frommen Lindenau nach seinen Himmeln zu sehen." Vgl. auch 127, 22—24 und Reinhard an G., 30. October 1823 (Briefw., S. 240). 23 „In der Überzeugung dadurch nur einem allgemeinen Wunsch zu genügen habe ich es gewagt, in der meiner Leitung anvertrauten hiesigen Königlichen Manufaktur für weisses Porzellan, die Büste Ew. Excellenz nach einem Modell unsers Professor Rauch anfertigen zu lassen." Frick an G., Berlin, 4. October 1823 (Eing. Briefe, fol. 339). Vgl. 127, 12. 13 und 132, 20. 21 sowie die zu dieser letzten Stelle gehörige Personalerklärung. G. fand die Büste „wohlgelungen". 127, 5. 6 Nachher nach Ingleichen 6 serbischen] Servischen 19. 20 Über den Kunstcharakter des Tacitus. Abhandlung von Joh. Wilh. Süvern. (Separatdruck). Sein Begleitbrief (Berlin, 1. October 1823) unter den Eing. Brief., fol. 338. Vgl. 129, 21. 22. 24. 25 Cain. A mystery by Lord Byron. Vgl. Kunst- und Alterthum V, 1, S. 93 ff. 26 Rösel Riemers Hand. Landschafter Rösel, zu dem sich von 1825 ab regere Beziehungen anknüpften. Vgl. die ihm gewidmeten Gedichte, Werke 4, 139 f. 128, 1 Rösel Riemers Hand. 8. 9 Vgl. Müller, Unterhaltungen, 12. October (S. 69). 25 Reinhold Steig hat in einer an das Archiv gerichteten Zuschrift die Vermuthung ausgesprochen, dass die Lücke hier mit dem Namen des Wuk Stephanowitsch Karadschitsch auszufüllen sei. Hier Herrn Steigs Combination: Am 19. October 1823 schreibt G. an Jacob Grimm (vgl. Goethe und die Brüder Grimm. Berlin 1892. S. 169): „Mit vielem Antheil, mein Werthester, habe den mir (unter dem 1. October 1823, a. a. O., S. 167) zugewiesenen serbischen Literator aufgenommen und gesprochen." Zwischen 1.—19. October verzeichnet aber das Tagebuch Wuks Besuch nicht. „Setzen wir aber Wuk in die Lücke des 13. October 1823 im Tagebuche ein, so erklärt sich vortrefflich, dass G. gleich darauf, am 15. October, und dann die folgenden Tage, durch John Abschriften der serbischen Lieder nehmen lässt." Vgl. die zu 143, 10—12 gehörige Notiz. 25. 26 Friedr. Joseph Schelver (1778—1832) zu Heidelberg, früher Professor der Naturgeschichte in

Jena. 129, 7. 8 Regierungsrath Christian Friedrich Schmidt in Weimar, hervorragender Dilettant auf dem Klavier. Vgl. Müller a.a.O. (14. October), S. 69 f. und Eckermann I, S. 42 ff. 21. 22 Süvern] Sürern Johann Wilhelm Süvern (1775—1829). Vgl. die zu 127, 19. 20 gemachte Notiz und Allg. Deutsche Biogr. 37, S. 206 ff. 24 Brière, der Verleger der Werke Diderots mit dem echten Original von Rameaus Neffen. Vgl. Kunst und Alterthum IV, 3, S. 145 ff. (Hempel 31, S. 147 ff.). 27 Bacchen] Bacchan Vgl. Müller, Unterhaltungen (19. October), S. 70. 130, 14 M. D. Schloss und Comp. 131, 8 „Es wurde von Raupachs Pedantismus in der Kritik und den drei ersten Acten seines 'verfehlten Ziels' gesprochen." (Müller, Unterhaltungen, 19. October, S. 70.) 17 und sonst] u. s. f. 26. 27 Landgraf Christian Ludwig von Hessen-Darmstadt. 28 Adele Schopenhauer. 132, 9 Strangford] Strangfort Divan im Sinne von „Pforte". 11. 14 Das Concept des Schreibens an Vulpius in dem schon mehrfach citirten Actenfascikel „Das Ordnen des Grossh. Münzkabinets betr.", fol. 54. (Abschrift im Goethe- und Schiller-Archiv.) 20 ben aus bem 20. 21 Frick, Kgl. Oberbergrath und Dirigent der Königl. Manufaktur für weisses Porzellan in Berlin. 133, 2—4 „Abends bey Göthe, der aber nicht sehr mittheilend war." (Müllers Tagebuch.) 20 meines nach mit 24 gemeldet g 134, 5 Canzler — Müller üdZ „Dann zum Thee bey Göthe, wo ich die lang gewünschte Bekanntschaft mit der bezaubernden Clavierspielerin, Madame Szymanowska machte. Braunes Kleid, weisses Spitzentuch, weisse Mütze mit Rosen. Rührende Erzählung von ihrer blinden Schwester und deren magnetischen Heilung." (Müllers Tagebuch.) Vgl. auch Unterhaltungen, S. 71. 134, 6. 7 vorgenommen nach angefangen 14 Karl von Morgenstern. Über Raphael Sanzio's Verklärung. Dorpat und Leipzig 1822. 4°. 28 Küstner] Küster Generalkonsul Felix Ferdinand Heinrich Küstner (1778—1832). 135, 1 aus ber Ruhl: Ruhla. 6 Scheint nach Müllers Tagebuch ein Mr. Wempas gewesen zu sein. 11. 12 Die Übersetzung des I. Gesanges von A. W. Winckler. Giessen 1823. (Der II. erst sieben Jahre später.) Begleitschreiben vom 16. October unter den Eing. Briefen. fol. 353. 14 *Mr. de Rumigny*] *Rumini* g Maria Ipolite

Graf von Rumigny, Königl. Französischer ausserordentlicher Gesandter und bevollmächtigter Minister. (Staatshandbuch.) 15. 16 „Aber wie viele herrliche Züge ihres Herzens könnte ich noch hinzufügen, wie vieles von ihrer zarten Fürsorge für ihre drey Kinder, von ihrer frommen Ehrfurcht vor ihren noch lebenden Eltern erzählen. Täglich schreibt sie ihnen, giebt gewissenhaft Rechenschaft von allem Thun u. Lassen u. nach den Briefen ihrer Kinder, von denen sie uns einige zeigte, müssen diese die schönsten Anlagen haben. Helene u. Romuald sind Zwillinge, 11 Jahre alt, Coelestine 9 Jahre. Sie hat noch sieben Geschwister, ausser dem Bruder u. der Schwester, die mit ihr reisen. Letztere, Casimira, etwa 18—19 Jahre alt, ist zwar minder schön, kleiner, aber doch auch sehr angenehm, voll Verstand, voll Charakterstärke und die Hingebung und Aufopferung selbst." (Canzler von Müller an eine Freundin, eingeheftet in dessen Tagebuch.) 19—21 Marienbader Elegie. Vgl. Eckermann I, S. 49 ff. 22—25 „Herrliches Concert bey Göthe. Braungelb mit schwarzer Besetzung u. schwarzem Spitzentuch, weiss aufgeschlitzten Ermeln, ganz einfachem Haarputze. Trio von Beethoven. Quartett von Louis Ferdinand. Melancholisch-erhabenes Andante. Beflügelter Cotillon mit Variationen. ‚Um Mitternacht.' Divanslieder. Sichtbare Unruhe u. Unfertigkeit der schönen Pohlin." (Müllers Tagebuch.) 136, 3 Gerſtenbergt] Gerſtenberg Geh. Regierungsrath Georg Friedrich Conrad Ludwig von Gerstenbergk, genannt Müller, geheimer Archivar am Haupt- und Staats-Archiv in Weimar. 4. 5 Woffiſchen] Wolfiſchen 8 Johnſton] Jonſton 10 begegnete nach Mittag 11 Espérance Sylvestre. Dieren nach Drey 19. 20 Moreauſchen] Mauroſchen 137, 1 Kirms musste um Bewilligung der Mitwirkung der Hofkapelle angegangen werden. 5 Rumignÿ] Rumini 10. 11 Der Prophet Jesaja übersetzt und mit einem Kommentare begleitet. 3 Thle. 1820—21. Von Heinr. Friedr. Wilh. Gesenius (1786—1842). Vgl. auch Allg. Deutsche Biogr. 9, S. 89 ff. 11 zum über Caſa 138, 4 Herrn — 5 ist bei'm 30. October eingetragen, aber durch den Zusatz (unter'm 31.): „Iſt erſt heut abgegangen" als hierher gehörig zu erkennen.

November.

138, 6 Genera et Species Palmarum von Dr. C. F. von Martius. Fasc. I et II. München 1823. Vgl. G. an Schultz 3. December (Briefw., S. 296) und an Martius, 3. December 1823 (Naturwissenschaftl. Corresp. I, S. 337 f.).   8 General von Haake¹ Gen. v. Haak Herzogl. Sachs. Gothaischer Oberkammerherr und Generalmajor von Haake.   10 Andrea Appiani (1754—1817), mailändischer Freskomaler.   18. 19 Vgl. 139, 24. 25 und Eckermann I, S. 55 (3. November).   23 Vgl. dazu Abthl. II, Band 6, S. 237—241 und Band 7, S. 346—349.   139, 8 der aus dei   21. 22 Dasselbe am nächsten Abend im öffentlichen Conzert.   140. 3 Moritz Steinla. Sein Brief (Gotha, den 1. November 1823) unter den Eing. Brief., fol. 364. (Ein Dr. Ernst wird darin nicht erwähnt.)   13 Das Conzert, das Abends 6 Uhr im grossen Saale des Stadthauses stattfand, umfasste folgende Nummern:

Erste Abtheilung.
1) Grosse Sinfonie in B-dur von Louis van Beethoven.
2) Pianoforte-Konzert in A-moll von Hummel.
3) Duett von Nicolini, vorgetragen von Madame Eberwein und von Herrn Kammersänger Stromeyer.

Zweite Abtheilung.
1) Quintett für Pianoforte und Blasinstrumente
  van Beethoven.
2) Recitativ und Arie von Paer, vorgetragen von Herrn Kammersänger Moltke.
3) Notturno für Pianoforte mit Quartettbegleitung von Field.
4) Rondo aus dem ersten Pianoforte-Konzert von Klengel.

Vgl. Müller a.a.O., S. 72 (4. November) und über ein von ihr kurz vorher in Leipzig gegebenes Conzert das fast überschwängliche Referat in Stephan Schützes Journal für Luxus und Mode Nr. 103 (November 1823), S. 848.   15 Abschrift nach Zur Morp   24. 25 Vgl. darüber Müller a.a.O. S. 72 (5. November). In Müllers Tagebuch noch die sich auf die Szymanowska beziehende Stelle: „Im schwarzen Hofkleide mit der weissen Mütze u. einer blassen Blume darauf, war sie fast schöner als je". 26 verhandelten g^1 aus verwandelten 141,5—8 Über den Stich vgl. Zarncke a.a.O., S. 33 (Nr. 32ᵈ). Begleitbrief von Artaria und Fontaine (Mannheim, 10. Novbr. 1823) unter den Eing. Brief., fol. 377. 6 Kügelgen] Kügelchen 12. 13 A. Baron Fain, Manuscrit de mil huit cent quatorze, trouvé dans les voitures imperiales prises à Waterloo, contenant l'histoire des six derniers mois de règne de Napoléon. Paris 1823. 8°. 13. 14 In Bibliotheksangelegenheiten. Vgl. 15. 21. 22   18 von Humboldtischen über Burgerischen   20. 21 von Frau von] v. Fr. v.   26. 27 Heichelheim: Dorf im Weimarischen.   28. 142, 1 Vgl. Müller, S. 74 (6. November); auch 15—17. 21. 22. 143, 3—6.   142, 3. 4 Vgl. Eckermann I, S. 66 und 67 (21. und 24. November).   17—19 Bei den Acten ein Fascikel „Acta Das Gesuch des Hofrath [Friedrich Sigismund] Voigt um eine würckliche medicinische Facultaets- und Senators-Stelle betr. 1823. 1824." Dasselbe enthält fol. 1 ein Schreiben des Grossherzogs an den Praesidenten v. Motz: er solle nach Vernehmung der Ansichten des Senates und der medicinischen Facultät zu Jena gutachtlich über das tit. Gesuch an ihn berichten. Beigefügt ist in Abschrift von fremder Hand der hier erwähnte Bericht der Oberaufsicht über das Gesuch des Hofrath Voigt, dessen Gewährung Goethe warm empfiehlt (Weimar, den 30. November 1823), während die medicinische Facultät, der Senat und ebenso von Motz auf Grund ihrer Gutachten diese widerrathen.   19—21 Dieser Bericht „Serenissimo. Weimar den 30. November 23" von Johns Hand in den „Acta Das Ordnen des Grossherzogl. Münzkabinets betr. 1822 bis 1829, ingleichen eine anzulegende Münz-Sammlung der neusten Zeiten 1830—1831 betr.". fol. 64/65 (Abschrift im Goethe- und Schiller-Archiv), woselbst auch fol. 66 die Erwiderung des Grossherzogs (16. December 1823) sich findet.   143, 7—9 Frau Melber, geborne Textor, im neunzigsten Lebensjahre. „Ein Anfall von Fallschwindel veranlasste einen Sturz, dessen Folge Erschütterung des Gehirns und der Brust war, die Lungenlähmung herbeyführte." (Senior Dr. Neuburg an G., Frankfurt, 8. November 1823.) Unter den Eing. Briefen finden sich noch aus den letzten Jahren mehrere Briefe von ihr.   10—12 Wuk Stephanowitsch Karadschitch. Über die Sendung, die in einer „wörtlichen

Übersetzung von einigen serbischen Volksliedern" bestand. vgl. R. Steig a.a.O., S. 169. In dem begleitenden Briefe (Leipzig, 8. November 1823) heisst es: „Wiewohl ich dergleichen Helden-Lieder als der Tod des Kralewitsch (Königs-Sohn) Marko (welcher in der Geschichte vom 14ten Jahrhundert als ein wirkliches Individuum erscheint und bey unserer Nation als ein serbischer Herkules besungen und besprochen wird) ist, mehrere übersetzt habe (und von dergleichen Liedern 2 Bände bereits gedruckt sind); so habe ich mir doch nicht getraut, ihrer Länge wegen (da sie meistens zu etlichen Hunderten Verse lang sind) Euer Excellenz mit solchen zu belästigen." (Original im Goethe- und Schiller-Archiv.) 12. 13 Über „Kanzler Müllersche Gedichte" hat neuerdings R. Steig im Euphorion, II. S. 312 f. gehandelt. 23. 24 Giotto, Abendmahl, Fries, das Bild von Rafael.] Giotto Abendmahl. Fris das Bild von Rafael. 144, 4 Jm Sessel g über Entsetzlich 7. 8 Radirte Blätter nach der Natur gezeichnet von Ludw. E. Grimm. Zwei Hefte. Vgl. Kunst- und Alterthum IV, 3. Heft, S. 54; auch R. Steig a.a.O., S. 190. 9—13 Vgl. Müller a.a.O., S. 74 (12. November). 25 Anton] A. Über Rab'l vgl. Allg. Deutsche Biogr. 27, S. 136. 145, 3. 4 „Der junge Feldjäger in französischen und englischen Diensten während des Spanisch-Portugisischen Kriegs von 1806—1816." Von Johann Christian Mämpel. 1826 erschien das Manuscript in zwei Duodezbändchen bei Friedr. Fleischer in Leipzig. „eingeführt durch J. W. von Göthe". Vgl. Kunst- und Alterthum V, 1. S. 161 ff. und Hempel, Band 29, S. 199 ff. Zwei weitere Bändchen folgten alsbald noch nach. 6—9 Vgl. Eckermann I, S. 61 ff. 22 Hinter Freunde in der Hs. kein Punct, Lücke für die Namen. 23. 24 Voyage en Italie par J. Isabey en 1822. Trente Dessins lithographiés par lui. fol. Vgl. Kunst- und Alterthum V, 1, S. 23 ff. 146, 15 Beschauten — 18 angekommen aR mit Verweisungszeichen. 16 50 soll wohl jedenfalls 30 heissen. Vgl. die Notiz zu 145, 23. 24. 17 Die Madonna hatte der Grossherzog kürzlich von W. Schadow angekauft. In einem Briefe, Berlin, 19. October 1823, bittet Sch. um Goethes Urtheil. (Eing. Briefe., fol. 351.) 24. 25 Blutigel] Blutygel 147, 5 Herrn — 8 Bogen aR 19. 20 Vgl. 148, 10—12.

151, 11. 12.   26. 148, 1 Vgl. Zelters Reisetagebuch, 24. November (Briefw. III, S. 379 ff.).   148, 4 Korssunschen] Korsunschen Eherne Thüren an der alten Kathedrale zu Nowgorod mit biblischen Motiven. Vgl. Adelung, die Korssunschen Thüren der Kathedrale zu Nowgorod (1823).   8 bem Jahr aus ben Jahren   16 Herren — 17. 18 Mineralien aR   22. 23 Über Goethes Krankheit sind die Briefwechsel mit Zelter (III, S. 380 f.) und mit Schultz (S. 295 f.) zu vergleichen.   27 Hofrath am Seitenende; gemeint ist Huschke.   149, 8. 9 italiänischen g über Engl.   14. 15 Einiges Spanische g¹ aus Einige Spanisches   17. 18 Wiebeking g¹ aus Wiebekin   18. 19 Civil g¹ aus Civile Vgl. Tagebuch, 8. Band, S. 59, 6. 7 und die dazu gehörige Notiz (S. 343).   24 Revisionsbogen — 5 g   26. 27 Vgl. 172, 4—6 und besonders Zelter an G., 18. Januar 1824 (Briefw. III, S. 384 f.).

December.

150, 17 Herrn — 20 Mineralien aR   18 und immer Gerstenbergl] Gerstenberg   151, 11. 12 Vgl. 161, 25.   15. 16 Emanuel Augustin Dieudonné Marin Joseph, seigneur de La Caussade, Palleville, Couffinal et Spugets, marquis de Las Cases war einer der Genossen Napoleons auf St. Helena gewesen. 25. 26 Joachim Nettelbeck, Bürger zu Kolberg. Eine Lebensbeschreibung von ihm selbst aufgezeichnet. 1. und 2. Bändchen. Halle 1821. 3. Bändchen. Leipzig 1823. 152, 1—3 Nesselfrieseln, die ihn mehrere Tage im Schwan, wo er logirte, zurückhielten.   8—11 Sohn Kräuters Hand. 11 Beim „Oberaufsichtlichen" von diesem Tage ein Erlass „an den Grossherzogl. Conducteur Schrön zu Jena. Die Meteorologischen Anstalten das. betr." in: Acta observatorii N° X. (Acten der Grossh. Sternwarte zu Jena.) Vol. I. 1823 bis ... (Abschrift im Goethe- und Schiller-Archiv, fol. 25 f.) 15. 16 Kupfer von Joseph Anton Koch (1768—1839), der in den Jahren 1824/5 auch das Dante-Zimmer in der Villa Massimi zu Rom ausmalte. Vgl. über ihn Allg. Deutsche Biogr. 16, S. 388. ff.   27 — 153, 1 Serbisch-deutsch-lateinisches Wörterbuch und die von Jac. Grimm übersetzte serbische Grammatik, beide von Wuk. Vgl. Kunst- und Alterthum V, 2, S. 55 f. und Steig a. a. O., S. 165 ff., 169 und 180.   153, 1. 2 Der Brief

Ulrikens aus Dessau, 7. December 1823 (Eing. Briefe, fol. 385,6), berichtet über ein anlässlich eines von Studenten beim Einzuge der kronprinzlichen Braut dargebrachten Fackelzuges auf der Berliner Schlossbrücke entstandenes Gedränge, bei dem es 22 Todte, mehrere Schwerverletzte und viele Vermisste gab. Vgl. auch 154, 11. 12 und Allg. Zeitung Nr. 344 (10. December 1823), S. 1375/6. 22 Nach Cuvier in der Hs. grössere Lücke. 23. 24 „Ueber Gewitterzüge in Böhmen". Vgl. Sternberg an G., 15. November 1823 (Briefw., S. 115 ff.). 154, 27. 28 Vgl. Abth. II, Band 9, S. 73 ff. 28 Ist wohl jedenfalls „5. Band" gemeint. 155, 23 Ist wohl Briefe zu lesen. Vgl. 156, 15. 156, 2 Vgl. auch 27. 28 und Eckermann I, S. 44 f. (15. October). 18—20 „Von 6½—8½ Abds bey Göthe, allein. Appianisches Schlachtgemälde Napoleons in einer Sammlung schöner Kupferstiche. Ueber Hamann u. s. Briefe an Jacobi. [Hamann sey zu seiner Zeit der hellste Kopf gewesen u. habe wohl gewusst, was er wolle. Aber er habe immer biblische Sprüche und Stellen aus den Alten wie Masken vorgehalten, u. sey dadurch Vielen dunkel u. mystisch erschienen. Goethen sey die Popularphilosophie stets widerlich gewesen, daher habe er sich leichter zur Kantischen hingeneigt, die jene vernichtet habe. Doch mit der Kritik der Vernunft habe er sich nie tief eingelassen.] Ich gab ihm mein Gedicht auf Knebel, was er lobte, er erzählte dann von Gagern." (Müllers Tagebuch; das Eingeklammerte auch bei Burkhardt unterm 29. December.) 157, 13 Napoleon aus Napoleons 17 Porträt von Dawe. 19 Herrn — 23 Morphologie aR 158, 6. 7 Vgl. 10—12. 159, 13—17. 9 The Abbot von W. Scott war schon 1820 erschienen. 10 Dessau, 20. December 1823 (Eing. Briefe, fol. 391/2). 13 Serenissimum] Serenissimo 23 Wesselhöfts — 25 aR 27 fünf über Vier 159, 11. 12 Joh. Georg Hamann's Schriften. Herausgegeben von Fr. Roth. Theil 1—8. Berlin 1821— 1824. 8 Bde. 8°. „Herrn Minist. Rath von Roth empfehle ich mich bestens; die Ausgabe von Hamanns Werken, besonders dessen Correspondenz hat mich über viele dunkle Stellen meines eigenen Lebens aufgeklärt; sagen Sie deshalb meinen verbindlichsten Dank." G. an Canzler von Müller, Ende August 1824. (Concept im Goethe- und Schiller-Archiv.) 13 meteorologischer nach einiger   17 „Dass Ottilie nun noch nach Berlin geht, freut mich sehr, denn ihr wird es gewiss gut thun und macht ihr so viel Freude." (Ulrike von Pogwisch an G., 20. December 1823.) Vgl. Zelter an G., 18. Januar 1824 (Briefw. III. S. 386).   160, 20—22 Werner Henschel. Ein kurzer Begleitbrief (Cassel, 26. December 1823) unter den Eing. Brief., fol. 394.   161, 7. 8 J. A. Dubois, Letters on the state of Christianity in India; inwich the Conversion of the Hindoos etc. London 1823. 8°. Vgl. 23   20 Hage] Hagen   24 Abele nach von   25 Vgl. 151, 11. 12.

1824.

Actenformat, blauer Deckel mit der Johnschen Aufschrift: „Tage-Buch. Januar. Februar. März bis September, bis zu Ende des Jahrs. 1824." (fol. 1—114.) In der rechten Ecke oben eine 13. Vorgeheftet sind 6 Blätter, davon fünf beschrieben mit der „Bücher-Vermehrungsliste". (fol. a—e.) Der Schreiber ist wieder John.

Januar.

163, 5 und immer Hage] Hagen   20. 21 W. G. L. von Donop, Historisch-geographische Beschreibung der Fürstl. Lippeschen Lande in Westphalen. Herausgegeben und mit Zusätzen vermehret von dem Herausgeber des Westphälischen Magazins. Lemgo. Viele Auflagen. 8°   21 Externsteine] Exeter Steine   164, 3—5 Vgl. Carl August an G., 2. Januar und G. an C. A., 20. Januar 1824 (Briefw. II, S. 225 und 227).   8—10 Carl Friedrich Stäudlin, Geschichte der Vorstellungen von der Sittlichkeit des Schauspiels. Göttingen 1823.   10 Staublin (lies Stäublin)] Stäutlin   22 Vgl. Botum im Briefw. zwischen Carl August und G. II, S. 230 bis 235.   27 Externstein] Exterstein   165, 2 Weyland] Weiland   18—21 Vgl. Müller a.a.O., S. 78. Burkhardt hat das Gespräch irrthümlich auf den 9. Januar verlegt; es steht aber im Müller'schen Tagebuch richtig unterm 10. Januar und verräth ausserdem noch folgendes im Gespräch Berührte: „Über die Jenensia, über seine Theaterdirection, über das catholische Kirchenregulativ. Vorlesung einiger Voigtischer Gedichte. Zeunes poetische Aufforderung an

Göthe im alten Minnesänger-Styl. [Vgl. 172, 6. 7.] Einladung auf Montags Mittag [vgl. 166, 9. 10] unter Andeutung, dass ihm lange Abendbesuche schlecht bekämen." 19 Rectorats= Jubiläum am 18. Januar: An diesem Tage hatte der Grossherzog vor 50 Jahren das Rectorat der Universität Jena übernommen. Vgl. 167, 28. 168, 1. 166, 1. 2 Karoline von Woltmann, Spiegel der grossen Welt und ihrer Forderungen. Allen, die in jene treten und diesen entsprechen wollen, insbesondere jungen Frauenzimmern gewidmet. Pesth 1824. Gr. 12. 8 Vgl. Tagebuch, Band 8, S. 237, 2 bezw. die dazu gehörige Notiz (S. 385). 9. 10 „Vergnügter Mittag bey Göthe. Die Maskenpläne boten manchen Stoff zu Scherzen dar. Brunnquells Übersendung seines Werkes an Gersdorff gleichfalls". (Müllers Tagebuch.) 21 Hofmarschall am erbgrossh. Hofe Friedr. Wilh. von Bielke. 22 Professor Johann Gottfried Melos, Lehrer am Landschullehrer-Seminar in Weimar. 24 Claude Lorrain] Claud Lorain 167, 1—3 Don Alonzo, ou L'Espagne, Histoire contemporaine par Narcisse Achille de Salvandy. IV Tomes. Paris 1824. Die deutsche Übersetzung von 1826 trägt den Titel: Don Alonzo oder Spanien. Eine Geschichte aus der gegenwärtigen Zeit von N. A. von Salvandy. Aus dem Französischen. Nebst der Vorrede des Verfassers und einem einleitenden Vorwort von J. W. von Göthe. Breslau. Fünf Bändchen. Vgl. Kunst- und Alterthum V, 1, S. 169 ff. und A. l. H. (1833), Band 46, S. 89 ff., auch G. an Carl August, 20. Januar 1824 (Briefw. II, S. 226). G. hatte das vom Grossherzog angekaufte Werk von diesem zugeschickt erhalten. (Ungedrucktes Billet des Fürsten vom 15. Januar unter den Eing. Brief. von 1824, fol. 7.) 5—6 Michael Beer (1800—1833), der jüngere Bruder Meyerbeers. Vgl. Allg. Deutsche Biogr. 2, S. 250. Über den Paria, Trauerspiel in einem Aufzuge, vgl. Kunst- und Alterthum V, 1. S. 101 ff. Von diesem Tage auch ein kurzer Brief M. Beers, in dem es heisst: „Die Erscheinung des Paria auf der Berliner Bühne ist von Ihnen, hochverehrter Herr Geheime-Rath, nicht unbemerkt geblieben, und so glaubte der schüchterne Autor, ohne unbescheiden zu scheinen, die Gelegenheit ergreifen zu dürfen, Ew. Excellenz mit dem Manuscript bekannt zu machen." Die erste Aufführung in Weimar fand am 6. November 1824 (292, 28) statt. 10 Verordnung nach Ord 15 Reife] Reifen 16. 17 Wegen des Schildes vgl. G. an Carl August, 20. Januar (Briefw. II, S. 228) und Müller a.a.O., S. 79 (20. Januar). 19. 20 Vues des côtes de France dans l'Océan et dans la Méditerranée peintes et gravées par L. Garneray, décrites par M. E. Fouy. Part. 1. 2. Paris 1823. 32. fol. 22. 23 Maskenball zur Feier des Geburtstags des Erbgrossherzogs am 2. Februar. Vgl. 174, 11. 168, 4 „Dr. Johann Traugott Leberecht Danz, Konsistorial-Rath, o. ö. Lehrer der Theologie, Director des katechetischen Instituts." „Dr. Ludwig Friedrich Otto Baumgarten-Crusius, Kirchenrath, o. Honorar-Professor der Theologie." (Staatshandbuch.) 14. 15 August war zu Weihnachten zum Geheimen Kammerrath und Kammerherrn befördert worden. „Der Frau Geheime Kammerräthin hätte ich schon beym Abschiedskusse zu diesem schönen und bedeutenden Charakter Glück wünschen können, ich wollte es aber lieber versparen, um nach dem herrlich leuchtenden Berlin ihr einen hübschen milden Familienstern nachzusenden." G. an Ottilie, 30. December 1823. (Concept im Goethe- und Schiller-Archiv.) Vgl. auch H. Düntzer, Goethes Leben. (Leipzig 1883.) S. 631. 169, 3—5 Vgl. 174, 4. 5: Gedichte, 4. Band, S. 4 (75). 6. 7 Jedenfalls das im Briefwechsel des Grossherzogs Carl August mit Goethe II. Nr. 532 (S. 225—228) mitgetheilte Schriftstück von „Ende Januar 1824", das deshalb vorhin auch bereits mit diesem Datum immer citirt worden ist. 8. 9 Vgl. Müller a.a.O., S. 78 ff. (20. Januar.) 13—15 Also jedenfalls ein Bruder des einige Zeit in Weimar ansässig gewesenen James Lawrence (1773—1840), dessen „seltsamster Productionen" G. 1816 in den Tag- und Jahresheften (II, S. 108) gedenkt. 170, 13. 14 Vgl. die Bücher-Vermehrungsliste. 16 Booben] Boben 171, 16—19 Vgl. dazu: Castaing, der zwiefache Giftmischer, nach französischen Actenstücken bearbeitet von L. Hoffmann. Berlin 1824. Gr. 8°. 172, 4 Vgl. die zu 174, 4. 5 gehörige Notiz. 4—6 Vgl. 149, 26. 27. 6. 7 Gedicht von acht Strophen: „Dem Deutschen Meistersänger Johann Wolfgang von Goethe zu dessen 75ten Wiegenfeste von einigen seiner Verehrer durch August Zeune, Berlin 1823" im Goethe- und Schiller-Archiv. Der Verfasser hatte Goethe im Jahre 1816 in Weimar besucht. 173, 4 Aufgestanden über Jm Bette geblieben 14 V, 1, 1] 1. V. 1

Februar.

174, 1 „Nachmittags bei Göthe, der sehr munter war. Herzliches Gedicht eines Studenten Meyer an ihn. [Vgl. 179, 20.] Triumph, dass ich ihn zu einem Brief an Humboldt [mit der Empfehlung der Szymanowska] vermochte." (Müllers Tagebuch.) 3 an aus ran 4.5 Das „Tifurtianum" ist ein humoristisches „Reimschreiben", ein von Goethe wieder hergestelltes „Collectivgedicht", datirt „Tibur d. 19. Jul.", von Anna Amalia, der Göchhausen, Prinz Constantin, Graf Putbus und Knebel an den 1776 in Ilmenau weilenden Grossherzog Carl August, das Prinz Constantin überbrachte. Dem damaligen Erbgrossherzog Carl Friedrich, der ein besonderes Interesse für Tiefurt hatte, wird Goethe vielleicht die Originale überschickt haben. Eine Abschrift von Johns Hand (11 Seiten in Quart) trägt die Aufschrift: „Ihro | Des Herrn Erbgrossherzogs | von Sachsen-Weimar-Eisenach | Königl. Hoheit | zum 2. Februar 1824 | unterthänig Glück wünschend | überreicht ein heiteres Original-Document | früherer Tiefurther Annehmlichkeiten | dem Wiederhersteller jenes classischen Bodens | Heil und Seegen prophezeihend | Goethe." Vgl. hierzu Müller a.a.O., S. 79 (20. Januar). Eine Mittheilung in Auszügen dieser bei den „Tiefurter Spässen" im Goethe- und Schiller-Archiv aufbewahrten Copie, deren Gehalt nach der Mittheilung des Redactors im Ganzen nicht sehr bedeutend ist, soll vielleicht gelegentlich einmal im G.-J. erfolgen. 10 Vgl. 22. 23. 175, 9. 10. 16. Vgl. auch Kunst- und Alterthum V, 1, S. 172 ff. 175, 18. 19 Vgl. 23. 24 Göschel, Über Goethes Faust. Leipzig 1824. 176, 11 serbische] servische 13 und immer *d'Agincourt*] *d'Agingourt* Jean Baptiste Louis George Seroux d'Agincourt, L'Historie de l'art par les monuments, depuis sa décadence au quatrième siècle jusqu'à son renouvellement au seizième. 6 Vol. in gr. fol. (325 planches.) Paris et Strasb. 1823. Vgl. Kunst- und Alterthum V, 1, S. 138. 14 ancient] antient 177, 8 An — 9. 10 Berlin aR 12. 14 „Ew. Excellenz wird es wahrscheinlich interessant seyn, anliegendes Prof. Kieserisches

Gutachten über einen Wunderthäter à la Hohenlohe, den wir im Lande haben, zu lesen." Canzler von Müller an G., 10. Febr. 1824. (Eing. Briefe, fol. 16.) 13 von *g* üdZ 17 tugeligen] tugelichen 21 Vgl. 179, 20. 28 Externsteine] Exeter=steine 178, 2. 3 Vgl. 12. 13. 188, 1—3. 2 Bernstorff] Bernsdorf eine aus eines 4 Römerberg in der Hs. unterstrichen. 18. 19 Bandinelli *g* aus Bandinelli 25. 26 Amintas] Aminbas „Uebersetzung des Amynt", die Freiherr von Horben auf Ringenberg im letzten Sommer, als Goethe verreist war, August für seinen Vater hinterlassen hatte. G. schickt das Manuscript jetzt ungelesen zurück. 28 Externsteinen] Exeterstein 179, 4 nächst zu Unternehmende] nächste Unternehmende 6—9 Vgl. hierzu Müller a.a.O., S. 80 f. (14. Februar.) 13 ein] 1. 15 Externsteine] Exetersteine 18 Johann Severin Vater (1771—1826). Vgl. über ihn Allg. Deutsche Biogr. 39, S. 503 ff. und Kunst- und Alterthum V, 2, S. 57. Vaters Brief (Halle, 12. Febuar 1824) unter den Eing. Brief., fol. 40. 20 Friedrich Adolph Karl Meyer aus Rinteln in Hessen (1805—1884), gestorben zu Berlin als Königl. preussischer Legationsrath. „Es ist ein feiner, artiger und recht bescheidener junger Mann, der einem die Unterhaltung erfreulich macht. Er ist schon seit geraumer Zeit in der Bekanntschaft des Herrn Major von Knebel." Weller an G., 13. Februar 1824 (Eing. Briefe, fol. 19/20). Vgl. auch Knebel an G., 17. Juli 1823 (Briefw. II, S. 327). Über seinen Besuch bei G. vgl. Goethe, Gries und Friedrich Karl Meyer von Karl Theodor Gaedertz in „Nord und Süd" LXV. 194. S. 173—189, wo nebst vielen andern auch das in der Notiz zu 174, 1 erwähnte Gedicht mitgetheilt wird, und Eckermann I, S. 77. 23 eine aus einen 180, 8 Friedrich Wilhelm Facius (1764—1843), Lehrer der Steinschneidekunst am Kunst-Institut, seit 1829 Hofmedailleur in Weimar. Seine Tochter, Rauchs Schülerin, ist die Bildhauerin und Stempelschneiderin Angelika Facius (1806—1887). Vgl. Allg. Deutsche Biogr. 6, S. 530 f. 181, 1 Wris=berg] Wriesberg aus Griesberg Vgl. 182, 1. 2. 7. 2 und häufiger Generalsuperintendent] Generalsuperinbent Also eine ähnliche Form wie „Generalsupernbent" in dem Gedicht „An Herder", Band 4. S. 207, Vers 50. Gemeint ist natürlich Röhr. 5. 6 „Abends wegen Linens Maskenidee bei ihr und dann bey

Göthe." (Müllers Tagebuch.) 7 Stanze für den Corsaren: Gedichte, Band 4, S. 4 (S. 75). 14 Vgl. Kunst- und Alterthum V, 1, S. 93 ff. 18 An lies Herrn 182, 10 dem] den 14—16 Vgl. Carl August an G., 12. Februar (Briefw. II, S. 238 f.). 183, 2—4 „Das anvertraute Bild [vgl. 189, 9] send ich, wie mir es scheint, ganz so zurück, wie ich es erhielt." Fräulein Steinhardt ist noch immer gerührt und froh über die Gnade und Freundlichkeit, mit der Ew. Excellenz ihr Gesuch anhörten und erfüllten. Mit grosser Schnelligkeit hat sie ihren Wieland gemahlt und recht ähnlich dem Original [vgl. 199, 19. 20]. Diesen Sommer hat sie sich schon vorgenommen, hier einige Bilder zu copiren." Johanna Frommann an Goethe, Ende März (Eing. Brief., fol. 57). 14 Vgl. 185, 3. Heinrich Franz Brandt (1789—1845), bedeutender Stempelschneider, seit 1824 ordentliches Mitglied der Akademie in Berlin. Vgl. Allg. Deutsche Biogr. 3, S. 253. 184, 3 Heiberschen] Heyberschen Vgl. 190, 23. 11. 12 „Am 25. Februar 1824." Vgl. Gedichte, Band 4, S. 33 f. Ein begeisterter Dankbrief von Frau Emilie von Spiegel, geb. Stolberg, unter den Eing. Brief., fol. 26. 14 Portefeuille] Portef. 15. 16 „Von 6½ bis 9½ bey Göthe, mit Riemer. Sehr genussreiche Stunden. Verlags- und Nachdrucks-Quaestionen. Stanzen an Fr. v. Spiegel." (Müllers Tagebuch.) 22. 23 Für Freunde der Tonkunst von Friedrich Rochlitz. Erster Band. Leipzig 1824. Vgl. Kunst und Alterthum V, 1, S. 154 ff. 186, 1 Seidler] Seidel 14 Herrn — 16 Bonn aR

März.

188, 10. 11 Vgl. G. an Schultz, 8. März 1824 (Briefw., S. 304) und Kunst und Alterthum V, 1, S. 131. 17. 18 Vgl. Müller a.a.O., S. 82 (8. März) und Kunst- und Alterthum V, 1, S. 139. 21. 22 Vgl. Biedermann, Goethes Gespräche. 10. Band (Nachträge), S. 120 (5. März). 28 Mafjelet Sie selbst schreibt sich Majelet. (In dieser richtigen Form erscheint der Name auch in den Fourierbüchern.) Vgl. die zu Tagebuch, Band 8, S. 252, 11 gemachte Notiz (S. 388). 189, 6 Der über vom 12—14 Vgl. hierzu Müller a.a.O., S. 82 f. (10. März). 18 Nach Eckermann in der Hs. einzeilige Lücke. 20 Albrecht Thaers Doctorjubiläum. Vgl. Allg. Deutsche Biogr. 37,

S. 636 ff., auch G. an Zelter, 11. März 1824 (Briefw. III, S. 405 ff.).
28 Vgl. Müller, S. 81 f. (8. März).   190, 6 und immer Booben]
Boben   23 Heiber] Heyber Thierarzt Johann Heider.   25 Bericht nach An   191, 9 bem] ben   18 Alonzo unterstrichen.
24. 25 Voigts Mineralogische Reisen durch Weimar und Eisenach. Dessau 1782. Th. 1 und 2 mit K. 8°.   26 Vgl.
193, 13. 14.   192, 4. 5 Rede über die Physiognomie des
Pflanzenreichs in Brasilien. Vgl. Martius an G., 9. März
1824 (Naturwiss. Corresp. I, S. 339).   11 An — 14 abgegeben aR   14 abgegeben] abgeben   22 bem] ben   193, 1 und
häufiger Externsteine] Exetersteine g^1 aus Exeternsteine In
Kunst- und Alterthum V, 1, S. 130 ff. hat G. die Form
„Externsteine" gewählt, weshalb diese auch für den Text
beibehalten worden ist.   Th. Menke schreibt (Pyrmont,
den 10. October 1824): „Extersteine" und Dorow in
Berlin überschreibt einen Aufsatz, der sich bei den Eing.
Brief., fol. 253, findet: „Der Eggesterstein im Fürstenthum
Lippe." (7 Seiten in 4°.)   5 Frithjof's Sage: Vgl. Kunst
und Alterthum V, 1, S. 139 ff.   28. 194, 1 Näheres über die
„Eisfahrt" in Otto Roquette, Friedrich Preller. Ein Lebensbild. Frankfurt a. M. 1883. S. 18 f.   194, 6—8 Geisterkarte von Deutschland nebst Erklärungen, 1823. Vgl. 198, 13
und 199, 16. 200, 7. 8.   Über den Verfasser Joh. Karl August
Gregor Müglich (1793—1862) vgl. Allg. Deutsche Biogr. 22,
S. 456 f. Vgl. auch Carl August an G., 25. März 1824
(Briefw. II, S. 245).   7. 8 gegenwärtig] gen g aR   8 mitgetheilt
von Sereniſſimo g 14 und mehrfach Externsteine] Exeternsteine
21 Kamelien] Kamellien   22 Strelitia] Strelitia Vgl. darüber
Abthl. II, Band 7, S. 95.   28 Geis = Geisa.   195, 4—6 Vgl.
19. 20 und 198, 7. 8   17 Alwine Frommann.   19. 20 Vgl. 198, 7. 8.
24. 25 Vgl. 196, 1. 2.   27 Schüß] Schütze   196, 1. 2 Vgl. Kunst
und Alterthum V, 1, S. 149 ff.   6 Herrn — 7 aR   10 Vgl.
Eckermann 1, S. 93 ff. (22. März) und Düntzer, Goethes Leben,
S. 632.   15 Vorschläge aus Anschläge   23—25 Vgl. über die
Angelegenheit G. an Rochlitz, 30. April und R. an G.,
15. Mai sowie G. an R., 24. Mai 1824 (Briefw., S. 275 ff.).
Vgl. auch 197, 4. 5. 12. 13. 205, 9. 10. 206, 4. 5. 213, 2. 3. 219, 6—8.
17. 18. 220, 15—18.   197, 4 Vgl. Müller, S. 83 f. (24. März).
12. 13 „Noch einmal wagst Du, vielbeweinter Schatten."

Vgl. 20. 18. 19 Regisseur Durand überbrachte die Einladung, der Vorstellung von Töpfers „Hermann und Dorothea" am 27. März beizuwohnen. Vgl. 198, 6. 7. 26—28, auch Carl August an G., 25. März 1824 (Briefw. II, S. 245). 26 𝔥age] 𝔥agen 198, 7. 8 Der Brief ist gedruckt im G.-J. I (1880), S. 270 ff. 10. 11 Vgl. 199, 22. 23. 22 Vgl. Bücher-Vermehrungsliste. 25 Mämpel, der junge Feldjäger. Vgl. 202, 24. 203, 15. 16. 26—28 Hermann und Dorothea. Idyllisches Familien-Gemälde in vier Acten nach Goethes Gedicht von Karl Töpfer. (Lustspiele von Dr. Carl Töpfer. V. Band. Berlin 1843. S. 1—106.) 199, 19 Vgl. Eckermann I, S. 97 ff. (30. März). 23 𝔖tark] 𝔖tarke 25 „Der Tod des Kralewitsch Marko": Kunst- und Alterthum V, 1, S. 84 ff.

April.

200, 10 𝔘lmenſtein g 24 Iwan Simonow (Simonoff), Beschreibung einer neuen Entdeckungsreise in das südliche Eismeer. Aus dem Russischen von M. Banyi und mit einer Vorrede von J. J. Littrow. Wien 1824. 8°. G. interessirte sich sehr für das Werk und nahm einen Auszug (vgl. 201, 7. 8) daraus, für Schrön bestimmt und unterzeichnet „4. April 1824", zu den Sternwarten-Acten, betreffend die 202, 5—7 erwähnten Barometererscheinungen. Vgl. Acta Observatorii. Nr. X. Vol. I. 1823 ff. (Abschrift im Goethe- und Schiller-Archiv, fol. 20 ff.) 201, 9 *Quatremère de Quincy*] *Quatremere de Quinzy* g Vgl. Müller a.a.O., S. 85 (3. April). 18—20 𝔈dermann aR mit Verweisungszeichen. 202, 26. 27 Schmeller ging nach Jena (vgl. 204, 28. 205, 1. 211, 23), um für G. die Porträts von Lenz, Voigt, Stark, Fuchs, Renner, Döbereiner, Güldenapfel, Frommann, Ziegesar, Knebel, Weller, Oberst v. Lyncker, theils in Kreide, theils in Öl, auszuführen. Vgl. 211, 12. 213, 6. 7. 27. 28. 214, 24—26. 216, 18—20. 218, 11. 12. 225, 28. 226, 1. 203, 1 𝔈ruifshank] 𝔈ruifschank Der auch im vorigen Bande mehrfach erwähnte Kammerherr und Legationsrath Jakob Ignaz von Cruikshank, Grossherzogl. Sachsen-Weimarischer Gesandter beim Königl. Preuss. Hofe. 8 Volckamer (212, 9. 10. 214, 10. 11. 278, 11), wie Carl August den Namen richtig schreibt, hatte Nürnbergische Stammbücher geschenkt. Vgl. Carl

August an G., März und April 1824 (Briefw. II. S. 244 und 248). 16 Nach uns in der Hs. grössere Lücke für den Rest des Tages. 20. 21 Dieser Besuch wird in der Gaedertzischen Skizze nicht erwähnt. Meyer verliess Jena und ging nach Leipzig. 204, 6. 7 Vgl. Acta observatorii (Jena.) Nr. IV. 1821 ff. (Abschrift im Goethe- und Schiller-Archiv, fol. 4.) 10. 11 Dr. Carl August Constantin Schnauss, Hof-Advokat und Kammer-Konsulent. 21. 22 Vgl. Eing. Briefe, fol. 90/91. 205, 10 René Just Hauy (1743—1822). 27. 28 Vgl. Eckermann I, S. 103 (14. April). 206, 12 Johann Georg Heine (1770—1838), Orthopäde zu Würzburg. Vgl. über ihn Allg. Deutsche Biogr. 11, S. 354; auch die Notiz zu 208, 3. 4. 24 Bedeutung des Worts] Bedeutendes Worts Vgl. dazu Kunst und Alterthum V, 1, S. 182 ff. 27 Über Ulrikens Unfall und Erkrankung vgl. Düntzer a. a. O., S. 632. 32 Nach Wolf in der Hs. mehrzeilige Lücke. 207, 5 Piranesi] Pyranesi 6 Vgl. Carl August an G., 11. und 19. April (Briefw., S. 251 f.) und O. Roquette a. a. O., S. 18 f. 7—9 „Bey Göthe traf ich Wolfen von Berlin. Sein übles Aussehen, aber muntre Scherze." (Müllers Tagebuch.) 18 Heinrich Carl Ernst Horn. 19 An — 20 Mitgetheilte aR 22 Mittag nach Ich fuhr allein auf der Troschke nach Belvedere. 22—24 Vgl. Eckermann I, S. 103 f. (19. April). 28 g^s aR Vgl. dazu 221, 4. 5. 208, 3. 4 Der gegenwärtig hier sich aufhaltende Herr Dr. Heine, berühmt wegen seiner Kunst die menschliche Gestalt von ihren Mängeln wieder herzustellen, soll auf Befehl Serenissimi von Ihnen, mein guter Schmeller, abgebildet werden. Ich schicke daher einen Einspänner, welcher beordert ist, die Nacht in Jena zu bleiben, um Sie morgen früh herüber zu bringen. G. an Schmeller, 19. April 1824. (Concept im Goethe- und Schiller-Archiv.) Vgl. 300, 24. 25. 22. 23 Vgl. Müller, S. 86 (21. April). 209, 6. 7 Vgl. 11. 12. 14 Einige serbische Volksgesänge aus Wuks Sammlung, übersetzt von Therese von Jakob (Talvj) in Halle (210, 12—14). Vgl. G.-J. XII (1891), S. 33 f. und Strehlke, Goethes Briefe (Berlin 1882) I, S. 304 f. 17. 18 J. M. Bertrand-Roux, Description géognostique des Environs du Puy en Velay et particulièrement du Bassin au milieu du quel cette ville est située. Paris 1823. 24 feine über deffen 25 Müller macht dazu in seinem Tagebuch am 25. April die Bemerkung:

„Wolfs Abreise; ich möchte ihn im guten Andenken behalten; wiederkehren werde er schwerlich." 210, 12—14 Der Brief im G.-J. XII (1891), S. 34 f.   20. 21 Bei den Eing. Brief., fol. 87, ein Zettel von Helds Hand: „Jos. Held, Stiefsohn von kaiserl. königl. Hofgärtner Antoine aus Wien im K. K. Hofburggarten, auf Reisen S. Majestät unsers gnädigsten Kaisers, nach Berlin, England und Paris." (Darunter von Carl Augusts Hand:) „Das ist der Mann von dem gestern die rede war. Der Stief Vater A. hat die neuen Brasil. treibhäuser welche der K. auf der Bastey, in dem theile derselben welche Napol. ao. 9 sprengen liess, hat bauen lassen, unter sich; gleich unter Herzogs Albert palais. Sonsten hatte A. die privat treiberey welche der K. auf einer platten form in der Burg, nahe bey seinen Zimmern, [hatte,] unter sich." 21. 22 Zu der Präsidentin Schwendler vgl. Zelter an G., 4. April (Briefw. III, S. 423).   211, 16 Shakespeare als Theaterdichter. Vgl. Kunst und Alterthum V, 3, S. 69 ff.   28. 212, 1 Vielleicht hängt damit ein Zettel unter den Eing. Brief., fol. 39, zusammen: „Darf ich Euer Excellenz an das gütigst zugesicherte Nachschlagen in Ihren Tagebüchern von 1806 nach Denons Anwesenheit etc. erinnern?" Canzler von Müller an G., 10. März 1824.   212, 9. 10 Über die Schreibung des Namens vgl. die zu 203, 8 gemachte Bemerkung.   15 Sobann] Sob.

Mal.

212, 20. 21 Franz Karl Adalbert Eberwein (1786—1868). „Sonnabend, den 1. Mai 1824. Zum Erstenmale: Bei aufgehobenem Abonnement. Der Graf von Gleichen. Romantische Oper in zwei Akten. Musik von C. Eberwein." (Theaterzettel.) 24—26 Das betreffende Aktenstück von Johns Hand (Weimar den 29. April 1824) in den Acten der Mineralogischen Gesellschaft zu Jena, Nr. 3526ᵃ. [41 Bände in grüner Pappe (1798—1829 von Lenz geführt, dann von Bachmann), bis 1829 in chronologischer Folge durchnummerirt.] (Copie im Goethe- und Schiller-Archiv.)   213, 7. 8 Porträt von Lipsius auf der Universitätsbibliothek zu Jena.   15—17 Vgl. Grüner a. a. O., S. 191 f.   21 Nach durchgesehen in der Hs. grosse Lücke.   214, 9 foliirt] fol.   14. 15 Vgl. 20—22.   24 Meyer eingesetzt.   215, 8 Hage ging im Gefolge des Grossherzogs mit nach Gent und Antwerpen. 16. 17 litterarische] lit. 22 Über des Grossherzogs Reise, auf die er den jungen Preller mitnahm, um ihn bei van Brée in Antwerpen (vgl. 216, 24) ausbilden zu lassen, vgl. Roquette a. a. O., S. 20 f. Als der Tag der Abreise ist dort der 7. Mai angegeben. 216, 7. 8 Der Brief im G.-J. XII (1891), S. 86 f. 16 leicht üdZ 20 Alles — 23. 24 Vorkommenheiten g 21. 22 Ottilien] Otilien 25—27 Färber g 25 Von] v 26 Compter] Comter 217, 2. 3 der oryctognostischen] die Oryctognostische 9 Auffüllen mit Blei aus Ausfüllen 11 Gläser aus der Fabrik von Fikentscher. 27—218, 1. 2 Über Temmler vgl. Band 8, S. 251, 2. 3 und die dazu gehörige Erklärung (S. 387 f.). 218, 4 Decorationen (Originalskizze von Gropius) und Kleidung in Skizzen der Berliner Aufführung des Paria von M. Beer. Brief Brühls an G., 9. Mai 1824 (Eing. Briefe, fol. 101—104). 5 Apparaté] Appar. 8 Über die redigirten Theatralia vgl. Eckermann I, S. 108 (2. Mai). 15 Reise nach Hannover und an den Rhein. Vgl. Eckermann I, S. 110; auch 219, 10. 11. 221, 25. 222, 7. 8. 19 Wischma mit Blei aus Wischna 22. 23 Zu Odeleben vgl. die zu Band 8, S. 61, 11. 12 erwähnten Personalien (S. 344). 25 zu zu redigirenden] zu redigirenden 220, 16—18 J. Chr. Jasper, Inhaber der Weygandschen Buchhandlung in Leipzig. Vgl. G.-J. V (1884), S. 374. 22 Marko lies Macco Historienmaler und Radirer A. Macco, „ein altrömischer Bekannter und stets währender vorzüglicher Verehrer" Goethes, hatte am 17. Mai die Skizze zum „Charon" auf Kanzler von Müllers Veranlassung diesem, als er von Frankfurt a. M. (25. 26) heimkehrte, zur Ansicht für Goethe mitgegeben. Maccos Begleitbrief unter den Eing. Briefen, fol. 112. Vgl. 211, 11. „Zufällig sah ich gestern Herrn Macco, welchem ich erzählte, dass Sie jenen schon zuvor erfüllt gewesenen Wunsch [nach seiner Skizze „Charon"] mir geäussert hätten. Er freute sich sehr darüber und hegt von seiner Seite nur den Wunsch, dass seine jetzt wohl in Ihren Händen befindliche Arbeit Ihrer Erwartung entsprechen möge." F. Schlosser an G., 25. Mai 1824 (Eing. Briefe, fol. 123 f.). Goethes Antwort (15. Juni 1824) bei Strehlke I, S. 428. Vgl. auch 245, 8. 9. 28. 221, 1 Der Brief kam von dem 221, 10 genannten „Alexander Walker, Rue Neuve St. Eustache, N. 42, à Paris" und ist

„London 7. Mai 1824" datirt: „Es haben sich einige englische Gelehrte zusammen verbunden, um eine Monatsschrift herauszugeben, welche nicht allein durch Kritik und Bekanntmachung der vorzüglichsten litterarischen Producte Europas, sondern auch durch Originalaufsätze im Gebiete der Kunst und Wissenschaft in Deutschland, England, Frankreich, Italien den plastischen Geschmack und den reinen unverdorbenen Sinn für das Wahre und Schöne ausbreiten soll." Die Zeitschrift, welche von Juni ab in London, Paris, Stuttgart und Florenz erscheinen sollte, wollte es sich auch besonders angelegen sein lassen, „die charakteristischsten Volkslieder aller 4 Nationen zu sammelen und mit ganz im Geiste der Melodien gedichteten Texten (von 2 höchstens 3 Strophen) auszuschmücken", für deren jedes ein Honorar von zehn £ bezahlt werden sollte. Vgl. 17. 18. Nach einem im Goethe- und Schiller-Archiv erhaltenen, von g durchcorrigirten Concept „An Herrn Alexander Walker nach Paris" vom 30. Mai 1824 (223,19. 20) stellte G., mit dem Unternehmen sehr sympathisirend, Beiträge in Aussicht, erbat sich aber zuvor die baldmöglichste Zusendung eines Exemplars des 1. (Juni-)Heftes, „welches denn auch wohl einen umständlichen Prospectus des ganzen Vornehmens enthalten wird." Vgl. 268, 20—22.   221, 2 Der Historien- und Porträtmaler Karl Christian Vogel von Vogelstein (1788—1868), seit 1820 Kügelgens Nachfolger in der Professur an der Akademie zu Dresden. Vgl. über ihn Müller, Kunstlexikon. S. 929, und besonders Allg. Deutsche Biogr. 40, S. 125 ff. „Der Maler Professor Vogel aus Dresden ist hier und hat einige seiner Arbeiten bey sich, welche er wünschte gelegentlich Ihnen vorlegen zu dürfen. Es ist derjenige, der in Pillnitz Plafonds gemalt hat und wenigstens für den besten der Dresdner Künstler gilt." Meyer an G. (Eing. Briefe, fol. 109.) Vgl. 10. 11. 13—15.   3 Zu Byrons Tode in Missolunghi (207, 26. 238, 26) vgl. Müller a. a. O., S. 90 (13. Juni). 8. 9 Jacobis Enkelin.   11 Marfo's lies Macco's   15 Vgl. Zarncke. Goethebildnisse Nr. 45 (S. 46 f.); auch 22—24. 222, 2—4. 222, 17 Brief von G. Moller in Darmstadt (18. April 1824) unter den Eing. Brief., fol. 119—121.   21. 22 Gries in Jena hatte „die Aushängebögen des neuen Calderonstückes" Tags zuvor überschickt. Eing. Brief., fol. 122. 223, 1 Vgl. 231, 2—4. 9. 1. 2 Vgl. dazu Eckermann I, S. 109 f. (6. Mai), auch 25. 26. 224, 9. 10. Über das im Tagebuche oft genannte „gewölbte Zimmer" — jetzt gewöhnlich „Büstenzimmer" genannt — vgl. „Das Goethe-Nationalmuseum in Weimar. Von Robert Keil" in „Vom Fels zum Meer", Heft 2 (November 1886), S. 279, wo auch eine Abbildung sich auf S. 274 findet. 9. 10 Der Brief im G.-J. XII (1891), S. 37 ff. 15 Hinter bie ist wahrscheinlich erſte zu ergänzen. Rauch wollte den 10. abreisen; am 8. Juni schrieb er aber an G., dass er erst den 14. oder 15. Juni seine Reise antrete. (Eing. Briefe, fol. 136). Vgl. auch Zelter an G., 4. und 15. Juni (Briefw. III, S. 435 f.). 16. 17 Verfügungen das Privilegium für die Goethischen Werke betr. Vgl. Carl August an G., Aschermittwoch 1824 (Briefw., S. 240). 21 Handschriften von: Schiller, Wieland, Herder, Jean Paul Richter, Voss, Jung Stilling, Mounier und Goethe selbst. 224, 10—12 Vgl. 21. 22. 16. 17 „Montag, den 31. Mai 1824. Zum Erstenmale: Die beiden Galeerensclaven, oder die Mühle von St. Alderon. Melodram in drei Akten mit Chören und Tänzen aus dem Französischen übertragen von Theod. Hell". (Theaterzettel.) 18 Nachrichten über Sendungen

Juni.

224, 23 eigne üdZ 225, 13. 14 Vgl. Zelter an G., 18. Mai (Briefw. III, S. 433 f.). 21. 22 Lettres de Madame [Marie de Rabutin-Chantal] de Sévigné, de sa famille et de ses amis. Tom. I—X. Paris 1818. 8°. (Lettres inédites. Paris 1814. 8°.) 22 und immer Sévigné] Sevigne. 226, 17—19 Vgl. 227, 18. 19; auch Heitmüller, Aus dem Goethehause, Nr. 242 (S. 279 f.). 19—21 Vgl. Müller a. a. O., S. 87 ff. (6. Juni). 24 Pfarrer Anton Kirchner, der Geschichtsschreiber Frankfurts. Vgl. über ihn Heyden, Gallerie berühmter und merkwürdiger Frankfurter, S. 142 und Müller a. a. O., S. 89 (6. Juni). Vgl. auch 235, 26. 27. 227, 11 Frau nach für uns 228, 3. 4 Ein Brief, der die Bitte um diese Audienz enthält, unterzeichnet: „Stich. Auguste Stich, geborne Düring", vom 10. Juni unter den Eing. Briefen, fol. 132: „Vielleicht haben Ew. Excellenz die grosse Güte uns bis 11 Uhr, wo wir Weimar wieder verlassen müssen, eine viertel Stunde zu bestimmen, die uns eine Freude verschaffen soll, die zu geniessen wir bis jetzt in Berlin noch immer vergeblich gehofft haben." 4—6 Es ist wohl Johann Wilhelm Langsdorf's „Kurze und gründliche Anleitung zur Kenntniss der Salzwerkssachen" (1771) gemeint. Vgl. 229, 5. 6. 16. 13 Ernst Stiedenroth, Psychologie zur Erklärung der Seelenerscheinungen. I. Theil. Berlin 1824. Ein II. Band folgte im selben Jahre. Vgl. II. Abthl., Band 11, S. 73—77. (230, 19. 20.) Über den Verfasser (1794—1858), der damals noch Privatdozent in Berlin war, vgl. Allg. Deutsche Biogr. 36, S. 173. St. hatte sein Buch mit Brief (Berlin, 8. Mai 1824) selbst übersandt. Vgl. G. an Schultz, 27. Juni und Schultz an G., 7. Juli 1824 (Briefw., S. 309 und 315). 14 Boileau] Paolo 18. 19 Vgl. 229, 27. 28. 229, 4 Sereniſſima aus Sereniſſimae 5 und Mehrerem g 18 die üdZ 230, 2. 3 Vgl. 4. 5. 3 L. Nauwerck sandte Probedrücke von der 2. und 3. Zeichnung seines Faustcyklus: Prolog im Himmel und Erscheinung des Erdgeistes. Sein Brief an G. ist datirt vom 5. Juni (Eing. Brief., fol. 139—141). 10 Ganz — 12 von Goethe mit rother Tinte unterstrichen. 15 Fürſt — 26 Leipzig Kräuters Hand. 15 Nach Subow in der Hs. mehrzeilige Lücke. 16. 17 Franz Horn, Die schöne Litteratur Deutschlands im 18. Jahrhundert. Berlin 1812. 8°. 17. 18 Auch im Fourierbuch als „Graf Nieulant aus den Niederlanden". 18 Brabant g¹ aus Prabant 24—26 In der Hs. unterm 15. Juni registrirt, aber durch eine herunterziehende Schleife mit dem Zusatz Erſt heut abgegangen als hierher gehörig zu erkennen. Christian Hoffmann. In einem Briefe vom 13. Juni nennt er sein am 30. April an G. gesandtes Instrument „Chromadot". „durch welches katoptische Farben erzeugt werden können". 231, 1—9 abgereift Kräuters Hand. 4 Die Briefe aus Gent kamen wohl vom Grossherzog und Preller. 7. 8 Die Ankündigung von diesem Tage bei den Eing. Brief., fol. 149. Vgl. 12. 13. 9 Nach Ems und Schlangenbad. „Gestern war ich bey Schlosser und hatte die Freude Ottilie dort zu finden. Sie erschien mir wohler und stärker als in Weimar. Diesen Morgen ist sie nach Ems abgereist." Eckermann an G., Frankfurt a. M., 28. Juni 1824 (Eing. Briefe, fol.

157,8). Vgl. 241, 7. 8. 14 Maffelet also richtig Majelet. 14. 15 Jean Jacques Rousseau, Botanique, ornée de 65 planches imprimées en couleur d'après les peintures de P. J. Redouté. Paris 1805. fol. Vgl. Abthl. II, Band 6, S. 113f., auch Müller, Gespräche, S. 89 (13. Juni). 15 Redouté's g^1 aus Retouté's 17—19 Der zweite Entwurf zum Frankfurter Denkmal (25. 26). Vgl. Zarncke a. a. O., S. 84. 23 Hoffmann] Hofmann 232, 7 Das — Mädchen unterstrichen. Amselfelder] Amäfelber Vgl. Volkslieder der Serben, metrisch übersetzt und historisch eingeleitet von Talvj. Erste Lieferung. Halle 1825. S. 261—266. 24 Dritter Entwurf für Frankfurt. Vgl. Zarncke a. a. O., S. 84. Vgl. auch 8. 9. 17—19. 234, 6—8. 14. 15. 22. 23. 25—27. 235, 28. 236, 1. 234, 9—11 Über den K. Sächs. Kammerherrn Karl Heinr. Anton von Helldorf vgl. die zu Band 8, S. 210, 11. 12 gehörige Notiz (S. 375f.). 19. 20 Absalon. Drama von Frohmuth Fiedler. Der Verfasser war damals Student der Theologie in Königsberg i. Pr. 23. 24 Karl Franz Grüner, eigentlich Akács oder Akats (ca. 1780—1845). Vgl. Allg. Deutsche Biogr. 10, S. 49 f. und Ernst Pasqué, Goethes Theaterleitung in Weimar. Leipzig 1863. II, S. 292. 235, 19 Externsteine g^1 aus Exeternsteine 236, 11 Vgl. 20 bezw. die dazu gehörige Anmerkung. 12. 13 Ernst Fr. G. Otto Freiherr von der Malsburg (1786—1824) hatte Lope de Vega's Stern, Scepter, Blume übersetzt. (Dresden 1824.) Vgl. 237, 3. 4 und über den Besuch Biedermann, Goethes Gespräche, 10. Band (Nachträge), S. 124 (Nr. 1729). 20 Wilhelm Ehlers (1774—1845), der berühmte Tenorist, damals seit kurzem Opernregisseur am neuen Königstädtischen Theater in Berlin, hatte um Überlassung einer Abschrift des Schutzgeistes (236, 11) gebeten. „Sie kann bei mir gegen Erlegung von zwölf vollwichtigen Louisd'or, in Gold, in Empfang genommen werden, wozu ich als Vermittler den hiesigen Hofbanquier Herrn Elkan vorschlage." Kräuter an Ehlers, 29. Juni. (Concept im Goethe- und Schiller-Archiv). Über E. vgl. auch Allg. Deutsche Biogr. 5, S. 700. 28 Tebication] Tebucation 237, 10 Schulß] Schulze 12 Briefe] Brief 14 Vgl. Müller a. a. O., S. 90 f. (30. Juni). 14. 15 Meyer ging wieder nach Carlsbad. Vgl. 242, 14 — 16.

Juli.

237,24 Madame Neumann, Grossherzogliche Hofschauspielerin von Karlsruhe, kehrte „von Berlin, das sie in 22 Rollen entzückt hat, in ihre Heimath zurück". Sie wurde besonders als Klärchen, Marianne und Egle bewundert. 238, 6 Jobin *g* 239, 4 ben] bie 8 lies 5. Juli (statt 2.) 13 Harzzeichnungen. Vgl. die zu Abthl. II. Band 7. S. 79, 24 gehörige Notiz (S. 292). Vgl. auch 271, 22. 23. 272, 18. 19. 273, 18—20. 20. 21 Claude Charles Fauriel (1772 —1844), Chants populaires de la Grèce moderne. Vgl. G. an Therese v. Jakob, 10. Juli 1824 (G.-J. XII, S. 39). Im nächsten Jahr erschien eine deutsche Übersetzung unter dem Titel: Neugriechische Volkslieder gesammelt und herausgegeben von C. Fauriel, übersetzt und herausgegeben mit Erläuterungen u. s. w. von Wilh. Müller. Theil 1. 2. Leipzig 1825. 8°. Am 11. Juli schreibt G. an Ottilie nach Ems, dass ihm das Werk sehr angenehm wäre: Die allgemeine Einleitung ist trefflich, besonders aus dem französischen Gesichtspunkt, die besondern *arguments* vor jedem einzelnen Gedicht hinreichend, die Übersetzung klar und richtig und wir müssen uns der Aufklärung über diese Gegenstände wohl erfreuen; sonst aber ist der Gewinn nicht groß, denn die schönsten bedeutendsten Gedichte finden sich schon unter denen, die ich übersetzt habe. (Concept im Goethe- und Schiller-Archiv.) Vgl. auch G. an Meyer, 10. Juli 1824 (G.-J. V, S. 21). 240, 17 Vgl. 21. 22 und dazu die Bücherliste. 17. 19 Die Sendung kam von Pfarrer Joh. Wilhelm Meinhold (1797—1851) in Coserow auf Usedom in Pommern und enthielt „Vermischte Gedichte" (Greifswald 1824) des von Jean Paul und Matthisson in seinen dichterischen Versuchen ermuthigten Absenders. Sein Brief (5. Juni 1824) unter den Eing. Brief., fol. 166 und 167. G. antwortete nicht. Vgl. Goedeke, Grundriss. (Dresden 1881.) 3. Band, 2. Abthl., S. 1186 ff. Usebom] Usedom 241, 8. 9 Zu Fenner vgl. die zu Band 7, S. 35, 4 gehörige Notiz (S. 281). Georg Wilh. Fenner war nach einem abenteuerlichen Leben als Sprachlehrer in Cassel gelandet und hatte die Übersetzung des Manzonischen Grafen Carmagnola von dort am 20. Juni übersandt. 21. 22 Vgl. G.-J. XII (1891), S. 39 f. (Nr. 6) und 66. 242, 1 reassumirt] reasummirt 8 Schillersche nach von 14—16

Der Brief ist G.-J. V (1884), S. 20 f. gedruckt. 21. 22 Vgl. 243, 9. 10. 17. 18. 244, 1—3. 246, 26. 27. 247, 13—15. 28 Über die vielfach erwähnte, von Meyer gezeichnete und von Brandt geprägte Denkmünze (zum Jubiläum des Grossherzogs am 3. September 1825) schreibt G. u. a. an Meyer, 24. Juli 1824 (G.-J. V, S. 23.). 28. 243.1 Über die in diesem Jahre von Coudray neuerbaute Fürstengruft und den im nächsten Jahre vorgenommenen Transport der fürstlichen Särge vgl. A. Schöll, Weimar's Merkwürdigkeiten einst und jetzt. Ein Führer für Fremde und Einheimische. Mit einem Plan von Weimar. Weimar 1857. S. 243 f. Vgl. auch 26. 27 und 247, 1. 2. 243, 11. 12 Der Ober-Landwege-Inspector des Herzogthums Holstein, von Warnstedt in Plön, hatte seine „Beschreibung der Insel Föhr und des dortigen Cur-Bades" eben übersandt. (Vgl. Bücherliste.) 15. 16 Nach Plänen und Rissen von Coudray. 244, 6 wegen nach des Herrn 11. 12 Englische Übersetzung. Edinburgh 1824. (Vgl. Bücherliste.) 19 Vgl. Kunst und Alterthum V, 2, S. 176 f. und 249, 24. 245, 8. 9 Porträt des mit Müller befreundeten Frl. Jacobi von Macco, mit dem der Canzler überrascht werden sollte. Unter den Macco'schen Briefen sind Briefe an G. (Frankfurt, 11. Juli 1824) und Müller zu verstehen. 10 Band nach an zwey 18 Vorwerf: eine Strasse in der Nähe des Schlosses. 246, 21 2. lies zwey 247, 19 Lyncker ging nach Carlsbad. 248, 1 Poetische Versuche von Amalie Louise [Henriette von Liebhaber (1781—1845)]. Braunschweig 1823 bis 1824. Ihr Brief ist „Braunschweig, den 16. Julii 1824" datirt. 10—12 Der Brief ist G.-J. V (1884), S. 21 f. gedruckt. 23. 24 Der Erbprinz war seit dem 21. Juli in Belvedere. (Fourierbuch.) 24. 25 Shakspeare's Vorschule. Herausgegeben und mit Vorreden begleitet von Ludwig Tieck. I. Band. Leipzig 1823. Darin S. 1—112: „Die wunderbare Sage vom Pater Baco. Ein Schauspiel von Robert Green." Vgl. G. an Knebel, 30. Juli und Knebel an G., 3. August 1824 (Briefw. II, S. 345 und 347). 25. 26 Vgl. G. an Knebel, 30. Juli (Briefw. II, S. 345). 28. 249, 1 Vgl. 249, 10. 249, 1—3 Vgl. G.-J. XII, S. 40 ff. und 60 f. 6 Freytag im Fourierbuch Freitag. 6. 7 „Die Hexen in Lancashire. Von Th. Heywood. Gespielt 1615 auf dem

Globus-Theater in London." (Fünf Akte in Tiecks Vorschule I, S. 251—420.) Vgl. 254, 10. 28 Carl Ernst Adolph von Hoff, Herzogl. Sachsen-Gothaischer Geh. Assistenz-Rath. 250, 1 Mittags lies Mittag 23 Über Franz Baumann vgl. die zu Band 7, S. 43, 12 gehörige Notiz (S. 283). Die Resolution an Voigt, betr. Baumanns Bewerbung um die Aufsicht über den Prinzessen-Garten, vom 3. August 1824, bei den mehrfach erwähnten Personal-Acten Baumanns, fol. 26. (Copie im Goethe- und Schiller-Archiv.) Vgl. auch 256, 17. 18.

August.

251, 21 Vgl. 252, 5. 16. 17 Vgl. G.-J. XII (1891), S. 43 ff. und 68. 252, 3 und immer Wolffs] Wolfs Es ist natürlich, wie 9. 10 zeigt, Pius Alexander Wolff und Frau aus Berlin gemeint. 5 Die Skelette der Nagethiere, abgebildet und verglichen von d'Alton. Zwei Abtheilungen mit 18 Tafeln. Bonn 1823 und 1824. 14. 15 Vgl. G.-J. VI (1885), S. 21 f. (Nr. 14) und besonders Geigers Zusätze S. 23. Vgl. auch 20—22. 27—253, 1. 17 Schütze] Schütz Johann Stephan Schütze (1771—1839). Vgl. über ihn die Canzler von Müller'sche Vorlesung in Maria Paulowna's literarischem Abendcirkel in „Weimar's Album zur vierten Säcularfeier der Buchdruckerkunst am 24. Juni 1840" und Allg. Deutsche Biogr. 33, S. 146 f. 253, 2 Gerhard] Gerhardt Vgl. die zu Band 7, S. 255, 23 gehörige Notiz. 11—14 Grossfürst Constantin, der Bruder Maria Paulowna's, ging nach Ems. 20 Peez g August Heinrich Peez, Wiesbadens Heilquellen. Giessen 1823. Vgl. F. Otto's Artikel in der Allg. Deutsch. Biogr. 25, S. 313. 254, 4. 5 Vgl. Abth. II, Band 8, S. 246 ff. 5 Julio Pontedera, Anthologia s. de floris natura. c. fig. Patav. 1720. 4°. 8 Müller ging nach München. 11. 12 Es sind die von Stadelmann geführten Rechnungen über die Reisen in die böhmischen Bäder von 1822 und 1823 gemeint. Weller sollte das bei seinem Abgang (237, 18) nicht abgelieferte Fascikel, eventl. gerichtlich, von ihm zu erlangen suchen. 27. 28 Denkwürdigkeiten aus dem öffentlichen Leben des Exkaisers von Mexico, Augustin de Iturbide, von ihm selbst geschrieben. Aus dem Englischen. Leipzig 1824. 8°. 255, 1 Dorow's Denkmäler in der Bücherliste. 13. 14 Curl von Otto, kais. russ. Hofrath, war bei der erbgrossherzogl. Schatulle angestellt. 16—18 Vgl. Eckermann I, S. 110 ff. (10. August). 256, 4—6 „Heute Nachmittag 3 Uhr kam Sr. Königl. Hoheit der Grossherzog in Begleitung des Herrn General von Seebach und Suite von der Reise von Gent zurück. Serenissimus hatten sich schon 14 Tage in Wilhelmsthal aufgehalten." (Fourierbuch.) 257, 13. 14 Vgl. 260, 5. 22 D'Agincourt g 258, 18. 19 Constantin Piotrowski, der wieder in Marienbad weilte, sandte sie von dorther. 259, 17 Herrn — 18 zum 10. aR 21. 22 „Carl Emil Helbig, wirklicher Rath, mit dem Range eines Geheimen Regierungs- oder Geheimen Kammerrathes." (Staatshandbuch von 1823.) 23. 24 Alexander Walker, der Herausgeber von „European Review". (Vgl. Knebel an G., 21. September (Briefw. II, S. 350.) Sein Brief vom 6. August 1824 unter den Eing. Brief., fol. 197. Vgl. 260, 6. 267, 24. 25. 268, 20—22. 260, 5 Zwölf Exemplare der „älteren" Festgedichte, von P. G. Kummer in Leipzig gesandt, die „fast ungekannt in dem Strom der Vergessenheit hinabgeschwommen und bey ihrem ersten Erscheinen nicht beachtet worden". Vgl. G. an Zelter, 24. Aug. (Briefw. III, S. 445), auch 257, 13. 14. 9. 10 Titel in der Bücherliste. Vgl. 11. 13. 14. 22. 23. 261, 4. 5. 261, 18. 19 Vgl. darüber Nr. 97 des Journals des Luxus und der Mode (September 1824), S. 769 ff. und Ottilie an Rahel, 30. August (G.-J. VI, S. 142). Bei den Eing. Briefen auch ein Portefeuille mit der Aufschrift von Johns Hand: „Gedichte und andere Sendungen bezüglich auf den 28. August 1824." Dasselbe enthält Berichte über die Weimarer (Peucer), Jenenser (Göttling und Friedr. Osann) und Berliner Feier (Varnhagen) des Goethischen Geburtstags (die letztere mit den Namen der Theilnehmer); ferner gedruckte und geschriebene Gedichte von Güldenapfel, Riemer, St. Schütze, Eckermann, Weichardt, Hase, Peucer (theilweise mit Melodien), W. Gerhard und anonymen Dichtern; einen glückwünschenden Brief von Walther von Goethe, Ansprachen, Reden und anderes mehr. 22. 23 Vgl. G.-J. V, S. 374. 262, 17. 18 Vgl. G.-J. XII, S. 72; auch 22. 23. 27—263, 1. 3—5. 7. 8. 12—14. 23. 264, 1. 266, 3. 24 D'Agincourt eingesetzt.

September.

263,14—16 „Staatsrath von Guroff, der als Professor der Geschichte und Französischen Literatur bey der Universität zu St. Petersburg, ingleichen bey dem Ministerium der Finanzen und des öffentlichen Unterrichts angestellt" war. Struve an Ottilie, 1. September 1824. (Eing. Brief., fol. 206). 18 Buttelſtedt] Buttſtedt „Rittergutsbesitzer Carl Friedr. Emanuel Schortmann, auf Buttelstedt, in Buttelstedt." (Staatshandbuch.) 19 Meyer über Riemer 23. 24 Zum Regierungsantritt vor 49 Jahren. 26 Buchhändler Alexander Bran in Jena. 264, 23 autoriſirte nach quittirt 265, 3. 4 Johann Ludwig Geist, Goethes früherer Schreiber, damals Hof-Revisor im Hof-Marschallamt. 20 Förſter] Forſter 21 Zimmermann mit Blei. 28 Wooley] Wolley Im Fourierbuch durchgängig „Wolley". 266, 6 Wooley] Boullet 12—15 Brief im G.-J. XII, S. 48 ff. (Nr. 10). 24 Wolffs] Wolfs Es ist hier wiederum Pius Alexander W. gemeint. Vgl. 28 und 267, 4. 267, 6 Radziwillſchen] Rajewilſchen 12 Hüte — 13 Waſſer unterstrichen. 17 C. C. A. Böhndel übersandte den in Stein gedruckten „Brüggemannschen Altar im Schleswiger Dom". 1 Heft in gross Fol. Begleitbrief mit kurzer Lebensskizze aus Schleswig, 1. September 1824. Vgl. 22. 23. 268, 26. 27 und Kunst und Alterthum V, 2, S. 72 ff. 268, 1—14 Dieses Besuches gedenkt M. in seinem Briefe an G., 10. December 1824 (Naturwissenschaftl. Correspondenz I, S. 339 ff.). Vgl. auch Sternberg an G., 4. November 1824 (Briefw., S. 141). 19 Der Botaniker Curt Sprengel (1766—1833) hatte am 6. September angefragt, ob er dem Grossherzog die neueste (16.) Auflage seines Werks „Systema vegetabilium" widmen dürfe (Eing. Briefe, fol. 221/2), worauf G. bejahende Antwort (270, 21—23) ertheilt. Vgl. Carl August an G., 10. October 1824 (Briefw. II, S. 254). Carl August's Annahme der Widmung vom 12. September unter den Eing. Briefen, fol. 220. Vgl. 279, 4. 5. 28. 269, 1 Titel des Loderischen Werks in der Bücherliste. 269, 2. 3 „Reise in Brasilien auf Befehl S. M. Maximilian Joseph's I. von Baiern von 1817—1820 unternommen." Vgl. 14. 15. 24—26. 272, 6. 7. 26. 27. 273, 12. 13. 27. 28. Die beiden Münchner Naturforscher, die sich der von Österreich ausgerüsteten Expedition (1817—1820) anschliessen durften, waren Martius und Spix. Vgl. darüber den Artikel „Martius" in der Allg. Deutschen Biogr. 20, S. 518 f., auch II. Abth., Band 6, S. 240. 5 bem] ben 7 Anzeigen aus Anzeige 19. 20 Kronprinz und Kronprinzessin von Oranien, die v. Schulz als „Sekretär" begleitete. (Fourierbuch.) 270, 19. 20 Johann Wilhelm Seyffarth, K. Sächs. Hofgürtler, Mitglied der Wiener Kunstakademie, hatte Goethes Bildniss modellirt und am 17. August 1824 dem Dichter eingesandt. In seiner Antwort bedauert dieser, dass er zu einer so vorzüglich schönen Arbeit nicht ein besseres Muster vor Augen gehabt habe, und verweist ihn auf die bei von Quandt in Dresden aufgestellte Rauchische Marmorbüste, da Sie benn gewiß ein ähnliches und zugleich kunstgemäßes anmuthiges Bild verfertigen würden, wie es Ihrer ganz vorzüglichen technischen Fertigkeit keineswegs fehlen kann. (Concept im Goethe- und Schiller-Archiv.) 271, 3—5 William Emerson (geb. 1801), Sohn von William E. (1769—1811) und Bruder von Ralph Waldo. Vgl. über ihn die mir durch Herman Grimms Güte zugänglich gemachten Werke: Edward Waldo Emerson, Emerson in concord (Boston and New York 1889), S. 5. 30 ff. und Moncure Daniel Conway, Emerson at Home and Abroad (London 1883), S. 40 ff. 12 Fries hatte eine schwere Krankheit durchgemacht. Die Ärzte hatten ihn aufgegeben gehabt. 19—21 „Wichtige Sammlung chinesischer Bücher und literarischer Seltenheiten; die Zahl des angegebenen, jahrelang mit Sorgfalt gehäuften Schatzes beträgt 67 Bände und Hefte und wird auf 5361 Thlr. angeschlagen." Professor Bachmann in Jena hatte ein Verzeichniss der Bibliothek eingeschickt zum Zweck des Ankaufs derselben für die Jenaische Universität. In Goethes gutachtlichem Bericht an den Grossherzog vom 22. September (272, 12. 13) heisst es u. a.: „Der Einfluß chinesischer Literatur auf unsere Studien orientalischer Sprachen ist noch viel zu gering, als daß es dergleichen Hülfsmittel bey uns bedürfte," so dass sich der Ankauf kaum empfehle. Carl August stimmt mit den an den Rand des an G. zurückgekommenen, heute im Goethe- und Schiller-Archiv befindlichen Originals geschriebenen Worten zu: „Im Sinne beystehendes Vortrags bitte ich Pr. Bachmann zu bescheiden." G. thut dies am nächsten Tage (273, 1. 2 und 274, 1. 2). Vgl. auch 273, 20. 21.   272, 7—9 Vgl. dazu G. an Sternberg, 20. August und 21. September 1824 (Briefw., S. 135 f. und 139) und Sternberg an G., 4. November 1824 (S. 141).   13 zurüd; brey lies zurüd. Drey Die Kisten sind offenbar nach Jena bestimmt. Vgl. 274, 4. 5.   273, 7. 8 Das Bild von Ernst von Houwald. Titel in der Hs. unterstrichen. 8. 9 Samuel Johnson, Dictionary of the English Language. Vol. 1. 2. London. (Viele Auflagen.)   274, 2—4 Die Verordnung an Schrön in den „Acta observatorii. No. IV." (Copie im Goethe- und Schiller-Archiv, fol. 5,'6.)   11 Karl Ferdinand Friedrich von Nagler (1770—1846). Vgl. Allg. Deutsche Biogr. 23, S. 233 ff.   12 August Hermann Niemeyer (1754—1828), Kanzler der Universität Halle. Doctor Niemeyer, vielleicht der jüngste Sohn des Kanzlers, der Philologe Hermann Agathon N. (1802—1851)? Vgl. über beide Allg. Deutsche Biogr. 23, S. 677 ff. und 682 ff.   23 Die Farben in der Hs. unterstrichen.   275, 6. 7 Reckel] Reket Nicht weniger bitte mich an die Schuld zu erinnern, die ich noch an den mir zugewiesenen Schönschreiber rückständig bin. G. an den Kanzler von Müller, 22. September 1824 (Concept im Goetheund Schiller-Archiv.). Vgl. 284, 11. 12.   14. 15 Gottlieb Vormann, Stud. theol. et philol. in Halle, hatte auf Anregung der Frau Professor Vater unterm 20. September 1824 ein „Gedicht" aus seiner Jugendzeit übersandt und um G.'s Urtheil gebeten. Sein Brief unter den Eing. Brief., fol. 230. 20—22 Über den Abguss von Bettina's Goethe-Monument, um den es sich hier offenbar handelt, vgl. Herman Grimm in seiner Vorrede zur III. Auflage von Goethe's Briefwechsel mit einem Kinde (Berlin 1881), S. XIV und XXII f., sowie diesen selbst, S. 542 ff., endlich auch R. Steig a. a. O., S. 220 f. und Allg. Deutsche Biogr. 2, S. 581.   27 „Richard Löwenherz. Oper in drei Akten aus dem Französischen des Sedaine, Musik von Gretry." (Theaterzettel.)   27. 28 Marius zu Minturnä] Marius . Tuminturnum   276, 3 Wolf war am 8. August in Marseille gestorben (9. 10.).   Vgl. M. Bernays in seiner Vorrede zu Goethes Briefen an Friedrich August Wolf (Berlin 1868), S. 88, und Zelter an G., 7. September (Briefw. III, S. 450 f.). Eine Gedenkrede, die Varnhagen auf ihn bei der

Berliner Feier zu Goethes Geburtstag 1824 hielt, in des
Redners Handschrift in dem oben erwähnten Convolut des
Goethe- und Schiller-Archivs.

October.

276, 18 Fr. Carl, „angesehener Handelsmann" (Spediteur)
in Jena. 26 Vgl. G.-J. XII, S. 52 ff. 277, 2 Heinrich Heine
war vom Harz, wo er drei Wochen gereist war, zu Fusse her-
gepilgert, um G. zu sehen. Sein diesbezüglicher Brief vom
1. October im Goethe- und Schiller-Archiv. Vgl. Biedermann,
Gespräche, Band X (Nachträge), S. 130 f. (Nr. 1732). 10. 11
G. erhielt das Heft von Sturm (Poppelsdorf bei Bonn) „durch
einen Schüler und jungen Freund, Herrn Siegfried aus Königsberg, der hier von dem Herrn Geheimen Staatsrath Nicolovius empfohlen ward und 1½ Jahr Cameralia studirte".
(Sturm an G., 17. Septbr. 1824.) 279, 6 Eduard Raczynski,
Malerische Reise in einigen Provinzen des Osmanischen
Reichs. Aus dem Polnischen übersetzt und herausgegeben
von F. H. von der Hagen. Breslau 1824. fol. Vgl. Schultz an
G., 30. September 1824 (Briefw., S. 321). 9 Mit folgendem
Billet: „Bey Gelegenheit an den grossen Göthe des so
wichtigen Gönners Heines als Erinnerung und Vaterlands-
erzeugniss statt seiner selbst in seinem strengsten Incognito.
d. 7. October 1824. G. Heine." 17 Espérance Sylvestre.
25. 26 Verordnung — 27 Jena aR 280, 2 Ueber Krannichfeld,
wie der Name richtig zu lauten scheint, heisst es in Müllers
Tagebuch am 10. October: „Bekanntschaft mit D. Crannich-
feld am Hofe, ein feiner stiller bescheidner Mann." Im
Fourierbuch als „Leibarzt Krannichfeld" aufgeführt. 4
Julie Freifrau von Bechtolsheim, geb. von Keller. 6. 7.
Vgl. Therese v. Jacob an G., 30. Septbr. (G.-J. XII, S. 55
und 74). Vgl. 11. 12. 9 „Die heimliche Heirath. Komische
Oper in zwei Aufzügen, Musik von Cimarosa." (Theaterzettel.) 27 Deics lies Dehcs Ferdinand Deycks (1802—
1867). Vgl. über ihn Allg. Deutsche Biogr. 5, S. 107 f. In
Tiecks Brief (Dresden, 5. Octbr. 1824) heisst es über D.:
„Ew. Excellenz zürnen mir vielleicht, dass ich schon wieder
wage, Ihnen mit einem lästigen Blatte wieder beschwerlich
zu fallen, welches Ihnen ein junger Doktor Deiks, ein

Philologe, überbringt, welcher in Berlin so eben seine Studien geendigt hat und nach dem Rheinlande, seiner Heimath, zurückkehrt. Dieser Mann hat sich vorzüglich, nächst dem Griechischen und Römischen, mit der Ebräischen Sprache beschäftigt, und bei seinem Enthusiasmus für Ihren Nahmen und Ihre Werke, welcher mir ein wahrhafter schien, konnte ich seinem dringenden Anliegen nicht widerstehn, ihm diese Zeilen an Sie mitzugeben" u. s. w. D. selbst hat über diesen Besuch kurz berichtet in der Vorrede zu „Friedrich Heinrich Jacobi im Verhältniss zu seinen Zeitgenossen, besonders zu Goethe". (Frankfurt a. M. 1848.) S. VI f. 281, 3 Suhrlandt lies Suhrland Rudolf Friedrich Karl Suhrland (1781—1862), Historien- und Porträtmaler. Vgl. Allg. Deutsche Biogr. 37, S. 141. 9 Vgl. Müller a. a. O., S. 92 (11. Octbr.). 16 Kinderspielzeug: Wohl auf Pappe gezogene Figuren aus der damals über alles populären Oper? 19 An — 20 Leipzig aR 282, 11 Der Hofmechanikus Körner in Jena war am 19. August 1824 durch einen Erlass des Grossherzogs, in dem ihm „pflichtwidriges und unanständiges Betragen" vorgeworfen wurde, seines Amts enthoben worden. Die Instrumente wurden ihm abgenommen; der Zutritt zu den Museen war ihm untersagt und die Zahlung seines Gehalts suspendirt worden. Unterm 6. October petitionirt K. an den Grossherzog um Wiedereinsetzung und Carl August erfüllt seine Bitte am 12. Octbr. 1824, was ihm unterm 16. d. M. von Goethe mitgetheilt wird. Zu weiterer Eröffnung wird er auf den 18. October nach Weimar citirt. Vgl. 283, 1. 2. 23—25. Allerlei Acten über diese Angelegenheit in den dem Grossh. Staatsministerium gehörigen „Acta personalia den Hofmechanicus Dr. Körner betr. 1815—1847", fol. 17—32. 12 Bär lies Beer Wie aus einem Brief B.'s an G. von diesem Tage hervorgeht, ist Michael Beer gemeint. 283, 3—5 Vgl. Müller, S. 92 f. (16. October). 5 Antisymbolik] an die Symbolik Voss' Antisymbolik erschien in 2 Bänden, Stuttgart 1824—26. 13 beendigten] beendigte 15. 16 Der ältere Bruder, der Dichter Ernst von der M., der noch im Sommer (vgl. 236, 12. 13) Goethe besuchte, war am 20. September auf Schloss Eschenberg bei Cassel gestorben. Vgl. Allg. Deutsche Biogr. 20, S. 148.

23—25 Hierüber eine Akte von August v. Goethes Hand und auch von ihm unterzeichnet bei den schon erwähnten Personalakten Körners, fol. 33 34. Zwei weitere Resolutionen vom 20. October an Schrön und Färber in dieser Angelegenheit folgen daselbst fol. 35. **284,1** Carl Theod. Menke, Lage, Ursprung, Namen etc. der Externsteine. Mit 2 lith. Abbildungen. Münster (1823). 8°. Der die Sendung begleitende Brief ist „Pyrmont, d. 10. October 1824" datirt. — Eine weitere, sich mit des Archivrath Clostermeiers Buch beschäftigende Untersuchung „Der Eggesterstein im Fürstenthum Lippe", von Dorow geschickt, bei den Eing. Brief., fol. 253 — 256. **17. 18** Sollten sich auf diese Besuche (vgl. **285,4**) vielleicht die bei Biedermann, Band X (Nachträge). S. 124 ff. unterm 28. und 29. September 1824 registrirten Gespräche (Nr. 1730 und 1731) beziehen? Dem Inhalt nach wäre es wahrscheinlich, um so mehr, als das Tagebuch einen Besuch Bettinas am 28. und 29. September nicht erwähnt. **23** Hefte] Heften **285,5** Richard Worsley, Museum Worsleyanum, or a Collection of Antique Basso Relievos, Bustos, Statues and Gems; with Views of Places in the Levant, taken on the Spot, in the Years 1785—6—7, with portrait and more than 150 plates. London 1794—1803. Vgl. Kunst und Alterthum V, 2, S. 106 ff. und V, 3, S. 45 ff. **7** Hoff= mann] Hofmann **286,1** Herr nach für uns. Die **11. 12** Pfarrer Johann Friedrich Lossius, Adjunct in Heusdorf. **15—17** „Mittheilung der Eröffnungen der Grossherzogin puncto der Denkmünze." (Müllers Tagebuch.) **287,3—5** Brief von A. Zanoli (Cöln, den 14. October 1824) unter den Eing. Brief., fol. 264. **15** Herrn] Herren **27. 28** J. F. Ludwig Wachler, Handbuch der Geschichte der Litteratur. Zweite Umarbeitung. Th. 1. 2. Frankfurt a. M. 1822. Th. 3. 4. Frankfurt a. M. 1824. Vgl. Biedermann, Gespräche, Band X (Nachträge), S. 132 (Nr. 1735).

November.

289,20. 21 Über J. A. Stumpff vgl. G. an Zelter, 30. October 1824 (Briefw. III, S. 457). **290,13** Rühler = Bewohner der Ruhl (Ruhla's). Vgl. Tagebuch, Band 3, S. 229, 6. **21** Herrn von — **22** Concept aR **292,3** Der schon im vorigen

416 Lesarten.

Bande erwähnte Sohn von Johann Hose, dem Lehrer an der Zeichenschule in Eisenach. Vgl. Carl August an G., 3. Januar 1825 (Briefw. II, S. 258), wo der Name — entgegen dem Staatshandbuch — als „Hosse" erscheint. 5 baß eingesetzt. 6 Ludwig Bojanus, Professor der Anatomie in Wilna (1776 — 1827). 28. 293, 1 „Zum Erstenmale: Der Paria. Trauerspiel in einem Act von Michael Beer. Hierauf: Der neue Gutsherr. Komische Oper in einem Aufzuge, Musik von Boïeldieu." (Theaterzettel.) Die Titel in der Hs. unterstrichen. 294, 1 Vgl. Biedermann, Gespräche. Band X (Nachträge), S. 132. s. 9 Bonnemaison, Galerie de S. A. R. Madme. la Duchesse de Berry. Ecole française, Peintres modernes. Vgl. darüber Kunst und Alterthum V, 2, S. 91 ff. 10 — 12 Vgl. Eckermann I, S. 114 ff. 15 Anſtätten] Anſtäbten 20 Anſtätten] Anſtetten 21 Kirckhoff in Antwerpen (vgl. Bulletins de l'Académie d'archéologie d'Anvers. I. 2. Série des annales, S. 244 — 247) hatte vor mehreren Monaten ein Exemplar der Fabeln seines Freundes Baron de Stossart übersandt und G., als dieser nicht antwortete, am 3. October an die Sendung erinnert (Eing. Briefe, fol. 258). Der Brief Goethes, von dem ein deutsches Concept im Goethe- und Schiller-Archiv vorhanden ist, bei Strehlke II, S. 505 f. 22. 23 Das Mineralienkabinet von Johann Nepomuk Ringseis (1785 —1880) galt als eine der reichhaltigsten Privatsammlungen auf diesem Gebiete. Vgl. Allg. Deutsche Biogr. 28, S. 635. 25 Ludwig und Carl von Hessen. 295, 12. 13 Vgl. Carl August an G., 17. November (Briefw. II, S. 256) und G. an Boisserée, 20. November 1824 (Briefw., S. 376 f.). 14 „Nachm. ½ Stde bey Göthe, der sehr wenig aufgelegt war." (Müllers Tagebuch.) 17 Erhalter der Universität Jena. 19 Erster Band der Zeitschrift „Cäcilia" mit der Bitte um einen künftigen Beitrag Goethen überreicht von B Schott Söhne, Grossh. Hess. Hofmusik-Handlung in Mainz. Vgl. 296, 4 24 die] der 296, 1 An — 2 Blücher alt 5 Badeinspector Schütz aus Berka. 9 Griechen und lies Griechen und Römer 9. 10 zu den] zum 15 In einem Brief an G. (Kopenhagen den 2. November 1824) giebt er die Daten seines Lebens: „Ich bin in Kiel im Jahre 1770 geboren. Meine Familie, von spanischer Abkunft, ist ein

Nebenzweig der nun in Neapel ansässigen herzoglichen Familie Vargas. Ich bin Ritter des Maltheserordens seit 1795, diente in der Neapolitanischen Artillerie bis 1806 und kam nach Dännemark im J. 1809 zurück; worauf ich als Aufseher des Kabinets des Kronprinzen angestellt und im J. 1813 von S. M. dem Könige zu seinem Kammerherrn ernannt wurde. Während dieser Zeit ward ich von der Regierung mit mehrern Commissionen, besonders in Rücksicht der Norwegischen Berg- und Hütten-Werke beehrt. Mein Vorname ist Edward." 297, 19 Hetschburg: Dorf im Weimarischen. 300 Färöer] D Ferreo Vgl. darüber Wilh. Grimm, Kleinere Schriften 2, S. 338 ff. und G.-J. IX, S. 33 f. und 88, auch R. Steig a. a. O., S. 202 ff. 3 Bildnisse Göttinger Professoren, nach dem Leben gezeichnet und radirt von Ludwig Emil Grimm. (6 Blätter: Hugo, Benecke, C. F. und J. G. Eichhorn, Blumenbach zweimal) Vgl. Kunst und Alterthum IV, 3 und V, 2, S. 187 f., auch R. Steig a. a. O., S. 187 ff. 13 Kupfer zu Lalla Rookh von W. Hensel. Vgl. 304, 13 und Allg. Deutsche Biogr. 12, S. 4. 27 „In italienischer Sprache: Tankred. Heroische Oper in zwei Aufzügen, Musik von Rossini." (Theaterzettel.) 301, 1. 2 A. L. von Liebhaber, die Verfasserin der 248, 1 erwähnten Gedichtsammlung. 14 Meyer eingesetzt. 15. 16 Ueber Julius Heinrich Klaproth vgl. Allg. Deutsche Biogr. 16, S. 56. Hier ist gemeint Beleuchtung und Widerlegung der Forschungen des Herrn J. J. Schmidt in St. Petersburg über die Geschichte der mittelasiatischen Völker. Paris 1824. 17 Vgl. G.-J. XII, S. 57 f. Vgl. 303, 8 19 Herrn — 20 Eger aR

December.

302, 2—5 „Diner bey Göthe mit Schinkel von Berlin u. D. Waagen. Freundliche, mittheilende anspruchlose Leute". (Müllers Tagebuch.) Architekt Karl Friedr. Schinkel. Dr. Gustav Friedr. Waagen, der Kunsthistoriker (1794 — 1868). Vgl. Allg. Deutsche Biogr. 40, S. 410 ff. 10 von nach der 16 — 19 Taschenbuch für vaterländische Geschichte von Joseph Freiherrn von Hormayr (1782 — 1848). Vgl. Allg. Deutsche Biogr. 13, S. 131 ff. Vgl. 26. 303, 1. 13. 14. 303, 1—2 „Bey Göthe, lebende Bilder aus Lalla Rook. Dantes Büste.

Über Steinabdruck von Heine's [des Orthopäden] Bild."
(Müllers Tagebuch.) Vgl. Eckermann I, S. 118.   2—4 Vgl.
Eckermann I, S. 118 ff.   11 geſtrigen üdZ Franz Wilhelm
Schellhorn, Rath und Sekretär in der Kammer-Kanzlei
in Weimar. Vgl. 13 und Eckermann I, S. 121.   304, 7. 8
Johanne Neumann, geb. Hiepe, ps. J. Satori, Valerie oder
die Gemälde. Danzig 1824. Vgl. Goedeke, III (Dresden 1881),
S. 755.   12 Erzherzogin Leopoldina von Österreich, Ge-
mahlin des späteren Kaisers Dom Pedro I. von Brasilien.   13
Henſel] Henſchel   20 Kiſte aus Kiſten   24. 25 Die Bürger in
Wien. Locale Posse in drei Akten von Adolph Bäuerle.
„Meister Staberl, Parapluimacher", ist die populär ge-
wordene komische Figur darin. (Eine Fortsetzung des
Stücks vom selben Verfasser „Staberls Hochzeit" erschien
1826 auf der Weimarer Bühne.)   305, 19 und immer Ségur]
Secur Es ist Ségur's „Campagne de 1812" gemeint. Vgl.
307, 12. 13.   306, 4. 5 Die beiden am 22. October aus
Paris abgegangenen Büsten Goethes und Byrons von Joh.
Jac. Flatters. Vgl. Zarncke, Goethebildnisse, S. 86 f. (Nr. 96).
„Früh bey'm Grossherzog, der sehr freundlich war u. mir
Göthes und Byrons eben aus Paris gekommene Büsten
zeigte, auch mit der Nachricht davon zu Göthe sandte."
(Müllers Tagebuch, 11. December.) Über den deutschen
Bildhauer Flatters vgl. Nouvelle Biographie Générale, XVII,
p. 854.   25. 26 berichtet im Sinne von berichtigt Vgl. Grimm I,
Sp. 1523.   29 Der Eigenname vor Einen Brief fehlt.   309, 2. 3
Thomas Medwin (1788—1869). Journal of the Conversations
of Lord Byron, noted during a residence with his Lordship
at Pisa in the years 1821 and 1822. London 1824. Darüber
ein kurzes, „Capitain Medwins Unterhaltungen mit Lord
Byron" überschriebenes, von g^1 durchcorrigirtes Exposé im
Goethe- und Schiller-Archiv. Vgl. Müller a. a. O., S. 95 f.
(17. December).   28 Vgl. G.-J. XII, S. 60.   310, 16 von] an
311, 12 Eckermanns Freund, Robert Doolan.   312, 2 Tr. Röſe
nachträglich mit Blei eingefügt.   6—8 Langer Brief von drei-
zehn Seiten (Stuttgart, 18. December 1824) bei den Eing. Brief.,
fol. 321—327.   26 Gau] Gauś Antiquités de la Nubie, ou
monuments inédits des bords de Nil etc. dessinés et mesurés
en 1819. 13 Liefer. mit 60 Abbildungen. Cotta. 1821—1827.

(Im Jahre 1822 erschien bei Cotta: Neu entdeckte Denkmäler von Nubien an den Ufern des Nils, von der ersten bis zur zweiten Katarakte, gezeichnet und vermessen im Jahre 1819 und als Fortsetzung des grossen französischen Werkes über Aegypten herausgegeben von F. C. Gau. Mit einem Anhang: „Inschriften in Nubien und Aegypten, abgezeichnet von F. C. Gau, kritisch bearbeitet von B. G. Niebuhr.) 313,4 Joh. Aug. Chr. Röper (1801—1885), Enumeratio Euphorbiarum quae in Germania et Pannonia gignuntur. 1824. 314,4 Herrn — 6 II, 2 aR 8 — 10 Von Fr. Beuther, Theatermaler in Cassel, war Ende October ein Heft „Theaterdekorationen" erschienen. Vgl. 315, 16. 17. 13 durchgesehen nach bemerkt 315, 15 von nach für

Im Text zu berichtigen:

82, 9 den lies dem
86, 8. 9 Mittag zu Tische die Wolfsberger Suite lies Mittag zu Tische. Die Wolfsberger Suite u. s. w.
89, 17 den lies dem
181, 18 An lies Herrn
220, 22 Marko lies Macco
221, 11 Marko's lies Macco's
272, 13 zurück; drey lies zurück. Drey
282, 12 Bär lies Beer
296, 9 Griechen und lies Griechen und Römer